国家社科基金
GUOJIA SHEKE JIJIN HOUQI ZIZHU XIANGMU
后期资助项目

长江中游西周时期考古学文化研究

Studies on Archeological culture of the Western
Zhou Period in the Midstream of the Yangtze River

傅 玥 著

文物出版社

图书在版编目（CIP）数据

长江中游西周时期考古学文化研究／傅玥著 . —北
京：文物出版社，2022.8
ISBN 978 – 7 – 5010 – 7218 – 7

Ⅰ.①长…　Ⅱ.①傅…　Ⅲ.①长江流域 – 中游 – 考古
学 – 研究 – 商周时代　Ⅳ.①K871.34

中国版本图书馆 CIP 数据核字（2021）第 189672 号

长江中游西周时期考古学文化研究

著　　者：傅　玥

责任编辑：陈　峰
责任印制：苏　林
责任校对：李　薇　阮思晴

出版发行：文物出版社
社　　址：北京市东城区东直门内北小街 2 号楼
邮政编码：100007
网　　址：http：//www.wenwu.com
经　　销：新华书店
印　　刷：宝蕾元仁浩（天津）印刷有限公司
开　　本：710mm×1000mm　1/16
印　　张：24　插页：7
版　　次：2022 年 8 月第 1 版
印　　次：2022 年 8 月第 1 次印刷
书　　号：ISBN 978 – 7 – 5010 – 7218 – 7
定　　价：228.00 元

国家社科基金后期资助项目
出版说明

　　后期资助项目是国家社科基金设立的一类重要项目，旨在鼓励广大社科研究者潜心治学，支持基础研究多出优秀成果。它是经过严格评审，从接近完成的科研成果中遴选立项的。为扩大后期资助项目的影响，更好地推动学术发展，促进成果转化，全国哲学社会科学工作办公室按照"统一设计、统一标识、统一版式、形成系列"的总体要求，组织出版国家社科基金后期资助项目成果。

全国哲学社会科学工作办公室

序

作为一名长期在武汉大学历史学院考古系工作的教师，也作为傅玥的硕士与博士导师，我见证了她自 2000 年本科入学，历经十年寒窗苦读，于 2010 年顺利获得博士学位。毕业以后，她一直在华中师范大学历史文化学院任教，主攻商周考古与楚文化考古，并于 2018～2019 年获国家留学基金委资助，在美国加州大学洛杉矶分校中国研究中心做访问学者，现为华中师范大学历史文化学院副教授。工作十余年间，她勤奋努力，成果颇丰。《长江中游西周时期考古学文化研究》一书是以博士论文为基础申请的国家社科基金后期资助项目，也是她十余年来辛勤耕耘的最新成果。

全书篇幅宏大、内容丰富、结构严谨、观点鲜明，是研究长江中游西周时期考古学文化最新的一部力作。

综观长江中游西周时期考古学文化研究，大致可分为以下几个发展阶段：

1. 20 世纪 50 年代末到 60 年代初，以湖北蕲春毛家咀、红安金盆遗址的发掘为肇始，拉开了长江中游西周时期考古发现的序幕，这一时期，仅仅停留在对零星西周遗址的调查和试掘的基础工作上。

2. 20 世纪 70 年代末到 90 年代初，长江中游西周时期的遗址开始大量发现，这一时期的工作除了刊发考古资料外，重点在探讨西周遗存的分期与年代上，同时也开始一些有针对性的专题研究，其中重要的有湖北黄石铜绿山遗址的发掘，开启了中国矿业考古和科技考古先河；湖北黄陂鲁台山西周遗址和墓葬的年代和族属探讨；邹衡先生领衔的北京大学考古系商周组，为探索中原地区与汀淮地区商周考古学文化的联系，在晋、豫、鄂三省有针对性对商周遗址进行重点考察，在湖北试掘了安陆晒书台、孝感聂家寨遗址；为配合《当阳赵家湖楚墓》的编写，俞伟超先生挂帅，联合北京大学考古系、武汉大学考古系、湖北省博物馆、宜昌市博物馆等单位，为探索早期的楚文化的发展线索，对今沮漳河流域进行了全面细致地踏勘，这一工作可视为对早期楚文化探索的一个起点。

3. 进入到 20 世纪 90 年代到 21 世纪初，长江中游西周时期的考古在区、系、类型的研究上全面展开，在湖北分别命名了鄂西南地区的"周梁玉桥文化"、西陵峡区内的"路家河文化"、鄂东南地区的"大路铺文化"；在湖南境内命名了"费家河文化""炭里河文化"等，长江中游西周时期考古学文化研究取得了较大的突破。但其总体框架尚未建立，发展序列还不完善，文化命名也有待商榷。如区域内的若干考古学文化的命名，强调区域间的文化差异，忽略区域内文化发展的不同，最突出的例子便是有的考古学文化将同一遗址内（包括同一区域内）发现的文化面貌完全不同的商、西周的考古遗存划归为同一文化，有悖于考古学文化命名的基本原则，造成的后果是文化内涵界定不清，给后续的研究带来了极大的困惑。

长江中游西周时期考古学文化的最新进展体现在四个重点突破上，一是对早期楚文化的研究，实际涉及的就是西周时期楚文化面貌的探索，在湖北境内主要是以鄂西北郧县辽瓦店子遗址发现的一类西周时期遗存和以鄂西南宜昌万福垴发现的另一类西周时期遗存为代表。二者究竟何为早期楚文化遗存，在学界形成两种截然不同的观点，解决这一问题还有待更多考古新材料的发现和考古学研究的更加深入。二是湖北省文物考古研究所持续对随枣走廊内的鄂国、曾国的遗址和墓葬的系统发掘研究，取得了令人瞩目的成果。三是对湖北、安徽、江西以铜绿山矿冶遗址及"大路铺文化"为代表的一类矿冶遗存进行了多学科的综合研究。四是发现了一批如麻城金罗家、黄陂磨元城、新洲陈子墩等西周时期的城址，这些新发现的城址将会对这一区域内西周考古学文化研究从区、系、类型研究延伸到聚落分布、聚落等级、管理模式等更新、更高层次的研究提供重要的基础材料。

回顾长江中游西周时期的考古学文化研究的历程，总体来看，考古发现越来越多，研究领域越来越广，研究内容也越来越深。但客观分析，相对本区域内其他时间段的考古学研究，西周时期的考古学文化研究还是处于一个比较薄弱的阶段。诸多基础研究还需夯实，一些重大的学术研究课题还有待深入，十分期待从事这一研究领域的学者们的新作面世。

可喜的是傅玥博士这本新作，正是在前述长江中游西周时期的考古学文化研究历程上，海纳前人研究成果、潜心探索，给我们带来了全新的视角和诸多研究成果上的亮点：

一、首次全面、系统地构建了长江中游西周时期的考古学文化发展的时空框架体系。本书囊括了区域内几乎所有的考古发现，从陶器谱系的入手，仔细甄别出各类遗存的分期与年代、文化面貌及文化性质，组建出七大区域的编年序列、四大文化发展序列、阶段性的特点以及彼此间的关联。材料收集齐全、分析研究透彻、逻辑过程严密，对长江中游西周时期的考古学文化发展的时空框架体系研究上升到一个可信程度较高的新阶段。

二、除了对陶器群的分析研究外，书中还将这一区域内西周时期典型单位出土的青铜器群分为两组三群，即甲组 A 群重礼商系青铜器群、甲组 B 群礼乐并重商系青铜器群、乙组周系青铜器群，分述了各群青铜器的分布范围和文化特征，特别重要的是作者将区域内的青铜器群与以陶器为主体的考古学文化进行了关联与对应的研究，发现"青铜器文化圈与陶器文化圈在空间上并不能完全重合，铜器群可对应多个考古学文化区，它们在大的文化发展阶段上也存在一定的年代错位"，"但陶器群和青铜器群在关键点上都能找到对应"，正因为找到了这些关键的对应点，使得文章中对长江中游西周时期的包括陶器和青铜器在内考古学文化的整体研究有了强有力的关联和支撑，这是此书一个较大的突破点。

三、对于学术界十分关注的长江中游西周时期考古学文化的热门研究课题，作者提出了一些新视角和新观点。如在对长江中游商、西周两大王朝考古学文化比较分析时，首先探明了二者之间的四点差异，依据对相关考古材料的分析，指出这种差异是由于商、周两大王朝对长江中游经营的目的不同造成的，商王朝带有较强的指导性和目的性，即占领铜矿资源地，利用地方力量进行铜矿开采，对地方力量实行控制。这一目的和方法决定了商王朝对长江中游采用军事占领和征服的方式，而未进行政治和文化的整合和融合；而西周王朝对长江中游地区的经略目的是通过分封开拓疆土，同时实现其政治一统的大业。我认为这是抓住了问题的核心，沿着这条思路走下去，我们就能从商、周两大王朝的政治谋略、统治模式等宏观思路出发来诠释商周时期长江中游地区文化面貌错综复杂的现象。相对来说，书中对商王朝对长江中游地区的统治模式叙述得较全面，而对西周王朝对此地的经略方法定位在一个不断同化的过程中。面对考古材料，这一结论还略显简单，在长江中游地区整个西周时期都没有见到像商代那样高度统一的所谓"王朝文化"，一直是处在一种文化交流、文化影响的状态，始终没有像商王朝那样形成一个"唯我独尊"的"王朝文化"，而是一种游离在"王朝文化体系"中"百花齐放"的局面。商王朝采用的是直接占领，推行的是"移民文化"；而西周王朝采用了"分封制"，正是这种"分封制"对不同地域、不同等级、不同族属的人群，更多地采用的是一种"文化自治"的思路。也正是这种"文化自治"的思路，才形成了后来"春秋五霸""战国七雄"的政治和经济基础。上述观点还有待商榷，但毋庸置疑，作者对商、周两大王朝在长江中游地区统治的政治思路和管理模式的思考，带给了我们对长江中游地区考古学文化进行研究时一个更高的起点。对长江中游地区西周考古学文化同早期楚文化的关系，书中重点探讨了湖北郧县辽瓦店子遗址的西周遗存，她亲自参与了该遗址的发掘与整理，对这批材料有比较深入的了解。文中将这批遗存分为西周早、中、晚三期，三期遗存地层上相互叠压、文化发展一脉相承，结合历史文献记载及《清华简·楚居》中关于早期楚人活动区域的梳理，指出与西周中晚期楚文化遗存最接近的应该是以辽瓦店子遗址中发现的这一类西周遗存，到西周中晚期以后这类遗存与典型的楚文化已基本趋同，这类遗存主要分布在丹江库区及汉水中游以上的鄂西北山地区。就现有的文献记载和考古材料来看，这一结论应该是有较大的说服力的。与此课题相关的还有宜昌万福垴遗址发现的西周遗存，作者提出了两个重要的观点，一是强调万福垴遗址发现的西周遗存文化面貌比较复杂，较多的受到长江中游东段鄂东地区及西陵峡区同时期文化的影响，与典型楚文化的组合关系不大；二是提到万福垴遗址发现的西周中、晚期青铜器群有可能是属于祭祀类的遗存，由于万福垴遗址的资料尚未全部发表，书中对后者的探讨浅尝辄止，未能更多地展开讨论。我曾经跟随李伯谦、刘绪两位先生亲自考察了该遗址，仔细观摩了遗址中出土的器物以及出土青铜器灰坑（祭祀坑）的相关遗迹，当时也感觉这批青铜器作为祭祀品出现是有很大的可能性的，从相关遗址的布局看，可以判断出青铜器的年代与祭祀的年代有可能是不一致的，不能简单地以青铜器制作的年代来认定遗址的年代和性质。另外，遗址地处长江出峡以东不远处的江边滩地，隔江面对清江入长江口处，视野开阔，是一个理想的祭祀地点。楚国有祭祀祖先、祭祀山川的传统，历史文献中有大量相关的记载，所谓"江汉沮漳、楚之望也"即是楚人崇拜山川的一个例证。综合上述分析，傅玥对万福垴遗址发现的西周遗存的提出的两个观点是值得重视的，把万福垴遗址发现的西周遗存认定为早期楚文化或早期楚人居住地的观点还有待更新的考古发现和更深入的研究成果面世。此外，书中还结合考古材料和文献记载对商、周王朝文化规范的更替从秩序的失控与再建的过程、西周时期的鄂国的地望以及西周时期鄂国、曾国以及"汉阳诸姬"与周王朝之间的关系等都做了一些宏观方面的探讨，其中不乏有一些颇有创意的新观点，读者可细观其文。这里不再一一赘述。

四、在理论方法上，作者提出王朝文化规范等一系列概念，是探讨中原王朝政治力量作用于考古遗存之表现形式的一次有益探索。或是限于研究对象，作者仅就陶器和铜器上的王朝文化规范等进行了界定，并用这些概念工具去框定长江中游商至西周时期各种考古学文化，以判断其与商周两代王朝的关系，进而观察商周两代王朝不同政治结构、统治模式在长江中游呈现出的不同表现形式，并对之做出分析。区别于考古学文化概念的精细性，作者提出的王朝文化规范似是一把刻度更粗的尺子，通过归纳中原商、西周王朝在其核心区域考古学文化的最典型特征——在器物方面强调组合的完整性和稳态性所体现的较强的规范性——以作为判定中原王朝文化介入到地方的新标尺。作者利用这一标尺去观察长江中游西周时期的考古遗存，发现周王朝的文化规范首先在鄂东北金罗家类型、鄂西北辽瓦二期中出现，年代在西周中期，之后在江汉平原荆南寺 G2 类遗存、西陵峡区庙坪类遗存中出现，年代在西周中期之后至西周晚期，而在湘资下游、澧沅水下游等区域，周文化规范出现的时间已经晚出了西周纪年。这一发现与我们传统的认识有着较大差异。可见，新的概念工具在使用时确实能给我们带来新的视角和认识。当然，在实际研究中，作者提出的这些概念工具尚需仔细打磨，在概念的使用上仍有模糊之处，对提出的新的研究模型在运用时也还很难做到非常精巧的匹配。但作者对理论探索的意识和敢于尝试和实践的勇气还是很值得肯定的。

　　恭喜傅玥博士，能将这本著作奉献给学术界。感谢作者给了我为这本著作作序的荣誉，并借此机会表达了一些读这本著作的心得，期待学术界提出斧正。

　　对傅玥博士来说，这本著作的面世代表一个研究阶段的完成，同时也是一个新的研究阶段的开始。尽管此书还有一些需要完善和深入的地方，但已经有了一个好的开始，一份珍贵的学术研究的积累和一些新的探索方向，期待并相信傅玥博士能更加努力，会有更多、更好的作品呈现给社会。

　　最后，敬录《荀子·劝学篇》一段与傅玥博士共勉并作为此篇序言的结束语：

　　积土成山，风雨兴焉；积水成渊，蛟龙生焉；积善成德，而神明自得，圣心备焉。故不积跬步，无以至千里；不积小流，无以成江海。骐骥一跃，不能十步；驽马十驾，功在不舍。锲而舍之，朽木不折；锲而不舍，金石可镂。

王魏

2022 年 6 月

目　录

图表目录

插表

绪　论

　　长江是我国第一长河。自古以来，长江流域就和黄河流域一样，是我国古代文化发展的主流，她们共同孕育了璀璨的中华文明。长江可分为上、中、下游，湖北省宜昌市以上为上游，宜昌至江西省湖口间为中游，湖口以下为下游。

　　长江中游，主要指西陵峡口以东至鄱阳湖口以西长江段。该地区以长江中段为中心，汇集了清江、沮漳河、澧水、沅江、资水、湘江、汉江、澴水及赣江等河流，周围环绕秦岭、伏牛山、桐柏山、大别山、幕阜山、罗霄山、南岭、雪峰山、武陵山、巫山和大巴山等大小不一的山脉，形成一个不规则的盆地。从地形上看，包括鄂西山地、鄂北岗地、南阳盆地、襄宜平原、江汉平原、鄂东低山丘陵、鄱阳湖平原、洞庭湖平原、湘中丘陵、湘西山地以及湘东山地等。这种低山丘陵相间，湖河密布的优越地理环境，是人类栖息生活的理想居所。此外，它北接中原，南依两广，西通巴蜀，东连吴越，地理位置十分重要。

　　长江中游地区的历史文化十分悠久，早在新石器时代，就已经形成了相对独立的文化区域格局。而后的各时期，其考古学文化都呈现出不同的特点，在该区域内，中原文化与地方考古学文化共处、交融、彼此影响和相互消长的现象无时不在，文化面貌极为复杂。当然，西周时期也不例外。而不管是考古材料、青铜铭文还是历史文献都共同表明，长江中游是西周王朝在南方经营的最重要的区域之一。因此，将长江中游作为独立的地理单元对其西周时期考古学文化进行整体研究具有重大价值。

　　然而在过去，西周时期的考古材料远不如其前的新石器时代、夏商以及其后的东周时期的丰富，因此，对该区域的整体框架研究具有一定的难度。可喜的是，20世纪90年代后期开始，随着各地考古工作的大力进行，特别是国家两大重点文物保护工程——三峡工程和南水北调工程的开展，使得长江中游地区的考古工作和研究迈上了一个新的台阶。在这两大工程的推动下，峡江、鄂东南、鄂西北以及湘江流域等地区都相继发现并发掘了一批西周时期的重要遗址，如庙坪遗址①、辽瓦店子遗址②、大路铺遗址③、炭河里遗址④等，而且都取得了极为重大的收获。通过对这些新材料的整理和研究，我们不仅可以更加全面和深入地了解并探讨本地区的考古学文化面貌和年代问题，对于之前调查、试掘所见的零星材料也有望得出更准确的定位和新的认识。更为重要的是，这些重要遗址的发现，填补了该区域西周时期考古资料的空白，使得整个长江中游西周时期的考古学文化，已经具备了综合性研究的基础。

一　研究范围界定

（一）空间范围界定

本书所指长江中游为自然地理范围，主要指西陵峡口以东至鄱阳湖口以西长江主干段及其支流，包括清江下游、沮漳河流域、汉水中下游以及湘、资、沅、澧等各主要水系的下游地区。具体而言，以两湖平原为中心，西至西陵峡区⑤，北至鄂西北，南至湘、资水下游，东至环鄱阳湖区域以西⑥。在行政区划上包括今天的湖北省大部分区域、湖南省东北部以及江西省西北部。

长江中游地区地貌特征十分复杂，为方便后文的阐述与研究，现根据地理位置与地貌特征的不同，将其分为若干自然地理单元，由北向南依次如下：

鄂西北区，与豫西南和陕东南交界，多数地貌呈低山丘陵为主体的山谷地带，间以一些小型盆地和低山阔谷。主要包括鄂西北山地、襄宜平原等所在的汉水中上游地区。

鄂东北区，地处江汉平原东北部，汉水以东，长江以南，北依桐柏山、大别山山脉。境内主要河流有涢水、滠水、澴水等水系，由北向南、由西向东注入长江。该区与河南省交界，地势北高南低，地貌北部为山区，南部为平原及小丘陵。

---

① 湖北省文物事业管理局、湖北省三峡工程移民局编：《秭归庙坪》（长江三峡工程文物保护项目报告乙种第一号），科学出版社，2002 年。

② 武汉大学考古与博物馆学系：《湖北郧县辽瓦店子遗址的发掘与研究》，《田野考古发掘汇报》，2005 年；武汉大学考古与博物馆学系：《郧县辽瓦店子遗址》，载湖北省文物局：《湖北省南水北调工程重要考古发现 I》，文物出版社，2007 年，第 116 页。

③ 湖北省文物考古研究所：《阳新大路铺》，文物出版社，2013 年。

④ 湖南省文物考古研究所、长沙市考古研究所、宁乡县文物管理所：《湖南宁乡炭河里西周城址与墓葬发掘简报》，《文物》2006 年第 6 期。

⑤ 西陵峡区主体应进入长江上游地区，但从自然地理分布看，清江下游区仍属于长江中游，又其文化面貌与西陵峡区有较大共性，故此处将西陵峡区纳入了空间研究范围。

⑥ 该区域因西周材料发现较少，故未单独分区，相关材料会在鄂东南区的研究中有所体现。

鄂东南区，地处江汉平原东南部，与鄂东北区相邻，北依大别山，南达幕阜山。境内有巴水、浠水、蕲水、富水等支流，地貌以低山丘陵为主。

鄂西南区包括江汉平原及峡江地区。江汉平原区，主要包括汉水以西，大巴山、巫山以东，大洪山、荆山以南，洞庭湖平原以北地区，境内主要为沮、漳河等支流，地貌北部为阶梯丘陵，南部为湖泊平原。峡江地区所在的西陵峡区，主要指西陵峡以东，江汉平原以西所在区域，包括清江下游地区。地貌特点由西往东为山间谷底、阶梯丘陵。长江出三峡后，进入由黄陵背斜山地到江汉平原之间的丘陵过渡地带①。

洞庭湖平原区，主要指湖南境内湘、资、沅、澧四大水系下游地区及其冲击形成的洞庭湖平原，地貌特点为东、南、西三面为低山丘陵，北面为平原湖泊。它包括两个地理单元，即西侧的澧、沅下游区及东南侧的湘、资下游区。澧、沅下游区主要指澧、沅水下游地区及其冲积平原，与江汉平原区相接。湘、资水下游区主要指洞庭湖以南，幕阜山以西，雪峰山脉东北麓以东、衡山以北的区域。

（二）时间范围界定

本书在时间范围上是指西周时期，但文中所涉及的材料并不仅限于西周时期。首先，本书会从该地区商时期的考古遗存切入，而后阐述西周时期各考古学文化的来龙去脉，直至将其脉络梳理清楚。由于每支考古学文化发展进程参差不齐，故年代下限也会不尽相同，大约止于春秋早期。因此，本书涉及的材料的时间范围包括商、西周、春秋早期。

（三）材料范围界定

本书以考古材料为主，包括迄今为止该地区发表过的考古遗址与墓葬的发掘报告、发掘简报、试掘报告及调查报告，并参考目前发现并正在或未整理完成的部分考古遗址与墓葬的材料。此外，还将适当引用相关传世文献、出土文献以及自然科学研究成果等信息。

二 考古发现与研究概况

从新中国建立后至今，长江中游地区西周时期的考古发现与研究大致以 20 世纪 80 年代为界包括两个阶段：80 年代以前，考古工作主要以调查

---

① 林春：《长江西陵峡远古文化初探》，《葛洲坝工程文物考古成果汇编》，武汉大学出版社，1990 年，第 27 页。

为主,仅少量发掘;研究方面基础较为薄弱,大多为单个遗址的研究,区域文化面貌仅能做简要分析。80年代以后,随着文物普查的开展以及国家基础工程建设的增多,考古工作进入全面调查和发掘增多阶段。特别是90年代后期开始,随着三峡和南水北调以及各种跨省高速公路、铁路等大型基建工程的开展,长江中游配合工程建设进行的文物保护工作取得了大量成果,尤其是鄂西北、鄂东南、峡江地区等一系列以往基本属于材料空白的区域,均发掘了大批西周时期的重要遗存,出土了一批极为重要的材料。考古资料的日益增多使得研究方面有了很大的进展,一方面,区域的考古学文化的序列和谱系研究取得了许多初步的成果;另一方面,对各区域文化之间的关系进行了初步探索,并对考古学文化的性质与族属问题有了更深入的探讨。以下将分区域介绍考古发现与研究概况①。

(一)过去发现与研究概况

1. 鄂东北区

据文物普查,该地区已调查发现200多处西周时期的遗址。遗址面积普遍不大,分布在河流两岸地势较高的台地上,西周遗址大多叠压在商代文化层上,文化堆积厚,内涵十分丰富,且保存较好。比如大悟雷家墩遗址②、面前墩遗址、李子园遗址③、大墩遗址、钢角团山遗址、祠堂墩遗址、殷家乡遗址、跑马场遗址、陈子墩遗址、雷家嘴遗址、小寨顶遗址、孝感城隍墩遗址④、云梦好石桥西城遗址⑤、龚家寨遗址、王家山遗址、凤凰台遗址、汉阳陈子墩遗址等⑥。此外,较为重要的是磨元城遗址⑦,位于黄陂区盘龙城经济开发区刘沽塘村磨元冲,经调查发现有城址存在,总面积约1.5万平方米。

该地区经试掘或发掘的遗址包括红安金盆遗址⑧、黄陂鲁台山遗址⑨、孝

---

① 此处分区是根据后文研究范围界定中所得,另青铜器的发现详见第四章。

② 孝感地区博物馆等:《大悟县几处古遗址的调查》,《江汉考古》1984年第1期。

③ 大悟县博物馆:《大悟县古文化遗址调查简报》,《江汉考古》1990年第2期。

④ 孝感地区博物馆:《孝感 黄陂两县部分古遗址复查简报》,《江汉考古》1983年第4期。

⑤ 云梦县博物馆:《湖北云梦商、周遗址调查简报》,《江汉考古》1990年第2期。

⑥ 蓝蔚:《汉阳县发现陈子墩古文化遗址》,《江汉考古》1980年第1期。

⑦ 武汉市黄陂区文物管理所等:《湖北武汉磨元城周代遗址调查简报》,《文物》2011年第11期。

⑧ 湖北文物管理处:《湖北红安金盆遗址的探掘》,《考古》1960年第4期。

⑨ 黄陂县文化馆等:《湖北黄陂鲁台山两周遗址与墓葬》,《江汉考古》1982年第2期。

感聂家寨遗址①、安陆晒书台遗址②、大悟吕王城遗址③、四姑墩遗址④、新洲香炉山遗址⑤、武昌放鹰台遗址⑥、汉南纱帽山遗址⑦、汉川乌龟山遗址等⑧。

学术研究方面，最受瞩目的是黄陂鲁台山遗址，众多学者对发掘的五座西周时期墓葬进行了研究，包括墓葬年代、墓主身份、青铜器等问题，并对该遗址的文化族属和性质做出了判断⑨。此外，李克能《鄂东地区西周文化分析》⑩、熊卜发《鄂东北地区西周文化初探》⑪、周厚强《湖北西周陶器的分期》及《孝感地区西周文化初析》⑫，都对该区域考古学文化序列进行了初步研究，认为该地区是周文化最早进入的区域，考古学文化面貌与周文化十分相似，应属于姬周文化，且与"汉阳诸姬"关系密切。

2. 鄂西北区

该地区调查发现的遗址很多⑬，正式发掘的遗址包括枣阳毛狗洞

① 北京大学考古专业商周组：《晋豫鄂三省考古调查简报》，《文物》1982 年第 7 期；孝感地区博物馆、孝感市博物馆：《湖北孝感聂家寨遗址发掘简报》，《江汉考古》1994 年第 2 期。

② 余从新：《安陆县晒书台商周遗址试掘》，《江汉考古》1980 年第 1 期；北京大学考古专业商周组：《晋豫鄂三省考古调查简报》，《文物》1982 年第 7 期。

③ 孝感地区博物馆：《大悟吕王城重点调查简报》，《江汉考古》1985 年第 3 期；孝感地区博物馆：《湖北大悟吕王城遗址》，《江汉考古》1990 年第 2 期。

④ 北京大学考古专业商周组：《晋豫鄂三省考古调查简报》，《文物》1982 年第 7 期。

⑤ 香炉山考古队：《湖北武汉市阳逻香炉山遗址考古发掘纪要》，《南方文物》1993 年第 1 期；武汉大学历史系考古教研室等：《湖北新洲香炉山遗址（南区）发掘简报》，《江汉考古》1993 年第 1 期；李克能：《新洲县香炉山新石器时代至周代遗址》，《中国考古学年鉴（1991）》文物出版社，1992 年。

⑥ 湖北省文物考古研究所：《武昌放鹰台》，文物出版社，2003 年；武汉市博物馆：《洪山放鹰台遗址 97 年度发掘报告》，《江汉考古》1998 年第 3 期。

⑦ 湖北省博物馆：《汉阳东城垸纱帽山遗址调查》，《江汉考古》1987 年第 3 期；武汉市博物馆等：《1996 年汉南纱帽山遗址发掘》，《江汉考古》1998 年第 4 期。

⑧ 湖北省文物考古研究所：《汉川乌龟山西周遗址试掘简报》，《江汉考古》1997 年第 2 期。

⑨ 陈贤一：《黄陂鲁台山西周文化剖析》，《江汉考古》1982 年第 2 期；王光镐：《黄陂鲁台山西周遗存国属初论》，《江汉考古》1983 年第 4 期；张亚初：《论鲁台山西周墓的年代和族属》，《江汉考古》1984 年第 2 期；胡顺利：《论鲁台山西周"公大史"铜器铭文》，《江汉考古》1988 年第 1 期；黄锡全：《黄陂鲁台山遗址为"长子"国都蠡测》，《江汉考古》1992 年第 4 期。

⑩ 李克能：《鄂东地区西周文化分析》，载王光镐主编《文物考古文集》，武汉大学出版社，1997 年。

⑪ 熊卜发：《鄂东北地区西周文化初探》，《考古与文物》1991 年第 2 期。

⑫ 周厚强：《湖北西周陶器的分期》，《考古》1992 年第 3 期；《孝感地区西周文化初析》，《江汉考古》1985 年第 4 期。

⑬ 中国社会科学院考古研究所长江工作队：《湖北郧县和均县考古调查和试掘》，《考古学辑刊》第 4 集，1984 年；湖北省文物考古研究所等：《南水北调工程丹江口水库郧县淹没区考古调查》，《江汉考古》1996 年第 2 期；十堰市博物馆、郧西县文化馆：《南水北调工程丹江口水库郧西县淹没区考古调查》，《江汉考古》1996 年第 2 期；十堰市博物馆：《十堰市犟河沿岸两处古遗址调查》，《江汉考古》1996 年第 2 期；长江水利委员会：《南水北调中线工程丹江口水库淹没区文物调查概况》，《江汉考古》1996 年第 2 期。叶植主编：《襄樊市文物史迹普查实录》，今日中国出版社，1995 年；武汉大学荆楚史地与考古研究室：《南漳县几处古文化遗址调查简报》，《江汉考古》1986 年第 2 期。

遗址①、随州庙台子遗址②、均县朱家台遗址③、襄樊真武山遗址④、邓城遗址⑤、宜城郭家岗遗址等⑥。

在学术研究方面，主要辨认出"真武山一类遗存"，认为它是周文化南进过程中的变体，有别于鄂东北地区文化，与江汉地区文化关系更近，西周时期遗存与早期楚文化关系密切或就是早期楚文化⑦。也有观点认为，真武山西周时期遗存为邓国遗存，不是早期楚文化⑧。襄樊真武山和宜城郭家岗遗址的文化序列，是襄宜地区西周晚至东周时期楚文化的标尺，使得学界重新审视该地区并认为最有可能是楚文化早期中心。

90年代以后，襄随地区新发掘的遗址包括枣阳周台遗址⑨、郭家庙曾国墓地⑩、襄阳小马家遗址⑪、襄樊沈岗西周墓⑫、邓城黄家村遗址⑬，这些新遗存的发现，为襄宜地区和随枣走廊的陶器分期和文化性质等问题的研究提供了新的材料⑭。枣阳周台遗址和郭家庙曾国墓地均认为是曾国遗存，周台遗址为曾国的重要聚落，而郭家庙墓地为西周晚期到春秋早期曾国的高级贵族墓区，这为探讨曾国文化面貌和历史发展进程提供重要资料。还有研究认为，小马家遗址、沈岗墓地以及黄家村遗址应为邓国遗存，成形的"楚式鬲"在该地区西周中期晚段小马家灰坑中发现，反映了楚文化和邓文化的密切关系，也反证了居于附近区域的早期

① 襄樊市博物馆：《湖北枣阳毛狗洞遗址调查》，《江汉考古》1988年第3期。
② 武汉大学历史系考古教研室等：《西花园与庙台子》，武汉大学出版社，1993年。
③ 中国社会科学院考古所长江工作队：《湖北均县朱家台遗址》，《考古学报》1989年第1期。
④ 湖北省文物考古研究所、襄樊市博物馆：《湖北襄樊真武山周代遗址》，《考古学集刊》第9集，科学出版社，1995年。
⑤ 襄樊市博物馆：《湖北省襄樊市邓城遗址试掘简报》，《江汉考古》2004年第2期。
⑥ 武汉大学历史系考古教研室：《湖北宜城郭家岗遗址发掘》，《考古学报》1997年第4期。
⑦ 张昌平：《试论真武山一类遗存》，《江汉考古》1997年第1期。
⑧ 黄尚明：《湖北襄樊真武山遗址西周时期遗存族属试探》，载楚文化研究会编：《楚文化研究论集》第六集，湖北教育出版社，2005年。
⑨ 襄樊市文物考古研究所、枣阳市文物考古队：《枣阳周台遗址发掘报告》，载襄樊市文物考古研究所编《襄樊考古文集》（第一辑），科学出版社，2007年。
⑩ 襄樊市考古队等编著：《枣阳郭家庙曾国墓地》，科学出版社，2005年。
⑪ 襄樊市文物考古研究所、襄阳区文物管理处：《襄阳黄集小马家遗址发掘简报》，载襄樊市文物考古研究所编《襄樊考古文集》（第一辑），科学出版社，2007年。
⑫ 襄樊市文物考古研究所：《襄樊沈岗西周墓发掘简报》，载襄樊市文物考古研究所编《襄樊考古文集》（第一辑），科学出版社，2007年。
⑬ 襄樊市文物考古研究所：《襄樊邓城黄家村遗址2005年西区周代灰坑发掘简报》，《中原文物》2008年第3期。
⑭ 王先福：《襄随两周遗址出土陶鬲分析》，《江汉考古》2002年第4期；王先福：《襄宜地区西周遗存出土陶器的初步研究》，载楚文化研究会编《楚文化研究论集》第七集，岳麓书社，2007年。

楚文化中心的存在①。

3. 鄂东南区

较为重要的是 1957 年蕲春毛家咀遗址的发掘②，特别是西周木构建筑的发现，曾经引起考古学界的广泛注意。而后经发掘的遗址包括大冶铜绿山古矿冶遗址③、上罗村遗址④、阳新和尚垴遗址⑤、大路铺遗址⑥、罗田庙山岗遗址等⑦。

学术研究方面，主要是对阳新一带商周遗存的讨论，辨认出一支以刻槽鬲、护耳甗、长方形镂孔豆等典型器物组合为代表的独立的考古学文化⑧，并认为族属为古越族文化⑨或杨越文化⑩。

4. 江汉平原区

发掘的西周时期重要遗址包括沙市周梁玉桥遗址⑪、官堤遗址⑫、江陵张家山遗址⑬、梅槐桥遗址⑭、松滋博宇山遗址⑮、钟祥六合遗址⑯、潜江龙湾放鹰台第 3 号台基址⑰、当阳磨盘山遗址⑱、枝江赫家洼遗址等⑲。

学术研究方面，在周梁玉桥遗址的研究基础上⑳，提出了"周梁玉桥

---

① 王先福：《襄樊邓城区两周遗存文化属性分析》，日本早稻田大学"楚文化研究之三——楚墓发掘与楚文化的地域性"国际学术研讨会，2006 年；《襄宜地区西周遗存出土陶器的初步研究》，《楚文化研究论集》第七集，岳麓书社，2007 年。
② 中国科学院考古研究所湖北发掘队：《湖北蕲春毛家咀西周木构建筑》，《考古》1962 年第 1 期。
③ 黄石市博物馆：《铜绿山古矿冶遗址》，文物出版社，1999 年。
④ 黄石市博物馆：《大冶上罗村遗址试掘简报》，《江汉考古》1983 年第 4 期。
⑤ 咸宁地区博物馆等：《阳新县和尚垴遗址调查简报》，《江汉考古》1984 年第 4 期。
⑥ 湖北省文物考古研究所：《阳新大路铺遗址东区发掘简报》，《江汉考古》1992 年第 3 期。
⑦ 湖北省文物考古研究所等：《湖北罗田庙山岗遗址发掘报告》，《考古》1994 年第 9 期。
⑧ 周国平：《阳新大路铺遗址商周陶器浅析》，《江汉考古》1992 年第 3 期。
⑨ 张潮：《古越族文化初探》，《江汉考古》1984 年第 4 期；《商周采矿技术简稿——江南诸采铜遗址简析》，广东科技出版社，2001 年；李克能：《鄂东地区西周文化分析》，载王光镐主编《文物考古文集》，武汉大学出版社，1997 年。
⑩ 张正明、刘玉堂：《大冶铜绿山占铜矿的国属》，《楚史论丛·初集》，湖北人民出版社，1984 年。
⑪ 沙市市博物馆：《湖北沙市周梁玉桥遗址试掘简报》，《文物资料丛刊》第 10 辑，1987 年；荆州市周梁玉桥遗址博物馆：《沙市周梁玉桥 1987 年的发掘》，《考古》2004 年第 9 期。
⑫ 湖北省博物馆：《沙市官堤商代遗址发掘简报》，《江汉考古》1985 年第 4 期。
⑬ 陈贤一：《江陵张家山遗址的试掘和探索》，《江汉考古》1980 年第 2 期。
⑭ 湖北荆州地区博物馆、北京大学考古系：《湖北江陵梅槐桥遗址发掘简报》，《考古》1990 年第 9 期。
⑮ 荆州地区博物馆：《湖北松滋博宇山遗址试掘简报》，《文物资料丛刊》第 10 辑，1987 年。
⑯ 荆州地区博物馆、钟祥县博物馆：《钟祥六合遗址》，《江汉考古》1987 年第 2 期。
⑰ 潜江市博物馆：《潜江市龙湾遗址群放鹰台第 3 号台试掘简报》，《江汉考古》2001 年第 1 期。
⑱ 宜昌地区博物馆：《当阳磨盘山西周遗址试掘简报》，《江汉考古》1984 年第 2 期。
⑲ 湖北省博物馆：《赫家洼遗址调查简报》，《江汉考古》1985 年第 2 期；黄道华：《枝江赫家洼遗址出土西周卜骨》，《江汉考古》1992 年第 3 期。
⑳ 彭锦华：《沙市周梁玉桥殷商遗址试析》，《江汉考古》1989 年第 2 期。

文化"的命名，认为它属于百濮文化的一支①，年代约当晚商时期并延续到西周早期。关于西周中晚期遗存的研究，过去当阳赵家湖楚墓的分期将其第一期定为西周晚期②，而后许多相关的材料如磨盘山遗址等都以其作为对比标准，已有学者对赵家湖楚墓分期提出质疑③，认为其上限不可能早到西周晚期，因而该区域内的西周晚期材料需重新研究。目前学界基本认为约在西周晚期，该区域内出现一支大口绳纹柱足鬲文化，如梅槐桥遗址、钟祥六合遗址、张家山遗址等。关于其亲缘关系讨论一般分为两类，或认为与汉东地区商周文化有关④，或认为与襄宜平原同时期遗存面貌接近⑤。

5. 西陵峡区

清江下游及长江西陵峡段地区的考古工作主要是配合清江大型水电建设工程、葛洲坝工程和长江三峡水利枢纽工程而进行的。相当于西周时期遗存的重要遗址包括长阳香炉石遗址⑥、宜昌路家河遗址⑦、小溪口遗址⑧、上磨垴遗址⑨、覃家沱遗址⑩、秭归官庄坪遗址⑪、柳林溪遗址⑫、何家坪遗址⑬、庙坪遗址⑭、巴东黎家沱遗址等⑮。

① 王宏：《论周梁玉桥文化》，《江汉考古》1996 年第 3 期。

② 湖北宜昌地区博物馆等：《当阳赵家湖楚墓》，文物出版社，1991 年。

③ 叶植：《赵家湖楚墓的分期研究》，载《湖北省考古学会论文选集（二）》，江汉考古编辑部 1991 年。

④ 杨宝成：《试论西周时期汉东地区的柱足鬲》，载楚文化研究会编《楚文化研究论集》第四集，河南人民出版社，1994 年。

⑤ 张昌平：《试论真武山一类遗存》，《江汉考古》1997 年第 1 期。

⑥ 湖北清江隔河岩考古队：《湖北清江香炉石遗址的发掘》，《文物》1995 年第 9 期。湖北清江隔河岩考古队、湖北省文物考古研究所：《清江考古》，科学出版社，2004 年。

⑦ 长江水利委员会：《宜昌路家河——长江三峡考古发掘报告》，科学出版社，2002 年。

⑧ 湖北省文物考古研究所：《宜昌县小溪口遗址发掘简报》，《江汉考古》1994 年第 1 期。

⑨ 湖北省文物考古研究所：《湖北宜昌县上磨垴周代遗址的发掘》，《考古》2000 年第 8 期。

⑩ 湖北省博物馆：《宜昌覃家沱两处周代遗址》，《江汉考古》1985 年第 1 期。

⑪ 湖北省博物馆：《秭归官庄坪遗址试掘简报》，《江汉考古》1984 年第 3 期。

⑫ 湖北省文物考古研究所：《1981 年湖北省秭归县柳林溪遗址的发掘》，《考古与文物》1986 年第 6 期。国务院三峡工程建设委员会办公室、国家文物局编著：《秭归柳林溪》（长江三峡工程文物保护项目报告乙种第二号），科学出版社，2003 年。

⑬ 湖北省文物考古研究所：《湖北秭归何家坪遗址发掘简报》，《江汉考古》2002 年第 3 期。

⑭ 孟华平、周国平、王成武：《秭归庙坪遗址的主要收获》，《江汉考古》1997 年第 1 期；湖北省文物考古研究所三峡考古队：《秭归庙坪遗址 1995 年试掘简报》，载国务院三峡工程建设委员会办公室、国家文物局编著：《湖北库区考古报告集（第一卷）》（长江三峡工程文物保护项目报告甲种第二号），科学出版社，2003；湖北省文物事业管理局、湖北省三峡工程移民局编：《秭归庙坪》（长江三峡工程文物保护项目报告乙种第一号），科学出版社，2002 年。

⑮ 山东大学考古系：《巴东黎家沱遗址发掘简报》；中山大学人类学系：《巴东黎家沱遗址 2000 年度发掘简报》，均载国务院三峡工程建设委员会办公室、国家文物局编著：《湖北库区考古报告集（第一卷）》（长江三峡工程文物保护项目报告甲种第二号），科学出版社，2003 年。

在学术研究方面，由于过去对该区域的考古学文化面貌认识不够清晰，发掘报告发表时多称为商周时期或周代遗存。清江流域提出"香炉石文化"①，西陵峡区也辨认出"路家河文化"，它们主要存在的年代为夏商时期，均为地方文化。其实，香炉石遗址和路家河遗存应视为同类遗存，它们与成都平原的文化有着密切的关联，应是成都平原文化通过三峡向东流变的结果②。该区域内确认为西周时期的遗存，多依据当年对当阳赵家湖楚墓分期与断代的成果，因而该区域内所谓西周晚期的遗存年代都判定过早。关于西陵峡区西周文化的分期，分歧较大：或主张不细分，将整个西周作为一整段③；或主张分为商末周初和西周中晚期④，并进一步将西周中晚期分为早晚两组，或者分为两段五组⑤；或分为路家河文化第三期、路家河 H4 类遗存以及庙坪类遗存，年代分别是商末到西周前期、西周中期和西周中晚期⑥，或认为年代为西周前期、西周中晚期、西周后期⑦。关于该地区地方考古学文化的族属及文化因素分析主要有三种分析方式⑧，①认为是夔文化，并认为是早期楚文化⑨；②将其分为两组，鼎釜组和鬲盂豆罐组，以釜为主体的陶器群为早期巴文化⑩，也有认为和周梁玉桥文化一样属于百濮文化的一支⑪；鬲盂豆罐组或认为是汉水流域下游黄陂鲁台山遗址为代表的西周文化⑫，或认为是楚文化因素⑬；③命名为小溪口文化⑭，

---

① 王善才：《香炉石遗址与香炉石文化》，《四川文物》2001 年第 2 期。
② 冰白：《三峡新石器时代至商周时期考古的新局面和新课题》，《武汉大学学报（人文科学版）》2004 年第 6 期。
③ 杨权喜：《西陵峡商周文化的初步讨论》，《中国考古学会第七次年会论文集》，文物出版社，1992 年。
④ 王然：《夏、商、西周至春秋时期巴人遗存考》，载王光镐主编《文物考古文集》，武汉大学出版社，1997 年。
⑤ 长江水利委员会：《宜昌路家河——长江三峡考古发掘报告》，科学出版社，2002 年。
⑥ 张继华：《鄂西峡江地区周代遗存研究》，武汉大学考古系硕士学位论文，2003 年。
⑦ 余西云：《三峡库区先秦时期的文化变迁》，载湖北省文物事业管理局、湖北省三峡工程移民局编《2003 年三峡文物保护与考古学研究学术论文研讨会论文集》（长江三峡工程文物保护项目报告丁种第二号），科学出版社，2003 年。
⑧ 张继华：《鄂西峡江地区西周时期遗存研究的回顾与展望》，《武汉职业技术学院学报》2002 年 9 月第 1 卷第 3 期。
⑨ 杨权喜：《西陵峡商周文化的初步讨论》，《中国考古学会第七次年会论文集》，文物出版社，1992 年。
⑩ 王然：《夏、商、西周至春秋时期巴人遗存考》，载《文物考古文集》，武汉大学出版社，1997 年。
⑪ 王宏：《论周梁玉桥文化》，《江汉考古》1996 年第 3 期。
⑫ 长江水利委员会：《宜昌路家河——长江三峡考古发掘报告》，科学出版社，2002 年。
⑬ 王宏：《论周梁玉桥文化》，《江汉考古》1996 年第 3 期。
⑭ 林春：《长江西陵峡远古文化初探》，《葛洲坝工程文物考古成果汇编》，武汉大学出版社，1990 年；《鄂西地区三代时期文化谱系分析》，《南方文物》1994 年第 2 期。

认为是继承路家河文化并吸收周梁玉桥文化某些因素而产生的新文化类型。

6. 澧、沅水下游区

该地区主要是上世纪七八十年代做的调查和试掘工作①，发现并发掘了石门皂市遗址②、石门宝塔遗址③、澧县斑竹遗址④、宝宁桥遗址、文家山遗址、黄泥岗遗址、周家坟山遗址以及周家湾遗址等，在这些遗址材料的整理和研究的基础上，已经可以将澧水流域的青铜文化和其他地区区别开来，并对文化分期、文化因素的构成以及源流等问题进行初步探讨⑤。商晚期直至开始出现明确无误的楚墓之前的文化遗存可分为五期⑥，从第二期开始应该进入了西周的纪年范围；从二期到第四期，逐渐蜕变，到相当于西周中期的第四期，开始出现鬲盆豆罐的楚文化特点的组合，有学者以此作为楚文化南渐入湘的最早证据⑦；第五期为春秋早中期楚式器物，但四五期之间存在缺环，即西周晚期发现的遗存不多，或许黄泥岗遗址可早到西周晚期⑧。

7. 湘、资水下游区

该地区相继发掘了岳阳费家河遗址⑨、铜鼓山遗址⑩、对门山遗址⑪、温家山墓葬等⑫。从这些遗址的发掘情况看，它们在二里岗时期受到了商文化的强烈影响，而殷墟以后，地方文化在很大程度上获得了发展，

---

① 何介钧、曹传松：《湖南澧县商周时期古遗址调查与探掘》，《湖南考古辑刊》第四集，湖南大学出版社，1987 年；湖南省博物馆：《湖南沅江中下游古文化遗址调查》，《考古》1980 年第 1 期。

② 湖南省文物考古研究所：《湖南石门皂市商代遗存》，《考古学报》1992 年第 2 期。

③ 王文建、龙西斌：《宝塔遗址与桅子墓葬——石门县商时期遗存调查》，《湖南考古辑刊》第四集，湖南大学出版社，1987 年。

④ 湖南省博物馆：《湖南沅江中下游古文化遗址调查》，《考古》1980 年第 1 期。

⑤ 何介钧：《湖南商周时期古文化分区探索》，《湖南考古辑刊》第二集，岳麓书社，1984 年。

⑥ 何介钧等：《湖南澧县商周时期古遗址调查与探掘》，《湖南考古辑刊》第四集，湖南大学出版社，1987 年。

⑦ 高至喜：《楚人入湘的年代和湖南越楚墓葬的分辨》，《江汉考古》1987 年第 1 期；《楚文化的南渐》，湖北教育出版社，1996 年。

⑧ 何介钧、曹传松：《湖南澧县商周时期古遗址调查与探掘》，《湖南考古辑刊》第四集，湖南大学出版社，1987 年。

⑨ 湖南省博物馆等：《湖南岳阳费家河商代遗址和窑址的探掘》，《考古》1985 年第 1 期。

⑩ 湖南省文物考古研究所等：《岳阳市郊铜鼓山商代遗址和东周墓发掘报告》，《湖南考古辑刊》第五集，《求索》增刊，1989 年。

⑪ 岳阳市文物队：《岳阳县对门山商代遗址发掘报告》，《湖南考古辑刊》第六集，岳麓书社，1994 年。

⑫ 岳阳市文物管理处：《湖南岳阳温家山商时期坑状遗迹发掘简报》，《江汉考古》2005 年第 1 期。

占据了主导地位，为一支地方考古学文化，可称为"费家河文化"①。

西周时期调查材料较多②，正式发掘的较少。西周早中期的遗址有望城高砂脊遗址③，它们与该地区内陆续出土的大量的商周青铜器有密切关系。这些商周青铜器以青铜乐器如铙、甬钟和铜镈等居多，很有地方特色。特别是以宁乡为中心的湘江下游地区出土的最为集中，表明该地区存在一支发达的青铜文化，过去对此研究颇多④，成果颇丰，但其文化背景以及所对应的考古学文化面貌如何尚不清楚。西周晚期发现的遗址有湘阴晒网场遗址和岳阳市郊毛家堰和阎家山遗址一期遗存⑤，其文化面貌已具有楚文化风格，有学者指出，该时期湘江流域的湘阴晒网场遗址与澧水流域的周家湾遗址文化面貌存在高度的一致⑥。

（二）考古新发现

1. 鄂西北区

21世纪南水北调工程的开展给考古研究带来新的契机。丹江库区及汉水上游西周遗存的发现，填补了该区域的空白，且有望在楚都丹阳和早期楚文化研究问题上有所突破。

从目前的资料看，郧县辽瓦店子遗址⑦、白鹤观遗址⑧、大寺遗址⑨、

---

① 向桃初：《湖南湘江流域商周时期古文化初论》，《南方文物》1994年第1期。
② 株洲市文物管理处：《湖南株洲县商周遗址调查报告》，《江汉考古》1996年第1期；株洲市博物馆：《湖南攸县商周遗址调查报告》，《湖南考古辑刊》第六集，《求索》增刊，1994年。
③ 湖南省文物考古研究所等：《湖南望城县高砂脊商周遗址的发掘》，《考古》2001年第4期。
④ 王恩田：《湖南出土商周铜器与殷人南迁》，《中国考古学会第七次年会论文集》，文物出版社，1992年；熊传薪：《湖南省商周青铜器的发现与研究》，《湖南省博物馆开馆三十周年暨马王堆汉墓发掘十五周年纪念文集》，1986年；向桃初：《湖南商代铜器新探》，《四川大学考古专业创建三十五周年纪念文集》，四川大学出版社，1998年；《湖南商代晚期青铜文化的性质及其与殷墟商文化的关系》，《考古耕耘录——湖南中青年考古学者论文选集》，岳麓书社，1999年；《关于湖南商周铜器性质诸问题的新思考》，《北京大学古代文明研究通讯》第9期，2001年；《湖南商周考古和青铜器研究的新进展》，载《长江流域青铜文化研究》，科学出版社，2002年。
⑤ 岳阳市考古队：《湖南省岳阳市郊毛家堰——阎家山周代遗址发掘简报》，《文物》1993年第1期。
⑥ 何介钧：《湖南商周时期古文化分区探索》，《湖南考古辑刊》第二集，岳麓书社，1984年。
⑦ 武汉大学考古与博物馆学系：《湖北郧县辽瓦店子遗址的发掘与研究》，《田野考古发掘汇报》，2005年；武汉大学考古与博物馆学系：《郧县辽瓦店子遗址》，载湖北省文物局《湖北省南水北调工程重要考古发现Ⅰ》，文物出版社，2007年，第116页。
⑧ 湖北省文物考古研究所：《郧县白鹤观遗址》，载湖北省文物局《湖北省南水北调工程重要考古发现Ⅰ》，文物出版社，2007年，第162页。
⑨ 武汉大学历史学院等：《湖北郧县大寺遗址西周遗存发掘简报》，《江汉考古》2018年第1期。

张湾区黄龙镇大东湾遗址①、房县孙家坪遗址②等，均包含有西周时期遗存。其中，郧县辽瓦店子遗址发现了新石器时代至东周时期序列完整的考古遗存，东周时期遗存与宜城郭家岗和襄樊真武山遗址的文化面貌一致，序列完整，属于典型楚文化遗存；商末周初到两周之际也存在连续的序列，无疑探讨早期楚文化极其有利的材料。辽瓦店子遗址商末至西周早期遗存中发现一支以扁足鬲为特色的地方文化③，同样的器类在大东湾遗址和陕西商州市过风楼遗址④均有发现。这支以扁足鬲为特色的考古学文化的发现，给早期楚文化的探讨提供了新的思考角度。目前资料已经整理完毕，考古发掘报告待出版。

2. 鄂东北区

新世纪以来的考古发现包括云梦小王家山遗址⑤、麻城金罗家城址⑥、吊尖遗址⑦、应城神台子遗址⑧、广水四顾台遗址⑨、大悟夏家河遗址⑩等。其中，金罗家遗址通过勘探与发掘，发现有西周时期城垣、城濠及大型夯土遗迹，确定有西周时期城址存在，城址面积约 10 万平方米，这是湖北地区首次发掘的西周城址，面积比以往调查发现的磨元城城址大 10 倍，其资料尚在整理中。

3. 鄂东南区

2003 年对阳新大路铺遗址进行了两次发掘，发掘面积近 1000 平方米，发现并清理了大批遗迹与遗物。通过初步的研究，进一步确认了以刻槽鬲、护耳瓿、长方形镂孔豆等典型器物组合为代表的独立的考古学文化的存在，

---

① 西北大学文博学院：《张湾区大东湾遗址》，载湖北省文物局《湖北省南水北调工程重要考古发现Ⅰ》，文物出版社，2007 年，第 195 页。

② 湖北省文物考古研究所：《湖北房县孙家坪遗址发掘简报》，《江汉考古》2012 年第 3 期。

③ 傅玥：《汉水上游地区夏商时期遗存出土陶器研究》，武汉大学 2006 年硕士学位论文；王然、傅玥：《湖北郧县辽瓦店子遗址夏商时期文化遗存研究》，载《石泉先生九十诞辰纪念文集》，湖北人民出版社，2007 年。

④ 何晓琳、高崇文：《试论"过风楼类型"考古学文化》，《江汉考古》2011 年第 1 期。

⑤ 武汉大学考古与博物馆学系：《湖北云梦小王家山遗址的发掘与研究》，《田野考古发掘汇报》，2005 年 11 月。

⑥ 麻城市博物馆：《麻城金罗家遗址调查简报》，《江汉考古》1992 年第 3 期。城址材料为湖北省文物考古研究所汇报材料。

⑦ 湖北省文物考古研究所、麻城市博物馆：《湖北麻城吊尖遗址发掘简报》，《江汉考古》2008 年第 1 期。

⑧ 湖北省文物考古研究所、孝感市博物馆、应城市博物馆：《湖北应城神台子遗址调查发掘简报》，载湖北省文物考古研究所编：《湖北考古报告集》，江汉考古编辑部，2008 年，第 116 页。

⑨ 湖北省文物考古研究所：《湖北广水四顾台遗址发掘简报》，《江汉考古》2012 年第 3 期。

⑩ 湖北省文物考古研究所：《湖北大悟夏家河遗址发掘简报》，《江汉考古》2011 年第 2 期。

并提出了"大路铺文化"的定名，认为其出现时间不早于殷墟三期，消失于春秋中晚期左右，可能为楚所灭①。目前资料已正式发表②。

4. 湘、资水下游区

2001 年炭河里西周城址的发现③，一方面，发现、解剖并确认了西周时期的城墙，揭露 2 座大型人工黄土台建筑基址，清理出 2 座可能为宫殿建筑的大型房屋遗迹。在城内外均发现了与城墙同时的壕沟线索，并对壕沟的走向、形成原因、沟内堆积情况及时代等进行了发掘。此外，在城外台地上发现清理了西周时期小型贵族墓葬 7 座，出土了大量青铜器和玉器；另一方面，找到了备受学术界关注的"宁乡铜器群"的考古学文化归属——"炭河里文化"④，为湘江流域乃至整个南方地区商周青铜文明的研究提供了重要素材。2008 年 3 至 4 月，湖南省文物考古研究所对岳阳县老鸦洲遗址进行了抢救性发掘，其中 H5 出土了比较丰富的陶器。发掘者认为，从年代看，以 H5 为代表的遗存可将费家河文化与炭河里文化的时间序列衔接起来，使得湘江下游的商周文化序列更加完整⑤。

（三）评述

1. 考古发现方面

到目前为止，长江中游地区西周时期考古材料已经较为丰富，各区域均有一批或若干批带队的材料可作为序列标尺进行区域序列的构建与研究，由此，长江中游地区西周时期考古学文化框架体系的整体构建已经具备材料基础。

2. 研究方面

各区域的考古学文化的序列和谱系研究取得了许多初步的成果，但整体研究不多。从目前看，王宏先生首先有过尝试⑥，他将长江中游夏商周时期的考古学文化进行文化区、系架构的搭建，并认为从时代上看，

---

① 周利宁：《阳新大路铺商周遗址性质及相关考古学文化研究》，武汉大学考古系硕士学位论文，2006 年。
② 湖北省文物考古研究所：《阳新大路铺》，文物出版社，2013 年。
③ 湖南省文物考古研究所等：《湖南宁乡炭河里西周城址与墓葬发掘简报》，《文物》2006 年第 6 期。
④ 向桃初：《炭河里城址的发现和宁乡铜器群再研究》，《文物》2006 年第 7 期。
⑤ 湖南省文物考古研究所、岳阳市文物管理处：《湖南岳阳老鸦洲遗址考古发掘报告》，《湖南考古辑刊》第 13 集，科学出版社，2018 年。
⑥ 王宏：《试论长江中游地区夏商周时期的文化与族属》，《湖北省考古学会论文选集》（三），《江汉考古》增刊，1998 年；《论长江中游地区夏商周时期的文化与文化变迁》，载北京大学考古文博学院编《考古学研究》（五），科学出版社，2003 年。

夏代至商代早期、商代晚期以及西周时期，该地区的文化经历了三次大的变化。西周时期的考古学文化包括鄂西南地区周梁玉桥文化、湘西北地区皂市中层文化晚段、鄂北地区周文化、鄂东南地区毛家嘴类型和铜绿山类型早段等。此外，还对文化的变迁过程和模式进行了总结和探讨。该文具有一定的参考意义，但囿于材料，有些考古学文化或类型的定名还不够准确，如铜绿山类型；对文化面貌的认识也有待进一步廓清，如湘东北地区尚属于空白区域。刘彬徽先生在《长江中游西周时期考古研究》一文中也有过分析①，不过该文主要是致力于早期楚文化的探讨。文中将西周考古文化类型分为楚文化、周文化和越濮文化三类，提出鄂西和湘西北所在的区域是楚文化的策源地，鄂西北和鄂东北地区为周文化类型区，鄂西北地区的考古材料缺乏深厚的文化根基以及后劲，即无商文化遗存和西周早期以后的遗存，不存在楚文化自身连续不断的发展序列，因而楚都丹阳不可能在丹淅。该文发表之时，鄂西北地区的商周材料尚未出土，加之对涉及的相关考古学文化年代和面貌等认识存在一定的偏差，故结论有待商榷。万全文先生《长江中游先秦考古学文化》②一书中，认为长江中游西周时期为文化转轨阶段，并从周人的南进和青铜器两方面进行了论述。

总之，过去的研究由于材料的限制以及整体框架的不完整，在对各区遗存进行探讨时缺乏宏观的大背景分析以及综合性的整体关联，因此，对遗存的年代和性质的把握存在着较大的偏差，较多遗存的年代存在定得过早的情况，由此对遗存的文化因素来源等更深入的研究与探讨也存在一定的问题，故结论也不甚准确。这些问题的反复积累，使得我们对日益增多的新材料的认识又存在着更大的分歧，这对后续的深入研究极为不利。因此，对长江中游地区西周时期考古学文化进行整体框架体系研究，实属当务之急。

三　研究思路与研究方法

本书研究的重点是长江中游地区西周时期考古学文化框架体系的建立，这是该课题最亟待解决的问题，属于首次综合性的基础研究。本书构建的框架体系不单单是时空框架，而是一个大的严密体系，即遗存类别与时空的逻辑关联。以往的框架研究不太注重这点，时空框架的确立

---

① 刘彬徽：《长江中游地区西周时期考古研究》，载北京大学考古文博学院编《考古学研究》（五）下册，科学出版社，2003年。

② 万全文：《长江中游先秦考古学文化》，湖北教育出版社，2006年。

往往将王朝文化的框架进行整体"搬迁"，这种做法不但容易造成年代推断的误差，还容易掩盖各区文化变迁的特性。因此，本书特别注重遗存类别的研究，包括各类遗存的各期别、各类别、小文化圈、大文化圈等由小到大的类别概念遗存，都在时空中有自己特定的位置，而这种位置的确定是通过遗存间客观存在的严密的内在逻辑关联推断得出。在此基础上，我们提出了"王朝文化规范""王朝文化体系"和"文化整合"三个概念，并用之来观察遗存，以理清商周两代王朝在长江中游的经略过程。

由于本书构建框架体系的思路与方法较为独特，故在此需做详细说明。

（一）研究思路与操作方法

在考古学研究上，陶器和铜器是为不同的研究对象，因此，完整的框架体系必须包括陶器群与铜器群两大体系。本书的操作正是分别建立其各自的体系，而后关联并对应成整个长江中游地区的构架①。具体操作如下：

1. 陶器群体系的建立

（1）分区研究，整体串联，宏观观察。

因涉及的地理空间范围过大，在构建框架之时，根据地理位置与地貌特征的不同划分出鄂西北、鄂东北、鄂东南、江汉平原、西陵峡、澧水和沅水下游、湘水和资水下游等若干地理单元，先分区构建各自的时空框架，再进行各个区块之间的对比和串联，建立整体的时空框架。

（2）器物组合定遗存性质，年代标卡定时间范围，已知带未知。这是建立各区遗存序列时的原则和标准。

具体操作上，先依据出土器物主体组合的特点将各区涉及的遗存进行分类。在同类遗存中进行分期与年代的分析，利用已经可以明确确定年代的器物组合或单位（王朝文化的明显阶段性特征器物或年代上学界无异议的典型单位）作为时间标卡，卡定遗存的时间范围。再在遗存分类和年代标签的基础上，对各类遗存的时空范围进行对比和排序，建立该区域内所有类别遗存的整体序列。

（3）各区序列进行串联。具体操作上，不同类别的遗存或利用共同的阶段性特征进行串联，或根据遗存间的互动关系，对相关遗存进行串联。同类遗存间进行统一的分期与排序进行串联。

---

① 居址和墓葬本需分别处理，但由于本区域内所见陶器墓葬材料较少，大多都为铜器墓，故此处将涉及的墓葬材料分列于陶器与铜器群中介绍，不设专门章节。

（4）进行类别的细致研究。具体操作上，不同类别间，比较遗存的共性与差异，划分遗存的小文化圈、大文化圈。同类遗存间，根据遗存的特点划分不同文化类型。

2. 铜器群体系的建立

与陶器群体系采用一致的分析手段。具体操作上，先选取科学出土的铜器群作为典型单位，对其一一进行器物组合特点及年代分析；再进行大组小群的划分，建立时空框架；最后通过铭文等与考古学文化进行关联与对应。

3. 框架体系的建立

将铜器群与陶器群体系进行关联与对应，回到时空中，整个框架体系建立。

框架体系是遗存性质与年代等认识的基础，体系不同则对遗存解读以及遗存间关系的认识均不同，因此，本书的重心将放在各地区基础材料的梳理上，反复进行对比研究，以期构建的框架接近客观存在的规律，并具有严密的逻辑性。这既是创新，又是难点。

在框架体系构建后，我们还将就体系下观察到的诸多学术问题进行探讨，如研究商、周两代王朝控制的范围及其体系内部的差异、差异的表现及原因；研究商周王朝规范的更替过程；归纳总结周王朝对长江中游的经略等。

（二）概念界定

本书的重点在于框架体系的建立，由于体系的构架方法较为独特，因此本书在论证过程中提出并运用到了几个概念，此处需先做界定与说明，大致包括以下几点：

1. 王朝文化规范

王朝文化规范，是指在某个成熟王朝文化到达的区域内，受其影响的遗存表现出的一种共同的、稳态的特征。本书涉及的王朝包括商与周，故文中的王朝文化指的是商文化与周文化。从出土器物上看，文化规范以典型器物组合为表征，如商文化规范在陶器上表现为分裆鬲、簋、假腹豆、大口尊、圜底罐、深腹盆等组合，在铜器上表现为鼎、甗、爵、斝、卣、罍等组合；周文化规范在陶器上表现为鬲、盆、豆、罐的组合，铜器上表现为鼎、簋、鬲、豆、壶、盘、匜等组合。

2. 王朝文化体系

王朝文化体系，是指所有受到王朝文化规范影响，并已在遗存中出现王朝文化规范的遗存共同体。文中运用较多的为"周文化体系",指的是文化性质已属于规范周文化的遗存群体。

3. **文化整合**

本书所提文化整合是指地方文化被王朝文化规范改变,最后融入王朝文化体系中的过程。它是由王朝文化主动,地方文化被动,同时这一整合过程在商周两代王朝不同时期不同地域又有着不同的表现,可以理解为整合方式的多样性。

第一章　西周之前的文化概述

在分析和探讨长江中游地区西周时期考古学文化之前，我们有必要先介绍下西周之前主要是商时期考古学文化的概况。目前看来，该地区商时期的考古学文化研究已经取得了较为丰硕的成果。从各地区考古学文化面貌看，可大致分为典型商文化和地方文化遗存两大类。根据商文化的发展进程，我们发现二里岗上层至殷墟早期之间普遍可以见到其对外扩张。以下以商文化为主线，对长江中游地区这段时期的考古学文化进行概述。

第一节　典型商文化遗存

一　鄂东北区

（一）盘龙城遗址

盘龙城遗址[①]，位于今武汉市盘龙城经济开发区叶店村杨家湾盘龙湖畔。遗址位于东西约 1100 米、南北约 1000 米的丘陵地带，东、南、西三面环水，发现有城址、宫殿基址、墓葬、手工作坊区等重要遗迹。

1. 遗迹

城垣　城垣略呈平行四边形，方向 20°，南北长约 290 米，东西宽约 260 米，周长 1100 米，城内面积约 7.54 万平方米。城垣现西墙及南墙东部仍高出 1~3 米，其余仅剩基部。城墙外陡内坡，四角呈圆弧状。经解剖的北城墙，基部宽约 21 米。城墙采用分段版筑，横截面为梯形，墙体外加有护城坡。城墙四周外侧有城壕。现存南、北、西三面城墙的缺口，应为城门。城门底部残有门道，地势内高外低。

宫殿基址　主要建筑群位于城内东北部，三座宫殿基址坐落在大型夯土台基上。三座建筑朝向一致，南偏西，分前、中、后平行排列。已发掘 1 号、2 号宫殿基址，可复原为两组宫殿建筑，F1 东西长 39.8 米，南北宽 12.3 米，中央分为 4 室，周围有回廊。研究者将其复原为木骨泥

<hr />

① 湖北省文物考古研究所：《盘龙城——1963~1994 年考古发掘报告》，文物出版社，2001 年。

墙、墙外设廊的"四阿重屋"式建筑，并推断为当时的寝殿。F2 位于 F1 南面，面阔小于而进深大于 F1，内部未见隔墙但有大柱洞，推测形制为大空间厅堂。两座建筑似"前朝后寝"的格局。在 F2 基址两侧台基边缘，设有南北向陶水管，应是宫殿区的排水设施。

其他　城外四周分布着民居、手工作坊遗址和墓地。民居为单体地面建筑和半地穴式简易窝棚。手工作坊有多处，一般为酿酒、制陶、冶炼遗址。大型墓地分布在城外李家嘴一带，已出土一批精美的商代青铜器、玉器、陶器等。其中有大量的制作考究的青铜食器、礼乐器等，尤为罕见的是 94 厘米长的玉戈。中小型墓葬分布在楼子湾、杨家嘴、杨家湾等地，均为长方形竖穴土坑墓。中型墓葬有棺有椁，随葬有青铜器，墓底挖有腰坑，并有殉葬人。小型墓较为简陋，随葬器物较少。

关于盘龙城商城的始建年代，一般认为在早商二期，废弃年代据已知最晚的遗存来看，可至中商二期。

2. **遗物**

盘龙城遗址出土有大量的青铜容器、兵器和工具等。其中容器包括鼎、鬲、甗、簋、盉、斝、爵、罍、罍、盘等，器类与形制大多与二里岗类型接近。陶器群中占主导地位的鬲、甗、爵、斝、簋、豆、深腹盆、刻槽盆、大口尊、小口瓮等组合，这一情况与二里岗类型基本一致。但盘龙城遗址陶系以红陶居多，纹饰上方格纹的较多使用，器类及形制上平裆鬲、大口缸、硬陶器多见，这些特点又与二里岗类型有着一定差异。

关于分期与年代，发掘报告将整个遗址分为七期，年代从二里头晚期到殷墟一期。也有认为下限在洹北花园庄阶段[1]。另有学者将居址分为五段，墓葬分为四段，年代从早商一段至五段[2]。对遗址的文化性质的认识比较一致，认为盘龙城遗址群应是一处高等级聚落中心，为商王朝统治南方的重要政治中心。

2006 年开始，盘龙城遗址被列入国家"十一五"重点大遗址保护项目。自此，配合大遗址保护开始成为盘龙城考古工作的重要方向。之后的考古发现层出不穷，其研究成果也不断涌现。但对遗址的年代和性质的判断基本还是与先前一致。盘龙城城址的年代在二里头晚期至殷墟一期，它应该是纳入中原王朝政治系统控制之下，而非政治独立的地方方国[3]。

---

① 盛伟：《盘龙城遗址废弃的年代下限及相关问题》，《江汉考古》2011 年第 3 期。
② 豆海锋：《长江中游地区商代文化研究》，吉林大学博士学位论文，2011 年，第 53 页。
③ 武汉大学历史学院等：《2012～2017 年盘龙城考古：思路与收获》，《江汉考古》2018 年第 5 期；张昌平：《关于盘龙城的性质》，《江汉考古》2020 年第 6 期。

（二）小王家山遗址

小王家山遗址①，位于云梦县城关镇和平村五组，西北距云梦县城不足 3 千米。遗址大致为东北—西南走向的锥形台地，西南端较宽，约 80 米，土台西南至东北最长距离约 180 米。土台台面分三个梯级。2002 年 8～10 月武汉大学考古实习队对该遗址进行了勘探与发掘。发掘前按照三个梯级台面分为三个区，该次发掘区位于西南最高的 Ⅰ 区和东北最低的 Ⅱ 区。Ⅰ 区共发掘 5×5 平方米探方 28 个，探沟 1 条；Ⅱ 区共发掘 5×5 平方米探方 7 个，加上扩方部分，总发掘面积近 800 平方米。遗址的主要堆积是商代和西周时期，并发现一座商代的城垣。

1. 遗迹

城垣　城垣的走向基本上是围绕着遗址土台边缘的，土台的大小即是城垣的大小。发掘表明，城垣的建造和使用年代是商代二里岗上层时期，城墙经过三次修筑。

墓葬　遗址中还发掘了几座中小型墓，形制均为长方形竖穴土坑，大多有随葬品，以陶鬲为主。其中一座墓葬随葬有铜戈 1 件，并在头部两侧各置殉狗 1 只。

2. 遗物

遗址出土的陶器以夹砂陶为主，泥质陶次之，部分红陶表面被熏成黑色。纹饰以绳纹为主，弦纹、附加堆纹次之。主要器类包括鬲、甗、假腹豆、簋、盆、罐、大口尊、钵、大口缸、器盖等。无论从纹饰、器形组合还是形制看，与中原二里岗、殷墟文化均一致，较盘龙城遗址而言陶器面貌更单纯，年代可从二里岗上层延续到殷墟二期。

综上，小王家山商城主体年代为二里岗上层时期，较盘龙城而言，等级略低，城的性质可能是军事据点，年代延续至殷墟二期。

（三）庙台子遗址

庙台子遗址②，位于随州市淅河镇金屯村以西约 0.5 千米的一方形台地上，地处涢水北岸支流漂水东岸。商时期遗存包括地层⑤、⑥层、灰坑 4 座、房基 1 座、墓葬 5 座。F3 为一片残缺不全的红烧土，形状不规整，结构不明，未有出土物。墓葬均未见随葬品。出土遗物包括青铜、

① 武汉大学考古学及博物馆学系：《武汉大学考古系 2002～2003 年田野考古主要收获》，国家文物局 2002～2003 年全国田野考古工作汇报材料。

② 武汉大学历史系考古教研室等：《西花园与庙台子》，武汉大学出版社，1993 年。

石质、陶质的生产工具以及陶质生活用具。出土的陶器以夹砂陶为主，泥质陶次之；夹砂陶以黑陶为主，红陶次之，泥质陶以灰陶为主，黑陶次之，红陶较少，部分红陶表面被熏成黑色。陶器纹饰以绳纹为主，其次为弦纹，另有附加堆纹、划纹、方格纹、压印回纹、圆圈纹等。器物组合包括鬲、甗、假腹豆、钵、罐、瓮、缸、盆等。此外，陶片中还包括少量的印纹硬陶及釉陶片。硬陶呈灰色或黑色，施回纹、弦纹、云雷纹或"S"纹，陶质坚硬，火候较高，器形有豆、罐。釉陶为青灰色，陶胎上有回纹、弦纹、齿状附加堆纹，器形有罐、器盖等。关于遗存的主体年代，报告认为在殷墟一期至二期；而《中国考古学·夏商卷》则将其归入中商文化范围，大致年代在中商二期。遗存应属于一般性小型居址。豆海锋将其分为早晚两组，年代对应早商五至六段[1]。

　　上述三个遗存的文化性质，大多学者认为属于商文化的地方类型之一"盘龙城类型"。盘龙城类型是早商文化二里岗类型南下的产物，其主体文化因素与二里岗类型基本一致，在形成的过程中融合了不少当地土著文化因素，并受到了吴城文化、湖熟文化等不同程度的影响。该类型以湖北盘龙城遗址群为代表，主要分布在汉水以东、汉江下游地区[2]，历经早、中商时期[3]。代表遗址除上述三处之外，已发掘的还包括新洲香炉山遗址[4]、孝感聂家寨遗址等[5]，以盘龙城为中心，呈有层级的据点式分布。

二　鄂西北区

　　鄂西北区商时期文化面貌过去不甚清晰，南水北调文物保护工程的启动，一系列商文化遗存的发现填补了这一地区的空白。其中，已发掘

---

[1]　豆海锋：《长江中游地区商代文化研究》，吉林大学博士学位论文，2011 年，第 53 页。

[2]　也有认为盘龙城类型同时还包括洞庭湖区的一部分（至少包括岳阳部分地区），认为该类型地处早、中商文化的南部边缘，一些遗址游离于核心区域外呈据点式分布，岳阳铜鼓山很可能就是已知的一个外围据点，如《中国考古学·夏商卷》。其中，盘龙城类型陶器图片可参见第 194 页。铜鼓山一期遗存后文将详述。

[3]　从小王家山遗址的情况看，商文化在该地区存在的时间应更长，可延续至殷墟二期。

[4]　a. 李克能：《新洲县香炉山新石器时代至周代遗址》，《中国考古学年鉴（1991）》，文物出版社，1992 年。

　　b. 香炉山考古队：《湖北武汉市阳逻香炉山遗址考古发掘纪要》，《南方文物》1993 年第 1 期。

　　c. 武汉大学历史系考古教研室、武汉市博物馆、新洲县文化馆：《湖北新洲香炉山遗址（南区）发掘简报》，《江汉考古》1993 年第 1 期。

[5]　孝感地区博物馆、孝感市博物馆：《湖北孝感聂家寨遗址发掘简报》，《江汉考古》1994 年第 2 期。

的遗址包括辽瓦店子遗址①、方滩遗址②等。

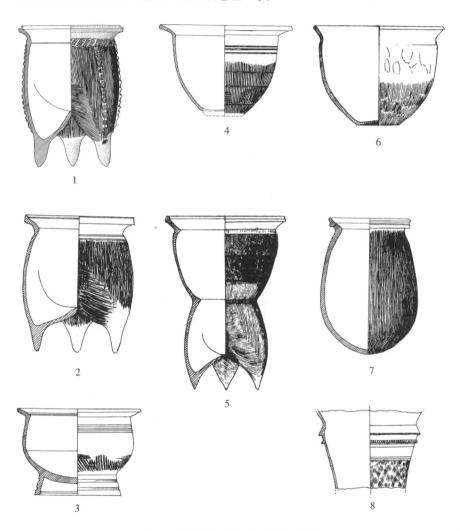

图一　辽瓦店子遗址商时期陶器图

1. 鬲 H549：15　2. 鬲 H793：2　3. 簋 H549：8　4. 甗 H549：1　5. 甗 H793：14　6. 盆 H112：11
7. 深腹罐 H572：1　8. 大口尊 H572：2

---

①　a. 武汉大学考古与博物馆学系：《湖北郧县辽瓦店子遗址的发掘与研究》,《田野考古
发掘汇报》, 2005 年。
　　b. 武汉大学考古与博物馆学系：《郧县辽瓦店子遗址》, 载湖北省文物局：《湖北省南
水北调工程重要考古发现Ⅰ》, 文物出版社, 2007 年, 第 116 页。
②　a. 吉林省文物考古研究所：《张湾区方滩遗址》, 载湖北省文物局：《湖北省南水北调
工程重要考古发现Ⅰ》, 文物出版社, 2007 年, 第 192 页。
　　b. 吉林省文物考古研究所：《湖北省十堰市方滩遗址考古发掘报告》, 载湖北省文物局
等：《湖北南水北调工程考古报告集》（第一卷）, 科学出版社, 2013 年, 第 407 页。

辽瓦店子遗址位于十堰市郧县柳陂镇辽瓦乡三至五组。商时期遗迹主要有数十座灰坑。灰坑中出土的陶器十分丰富，陶质以夹粗砂夹云母陶居多，泥质次之；陶色以夹砂灰陶居多，红、黑陶次之；纹饰以粗绳纹为大宗，附加堆纹、弦纹及璎珞纹次之，另有篮纹及素面陶；主要器类包括鬲、甗、簋、假腹豆、圜底罐、大口尊、缸、釜、器盖等。此外，还出有多枚卜甲和卜骨残片，采用龟的腹甲和牛的肩胛骨制成，上有清晰的圆形凿孔和火灼的痕迹。遗存的主体年代在二里岗上层，下限可到殷墟一期①。典型遗迹单位以H549、H572、H112、H793、H24、H591、H139等为代表（图一）。从陶器的整体面貌看，无论纹饰还是器物形制，均与郑州二里岗、殷墟等遗址所见的商文化陶器一致，文化性质应为典型商文化。

第二节　地方文化遗存

一　荆南寺文化

荆南寺文化是一种年代与盘龙城类型相当但面貌以土著特色为主的文化遗存，分布范围大体在沮漳河流域，东界可能与盘龙城类型商文化接壤。年代约自早商时期至殷墟一期以前。代表遗址为荆南寺遗址②、张家山遗址③等。

荆南寺遗址坐落于太晖河近旁，与张家山遗址邻近或本为一体。1984年后历经前后5次发掘，累计揭露面积1500平方米。荆南寺文化陶器多为泥质或夹砂的灰陶和黑陶，夹粗石英砂的红褐陶占较大的比例。纹饰以绳纹为主，米粒纹、方格纹、附加堆纹也常见。出土陶器的器类包括鬲、斝、大口尊、釜鼎、大口缸、平底罐、凸肩杯、灯形器、豌豆等。关于文化的分期过去已有研究，如简报分六期④、王宏分四期⑤、何

①　王然、傅玥：《湖北郧县辽瓦店子夏商时期文化遗存研究》，载武汉大学历史地理研究所编：《石泉先生九十诞辰纪念文集》，湖北人民出版社，2007年，第170页。

②　荆州博物馆编著：《荆州荆南寺》，文物出版社，2009年。

③　陈贤一：《江陵张家山遗址的试掘和探索》，《江汉考古》1980年第2期。

④　荆州地区博物馆、北京大学考古系：《湖北荆南寺遗址第一、二次发掘简报》，《考古》1989年第8期。

⑤　王宏：《荆南寺商代陶器试析》，《湖北省考古学会论文选集》（一），武汉大学学报编辑部，1987年。

弩分六期①、豆海锋分六段②等。发掘报告在过去研究基础上具体分为六期：第一期以 T13④C、H36② 为代表，年代相当于二里岗下层一期；第二期以 H36①、H17、H70③～⑤ 为代表，年代相当于二里岗下层二期；第三期以 H13、H15、H70①～② 为代表，年代相当于二里岗上层一期；第四期以 H14、H62 为代表，年代相当于二里岗上层二期；第五期以 T5④A、T8④A 为代表，年代相当于二里岗上层二期至殷墟一期；第六期以 H10 为代表，年代相当于殷墟一期。所出陶器的器类在不同期别中所占比例各不相同，反映出一个此消彼长的过程。总体而言，圜底罐形高足鼎、釜、大口缸等富有地方特色的陶器占有绝对优势，中原商式陶器如卷沿高足鬲、假腹豆、深腹盆、无尾长流爵、大口尊等居次。此外，小平底凸肩罐、凸肩杯、高柄豆、长颈圆肩壶、盘口鼎等，反映出峡江地区及澧水流域的周边文化对当地的影响。

二　宝塔文化

澧、沅水下游区的商时期遗存主要集中发现于湖南省石门、澧县、临澧、津市等县。经发掘的遗址有石门皂市③、宝塔④、东风桥，澧县斑竹、宝宁桥⑤，沅陵董家坪⑥、慈利江垭、桑植朱家台⑦等。该地区内商时期文化遗存的面貌比较复杂。陶器群中以鼎、釜、高领罐和碗形豆等本地因素占主导地位，而鬲、簋、假腹豆等典型商文化因素在早中期同样占有重要地位。此外，还可见来自北面荆沙一带以及峡江地区和赣江中下游地区诸考古学文化的影响。关于该地区商时期考古学文化的分期，

---

① 何弩：《荆南寺遗址夏商时期遗存分析》，《考古学研究（二）》，北京大学出版社，1994 年。
② 豆海锋：《长江中游地区商代文化研究》，吉林大学博士学位论文，2011 年，第 67 页。
③ a. 周世荣：《湖北石门县皂市发现商殷遗址》，《考古》1962 年第 3 期；
　　b. 湖南省文物考古研究所：《湖南石门皂市商代遗存》，《考古学报》1992 年第 2 期。
④ 王文建、龙西斌：《宝塔遗址与桅市墓葬——石门县商时期遗存调查》，《湖南考古辑刊》第 4 集，湖南大学出版社，1987 年。该遗址于 2017 年 9 月又进行了抢救性发掘，资料发表在：湖南省文物考古研究所：《湖南石门宝塔遗址》，《大众考古》2018 年第 1 期。据简报，已完成 3000 平方米的发掘面积。其中商代遗存最为丰富，共清理出 130 多座灰坑，出土较多陶器和石器。
⑤ 何介钧等：《湖南澧县商周时期古遗址调查与勘探》，《湖南考古辑刊》第 4 集，岳麓书社，1987 年。
⑥ 湖南省博物馆：《湖南沅江中下游古文化遗址调查》，《考古》1980 年第 11 期。
⑦ 桑植朱家台遗址主要器物组合为高领罐、釜、豆、器盖，其中高领罐的纹饰多样，颇具特色。已有学者提出“桑植文化”的定名，认为该文化主要分布在澧水（三源）上游和溇水中游，西可入湘西山地，东可到慈利江垭。如此，则与宝塔文化性质不同，本书赞同。

早在 20 世纪 80 年代已做过研究，将其分为三期 9 段[1]，后来又有研究分为四期[2]或者三段[3]。《中国考古学·夏商卷》也分为四期，第一期以石门皂市 H23 等遗迹单位为代表，年代相当于早商二期；第二期遗存在石门皂市和宝塔遗址都较为丰富，相当于早商三期；第三期以皂市 TB8 等探方②层为代表，年代相当于中商时期；第四期遗存在石门皂市遗址和斑竹遗址中均出土较丰，年代相当于晚商阶段。其研究认为，该地区的遗存中，本地因素如鼎、釜、高领罐和碗形豆一直居于主导地位，数量多且序列长，一直贯穿始终，典型商文化因素如分裆鬲、簋、假腹豆、爵等存在于前三期。因此，该地区商时期遗存应是一支独立的文化，或可称"宝塔文化"[4]，其分布范围大致为"北以长江为界，东以洞庭湖、湘水为限，西不入湘西山地，南不越沅、资二水"。

以上分期以三期 9 段最为细致，从其分期方案看，二期 6 段开始商文化组合已不见于该类遗存，而第三期 7 段开始相当于《中国考古学·夏商卷》第四期。前文已述以商文化为主线，故商文化组合消失后已不属于此处的探讨范围，且其年代下限进入西周，具体见第二章详述。

三　铜鼓山一期遗存

该类遗存以铜鼓山一期为代表。目前已发掘的仅铜鼓山遗址一处[5]。铜鼓山遗址位于岳阳市北区陆城镇新设村，西南距岳阳市区 30 余千米。遗址分布在长江南岸临江的一座顶部平缓的山坡上，面积三万平方米。遗址于 1985 年文物普查时发现，1987 年 11 月由湖南省考古研究所等单位进行了发掘，发掘面积近 400 平方米。从发掘报告可知，该遗址主要包括商代和东周两个时期的遗存。商时期文化遗迹主要有灰坑 6 个，自然冲沟 3 条。出土陶器以夹砂陶为主、泥质陶次之，硬陶很少。夹砂陶多为红褐色或灰色，泥质陶多为黑色或灰色，且黑色皆为黑皮红胎或灰胎，硬陶一般为浅橙灰色。纹饰以细绳纹最为常见，方格纹、附加堆纹、戳印纹以及弦纹次之，另有少量的云雷纹、变形涡纹、乳钉、划纹以及

---

① 王文建：《商时期澧水流域青铜文化的序列和文化因素分析》，载俞伟超主编《考古类型学的理论与实践》，文物出版社，1989 年。

② 何介钧：《湖南商时期古文化研究》，《湖南先秦考古学研究》，岳麓书社，1996 年。

③ 豆海锋：《长江中游地区商代文化研究》，吉林大学博士学位论文，2011 年，第 35 页。

④ 中国社会科学院考古研究所编著：《中国考古学·夏商卷》，中国社会科学出版社，2003 年，第 480 页。

⑤ 湖南省文物考古研究所、岳阳市文物工作队：《岳阳市郊铜鼓山商代遗址和东周墓发掘报告》，《湖南考古辑刊》第 5 集，《求索》增刊，1989 年。

镂孔装饰等。器类有鬲、甗、鼎、釜、斝、爵、簋、大口尊、罐、盆、豆、碗、大口缸、器盖等，以鬲和大口缸最多，罐、豆、簋、盆次之。发掘报告将该遗址商代遗存分为三期，年代分别为二里岗下层、二里岗上下层之际以及二里岗上层偏晚阶段，文化性质为"与荆南寺、盘龙城具有更直接的联系，同属于一种区域性的商文化"。

关于该类遗存的分期、年代以及文化性质，已有较多学者进行过研究，但意见不尽相同。如分期方面，发掘报告分三期，向桃初分两期四段[1]，何介钧[2]、罗仁林分四期[3]，郭胜斌[4]、何驽分五期[5]，豆海锋分四段[6]。年代判定上，报告及大多学者均将主要遗存定为相当于二里岗下层至上层偏晚阶段，向将一期下限定在中商时期，何将其第五期断为商末周初。而唐际根将何分期的第3、4期定为中商文化一、二期[7]。关于文化性质的讨论，多数学者同意将其归为盘龙城类型商文化，认为它是商文化往南伸出最远的据点之一。唯何认为它应该归入以荆南寺遗址为代表的"荆南寺类型"文化。

我们认为，铜鼓山遗址与商文化因素密切相关的遗存可作为一期，具体内部的细分可再斟酌。而以 H6 为代表的遗存需另作一期，其文化内涵已发生质的变化，已不见典型商文化组合。

四　意生寺类遗存

该地区商时期遗存以黄梅意生寺遗址为代表[8]，目前湖北境内已发掘的该类遗存仅此一处[9]。该遗址位于湖北省黄梅县濯港镇胡六桥村，距离县城约 30 千米，行政区域与安徽省相邻。遗址所在地为冲积平原，

---

① 向桃初：《岳阳铜鼓山遗址商代遗存试析》，《南方文物》1993 年第 3 期；后在其专著《湘江流域青铜时代考古学文化研究》中改为两期五段。

② 何介钧：《湖南商时期古文化研究》，《湖南先秦考古学研究》，岳麓书社，1996 年。

③ 罗仁林：《岳阳地区商时期的文化序列及其文化因素分析》，《考古耕耘录——湖南中青年考古学者论文选集》，岳麓书社，1999 年。

④ 郭胜斌：《商时期洞庭湖东岸青铜文化的年代分期与文化性质》，《考古耕耘录——湖南中青年考古学者论文选集》，岳麓书社，1999 年。

⑤ 何驽：《荆南寺遗址夏商时期遗存分析》，《考古学研究（二）》，北京大学出版社，1994 年。

⑥ 豆海锋：《长江中游地区商代文化研究》，吉林大学博士学位论文，2011 年，第 106 页。

⑦ 唐际根：《中商文化研究》，《考古学报》1999 年第 4 期。

⑧ 湖北省文物考古研究所纪南城工作站：《湖北黄梅意生寺遗址发掘报告》，《江汉考古》2006 年第 4 期。

⑨ 也有学者将其归入盘龙城类型，为盘龙城类型的一个次级地方类型，年代为早商二至四段。具体参考豆海锋：《长江中游地区商代文化研究》，吉林大学博士论文，2011 年，第 59 页。

周围有一圈水沟，相传为护城河，平面略成圆形环绕。发掘点位于护城河内西南部，与桃园地遗址隔河相邻，实际发掘探沟 1 条，探方 4 个，揭露面积共 160 平方米。遗迹包括房基 1 座，灰坑 8 个。F1 址位于 T1 北部，在第 5 层之上，被第 4 层所叠压。平面呈长方形，南北长约 520、东西残宽 290 厘米。房基内有柱洞、灶台和灰坑。

出土遗物以陶器为主，陶质以夹砂陶为主，泥质陶次之，少量硬陶。陶色以黑、灰、褐色居多，灰白、红陶较少。纹饰以绳纹为主，其次为附加堆纹和弦纹，此外还有云雷纹、线纹、方格纹、条形鸡冠状纹、鼻形刻槽纹、乳钉纹等。器类主要包括鬲、甗、罐、瓮、钵、簋、豆、盆、斝、罍、爵、壶、大口尊、缸、鼎、器盖等。报告将遗存分为连续发展的四期，第一期以 T2⑥和 T7⑥为代表，年代约为龙山文化晚期至二里头文化一期；第二期包括 H1 至 H5、H7；第三期包括 T1、T2、T3、T6 及 T7 的⑤层；第四期以 T1④层为代表，年代约在商代前期。豆海锋将其分为三段，对应年代为早商二至四段①。由于发掘面积较小，具体年代有待研究，我们倾向于主体年代在二里岗上层时期。从文化面貌上看，遗存包含了典型商文化因素，如分裆鬲、甗、斝、假腹豆、簋、大口尊等；又带有强烈的地方文化特色，如平裆鬲、鼎、穿孔圜底罐、钵等。

赣北、鄱阳湖以西地区分布着一支早商时期的文化遗存，过去学者称之为"吴城文化"的"石灰山类型"②。它以九江龙王岭遗址③、神墩遗址④、瑞昌铜岭遗址⑤、德安石灰山遗址⑥等为代表，其陶器组合及文化面貌与意生寺遗存相似，既包含了典型商文化因素，如分裆鬲、斝；又带有强烈的地方文化特色，如平裆鬲、鼎、穿孔圜底罐等，与周边的吴城文化⑦实有着较大差异，应与之区别对待。

① 豆海锋：《长江中游地区商代文化研究》，吉林大学博士学位论文，2011 年，第 58 页。
② 彭明瀚：《吴城文化研究》，文物出版社，2005 年，第 65～66 页。
③ 江西省文物考古研究所、九江市文化名胜管理处、九江县文物管理所：《九江县龙王岭遗址试掘》，《东南文化》1991 年第 6 期。
④ 江西省文物工作队、九江市博物馆：《江西九江神墩遗址发掘简报》，《江汉考古》1987 年第 4 期。
⑤ 刘诗中、卢本珊：《江西铜岭铜矿遗址的发掘与研究》，《考古学报》1998 年第 4 期。
⑥ 江西省文物工作队、德安县博物馆：《江西德安石灰山商代遗址试掘》，《东南文化》1989 年第 4、5 期；江西省文物考古研究所、江西省德安县博物馆：《江西德安石灰山商代遗址发掘简报》，《南方文物》1998 年第 4 期。
⑦ 江西省文物考古研究所、樟树市博物馆：《吴城——1973～2002 年考古发掘报告》，科学出版社，2005 年。

第三节　商王朝的控制范围

综上所述，典型商文化遗存由北向南主要分布在鄂西北、鄂东北区，其分布特点反映出商王朝在这些地区由点及面的有层级式的控制方式。各类地方文化中均可见两组因素的共存，一组为典型商文化因素，一组为地方文化因素，两组因素在不同的文化中表现出的强弱程度不尽相同，由此也体现出商王朝在不同区域间有着不同程度的控制地位或方式。根据以上两类遗存中典型商文化组合的共同存在，我们可以推断出二里岗上层至殷墟早期之间商王朝对长江中游地区的控制范围。

随着商文化的逐渐退去，各区域内文化遗存的演变与发展，构成了西周时期考古学文化的基础。此处需要特别指出的是，典型商文化在长江中游各区域退去的时间下限并不完全一致，大致的时间为中商至殷墟一期，但部分地区，如鄂东南的意生寺类遗存，二里岗上层之后不见典型商文化组合，而鄂东北区的小王家山遗址殷墟二期仍可见商文化遗存。这种不一致的步伐，导致商文化退去[①]后各地区地方文化发展处于非平衡性状态，这正是周文化进入长江中游地区前的格局。

---

① 关于商文化在长江中游的消退过程可以参考孙卓的博士学位论文以及之后在此基础上修改出版的专著。
a. 孙卓：《论商时期中原文化势力从南方的消退》，武汉大学博士学位论文，2017 年；
b. 孙卓：《南土经略的转折——商时期中原文化势力从南方的消退》，科学出版社，2019 年。

第二章　西周时期考古学文化分类与年代序列

本章主要对长江中游地区各区域内的西周遗存进行分类与年代序列的研究，以建立整个长江中游地区的时空框架。具体操作上，首先将各区内考古遗存按照器物组合进行分类，再对各类遗存分别进行分期与年代探讨，最后将各类遗存进行排序，以建立该区域的编年序列。在各区编年序列建立后，根据遗存之间的关系及其年代关键点对各序列进行关联，整合为整个长江中游地区的时空框架。涉及的各类遗存中，首次发现的新材料先进行分期与文化性质的探讨；已确立为独立考古学文化的直接称名"某某文化"；尚不够条件确立为考古学文化，但又不属于现有某一考古学文化，或暂时未有统一意见的暂称"某某遗存"或"某某类遗存"。

第一节　鄂西北区

鄂西北区，从行政区划上看，主要包括十堰市、襄樊市及其下所辖各市县。另随州市位于鄂西北与鄂东北区交界处，此处暂归鄂西北区①。根据自然地理特点以及文化面貌的差异性，鄂西北区以丹江库区为界还可分为两小区块，即丹江库区及以上汉水中上游的鄂西北山地区以及库区以下的汉水中游的襄随地区。

一　鄂西北山地区西周遗存

（一）辽瓦店子西周遗存及其年代序列（2005～2011）

1. 遗址介绍

辽瓦店子遗址位于十堰市郧县柳陂镇辽瓦乡三至五组，东北距郧县城关 18 千米，东南距十堰市区 15 千米。遗址地处汉水南岸的二级台地上，东、南、西三面有低山环抱，中部有一条季节性河流将遗址划分为东、西两部分，现存遗址面积约 12 万平方米。

---

① 随枣走廊是介于鄂西北区和鄂东北区之间的地理单元，在行政区划上枣阳市属于襄樊市，过去随州市也属于襄樊市，考虑到这点，此处暂将随枣走廊归入鄂西北区。

1994 年底，为配合丹江口水库续建工程，由湖北省文物考古研究所、十堰市博物馆和郧县博物馆联合组成的考古队，对郧县境内汉江两岸 170 米水位线以下的河谷地区进行了一次全面的文物调查，辽瓦店子遗址便是在这次调查中发现的。2004 年 10 月，为配合南水北调工程中线工程文物保护规划报告的编制，湖北省文物考古研究所的组织考古人员对其进行了勘探与复查，并确认了该遗址的分布面积。2005 年 3 月，为配合南水北调文物保护工作的开展，受湖北省文物局委派，武汉大学考古与博物馆学系与武汉大学科技考古中心组建了武汉大学辽瓦店子遗址考古发掘队，并承担了该遗址的勘探和发掘任务。首次发掘的地点，选择在遗址西区临江地带，在 I 区（NE 区）共布 5×5 平方米探方 93 个，实际发掘面积为 2375 平方米。2005 年 8、9 月汉江水位上涨将遗址淹没使得发掘工作被迫中断。2006 年 10 月，根据湖北省文物局南水北调文物保护工程办公室的安排，开始进行第二次考古发掘。此次发掘的地点，一部分选择在 IV 区（NW 区）共布 5×5 平方米探方 12 个，另一部分与第一期发掘位置南北相接，共布 5×5 平方米探方 24 个，5×10 平方米探方 1 个，10×10 平方米探方 10 个，实际发掘面积共 1950 平方米。2007 年春，湖北省文物考古研究所开始加入对辽瓦店子遗址的发掘工作，共完成发掘面积 2100 平方米。截止到 2007 年 10 月，该遗址共发掘了 6425 平方米。2009 年 8 月始，至 2011 年 1 月，武汉大学考古与博物馆学系又进行了两次考古发掘，前后四次累计实际发掘面积 9316.5 平方米。目前该遗址的发掘与整理工作已基本完成，考古报告待出版。

2. 陶器的分类与排序

（1）典型单位及其层位关系

西周时期的文化遗存包括陶窑一座以及灰坑数座，未发现独立的地层。我们分期讨论主要是以西周时期典型的遗迹单位为对象，包括 H120、H328、H350、H224、H2、H4、H267、H453。各典型遗迹单位的层位关系[①]见表一。

（2）陶器的型式分析

出土的遗物主要是陶器。陶质以夹砂夹云母居多，泥质较少。陶色以红、黑色居多，灰陶较少。夹砂陶多为红色和黑色，泥质陶多为灰陶和少量磨光黑陶。纹饰以绳纹居多，包括细绳纹、粗绳纹，一般施于器

---

① 由于发掘时没有对探方进行统一的地层划分，此处的地层关系是笔者最初按照发掘记录进行整理的，最后的层位关系以发表的考古发掘报告为准。

表；弦纹、乳钉纹、戳点纹、凸棱纹次之，多施于器肩；另有少量暗纹。常见的陶器组合主要有鬲、罐、大口尊、瓮、缸、甗、盂、盆、豆等。由于大多器类出土标本较少，组合不甚完整，故可供排序的主要是鬲，另有甗、盆、豆等。具体型式分析如下：

表一 辽瓦店子遗址西周遗存典型遗迹单位的层位关系表（→表示叠压打破关系）

典型单位	层位关系	近现代层	东周层	商代层	夏代层
H120	T1015⑦→H120、H139→⑧	/	⑦	⑧	/
H328	T1121④→H328→⑤	④	/	⑤	/
H350	T1220⑤→H350→⑥	/	⑤	⑥	/
H2	T1114⑥→H2→⑦	/	⑥	⑦	/
H224	T1218⑦→H220→H224→⑧	/	⑦	/	⑧
H4	T1212⑤→H4→⑥	/	⑤	/	⑥
H267	T1316⑤→H236、H261→H267→⑥	/	⑤	⑥	/
H453	T0715④→H453→⑤	/	④	/	⑤

鬲 根据鬲足特征，可分两大类[①]。

扁足鬲 即足的横截面为扁状椭圆形或长方形。

按照足部特点可分为三式。

Ⅰ式：足部为扁状袋足风格。H120：1，夹细砂夹云母黑陶，绳纹（图二，1）。

Ⅱ式：足部为扁椭长方体。H328：1，夹砂灰陶，通体细绳纹至足，足根素面（图二，7）。

Ⅲ式：足部为扁椭圆柱体。H2：6，小口罐形，侈口，卷沿，圆唇，束颈，弧肩弧腹，最大径在腹上部，圆裆，高足。夹砂灰陶，肩部有弦纹一道，颈部以下饰细绳纹，足部素面，有修整痕迹（图二，13）。H224：2，侈口，卷沿，方唇，弧肩，腹微鼓，最大径在腹中部，圆裆，高足。夹砂灰黑陶，通体细绳纹至足，足根素面，足部经修整（图二，25）。

演变趋势：袋足风格由有变无；扁足由椭长方体逐渐演变为椭圆柱体。

截锥足鬲 即足的横截面为圆形。据口径、最大腹径及三足外切圆径的比例，以及裆部的特点，可分为三型。

A型：小口鬲，所谓"小口"即指口径与三足外切圆径相当，都小于最大腹径。可分两亚型。

---

① 因尖锥鬲足仅在⑧层与H120有少量发现，此处不作型式分析。

Aa 型：颈肩分界不明显，溜肩，微鼓腹。H2:40，敞口，卷沿，圆唇。圆裆较高，下接截锥状柱足。夹砂夹云母红陶，颈部以下通体饰中绳纹至足根（图二，14）。

Ab 型：颈肩分界明显，束颈，鼓肩。根据裆部特点可分两式。

Ⅰ式：圆裆。H2:2，侈口斜方唇，卷沿上扬，束颈，最大径位于肩部，鼓肩圆腹，圆裆。鬲上部整体呈罐形。夹砂红陶，口沿下颈部饰抹绳纹，肩部饰两道凹弦纹，颈部以下饰细绳纹至足部，足根素面，足面经修整（图二，15）。侈口圆唇，卷沿近平。又 H2:3，束颈，溜肩，最大径位于腹部，圆腹圆裆，截锥足，足底有凸出泥团一圈，三足内收。夹砂灰陶，口沿下颈部饰抹绳纹，颈部以下饰细绳纹至足部，足根素面，足面经修整。

Ⅱ式：瘪裆。H267:2，侈口厚圆唇，卷沿上仰，长斜颈，颈肩分界明显，圆肩圆腹，最大径位于肩部，连裆微瘪，截锥状柱足，三足外撇。夹砂灰陶，通体饰粗绳纹至足根（图二，37）。

演变趋势：圆裆发展到瘪裆，下腹斜收越来越明显。

B 型：大口鬲，所谓大口即指口径与最大腹径相当或略大，都大于三足外切圆径。大口鬲多为瘪裆。根据颈部特点可分两亚型。

Ba 型：长斜颈，颈肩有分界，可分两式。

Ⅰ式：T1114⑥:1，侈口，卷沿，圆唇，圆肩，下腹斜收，瘪裆较高，三截锥足较高。夹砂红陶，颈部饰抹绳纹，肩部饰一道弦纹，弦纹上等距离饰有六枚乳钉纹，颈部以下饰细绳纹至足部，足根素面，经修正，有手工按窝痕迹（图二，16）。

Ⅱ式：H224:1，侈口，卷沿，方唇，长斜颈，颈肩分界明显，下腹斜收，瘪裆较高，三截锥足较高。夹砂红陶，颈部饰抹绳纹，肩部饰凹弦纹一周，器身施细绳纹至足部，足根素面，足面经修整（图二，26）。

Ⅲ式：H267:1，侈口，卷沿，方唇，长斜颈，颈肩分界明显，圆肩圆腹，最大径位于肩部，下腹斜收，瘪裆，截锥状柱足。夹砂灰陶，颈部饰抹绳纹，颈部以下饰粗绳纹，肩部夹饰两道弦纹，足部饰绳纹（图二，38）。

演变趋势：唇部由圆变方，肩部逐渐变鼓，瘪裆位置逐渐变矮，足部由素面变为绳纹截锥足。

Bb 型：束颈。可分三式。

Ⅰ式：H2:4，器形较小。侈口，折沿，方唇，下腹斜收，瘪裆较高，三足残。夹砂褐陶，颈部以下饰细绳纹，肩部饰一道弦纹，弦纹上等距离饰有六枚乳钉纹（图二，17）。又 H224:5，侈口，卷沿，薄圆唇，圆肩，鼓腹，瘪裆较高，至肩以下，下腹残。夹砂灰黑陶，通身饰细绳纹，颈部绳纹被抹，肩部饰凹弦纹一周（图二，27）。

Ⅱ式：H4∶1，侈口方唇，卷沿上扬，鼓肩，最大径位于肩部，下腹斜收，瘪裆，三截锥状柱足较高。夹砂红陶，颈部饰抹绳纹，颈部以下饰中绳纹，肩部夹饰两道弦纹，足面饰细绳纹及长条状戳印纹（图二，30）。

Ⅲ式：H453∶1，侈口方唇，卷沿，鼓肩，最大径位于肩部，圆腹斜收，裆部略瘪，三截锥状柱足较矮。夹砂灰陶。颈部饰抹绳纹，颈部以下饰粗绳纹，肩部夹饰两道凹弦纹，足部饰抹绳纹（图二，39）。

演变趋势为：肩部逐渐变鼓，瘪裆位置逐渐变矮，且逐渐不明显，足部由素面变为绳纹。

甗　没有完整器，有口沿、甗腰、甗鬲部、甗足等残片。

甗甑部口沿　可分三式。

Ⅰ式：H224∶31，侈口，卷沿，沿上缘略凸起，方唇，唇下起钩，束颈，圆肩，下腹弧收。夹砂夹云母褐陶，颈下饰纵向中绳纹，肩部有一道凹弦纹（图二，28）。

Ⅱ式：H4∶14，侈口，折沿上仰，方唇，长束颈，圆肩圆腹，下腹弧收。夹砂褐陶，颈以下饰粗绳纹，上腹部加饰两条弦纹（图二，31）。

Ⅲ式：H267∶12，侈口，卷沿近平，方唇，斜直颈，向下内收，鼓肩。夹砂黑陶，颈以下饰粗绳纹，上腹部饰两道弦纹（图二，40）。

演变趋势：颈部由斜变直，肩部变鼓。

甗腰　可分两式。

Ⅰ式：H4∶13，束腰，腰内壁薄弧。夹砂灰陶，饰粗绳纹（图二，32）。

Ⅱ式：H267∶8，仅存甗上半部，下腹斜收，腰内壁厚弧。夹砂黑陶，通体饰粗绳纹（图二，41）。又H453∶14，束腰，腰内壁厚折。夹砂灰陶，饰粗绳纹（图二，42）。

演变趋势：腰部逐渐加厚。

甗鬲部，标本一件，H267∶7，夹砂黑陶。鼓肩，圆腹，最大径位于上腹部，截锥状柱足粗短且内收，通体饰粗绳纹，肩部以下加饰一周附加堆纹，下部抹泥（图二，43）。

盆　没有完整器。据肩部可分两型。

A型：折肩。可分两式。

Ⅰ式：H108∶1，平折沿，薄圆唇，直颈，下腹急剧直收，平底。泥质灰陶，腹部饰弦纹（图二，33）。

Ⅱ式：H453∶3，平折沿，方唇，唇面内凹，下腹斜直收，底残。泥质黑陶，腹部以上素面，下腹饰交错粗绳纹（图二，44）。

演变趋势：直颈变斜颈。

B型：鼓肩。可分三式。

Ⅰ式：H2：6，侈口，卷沿，尖圆唇，下腹斜收，底残。泥质夹细砂褐陶，素面（图二，18）。

Ⅱ式：H4：7，侈口，卷沿，方唇，唇面内凹。泥质黑陶，颈肩交界处饰弦纹一周，肩部饰波折形暗纹（图二，34）。

Ⅲ式：H267：4，侈口，折沿近平，方唇，下腹及底残。泥质磨光黑陶，肩部饰两道凸弦纹，弦纹之间有波折形暗纹。又H267：3，平折沿，方唇，圆鼓肩，下腹急收，底残。泥质磨光黑陶，肩部饰两道弦纹（图二，45）。又H267：9，折沿，沿面下翻，方唇，圆鼓肩，下腹及底残。泥质磨光黑陶，胎薄，素面。

演变趋势：口肩比例由口大肩小到口肩相近再到口小肩大，肩部越来越圆鼓。

豆　标本较少，没有完整器。

豆盘，据口沿特征可分两型。

A型：侈口方唇。可分两式。

Ⅰ式：H350：5，折腹。泥质磨光黑陶，素面（图二，12）。

Ⅱ式：H453：2，折沿上仰，凹束颈，弧腹斜收，下部残。泥质磨光黑陶，上腹饰一周三角暗纹（图二，47）。

演变趋势：由折腹到弧腹。

B型：侈口圆唇。

Ⅰ式：H4：24，浅盘，斜腹急收，下部残。泥质磨光黑陶（图二，35）。

Ⅱ式：H453：7，浅盘，弧腹，下部残。泥质磨光灰陶，盘内饰折线暗纹（图二，48）。

演变趋势：由斜腹到弧腹。

豆把，均为短粗把，喇叭形，素面。可分两式。

Ⅰ式：标本H2：7，座残。泥质夹细砂灰陶（图二，19）。

Ⅱ式：标本H267：5，底座外鼓。泥质灰陶（图二，46）。

演变趋势：中空细到大而高。

罐　复原器一件，另有罐口沿和罐底。

按照口部特点，可分三型。

A型：小口高领罐。H2：12，小口，高直领，圆肩，圆腹罐，腹部整体如卵形，下收成小圜底。泥质磨光灰陶；下腹饰细绳纹（图二，21）。

B 型：大口罐。H2:20，侈口，弧颈。泥质红陶，素面（图二，22）。

C 型：小口盂形罐。H267:18，折沿外侈，束颈，鼓肩弧腹，腹下部残。泥质磨光灰陶，口沿以下颈部饰块状暗纹，肩部饰凹弦纹一道，弦纹两道，中间饰折线暗纹。腹下部饰斜绳纹（图二，49）。

罐底　可分两型。

A 型：平底。H2:10，泥质红陶，素面（图二，23）。H4:6，泥质红陶，器身饰中绳纹，底素面。

B 型：圜底内凹。H2:1，泥质灰陶，方格纹（图二，24）。H4:21，泥质红陶，绳纹（图二，36）。H453:5，泥质夹细砂红陶，饰粗绳纹（图二，50）。

另有大口尊、大口缸、瓮、釜等器类，因数量过少，暂不宜分型定式。

3. 分期与年代

（1）分组与分期

根据典型器物的早晚排序及各遗迹单位器物组合的不同，将辽瓦店子遗址西周遗存分为六组：

第一组：以 H120 为代表，器物组合主要包括扁足鬲Ⅰ式，尖锥鬲足，大口尊，折沿瓮，釜。本组陶器发现较少，陶质以夹砂为主，泥质较少，多为夹细砂夹云母；陶色以黑、红陶居多，灰陶较少；纹饰以极细绳纹为主，另有附加堆纹、凹弦纹等。器类组合以鬲、大口尊为主。

第二组：以 H328、H350 为代表，器物组合主要包括扁足鬲Ⅱ式、Ⅲ式，截锥足鬲，大口尊，大口缸，AⅠ式豆。本组陶器的陶质、陶色、纹饰与第Ⅰ组相似，但器类组合方面有所不同，新出现了截锥鬲足以及豆。扁状鬲足发生变化，袋足风格已经消失。

第三组：以 H2 为代表，器物组合主要包括扁足鬲Ⅲ式，Aa 型、Ab Ⅰ式小口截锥足鬲，BaⅠ式、BbⅠ式大口截锥足鬲，BⅠ式盆，A 型小口高领罐，B 型大口罐口沿，A、B 型罐底，Ⅰ式豆把，甗腰残片、瓮等。本组陶器陶质仍以夹细砂夹云母居多，泥质较少；陶色以红陶为主，灰、黑陶次之；纹饰仍以细绳纹为主，凹弦纹和乳钉纹次之。器物组合方面，以鬲、盆、豆、罐、甗为主，新出现截锥足圆裆鬲与截锥足瘪裆鬲共存。该组的鬲足大多为截锥状柱足，素面，经刮削。

第四组：以 H224 为代表，器物组合主要包括扁足鬲Ⅲ式，BaⅡ、BbⅠ式大口截锥足鬲，Ⅰ式甗口沿、釜等。本组陶器发现不多，主要是鬲，扁足圆裆鬲与截锥足瘪裆鬲仍共存。鬲的颈肩交界明显的特点开始出现，缘于口沿下素面风格的延续，自肩部开始施弦纹和绳纹，与更晚期的竖颈不同。

第五组：以 H4、H108 为代表，器物组合主要包括 BaⅡ式、BbⅡ式大口截锥足鬲，Ⅱ式甗，AⅠ式、BⅡ式盆，AⅠ式豆盘、B 型罐底等。本组陶器陶质少见夹细砂夹云母陶，以夹粗砂灰、黑陶为主，泥质灰陶次之，少见红陶。纹饰以绳纹为主，已少见极细绳纹，多为中、粗绳纹，开始出现暗纹。器物组合方面，以鬲、盂、豆、罐、甗为主，截锥足瘪裆鬲流行，而圆裆截锥足鬲少见。

第六组：以 H453、H267 为代表，器物组合主要包括 AbⅡ式小口截锥足鬲、BaⅢ式、BbⅢ式大口截锥足鬲，Ⅲ式甗，AⅡ式、BⅢ式盆，Ⅱ式豆把，AⅡ式、BⅡ式豆盘，C 型小口盂形罐，B 型罐底等。本组陶器陶胎明显加厚，陶质陶色以夹砂灰陶和泥质磨光黑陶居多；纹饰主要是粗绳纹，弦纹次之，暗纹逐渐增多。器类组合与第五组相似，但器形方面有所变化，如 B 型束颈鼓肩盆演变为平折沿、方唇、圆鼓肩的风格，唇部加厚；新出现 B 型豆盘及中空大的Ⅱ式豆把等。

从器物形态和组合特征方面观察，以上六组每组之间均有差异，因此，每组可视为一个时段，但每组之间差异程度各不相同，二、三组，四、五组之间差异较大，一、二组，三、四组和五、六组之间差异相对小些。第一、二组器物的陶质、陶色、纹饰及器物组合基本相似，且均以扁足鬲为主要特色。第三、四组器物以鬲为主，另有盆、豆、甗、罐、瓮等，瘪裆截锥足鬲、圆裆截锥足鬲与扁足鬲均共存。第五组器类组合继承上一组，以鬲、盆、豆、罐、甗为主，但陶质、陶色及纹饰均发生了很大变化，器形方面变化也较大。第六组陶系和组合基本继承第五组，只是器类在式别方面有所区别。因此，以上六组遗存可分为三期六段，每期包括早、晚两段，各期段陶器详见分期图（图二）。

（2）年代推断

第一期遗存，以扁足鬲为主要特色，其口沿为夹细砂夹云母的黑、红陶，纹饰为极细绳纹，间饰弦纹、戳点纹或者刻划纹等，卷沿薄方唇或薄圆唇，足为扁状足。同形制的口沿和鬲足在陕南过风楼遗址[①]也有发现，从其共出的仿铜陶觯可推断年代在西周早期。辽瓦遗址的扁足分三式，过风楼遗址扁足相当于辽瓦Ⅱ式，因此，H328 为代表的一期晚段

---

① a. 张天恩：《丹江上游西周遗存与早期楚文化关系试析》，两周列国文化学术研讨会论文，河南郑州，2007 年 12 月。

　b. 何晓琳：《汉水中游流域西周到春秋早期考古学文化谱系研究——楚文化的起源地及其早期发展》，北京大学 2011 年博士学位论文。

年代可定在西周早期。H120 所出的扁足 H120：1（图二，1）残留有袋足风格，组合中伴出尖锥鬲足和大口尊 H120：20（图二，4），其年代应稍早，或可至商周之际。故第一期遗存的年代应在商周之际至西周早期。

第二期遗存，鬲仍延续第一期的陶器风格，但组合方面发生变化，盆、豆、甗开始出现。鬲开始出现典型的周文化风格即饰乳钉纹的瘪裆鬲，如 Bb I 式截锥足鬲 H2：4（图二，17），瘪裆鬲，整体扁矮，这种风格常见于沣西地区西周中期及以后的陶器上，可见其年代已经进入西周中期。晚段 H224 中，鬲 H224：1（图二，26）其颈部已稍显，应稍晚。

第三期遗存，三期晚段 H267 所出 Ba III 式截锥足鬲 H267：1（图二，38），与宜城郭家岗遗址①所出春秋早期鬲 H187：2（原报告图十五，6）相似，同为大口卷沿方唇束颈高柱足鬲，但颈部不及后者长，风格应稍早于后者；但共出的 Ab 型 II 式鬲 H267：2 颈部十分明显（图二，37）。所出甗 H267：7（图二，43），与宜城肖家岭遗址②春秋早期甗 H18②：21（原报告图七，4）风格接近。故 H267、H453 与郭 H187、肖 H18② 相当，即三期晚段年代至少进入春秋早期。三期早段可供对比的材料较少，从自身发展序列看，H4 早于 H453、H267 而晚于 H224，又 H4 除鬲 H4：1（图二，30）形态和风格较早外，其余大多器类和形制已接近 H453、H267，推测其年代与后两者相差不远。

4. 文化面貌与性质

辽瓦店子遗址西周时期遗存，其所出的陶器可以分为以下几群：

甲群，I 式扁足鬲的袋足风格，尖锥鬲足，大口尊。

乙群，扁足鬲、B 型截锥足鬲、小口高领圜底罐。

丙群，Bb I 式截锥足鬲，B 型盆，豆，大口罐，甗。

丁群，Aa II、III 式，Ab II、III 式，C 型截锥足鬲，A II、III 式盆。

各群文化属性如下：

甲群陶器为带袋足风格的 I 式扁足鬲，尖锥鬲足以及大口尊的组合，为商文化遗风。

乙群陶器包括大量夹细砂夹云母的黑、红陶鬲残片，纹饰为极细绳纹，间饰弦纹、戳点纹或者刻划纹等，风格统一，包括卷沿薄方唇或薄圆唇的鬲口沿及扁状或圆状足，以及小口高领圜底罐的组合，为本地文化特色。

丙群陶器有截锥足瘪裆鬲、折腹盆、豆、罐、甗等，为周文化的组

①　武汉大学历史系考古教研室：《湖北宜城郭家岗遗址发掘》，《考古学报》1997 年第 4 期。

②　湖北省文物考古研究所、宜城县博物馆：《湖北宜城县肖家岭遗址的发掘》，《文物》1999 年第 1 期。

合特点。

丁群陶器的大口高柱足卷沿方唇鬲，平折沿凹束颈鼓肩带暗纹的盆等，与春秋时期典型楚文化密切相关。

第一期遗存中，乙群因素是文化的主体，早段甲群因素仍然存在，晚段开始出现少量丙群因素。可见，一期遗存属于本地文化兴起的时期，早段仍保留有少量商文化的遗风，而晚段周文化因素开始进入。乙群陶器的风格作风同见于陕南地区如商南县过风楼遗址，二者同以大量夹细砂夹云母的黑、红色，纹饰为极细绳纹，间饰弦纹、戳点纹或者刻划纹等陶鬲为主要器类，而过风楼遗址出土的陶鬲完整器较多，除上述口沿特征外，还有溜肩、圆裆、截锥柱足的特点，且同出扁足鬲（甗），可见二者之间有所关联。但是否属于同一文化？从过风楼遗址出土的器物组合看，除大量地方特色的圆裆鬲、扁足鬲、甗外，还包括圜底尊（即小口高领圜底罐）、三足瓮等器类，这套器物组合及风格独特，已有学者将之称为"过风楼类型"①。而辽瓦店子遗址 H2 仍可见扁足鬲 H2∶6（图二，13）、小口截锥足圆裆鬲 H2∶40（图二，14）等与小口高领圜底罐 H2∶12（图二，21）共出的组合，可见二者关系密切。此处暂称"辽瓦一期遗存"。

第二期遗存中，丙群因素成为文化的主体，甲群因素已经消失不见，而乙群因素仍然与之共存。可见，典型周文化开始进入该地区。乙群因素的特点在第二期遗存中仍被较多地继承和发展，并与大量进入的典型周文化因素结合，可见该地区在本地文化的基础上，逐渐接受典型周文化因素，从器类组合上已经纳入周文化系统，而器物形态上仍延续其地方特色。此处暂称"辽瓦二期遗存"。

第三期遗存中，乙群因素已消失不见，丁群文化因素成为文化的主体，丙群因素与之共存。陶器组合继承上一期，但文化特征逐渐朝着典型楚文化的方向发展，到春秋早期已与襄宜平原同时期陶器面貌较为一致。此处暂称"辽瓦三期遗存"。

（二）其他相关遗存分析

1. 大东湾遗址（2006）

（1）遗址简介

大东湾遗址②，位于十堰市张湾区黄龙镇大东湾村。遗址处于谷子

---

① 何晓琳、高崇文：《试论"过风楼类型"考古学文化》，《江汉考古》2011 年第 1 期。
② 西北大学文博学院：《张湾区大东湾遗址》，载湖北省文物局：《湖北省南水北调工程重要考古发现 I》，文物出版社，2007 年，第 195 页。

山和犟河南岸的台地上，南高北低。2006 年 10 ～ 12 月，西北大学考古队对其进行了发掘。西周时期遗存主要包括一组布局清楚的院落遗址。院落由前排房、庭院、上房、半圆形后围墙等几部分组成，坐西朝东。该考古队发掘了该院落的大部分面积，计 300 多平方米。院落内发现排房 4 间、陶窑 1 座及烧烤坑 6 座。

排房目前发现有 4 间房屋，每间面阔 3.3 ～ 3.4 米，进深 2.55 米。在排房中间部位的东墙外侧，有两个用河卵石筑起的直径 70 ～ 80 厘米的柱础，当为排房门檐的柱础。门内两间房屋即排房中央两间房内，各有一烧烤坑，坑平面基本作椭圆形，占据房屋内大部分面积，此两间房屋应是排房使用时期人们的主要活动场所。穿过排房有一个小空间庭院，其后有一长方形地面式建筑，面积在 40 平方米以上，最后为一弧形的后围墙。依围墙走向，推测该排房应有 6 开间，院落面积在 400 平方米以上，设置考究。在院落遗址内还发现陶窑 1 座，又有烧烤坑 6 座。陶窑为竖穴式，受后世破坏而仅保留了火膛及窑室的底部。烧烤坑平面形状除椭圆形外，还有不规则形，深度一般为 30 ～ 55 厘米，坑内堆积有河卵石及大量灰烬，应是当时人烧烤食物之处。

出土遗物主要有陶器、石器、铜器三大类。陶器的器形主要是鬲类，其次有豆、杯、高柄杯、纺轮等，陶质以夹砂红陶为主；石器有斧、锛、铲、锤、凿、刀、镞、刮削器；铜器有凿等。报告仅发表了该遗迹相关的 H40、H41 及⑤层的部分陶器资料（参见原报告图）。

（2）年代推断

发掘者根据陶鬲等器物特点推断，其年代当在西周中期，我们认为上限可更早。H40 出土有尖锥足鬲和扁足鬲的组合，H40：4，灰陶尖锥足鬲，卷沿薄圆唇，长颈，微分裆，鼓腹，尖锥足。报告认为属于尖足鬲特点的周式鬲，我们认为从裆部和尖锥足看应是商文化风格的残留，而从口沿看带有周文化的特点。H40：7 及 H40：8，为两件夹砂红陶扁状鬲足，这与辽瓦 H328 出土的扁足 H328：1（图二，7）一致，为Ⅱ式扁足，截面呈椭长方形。因此，从 H40 的器物组合看，年代应该与辽瓦一期 H328 相当。

（3）文化性质分析

大东湾遗址西周遗存出土的器物组合为扁足鬲、尖锥足鬲、高足杯、豆等。

报告认为：①含有尖足鬲特点的周式鬲和地方因素的扁足鬲两类鬲，可能与早期楚文化有某种联系。②该遗存与商南过风楼遗址有相似之处，如排房形式的建筑基址，扁足鬲、甗等器类。③高足杯的存在，似乎与汉水上游青铜时代文化有某些联系。

我们认为：①从器物组合上来说，与辽瓦一期遗存相比，显然，扁足鬲是二者的共同点，但高足杯不见于辽瓦店子遗址（也可能是暂未发现）。二者是否属于同一考古学文化或有待商榷，期待进一步的发现与整理。但不可否认的是，大东湾遗址确实属于扁足鬲类遗存的分布范围。②高足杯的组合可见于淅川下王岗西周早期遗存，可见二者之间也有一定的联系。但从目前的材料看，下王岗遗址暂未发现扁足鬲类遗存。③与商南过风楼遗址相比，排房建筑基址的相似或表示聚落等级的相当，而扁足鬲在过风楼遗址确有少量发现，但该类型文化的主要器物组合为圆裆锥足鬲、小口圜底尊及三足瓮，与辽瓦一期及大东湾遗存并不尽相同。综上，我们倾向于认为大东湾遗址文化性质更接近"辽瓦一期遗存"。

2. 白鹤观遗址（2004、2006～2007）

白鹤观遗址①，位于郧县柳陂镇兴盛村九组，是一个东西长约400、南北宽约100米的小山岗，沙洲河从遗址东边自西南向东北流过。该遗址由湖北省文物考古研究所进行过两次发掘，第一次为2004年5月，开5×5平方米探方4个，实际发掘面积100平方米；第二次为2006年10月至2007年元月底，开5×5平方米探方60个，实际发掘面积1500平方米。第二次发掘发现有商周墓1座，但资料未报道。另一灰坑H8发表有少量陶器资料。出土的器物组合为折沿薄方唇细绳纹鬲口沿、截锥状鬲足、尖锥状鬲足、泥质黄陶豆盘，从鬲口沿及截锥足等陶器风格特点看，与辽瓦一期H328接近（参见原报告图）。

3. 瞿家湾遗址（2006～2007）

瞿家湾遗址②，位于郧县城关镇菜园村七组西南约1千米处。遗址现存面积为1万平方米，文化层总厚度1.5～2米。2006年11月～2007年5月，陕西省考古研究院派队对该遗址进行了抢救发掘，截止到2007年1月，发掘面积1630平方米。发掘结果显示，遗址地层堆积有五大层，其中第4层为东周时期，陶器绝大多数为夹砂红褐陶，器形有鬲、罐、豆、甗、瓮等。遗址发表的资料较少，鬲H73：1，简报认为属于东周时

① 湖北省文物考古研究所：《郧县白鹤观遗址》，载湖北省文物局：《湖北省南水北调工程重要考古发现Ⅰ》，文物出版社，2007年，第162页。

② 湖北省文物局：《郧县瞿家湾遗址》，载湖北省文物局：《湖北省南水北调工程重要考古发现Ⅰ》，文物出版社，2007年，第149页。

期，我们认为可到西周时期，从器形看为辽瓦店子遗址截锥足 B 型 I 式
鬲，但凹颈特点更晚（参见原报告图）。

另汇报材料报道有 H47、H49 的部分遗物。H49 为近圆形坑，出土
物见鬲、甗残片。鬲 H49：7 的形制为夹砂红陶，细绳纹，卷沿方唇、弧
肩、瘪裆圆柱足。器身除方唇和瘪裆特点外与 H73：1 接近，颈肩交界明
显较辽瓦店子遗址 H2 更晚。H47 见鬲、盆、瓮组合，鬲 H47：6 为夹砂
红陶，粗绳纹，卷沿方唇，弧肩，颈肩交界明显，斜直腹，瘪裆，下部
残，从上部看，比 H49：6 晚；盆 H47：5 为完整器，泥质黑陶，素面，卷
沿圆唇，凹长颈，折肩，下腹弧收，底部不明，与真武山 H81 相似，年
代应相当，故早于辽瓦 H267。

因此，我们认为，瞿家湾遗址应包括相当于辽瓦店子遗址二期稍晚
及三期的遗存。

4. 孙家坪遗址（2010）

孙家坪遗址[①]，位于汉江支流马栏河南岸的二级台地上，2010 年由
湖北省文物考古研究所进行了抢救性发掘，发掘面积 125 平方米。遗存
堆积较单一，主要是西周时期的文化遗存，包括④层及灰坑 13 个，其中
H6 出土遗物最为丰富。陶器陶质以夹砂红陶和夹砂红褐陶为主，其次为
夹砂灰陶，只有极少量泥质黑陶。纹饰大多饰中粗绳纹，只有少量饰附
加堆纹、凹弦纹和细绳纹。器类大多为鬲，另可见少量甗，此外还有高
柄杯、小口高领罐以及少量细柄豆、鬶等。

发掘简报中 H6 为典型单位，出土的 7 件陶鬲和 1 件大口尊，经修复
后器形基本完整，另有高领罐口沿标本 1 件（图三）。发掘者认为陶鬲特
点既有中原地区西周中期鬲的形态特征，又带有浓郁的晚商做器风格，年
代为西周中期。我们认为，鬲 H6：7（图三，7）与真武山遗址[②] H36：4
（图八，1）除裆部外，整体形态接近，鬲 H6：9（图三，1）与黄家村遗
址[③] H5：4（图九，1）上部形态相似，从鬲足及伴出大口尊 H6：8（图三，
8）的器物组合看较后者更早。伴出大口尊也反映出商文化遗风在此时依
然有所保留。此外，鬲以折沿为主的风格与襄宜平原及鄂东北同时期遗存
以及中原地区更接近，而与本地区鬲以卷沿为主的风格差别较大。我们曾

---

① 湖北省文物考古研究所：《湖北房县孙家坪遗址发掘简报》，《江汉考古》2012 年第 3 期。
② 湖北省文物考古研究所、襄樊市博物馆：《湖北襄樊真武山周代遗址》，《考古学集刊》
　第 9 集，科学出版社，1995 年。
③ 襄樊市文物考古研究所：《湖北襄樊市黄家村遗址周代灰坑的清理》，《考古》2009 年
　第 11 期。

去看过实物资料，在鬲足中还发现不少的扁足，形制相当于辽瓦店子一期晚段与二期所见。而高柄杯在汉水上游则常有发现。总体看来，H6 主体年代在辽瓦二期。

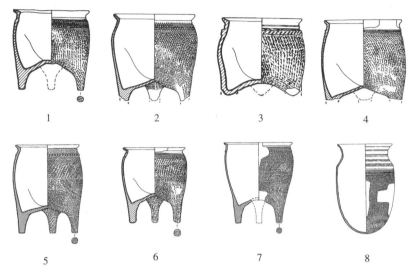

图三　孙家坪遗址陶器图

1. 鬲 H6∶9　2. 鬲 H6∶4　3. 鬲 H6∶10　4. 鬲 H6∶11　5. 鬲 H6∶6　6. 鬲 H6∶5
7. 鬲 H6∶7　8. 大口尊 H6∶8

5. 大寺遗址（2009~2011）

大寺遗址位于湖北省十堰市郧县城关镇后殿村，东南距郧县城区约3 千米。遗址地处汉江北岸与堵河交汇处的二级台地上。2009 年 10 月至2011 年 3 月，湖北省文物考古研究所在前一次发掘区东南部约 150 米处再次对大寺遗址进行发掘，发掘面积 400 平方米。前后两次的发掘区，分别称为西区和东区。两次的发掘，均新获得了一批西周时期遗存。据发掘简报[①]介绍，西周遗迹包括灰沟 1 条（G6）、灰坑 2 个（H234、H238）与西区东部各探方的第 5 层。出土陶片，陶质以夹砂红褐陶居多，泥质灰陶和黑陶次之，少量夹砂灰陶。纹饰以绳纹为主，凹弦纹和戳刺纹次之，少量附加堆纹，素面陶较少。主要器类有陶鬲、豆、杯、甗、瓮、罐、盆、纺轮、卜甲、骨、石斧、刀、镞等。

发掘者将其分为早晚两期，其中早期进一步细分为两段。早期早段，以 G6③层为代表，以 G6③∶10 为例，鬲口部卷沿与饰戳刺点纹的特征与

---

① 武汉大学历史学院等：《湖北郧县大寺遗址西周遗存发掘简报》，《江汉考古》2018 年第 1 期。

辽瓦店子遗址一期，但鼓腹、分裆、大袋足、整体矮胖的特征相似，都具有浓厚的商式遗风，年代可早至西周初年。早期晚段，包括 G6②、G6①层和 H234、H238。新见大量的扁柱足，横截面多呈细窄长方形甚至细条状，圆柱足也有少量存在。年代在西周早期偏晚。晚期，西区东部探方的第 5 层，以 T0311 和 T0313 第 5 层出土陶器较多。本期的鬲锥足已较少见，多见横截面呈较粗长方形的扁柱足，椭圆或圆柱足也多有所见；鬲身颈部明显收束，腹部外鼓，腹深也不及早期。年代在西周中期。关于文化性质，发掘者认为与陕豫鄂交界地带以锥足鬲、扁柱足鬲、圆柱足鬲、甗、瓮、高领罐、盆、豆杯等为主要器类的组合的文化类型相同，可归入"过风楼类型"（图四）。

我们基本认可简报的分期与年代，其文化面貌特别是早期晚段 H238 和晚期 T0311⑤出土的鬲类与辽瓦店子遗址同时期遗存一致。如鬲 H238：1（图四，9）与辽瓦鬲口沿 H350：1（图二，9）特点相似；鬲 T0313⑤：2（图四，16）与辽瓦 H2：40（图二，14）整体形态相似；鬲 T0313⑤：1（图四，17）与辽瓦 H2：2（图二，15）整体形态相似。但从器物组合上看，大寺与过风楼类型不同的在于高柄豆、圈足杯的大量出土，这与淅川下王岗①同时期遗存更相似。此外，早期早段中鬲 G6③：11（图四，1）与下王岗 H16：1（图五十六，5）整体形态接近，鬲 G6③：10（图四，2）与下王岗 T4①：45（图五十六，4）为深袋状锥足，商文化遗风浓厚。

6. 观音坪遗址（2008）

观音坪遗址②，隶属十堰丹江口市丁家营镇二道河村四组。遗址地处浪河南岸的一级台地上。2008 年 5 月 9 日至 9 月 25 日，为了配合南水北调工程，湖北省文物考古研究所对其进行了抢救性发掘，发掘面积 1300 多平方米。地层和灰坑中出土了少量西周时期陶片，可辨器形有鬲、甗、罐、盆、豆等。发掘者认为年代属于西周中晚期。由于完整器较少，笔者对比了 ＡⅠ式盂 T0702④：1（原简报图二八，2）与辽瓦店子遗址三期早段盆 H108：1（图二，33），其形制相似，年代在西周晚期。

---

① 河南省文物研究所，长江流域规划办公室考古队河南分队：《淅川下王岗》，文物出版社，1989 年。

② 湖北省文物考古研究所、十堰市博物馆：《2008 年湖北省丹江口市观音坪遗址发掘报告》，《江汉考古》2010 年第 2 期。

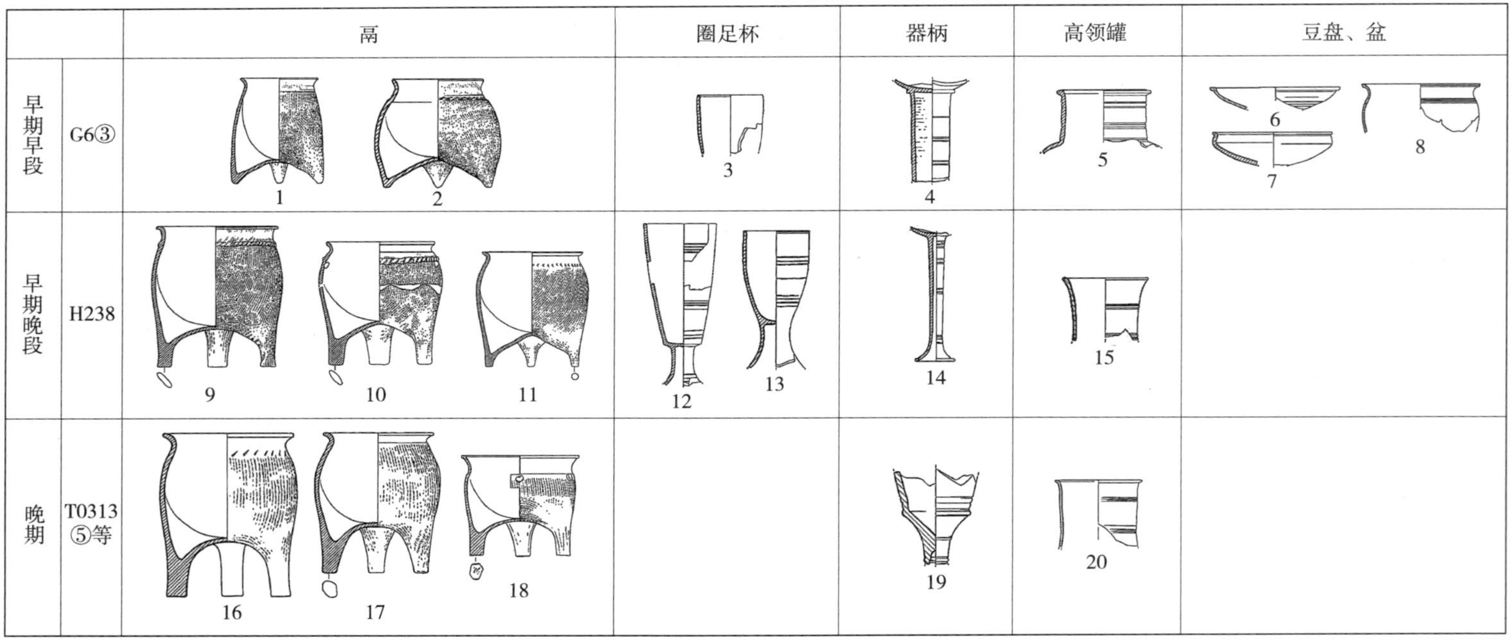

图四　大寺遗址出土陶器分期图

1. 鬲 G6③：11　2. 鬲 G6③：10　3. 圈足杯 G6③：53　4. 器柄 G6③：62　5. 高领罐 G6③：43　6. 高领罐 G6③：63　7. 豆盘 G6③：65　8. 盆 C6③：41　9. 高 H238：1

10. 鬲 H238：6　11. 鬲 H238：2　12. 圈足杯 H238：3　13. 圈足杯 H238：4　14. 器柄 H238：4　15. 高领罐 H238：14　16. 鬲 T0313⑤：2　17 鬲 T0313⑤：1　18. 鬲

T0311⑤：1　19. 器柄 T0811⑤：12　20. 高领罐 T0313⑤：17

综上，鄂西北山地区的西周遗存以辽瓦店子遗址为序列标准分为三期，其他典型遗存可与之相对应得出该区的分期对应表（表二）。

表二　鄂西北山地区典型遗迹单位对应表

	辽瓦	大东湾	白鹤观	瞿家湾	孙家坪	大寺	观音坪
一期	H120	/	/	/	/	G6③	/
	H328、H350	H40、H41、⑤	H8	/	√	G6②、G6①层和 H234、H238	/
二期	H2	/	/	/	H6	T0313⑤等	/
	H224			H73		/	
三期	H4、H108	/	/	H47、H49	/	/	T0702④等
	H267、H453			√			

二　襄随地区西周遗存

（一）毛狗洞 H1 类遗存

该类遗存以毛狗洞遗址为代表①，其他同时期遗址也将一并介绍。

1. 毛狗洞遗址 H1（1983）

（1）遗址简介

毛狗洞遗址位于枣阳市原梁集区梁坡大队南郑凹生产队西约 100 米处，滚河和沙河间的台地上，有一条小溪自东北而西南从遗址 250 米处流过。遗址于 1958 年全国第一次文物普查时发现，1981 年襄阳地区文物普查队对遗址进行了复查，1983 年 5 月襄阳地区博物馆对遗址进行了重点调查，采集了大量标本，包括陶器、玉石器、铜器及方凿卜骨等。另对遗址中部残存在生土中的一个灰坑进行了清理，灰坑编号 H1，资料已经报道。

商周文化层破坏严重，对 H1 进行了清理。H1 残存在遗址中央的生土中，上半部已被破坏掉。灰坑呈曲尺形，中部呈束腰状，残存部分东西通长 9.5 米，宽 1.5～4 米不等，深 0.9～1.1 米。东半部坑壁呈斜坡状，不规整，东南端成沟状斜坡，不见台阶；灰坑西部整齐，呈葫芦形，坑壁规整，略内弧，底斜平。东西之间间隔以高 35 厘米、宽 70 厘米的土坎。由于破坏严重，不见柱洞等现象，可能为废弃房基。

---

① 襄樊市博物馆：《湖北枣阳毛狗洞遗址调查》，《江汉考古》1988 年第 3 期。

（2）陶器的型式分析

H1 出土陶器丰富，以夹砂红陶、黑陶为主，泥质陶多为红陶或灰陶；纹饰以绳纹为大宗，弦纹、附加堆纹次之，偶见环格纹。器类主要为鬲，占一大半，次为缸、罐、甗、盆、钵等。具体的型式分析如下：

鬲　首先据裆部可分为两大类。

第一类为分裆鬲，仅出一件，即 ZMH1：7①，口部略残，微束颈，浅腹，分裆，高柱足。泥质黑陶，火候高，腹部饰规整细密的斜绳纹，三足上肩部饰三圆饼式，领部磨光（图五，1）。

第二类为瘪裆鬲，出土复原或接近复原的共 18 件。基本特征为大口，尖圆唇，裆部内瘪较高，一般从肩下开始内瘪，裆高中等。最大径在口部，器高大多略大于口径，少数小于口径或等于口径，因此器体多为纵方体或方体。腹部多饰错乱绳纹，以中绳纹为主，内壁普遍光滑，口径多轮修光滑，大部分底部有烟熏痕迹。根据腹部特点可分为两型。

A 型：弧鼓腹，下腹弧鼓。可分两亚型。

Aa 型：器身最大径在下腹。ZMH1：?②，侈口，圆唇，上腹腹壁直，下腹微弧鼓，三尖实足微内敛（图五，2）。

Ab 型：器身最大径在肩部。

Ⅰ式：ZMH1：23，敞口，尖唇，束颈，三足内撮。夹砂红陶，腹饰错乱绳纹，间隔以弦纹（图五，3）。

Ⅱ式：ZMH1：4，侈口，尖唇，束颈，素三足内敛，平足底。夹细砂红褐陶，裆部又烟熏痕迹，制作精致，陶质硬。颈肩处起棱，腹饰交叉绳纹，足上肩部对应施三扉棱（图五，4）。

演变趋势：敞口程度变小，足腔变小。

B 型：斜直腹，下腹斜收。根据口沿细部特征可分两亚型。

Ba 型：大敞口，长束颈，三足内聚。

Ⅰ式：ZMH1：30③，大口外侈，尖唇，束颈特甚，素三足内敛，平足底。夹砂砖灰色陶，腹饰错乱绳纹，器形略小（图五，5）。又 ZMH1：14，领部微敛，腹略瘦高，足外侧被刮削成棱状。泥质黑陶，薄胎，领部磨光，饰弦纹三道，腹饰细密整齐的弦纹。

---

①　原报告作 E 型，归入瘪裆鬲中，似不妥。《枣阳毛狗洞 H1 的年代及相关问题》将该件鬲单独分为一类，作分裆柱足鬲，我们赞同，后该文又认为这件鬲"严格地说，应算甗之鬲部"，似不妥。

②　此件鬲简报器号不详，且没有文字描述，此处是我们据简报提供的照片和线图进行的描述。

③　此件陶鬲编号存在问题，与出土的石锛编号重复。

Ⅱ式：ZMH1∶6，敞口，尖唇，束颈特甚，圆转肩，素高尖足，高圆裆。腹饰细密整齐的绳纹（图五，6）。

演变趋势：口沿斜外敞到沿部下压。

Bb 型：敞口，束颈，三足外张。

Ⅰ式：ZMH1∶1，敞口，尖唇，束颈甚，三足微内敛，素实足根，平足底。腹饰错乱绳纹，间隔以弦纹（图五，7）。

Ⅱ式：ZMH1∶10，敞口，尖圆唇，素三实足，平足底。泥质砖红陶，火候高，足裆部为夹细砂陶。腹部饰整齐斜绳纹（图五，8）。

演变趋势：束颈程度由甚到小，足腔变小，整体器形从纵方体向倒梯形发展。

Bc 型：侈口、斜颈。可分为两式。

Ⅰ式：ZMH1∶3，侈口，圆唇，肩部微弧。夹砂红陶，裆部有烟熏痕迹。颈肩处起一道凸棱，饰整齐斜绳纹，间隔以弦纹，裆部和足部绳纹错乱粗大（图五，9）。又 ZMH1∶19，侈口，圆唇。泥质黑褐陶，足为夹砂陶。腹饰细浅错乱绳纹，沿外饰三道凹弦纹。又 ZMH1∶5，侈口，尖唇，素三实足，平足底。夹细砂黑陶，腹上部饰整齐细密绳纹，下部略显错乱，肩部对应裆部各饰一圆饼。

Ⅱ式：ZMH1∶26，侈口，尖圆唇，三高实柱足，平足底。夹砂黑陶，腹部饰粗绳纹，足裆部饰粗大绳纹（图五，10）。又 ZMH1∶24①，侈口，尖唇，三足内敛，足为实柱状，平足底。上部泥质陶，裆足部为夹砂陶，薄胎，火候高，褐色。颈肩处饰弦纹四道，腹部饰弦纹一道。

演变趋势：颈部变短，肩部由微鼓肩变溜肩，足部由锥足变为柱足。

甗　没有复原器，有 4 件复原的甗鬲部。可分为两型。

A 型：甗鬲部肩径大于或等于高，整体显得肥矮。

Ⅰ式：ZMH1∶2，甑部残，甑鬲束腰连接，三短实足内敛，小平底，圆裆，裆上凹瘪。夹砂陶，甑壁施直行绳纹，鬲饰错乱粗绳纹直至足底（图五，11）。

Ⅱ式：ZMH1∶21，甑部残。夹细砂薄胎黑陶，腹饰错乱绳纹（图五，12）。

演变趋势：腹部圆鼓程度由甚到小，足腔变小。

B 型：甗鬲部肩径小于高，整体显得瘦高。

---

① 标本 ZMH1∶24，从线图看属于 A 型，但是我们对比了照片，发现线图与实物照片有出入，应归入 B 型。

Ⅰ式：ZMH1∶28，溜圆肩，素三实足，平足底，高裆，裆上凹陷特甚。夹砂黑灰陶，裆部有烟痕，火候高（图五，13）。

Ⅱ式：ZMH1∶16，甗、鬲分制后拼接而成，仅见鬲部。敛口，素三柱足外张，平足底，圆裆，裆上内瘪特甚。夹砂黑陶，腹饰错乱绳纹（图五，14）。

演变趋势：肩部由鼓肩到溜肩，足部由截锥足到高柱足。

缸　据腹部可分三型。

A 型：斜直腹。ZMH1∶8，侈口，圆唇，微束颈，斜直壁，底残。泥质橙黄陶，火候较高，腹饰整齐交叉划纹（图五，15）。又 ZMH1∶?①，侈口，方唇。泥质硬胎红褐陶，制作精致。腹饰线状交错绳纹。又ZMH1∶?②，口及下腹残。直颈，下腹斜内收。夹砂暗红陶，腹饰细密斜绳纹，间隔以弦纹。

B 型：直筒腹。ZMH1∶18，侈口，尖唇，束颈，筒状，平底，腹中部略残。夹砂红陶，腹饰错乱绳纹，间隔以弦纹，底部施不规则绳纹（图五，16）。

C 型：鼓腹。ZMH1∶27，侈口，圆唇，束颈，微鼓腹，底部残。泥质薄胎红陶，颈下施一周附加堆纹，腹饰整齐细密的斜绳纹，间隔以弦纹（图五，17）。

盆　近复原一件。ZMH1∶11，敞口，尖圆唇，束颈，深腹，底残。泥质暗红陶，腹饰交错绳纹，间隔以弦纹（图五，18）。

罐　常见有泥质圆肩罐和夹砂、泥质折肩罐。

A 型：折肩罐。ZMH1∶15，泥质红陶，领肩部磨光饰弦纹，间隔以弦纹。又 ZMH1∶?③，敛口，圆唇，短颈，广折肩，下腹残。泥质红陶，颈肩部磨光，折肩处饰附加堆纹，器形较大（图五，19）。

B 型：圆肩罐。ZMH1∶?④，敛口，平沿，竖颈，溜肩，下腹残。泥质红陶，颈以下饰绳纹（图五，20）。

钵　陶片少见，能复原 1 件。ZMH1∶19⑤，敛口，圆唇，收腹，微凹底。夹细砂红陶，火候高。口部绳纹抹光，腹饰斜绳纹，底部为不规则绳纹（图五，21）。

----

① 此件缸简报器号不详。
② 此件缸简报器号不详。
③ 此件罐简报器号不详。
④ 此件罐简报器号不详。
⑤ 此件陶钵编号存在问题，与 Bb Ⅰ 式鬲编号重复。

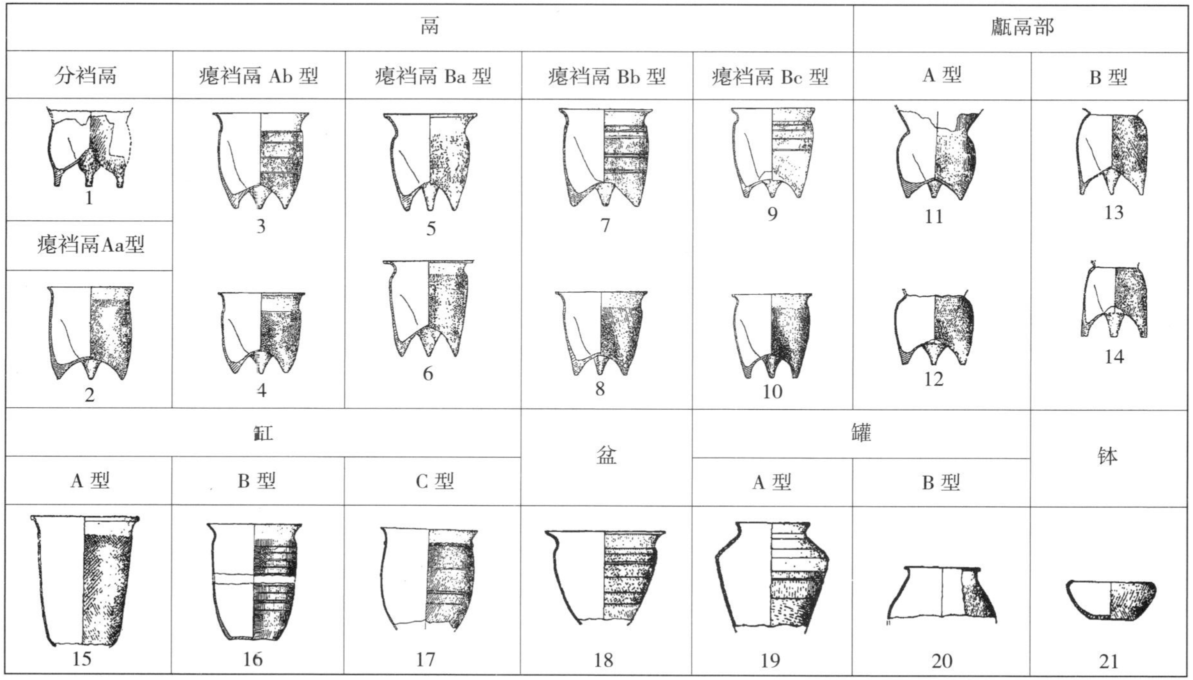

图五　毛狗洞遗址 H1 出土陶器图

1. 分档鬲 ZMH1：7　2. 瘪档鬲 Aa 型 ZMH1：?　3. 瘪档鬲 Ab 型 ZMH1：23　4. 瘪档鬲 Ab I 式 ZMH1：4　5. 瘪档鬲 Ba I 式 ZMH1：30　6. 瘪档鬲 Ba II 式 ZMH1：6
7. 瘪档鬲 Bb 型 ZMH1：1　8. 瘪档鬲 Bb II 式 ZMH1：10　9. 瘪档鬲 Bc I 式 ZMH1：3　10. 瘪档鬲 Bc II 式 ZMH1：26　11. 瓶 A I 式 ZMH1：2　12. 瓶 A II 式 ZMH1：21
13. 瓶 B I ZMH1：28　14. 瓶 B II 式 ZMH1：16　15. 缸 A 型 ZMH1：8　16. 缸 B 型 ZMH1：18　17. 缸 C 型 ZMH1：27　18. 盆 ZMH1：11　19. 罐 A 型 ZMH1：15
20. 罐 B 型 ZMH1：? 21. 钵 ZMH1：19

（3）年代推断

关于 H1 的年代，简报将 H1 与沣西早期居址以及北吕周人墓等出土的遗物进行对比，认为其年代约在周初成康时期。而蔡路武[①]根据鬲的形态特征，同相关资料对比，认为其年代应判定在殷墟早期。

我们认为：①简报认为 H1 可能为一废弃房基。若仅从形制特征看很可能为两个坑，如此则其出土物年代可能有早有晚。②从陶器特别是鬲的型式分析看，似存在着早晚排序。但是由于没有地层关系的依据，此处不太适宜进行具体的分期操作。其年代推断，可通过与相关陶器的比对进行判定。Aa 型鬲 ZMH1：？（图五，2）与老牛坡遗址 CⅡ式鬲 M21：13（原报告图）形态相似[②]，同为侈口，溜肩，直腹，最大径位于下腹，瘪裆，三尖锥足内敛，但前者整体瘦高较后者下腹圆鼓程度应更晚，后者年代一般认为在殷墟早期。A 型罐 ZMH1：15（图五，19）与沣西遗址先周文化晚期 97SCMH18 出土的 Ⅰ 式小口罐 H18：58（原简报图一一，8）形制一致[③]，同为侈口，斜折肩，深腹斜直。从大多数鬲的整体瘦高形态看，与张家坡西周早期居址陶鬲 H301（原报告图）相似，而 BbⅡ式鬲 ZMH1：26（图五，10）、甗鬲部 ZMH1：16（图五，13）等鬲足已经演变为截锥柱足，其年代应稍晚，更接近西周中期的特征。综上，我们认为 H1 的年代主要在西周早期（图五）。

（4）文化性质

报告认为 H1 的遗迹与遗物具有浓郁的关中作风，应为一处姬周文化遗址，与汉阳诸姬有关。蔡文认为 H1 是商代殷墟时期，含有先周文化因素，并与土著文化因素发生联系的一支文化。

我们认为：①从器物组合上看，鬲、甗、罐、缸、钵的组合并非源于周文化系统，关中地区该时期的主要器物组合为鬲、甗、豆、罐、盆，而缸、钵少见于关中地区。这种组合特点更接近该地区商时期文化，应是商文化退去后的因素残留。②鬲整器呈方体或纵方体的风格，加上罐的小口折肩等特点，确实与关中地区先周文化有密切关系。③瘪裆鬲为周文化的典型特点，但 H1 所出鬲的瘪裆程度较关中地区更甚。因此，大敞口、长束颈、瘪裆甚可作为该文化的本地特色。此外，H1 夹砂红陶

① 蔡路武：《枣阳毛狗洞 H1 的年代及相关问题》，载楚文化研究会编：《楚文化研究论集》第六集，湖北教育出版社，2004 年。

② 刘士莪编著：《老牛坡》，陕西人民出版社，2002 年。

③ 中国社会科学院考古研究所丰镐工作队：《1997 年沣西发掘报告》，《考古学报》2000 年第 2 期。

比重大，以鬲居多等特点，还见于同时期邻近地区，如辽瓦一期遗存、鲁台山 H1 类遗存等。综上，毛狗洞 H1 类遗存应是一支带有浓厚的商文化特点，同时受到姬周文化因素影响的地方特色文化。

2. 其他同时期遗址

（1）庙台子遗址（1983）

庙台子遗址位于随州市淅河镇金屯村以西约 0.5 千米的一方形台地上，地处涢水北岸支流漂水东岸。1957 年由襄阳地区博物馆在文物普查中发现。1983 年秋，武汉大学历史系考古专业、襄樊市博物馆、随州市博物馆共同对该遗址进行了试掘，在遗址的中部位置共开 5×5 平方米探方 4 个，总发掘面积 100 平方米。遗址内涵包括了石家河文化、商、西周、春秋等时期文化遗存。

西周时期遗存主要包括地层第④层及墓葬 M8、M9 两座。出土遗物[①]包括青铜、石质的生产工具以及陶质生活用具。出土陶器的陶质以夹砂陶居多，泥质陶较少；夹砂陶以黑陶居多，红陶次之，有的夹砂红陶被烟熏成褐色，灰陶较少，而泥质陶以灰陶居多。纹饰以绳纹为主，弦纹次之，另有少量的附加堆纹。主要器物组合包括鬲、甗、簋、豆、罐、钵、盆、缸。此外还出土卜骨一片，T1④:59（原报告图二四五，10），为龟腹甲残片。内面施圆形钻孔，残存 4 个，孔底中心部位施一竖凿，如猫眼状，有灼痕。

报告认为，庙台子西周遗存年代为西周前期，其文化面貌与中原地区西周文化相比存在广泛的一致性，当属周文化范畴。我们认为鬲 T1④:26（原报告图二四四，2），敛口折沿方唇，腹壁较直，三袋足较小，分裆不明显，裆线较低，三尖足根圆钝直立，整体器形似商式鬲，年代应不晚于西周早期。而豆盘 T4④:87、豆柄 T2④:72（原报告图二四四，13、14）的形制至少到西周中期。另在报告发表的春秋时期陶器中能看到部分有西周晚期得特征，如甗 T1③:54（原报告图二五〇，1）与黄家村H5:24（图九，2）一致，豆盘 T2③:69（原报告图二五〇，4）与箍棱豆柄 T3③:62（原报告图二五〇，5）与黄家村 H5:5（图九，7）一致，鬲 T1③:17（原报告图二四九，3）与金罗家二期遗存所见鬲形制一致，可见该遗址还应包括有西周晚期的遗存。但由于都没有层位关系的依据，不适合做进一步的分期。

文化性质上，我们认为其中属于西周早期的遗存可暂归入毛狗洞 H1

---

① 出土遗物均为地层出土，墓葬没有发现随葬器。

类遗存，原因在于二者地理位置接近，且从陶器的陶系、纹饰以及器物组合看均相似。庙台子西周早期遗存与毛狗洞 H1 一样，保留了较多商文化的遗风，如鬲 T1④：26。而钵、罐、缸等器类组合也与其相似，保留了较多地方文化因素。但单从鬲比较，庙台子多见分裆袋足鬲，而毛狗洞 H1 大敞口连裆鬲多，或为年代稍早，或由于目前材料过少尚未发现。西周晚期的遗存中，瓿、豆的风格与襄随地区一期以黄家村 H5 为代表的遗存有密切关系，而鬲统一的折沿瘪裆风格与鄂东北地区更为接近。

（2）随州叶家山墓地（2010～2013）

叶家山墓地位于随州市经济开发区淅河镇蒋寨村一处南北向椭圆形岗地上，南距庙台子遗址约 1 千米，二者关系密切。2010～2013 年，湖北省文物考古研究所对该墓地进行了两次大规模发掘，共发掘墓葬 140 多座，其中高等级墓葬出土了非常丰富的随葬品，特别是数量多造型精美的铜器群。因第四章我们会对铜器群进行详细讨论，故此处仅就墓地出土的日用陶器进行分析。

叶家山墓地目前有 M2、M27、M65、M46、M45、M35、M33、M28、M55、M107 共 10 座墓葬公布了日用陶器的资料①，具体包括：M2 出土鬲 M2：10、簋 M2：17 组合；M27 出土罐 M27：118；M65 出土鬲 M65：21；M46 出土鬲 M46：45、瓿 M46：30、罐 M46：10 组合；M45 出土鬲 M45：3；M35 出土簋 M35：1；M33 出土罐 M33：1；M28 出土残鬲 M28：253；M55 出土鬲 M55：9、瓿 M55：10 组合；M107 出土鬲 M107：1。已有学者将其分为三段②，第一段包括 M27、M28、M45、M35、M33，年代在西周早期；第二段包括 M2、M65，年代在西周早期晚段；第三段包括 M46、M55，年代在西周早中期之际到西周中期早段。我们认为，可供排序有成组器物出土的墓葬仅有三座，即 M2、M46 和 M55，从组合以及形态发展特点可大致将其分为早晚两组。较早的一组以 M2 为代表，组合为鬲簋。另包括 M45、M65、M107 各出土一件鬲，M35 出土一件簋。较晚的一组以 M46、M55 为代表，器物组合为鬲瓿罐或鬲瓿。另有 M27 和 M33

① 湖北省文物考古研究所、随州市博物馆：《湖北随州叶家山西周墓地发掘简报》，《文物》2011 年第 11 期；湖北省文物考古研究所、随州市博物馆：《湖北随州叶家山 M65 发掘简报》，《江汉考古》2011 年第 3 期；湖北省文物考古研究所、随州市博物馆：《湖北随州市叶家山西周墓地》，《考古》2012 年第 7 期；湖北省文物考古研究所、随州市博物馆：《湖北随州叶家山 M28 发掘报告》，《江汉考古》2013 年第 4 期；湖北省文物考古研究所等：《湖北随州叶家山 M107 发掘简报》，《江汉考古》2016 年第 3 期。
② 何晓琳：《随州叶家山西周墓葬出土日用陶器浅析》，《江汉考古》2014 年第 2 期。因当时 M107 陶器材料未发表，故文中不包括对它的分析。

各出土一件罐（图六）。另鬲 M107∶1（图六，5）为小口鼓肩鬲，圆唇微侈口，器身整体呈横长方形，在两周之际的枣阳郭家庙[①] GM19∶8（原报告图一四一，2）还可见延续使用。

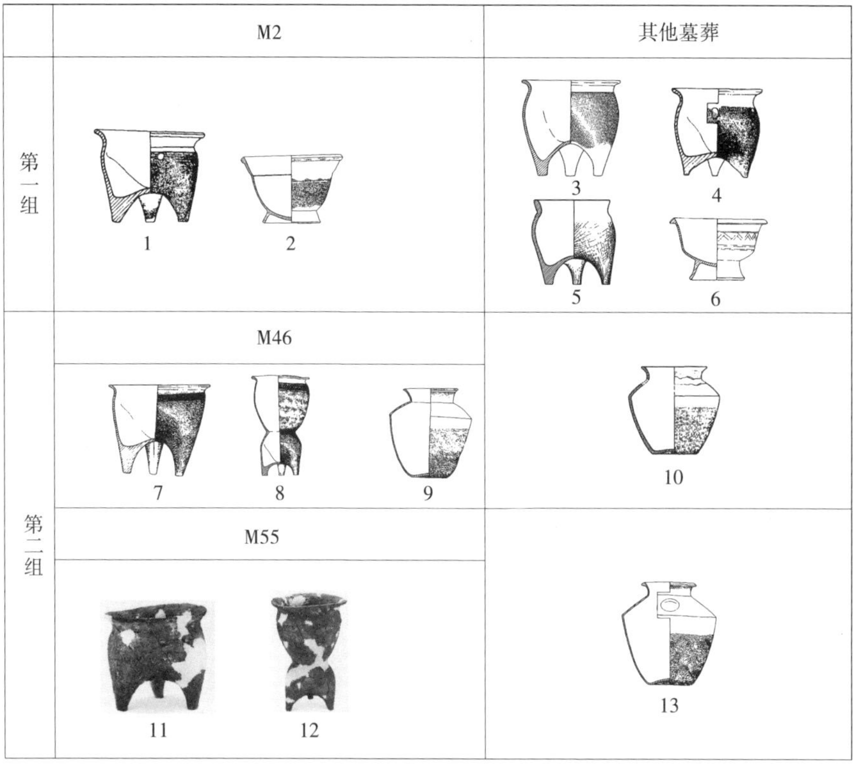

图六 叶家山墓地出土陶器分组图

1. 鬲 M2∶10 2. 簋 M2∶17 3. 鬲 M65∶21 4. 鬲 M45∶3 5. 鬲 M107∶1 6. 簋 M35∶1
7. 鬲 M46∶45 8. 甗 M46∶30 9. 罐 M46∶10 10. 罐山 M27∶118 11. 鬲 M55∶9 12. 甗
M55∶10 13. 罐 M33∶1

此外，叶家山墓地还出土有带耳簋、尊、缶、壶、罍等陶器，它们多为泥质灰胎或黑胎陶，胎质较硬，器表磨光呈黑色陶衣，即所谓"黑皮陶"。张昌平先生认为这些陶器具有陶礼器的性质[②]。

（3）随州叶家湾遗址（2005）

叶家湾遗址东距市区 24 千米，北距均水河约 2 千米，隶属于随县均川镇墙垸村七组。2005 年 3～6 月，随州市博物馆、曾都区考古队组织人

---

① 襄樊市考古队等：《枣阳郭家庙曾国墓地》，科学出版社，2005 年。
② 张昌平：《论随州叶家山墓地 M1 等几座墓葬的年代以及墓地布局》，《中国国家博物馆馆刊》2012 年第 8 期。

员对该遗址进行了抢救性发掘。发掘共开 5×5 平方米探方 6 个，发掘总面积 144 平方米。发掘者根据层位关系及器物形制，将叶家湾遗存划分为四期，其中一、二期属于西周时期。第一期以 T4⑨为代表，包括 H5②的部分器物，年代为西周中期；第二期包括 H6、T2⑧年代为西周晚期。我们赞成简报的分期，对年代稍有不同意见。第一期出土的鬲特点比较统一，如 T4⑨：2（图七，1），大敞口，束颈，斜长腹，高瘪裆，三柱足内聚。这种特点和枣阳毛狗洞出土的鬲 ZMH1：26（图五，10），一致，年代为西周早期。鬲 H5②：64（图七，2）下部残，但瘪裆高至肩部。T2⑧出土的鬲口沿 T2⑧：2（图七，3）和 T2⑧：6（图七，4）同为大敞口束颈斜长腹，但颈下开始饰附加堆纹，或稍晚。这种附加堆纹的风格在随州庙台子遗址西周时期④层出土的陶器中常见。如鬲 T4④：40（原报告图二四五，8）、盆 T3④：46（原报告图二四五，6）、盆 T4④：84（原报告图二四四，8）、罐 T1④：43（原报告图二四五，7）等，年代或相当。由此可以将第一期进一步分为早晚两段，由于出土器物尚不够丰富，此处暂备一说。第二期鬲 T6⑥：2（图七，5）与放鹰台遗址鬲上部 65WFT11②：15（图二十，12），形态接近，同为小口束颈鼓肩；甗鬲部 H6：1（图七，6）与放鹰台遗址甗鬲部 65WFT11②：40（图二十，17），特点一致。因此，二者年代接近（图七）。

（二）真武山遗址为代表的遗存

此处与过去所提的"真武山类遗存"有所差别[①]，本书所指为以鬲、盆、豆、罐为主体组合，文化性质已属于周文化体系的一类遗存。除真武山遗址[②]外，还包括黄家村遗址[③]、陈坡遗址[④]、沈岗西周墓[⑤]、朱家

① 张昌平先生《试论真武山一类遗存》中曾提出"真武山一类遗存"的概念，包含了整个襄随地区周代遗存的文化序列。此处的提法类似，但仅包括襄随地区与真武山遗址 H81 等器物组合特点一致年代相近的西周遗存。

② 湖北省文物考古研究所、襄樊市博物馆：《湖北襄樊真武山周代遗址》，《考古学集刊》第 9 集，科学出版社，1995 年。

③ a. 襄樊市文物考古研究所：《襄樊邓城黄家村遗址 2005 年西区周代灰坑发掘简报》，《中原文物》2008 年第 3 期；
b. 襄樊市文物考古研究所：《湖北襄樊市黄家村遗址周代灰坑的清理》，《考古》2009 年第 11 期；
c. 襄樊市文物考古研究所：《襄樊邓城黄家村遗址 2005 年东区周代遗存发掘简报》，《江汉考古》2010 年第 3 期。

④ 湖北省文物考古研究所等：《襄阳陈坡》，科学出版社，2013 年 9 月。

⑤ 襄樊市文物考古研究所：《襄樊沈岗西周墓发掘简报》，载襄樊市文物考古研究所编《襄樊考古文集》（第一辑），科学出版社，2007 年。

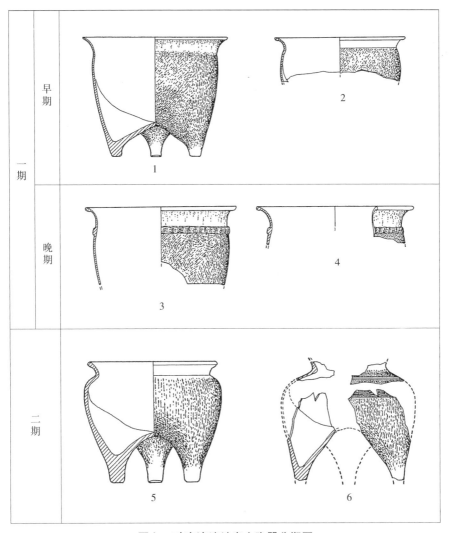

图七　叶家湾遗址出土陶器分期图

1. 鬲 T4⑨:2　2. 鬲 H5②:64　3. 鬲口沿 T2⑧:2　4. 鬲口沿 T2⑧:6　5. 鬲 T6⑥:2
6. 甗鬲部 H6:1

台遗址①、小马家遗址②、周台遗址③、郭家庙墓地、黄土坡墓地④、郭家岗遗址⑤等。

① 中国社会科学院考古所长江工作队：《湖北均县朱家台遗址》，《考古学报》1989 年第 1 期。
② 襄樊市文物考古研究所、襄阳区文物管理处：《襄阳黄集小马家遗址发掘简报》，载襄樊市文物考古研究所编《襄樊考古文集》（第一辑），科学出版社，2007 年。
③ 襄樊市文物考古研究所、枣阳市文物考古队：《枣阳周台遗址发掘报告》，载襄樊市文物考古研究所编《襄樊考古文集》（第一辑），科学出版社，2007 年。
④ 拓古、熊燕：《湖北随州市黄土坡周代墓的发掘》，《考古》2007 年第 8 期。
⑤ 武汉大学历史系考古教研室：《湖北宜城郭家岗遗址发掘》，《考古学报》1997 年第 4 期。

1. 典型遗存分析

（1）真武山遗址（1989）

真武山遗址，隶属于襄樊市襄城区檀溪村，地处汉江冲积平原上，北距汉江1000米，海拔高度约10米，遗址之南是荆山山脉的边缘，距离真武山不过300米。1988年襄樊市博物馆在配合基建中钻探发现该遗址，但工程部门的强行施工使得遗址遭到了严重的破坏。在此期间曾采集到丰富的周代文化遗物，并发现两片周代带字卜骨①。1989年，湖北省文物考古研究所会同襄樊市博物馆对该遗址进行正式发掘，至1990年7月，发掘工作基本结束，共开探沟、探方22个，发掘面积550平方米。发掘表明，真武山遗址主要堆积为周代各时期遗存，年代从西周中期延续到战国早中期。

发掘报告认为，真武山第一期和第二期属于西周时期遗存（图八）。第一期，以H36、H39为代表，陶系以夹砂红陶和红褐陶占绝大多数，纹饰以细绳纹为其特征。器类单调，以鬲居多，另有一定数量的红陶缸及个别的甗、罐、豆。鬲均为大口深腹，裆部较高，内瘪程度大为一大特点，此外，鬲等侈口深腹器口均为卷沿圆唇，沿下普遍流行反贴泥条制法。

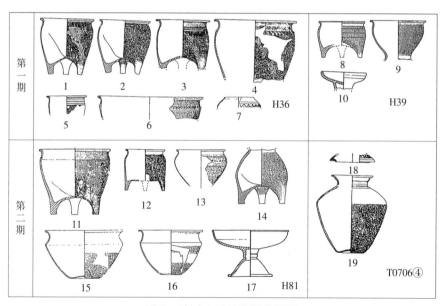

图八　真武山遗址陶器分期图

1. 鬲 H36：4　2. 鬲 H36：3　3. 鬲 H36：6　4. 鬲 H36：21　5. 鬲 H36：22　6. 缸 H36：14
7. 罐 H36：3　8. 鬲 H39：4　9. 甗 H39：16　10. 豆 H39：15　11. 鬲 H81：15　12. 鬲 H81：16
13. 甗 H81：1　14. 甗鬲部 H81：17　15. 盆 H81：19　16. 盆 H81：18　17. 豆 H81：3　18. 器盖
T0706④：6　19. 罐 T0706④：2

---

①　释贵明、杜可臣：《西周有字卜骨在襄樊出土》，《中国文物报》1989年2月24日二版。

报告认为本期鬲接近西周早期的枣阳毛狗洞遗址和黄陂鲁台山墓葬同类器的瘪裆形态，但鬲的三足内撇，截锥形足较高的特点又具有略晚的作风，与关中地区西周中期鬲形态一致等，故其年代应属西周中期。

第二期，以 H81、G3 为代表。泥质灰陶数量有所增加，但仍以夹砂红陶及红褐陶居多。纹饰常见绳纹，唯绳股略变粗。器类新出现盆，红陶缸减少，豆的数量增多。作器风格与第一期接近，不过鬲的裆部内瘪程度变小，豆把较细。经过对比，报告认为该期年代可定为西周晚期。

我们赞同报告的分期，并认为第二期还包括 T0706④等单位。

（2）黄家村遗址（2005～2007）

黄家村遗址位于襄樊市高新区团山镇黄家村北，其西靠邓城城址，属于汉水北岸的冲积平原，地势平坦。遗址是一处分布范围较大的周代遗址，东西长约 1500 米，南北宽约 300 米。因遗址上叠压有战国至宋代墓地，故遗址破坏十分严重，现存文化层基本呈点状，有的仅存灰坑。

2005 年 11 月至 2007 年 6 月，襄樊市文物考古研究所对遗址进行了全面勘探和发掘。在文化层相对集中的区域按照四象限法布 10×10 平方米探方 43 个，发掘总面积 4300 平方米。根据地层堆积和遗迹分布情况，将遗址分为北、南、东南三区。周代灰坑在南区分布最多，共发现 29 个，H1～H14、H31、H38～H51；北区 12 个，H25～H30、H32～H37；东南区 10 个，H15～H24。目前发掘简报有 3 篇。南区的 H1～H14 这 14 座周代灰坑，简报①认为其年代均属于西周晚期到两周之际，不会晚于春秋初年，可大致细分为三段：第一段：H5、H7、H11、H12、H13，为西周晚期前段；第二段：H1、H2、H3、H6，为西周晚期后段；第三段：H4、H8、H9、H10、H14，为两周之际。我们认为，从陶器形制的演变趋势看，可分早晚两段：早段以 H5、H11 为代表；晚段以 H4、H6、H7、H14 为代表。另一篇简报发表了 H5 和 H19 两个灰坑的资料，认为分别代表了西周晚期和春秋早期两个阶段的遗存②。东区包括周代 8 座灰坑 H15～H24 以及 J1。发掘者认为⑤层为西周晚期，J1 在两周之际，H19 为春秋早期③（图九）。

①　襄樊市文物考古研究所：《襄樊邓城黄家村遗址 2005 年西区周代灰坑发掘简报》，《中原文物》2008 年第 3 期。

②　襄樊市文物考古研究所：《湖北襄樊市黄家村遗址周代灰坑的清理》，《考古》2009 年第 11 期。这里的 H5 与之前发表的南区 H5 是同一单位。

③　襄樊市文物考古研究所：《襄樊邓城黄家村遗址 2005 年东区周代遗存发掘简报》，《江汉考古》2010 年第 3 期。这里的 H19 与之前《考古》上发表的 H19 是同一单位。

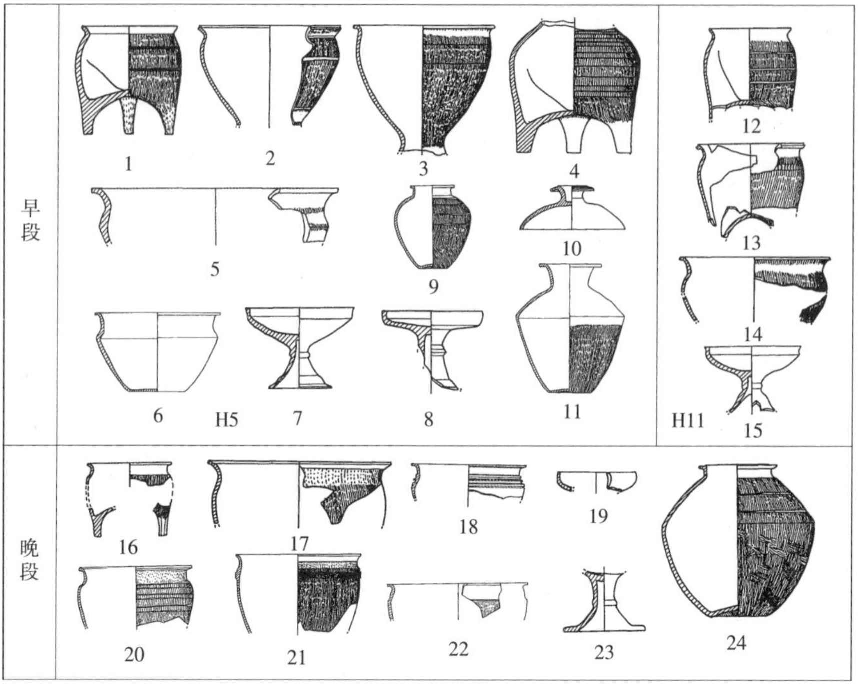

图九 黄家村遗址西周陶器分段图

1. 鬲 H5：4 2. 甗 H5：24 3. 甗 H5：7 4. 甗 H5：8 5. 盆 H5：21 6. 盆 H5：1 7. 豆 H5：5 8. 豆 H5：41 9. 罐 H5：3 10. 器盖 H5：42 11. 罐 H5：2 12. 鬲 H11：1 13. 鬲 H11：5 14. 甗 H11：4 15. 豆 H11：2 16. 鬲 H7：15 17. 甗 H7：14 18. 盆 H14：20 19. 豆 H14：11 20. 鬲 H6：22 21. 甗 H6：24 22. 盆 H6：14 23. 豆 H6：1 24. 罐 H14：1

（3）陈坡遗址（2006）

陈坡遗址位于襄樊市襄阳区东津镇陈坡村。2006 年曾发掘一批周代灰坑，均为鬲、甗、盆、盂、豆、罐组合。坑间无叠压打破关系，出土陶器较为丰富的单位包括 H3、H6、H10。我们认为 H6 属西周时期（图十）。

（4）沈岗墓地 M694（2006）

沈岗墓地位于襄樊市高新技术产业开发区团山镇沈岗自然村西南部的一条东北至西南走向的低岗上，西距邓城遗址约 1500 米，2006 年 8 月发掘西周墓一座，编号 2006XSM694。该墓为长方形土坑竖穴墓，方向 30°。残存墓口长 3.2、宽 1.66~1.7 米，深 1.96 米。墓底中部设一椭圆形锅底状腰坑，其内未见动物骨架，或已完全腐烂。葬具已朽，残存灰色腐痕，似为单椁单棺。葬式不明。随葬品共 12 件，置于棺外北端有陶簋 4、罐 2、豆 2，棺内北部葬有玉玦 2、贝 2。简报认为簋、罐、豆组合应为鬲、簋、罐、豆的简省，从箍棱豆与张家坡第四期墓葬出土的豆 M358：01 的相似，认为其年代在西周中期晚段（图十一）。

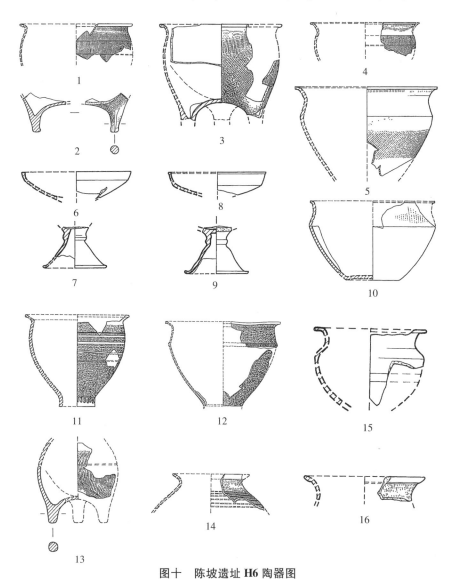

图十　陈坡遗址 H6 陶器图

1. 鬲 H6：15　2. 鬲足 H6：26　3. 鬲 H6：3　4. 甗 H6：17　5. 盆 H6：9　6. 豆 H6：14　7. 豆
H6：23　8. 豆 H6：11　9. 豆 H6：22　10. 盆 H6：5　11. 甗 H6：10　12. 甗 H6：43　13. 甗
H6：42　14. 瓮 H6：18　15. 小罐 H6：4　16. 中口罐 H6：19

（5）朱家台遗址（1959）

朱家台遗址位于均县城南 2.5 千米，七里屯村东北的一块高地上，
东临汉江与曾河交汇处之冲击地带，西傍均（县）草（店）公路，保存
面积约 8000 平方米。该遗址于 1958 年初文物普查时发现，同年 7 月复
查，11 月试掘，发掘探沟 10 条。1959 年，由中国社会科学院长江工作
队正式发掘，发掘探沟 85 条，共 1678 平方米。该遗址发现西周时期遗

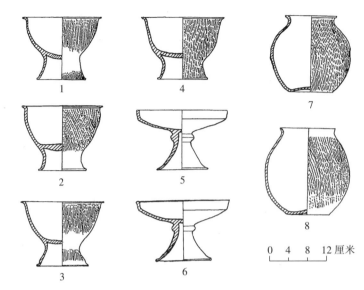

图十一　沈岗 M694 陶器图

1. 簋 M694：6　2. 簋 M694：7　3. 簋 M694：8　4. 簋 M694：10　5. 豆 M694：11　6. 豆 M694：12
7. 罐 M694：5　8. 罐 M694：9

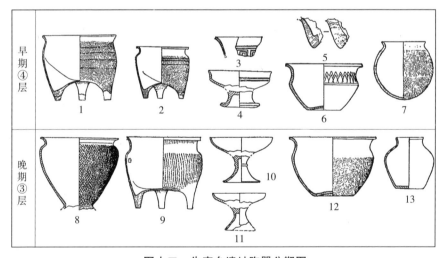

图十二　朱家台遗址陶器分期图

1. 鬲 T92④B：6　2. 鬲 T92④B：7　3. 簋 T93④：9　4. 豆 T92④B：5　5. 鬲足 T83④：6
6. 盆 T92④A：4　7. 罐 T84④B：6　8. 瓿 T30③：6　9. 鬲 T93④：10　10. 豆 T15③A：3
11. 豆 T15③B：4　12. 盆 T13③A：8　13. 罐 T13③B：9

存主要为包括地层堆积的第④层。

出土陶器大多为残片，复原7件。陶质以夹砂褐陶为主，泥质褐陶次之，夹砂灰陶再次之，泥质灰陶最少。除较多的素面陶外，纹饰主要是绳纹，次之为凸弦纹、凹弦纹、附加堆纹、印纹和划纹等。器物组合

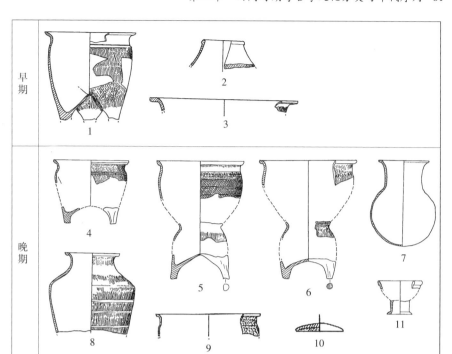

图十三 小马家遗址陶器分段图

1. 鬲 H3:1　2. 瓮 H3:3　3. 盆 H3:2　4. 鬲 H2:1　5. 甗 H2:10　6. 甑 H2:9　7. 罐 H2:19
8. 罐 H1:6　9. 盆 H2:15　10. 盆底 H2:16　11. 簋 H1:4

主要包括鬲、甗、盆、簋、豆、罐、釜①。简报认为，年代上限在西周中期，下限可到西周晚期至春秋早期。我们根据层位及陶器特点将其分为早晚两期，早期以④层为代表，包括④B、④A 等，晚期以③层为代表，包括③B、③A 等（图十二）。

（6）小马家遗址（2002）

小马家遗址位于襄樊市襄阳区黄集镇耿坡村小马甲自然村南北侧。遗址地处襄北岗地，马河从遗址中部东西向穿过，将遗址分隔在南、北两个台地上。2001 年 11 月，为配合（襄）樊魏（集）高速公路建设，湖北省文物考古研究所与襄樊市考古队、襄阳区文物管理处联合组队对沿线文物点进行调查，调查中发现该遗址。2002 年 11 月，襄樊市考古队受湖北省文物考古研究所委托对其进行了正式发掘。发掘区包括南、中、北区，南区未发现文化层堆积，直接对暴露在外的 3 座灰坑进行了清理，分别编号 2002XXH1 ~ H3。

报告认为这几座灰坑正是属于西周时期。出土陶器的陶质以夹砂陶

① 报告称"罐"，我们认为归入"釜"更合适。

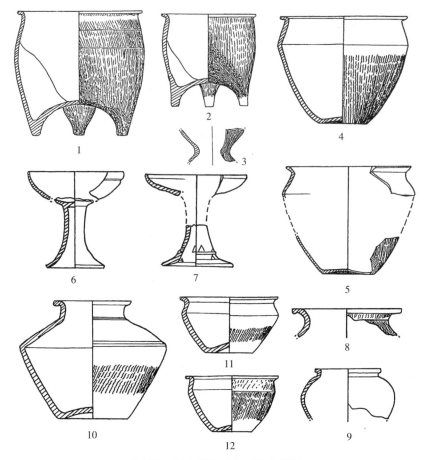

图十四 周台遗址 G4、M3 陶器图

1. 鬲 G4∶1 2. 鬲 G4∶5 3. 甗 G4∶7 4. 盆 G4∶4 5. 盆 G4∶9 6. 豆 G4∶2 7. 豆 G4∶3
8. 罐 G4∶10 9. 罐 G4∶16 10. 罐 M3∶1 11. 盆 M3∶4 12. 盆 M3∶2

为主，泥质陶较少；陶色以红陶居多；纹饰以细致整齐的细绳纹为主，
粗绳纹少见。器类仅有鬲、甗、簋、盆、盂、罐、瓮等。报告认为 3 座
灰坑年代有早晚之别，H3 最早，出土器物少，只有鬲、盆、瓮各 1 件，
年代相当于西周早期后段，大约在康王时期；H1 稍晚，出土器物有鬲、
簋、盆、罐，不见甗和盂，年代不晚于西周中期偏早阶段，大致相当于昭、
穆时期；H2 的时代最晚，出土器物较为丰富，有鬲、甗、簋、盂、盆、罐
等，年代在西周中期偏晚阶段为宜，大约相当于共、懿、孝王。我们认为，
从陶器组合和形制看，可分两期，早期为 H3，晚期为 H1、H2（图十三）。

（7）周台遗址（2002）

周台遗址位于枣阳市兴隆镇周台村南 200 米处，南靠耿家湾，东抵
刘家岗。遗址处汉水较大的支流——滚河以北、随枣走廊西部的一条南

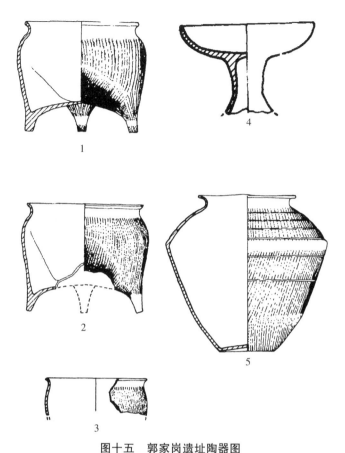

图十五　郭家岗遗址陶器图

1. 鬲 H109∶1　2. 鬲 H109∶2　3. 鬲 H109∶3　4. 豆 H109∶4　5. 瓮 H66∶1

北向矮丘岗地上，地势较为平缓。2001 年，为配合孝（感）襄（樊）高速公路建设对沿线文物点进行调查时发现该遗址。2002 年 7～9 月，襄樊市考古队受湖北省文物考古研究所委托组织力量进行了正式发掘。发掘区据遗址地形分为Ⅰ、Ⅱ、Ⅲ区，发掘工作主要在Ⅰ区，布方 23 个，分别编号 2002ZZT1～T23。此次发现的周代遗迹较多，报告认为第一期遗存包括 M3、G4，根据与真武山 H36 等对比，推断年代不晚于西周晚期，其中 M3 年代或可晚至西周中、晚期之际（图十四）。

（8）郭家庙墓地（2002）

郭家庙墓地隶属于枣阳市吴店镇东赵湖村 1、2 组，和周台遗址相距约 0.8 千米，一般认为二者关系密切。2002 年 11 月底施工过程中被发现。该墓地经发掘的墓葬供 25 座，发掘者认为 GM19 为西周晚期晚段或西周末期。

（9）黄土坡墓地（2000）

黄土坡墓地位于湖北省随州市北郊太上庙村，2000 年清理发掘了 M11。M1 为长方形竖穴土坑墓，方向 112°。墓坑开口长 3.17 米，宽 2 米，残深 0.46 米。葬具为木质的一椁一棺，椁室长 2.62 米，宽 1.24 米。棺痕长 2.1 米，宽 0.75 米。墓主葬式为仰身直肢。随葬品有铜鼎、戈、铍和陶鬲、壶等。发掘者认为年代在两周之际。

（10）郭家岗遗址（1990）

郭家岗遗址隶属于湖北省宜城市雷河镇官堰村，位于宜城市西约 7 千米处，西距蛮河 2 千米，东距"楚皇城"约 12 千米。遗址坐落在长条形高台地上，面积近 120 万平方米。20 世纪 80 年代初，宜城市博物馆在文物普查中发现该遗址。1989 年，曾配合工程进行试掘。1990 年 9 月开始进行正式发掘，共开 5×5 平方米探方 16 个，发掘面积 400 平方米。遗址文化内涵十分丰富，年代自周代延续到六朝时期。发掘者经过分期与排序，认为周代遗存第一期属于西周晚期至两周之际，典型单位包括中区④层、H109 及西区 H66（图十五）。

2. 分期与年代

（1）典型遗迹单位排序

以上遗址的典型遗迹单位中，组合基本包括鬲、甗、盆、豆、罐。由于该地区的文化因素较为复杂，器类形制特点较多，年代又相对集中，故不便进行整体的型式分析。以下主要根据陶器组合中陶器的整体面貌、形制特点及演变规律，将其进行比对与排序。

首先，选取标准单位。真武山遗址 H36、H81 分别代表早晚两期遗存，其中 H81 出土的器物组合较为完整，可作为对比的标准单位之一。黄家村遗址中，从其发表的两批资料看，遗存可分两期：第一期包括 H1~H14，组合与形制风格更为一致，简报分三段，我们分两段，分别以 H5、H6 为代表，简报认为属于西周晚期到两周之际。第二期以 H19②为代表，从出土的陶器看显然已与春秋时期典型楚文化组合和形制一致，可见年代至少晚至春秋早期。通过真武山 H81 与黄家村一期早晚段遗存的对比，我们认为，真武山 H81 晚于黄家村早段而早于其晚段。

其次，其他遗址的典型单位可分别与各期的代表单位进行对比归类。

①陈坡遗址：从甗 H6：17（图十，4）、豆 H6：14（图十，6）及豆 H6：11（图十，8）看，与黄家村甗 H11：4（图九，14）、豆 H11：2（图九，15）一致，故年代与黄家村 H5、H11 一致。

②真武山遗址：第一期以 H36、H39 为代表；第二期以 H81 为代表，应还包括 T0706④。H36 仅有鬲可排序，从陈坡遗址出土的鬲 H6：15 和 H6：3（图十，1、3）的器身整体形态与 H36：21（图八，4）相似，同为卷沿，圆唇，凹颈，鼓肩，下腹斜急收；鬲足 H6：26 与 H36：3 和 H36：6（图八，2、3）同为三足内聚。前文还提及，孙家坪鬲 H6：7（图三，7）与真武山遗址 H36：4（图八，1）上部形态接近，但后者为瘪裆；另从辽瓦店子遗址 Bb 型大口瘪裆鬲的排序看，真武山 H36：21（图八，4）与辽瓦 H224：2（图二，25）上部形态相似，而前者下腹斜收更甚，由此推测真武山 H36 晚于孙家坪 H6 及辽瓦 H224。综合考虑，H36 年代介于孙家坪 H6 和陈坡 H6 之间。

③沈岗墓地：从 M694 的豆、罐看，与黄家村 H5 相当。

④朱家台遗址：早段遗存中，如鬲 T92④B：6（图十二，1），折沿、扁体，整体器形与黄家村 H5：4（图九，1）相似；盆 T92④A：4（图十二，6），与黄家村 H5：1（图九，6）风格一致，为方唇，凹颈，斜直壁；豆 T92④B：5（图十二，4），折腹浅盘，喇叭形矮圈足，底边外翻，折豆盘为稍早特点，可见年代与黄家村 H5 相当。但鬲 T92④B：7（图十二，2），卷沿，方唇，长颈，鼓肩，斜直腹，其上部风格接近真武山 H81：15（图八，11），年代或与真武山 H81 接近。而晚段遗存陶器如 T93④：10（图十二，9），粗绳纹、卷沿、方唇、长颈等特点已晚出真武山 H81，至黄家村 H19②等单位。

⑤小马家遗址（图十三）：从 H1、H2 的鬲、甗、罐形态看，晚于黄家村 H5；罐 H1：6（图十三，8）与真武山 T0706④：2（图八，19）形态接近，与真武山 H81 或大致相当。而 H3 鬲为夹细砂黑陶，大口，微束颈，溜肩，分裆袋足，从简报线图看，下腹斜收形态与真武山 H36 相似，年代应相当。

⑥周台遗址（图十四）：从鬲 G4：1（图十四，1）看，鬲上部与真武山 H36 风格有点类似，下部变矮胖，瘪裆不甚，应更晚；从豆的形态看，弧盘高足，与真武山 H39 相比应更晚；盆为折肩深腹，也更晚；综合考虑，或与真武山 H81 年代相当。M3 出土的罐（图十四，10）、盆（图十四，11、12）组合形制与张家坡西周墓地①第五期 M304 出土的罐 M304：01（原报告图 261，39）、盂 M304：05（原报告图 260，20）形制相似，故年代应该在西周晚期。

①　中国社会科学院考古研究所：《张家坡西周墓地》，中国大百科全书出版社，1999 年。

⑦郭家庙大口鬲 GM19：9（原报告图一四一，1）与周台 G4：1（图十四，1）上部特征相似，足部外张应较后者三足内聚更晚。盆（原报告图一四一，3）与真武山 H81：18（图八，16）形制同为平沿，凹颈，鼓肩斜腹，圜底内凹，年代应相当。黄土坡鬲 M1：5（原简报图三，3）与郭家庙小口鬲 GM19：8（原报告图一四一，4）形态接近，年代应相当。

⑧郭家岗遗址（图十五）：H109 出土的鬲为卷沿、束颈、整器呈横长方体，瘪裆，三柱足较矮，从其颈部形态看，与真武山 H81：15（图八，11）及辽瓦 H267：1（图二，38）相当，横长方体的整体形态与真武山 H39：4（图八，8）相似，但颈部特点更晚；从豆形态看，已经与春秋早期典型楚文化流行的浅盘弧腹豆无异。综合分析其年代应稍晚于真武山 H81。

综上，该类遗存以黄家村 H5、真武山 H81 为代表可分为两期，郭家岗 H109、小马家 H1、H2 等单位，虽稍晚于真武山 H81，但仍早于郭家岗 H187、肖家岭 H18 等，故此处仍归入真武山 H81 所在的一期。各典型单位串联可得出该类遗存的分期对应表（表三）。

表三 真武山遗址为代表的遗存典型遗址分期对应表

	黄家村	真武山	陈坡	沈岗	朱家台	小马家	周台	郭家庙	郭家岗
一期	早段 H5、H11	一期 H36、H39	H6	M694	早段④层	早期 H3	M3	/	/
二期	晚段 H6、H14	二期 H81、T0706④	/	/		晚期 H1、H2	G4	GM19	H109、H66、④层

（2）年代

年代推断方面，简报认为黄家村 H5 相当于西周晚期，应无误。而真武山 H81 晚于黄家村 H5，从所出鬲 H81：15（图八，11）与辽瓦店子遗址第三期遗存晚段所出鬲 H267：1（图二，38）相似，同为大口长颈，鼓肩下腹斜收，高柱足，也与宜城肖家岭春秋早期鬲 H18②：3 相似，从颈部逐渐变直变长的演变趋势看，真武山 H81 早于肖家岭 H18②；所出的豆 H81：3（图八，17）还留有折盘箍棱的特点应稍早于肖家岭 H18③：42；所出的盆 H81：18（图八，16）与肖家岭春秋早期盆 H18①：14（原报告图九，1）接近，但扁体及下腹斜直收特征稍早；故 H81 为代表的第二期年代应早于辽瓦 H267 及肖家岭 H18，或在两周之际。而郭家岗 H109 等稍晚于 H81，或应进入春秋。

三　鄂西北区的编年序列

综上所述，鄂西北区的编年序列大致廓清①。

鄂西北山地区，以辽瓦店子遗址西周遗存为代表，其年代序列较为完整。以周文化为主线，可分为两大阶段：一为以辽瓦一期遗存为代表的地方文化阶段，年代主要在商周之际到西周早期，另包括大东湾遗址H40、白鹤观遗址 H8、大寺 G6③、H238 等；二为以辽瓦二、三期遗存为代表周文化体系阶段，年代在西周中晚期及之后，辽瓦二期还包括瞿家湾 H73、孙家坪 H6、大寺 T0313⑤ 等，三期另包括瞿家湾 H49、H47，观音坪 T0702④ 等。襄随地区，以周文化为主线，可分为两大阶段：一为毛狗洞 H1 类遗存地方文化阶段，该类遗存的年代主要在西周早期，另包括庙台子遗址、叶家山墓地和叶家湾一期遗存；二为以黄家村 H5、真武山 H81 等为代表的周文化体系阶段，主要年代在西周晚期及之后（图十六）。

根据之前的分期与年代，这两个小区块间可通过相关单位对比和串联，形成整个鄂西北地区的编年序列（表四）。

此表中，辽瓦一期的年代通过与过风楼遗址的对比与串联，可确定为西周早期，毛狗洞 H1 年代一般无争议，为西周早期；辽瓦二期的年代推测为西周中期，需后文与其他区序列对比验证；辽瓦三期晚段的年代通过与肖家岭 H18 等单位对比可知已为春秋早期，H4 的年代除鬲 H4：1（图二，30）外，整体组合接近晚段的 H267、H453，所以主体年代也应晚出西周。鬲 H4：1 与真武山鬲 H81：15（图八，11），整体形态都为大口瘦高，下腹斜收的特点，从颈肩不明显和三足直立看，比后者更早，由此，辽瓦遗址应存在早于真武山 H81，与真武山 H36 所在年代相当的遗存，只是组合方面尚缺依据。襄随地区黄家村 H5 据推测在西周晚期，我们赞同，但有待与其他区进行对比。同时，我们也可确定它晚于辽瓦二期，这可从瘪裆鬲的排序而得。二期以真武山 H81 为代表的遗存，早于春秋早期郭家岗 H187 等单位，故年代在两周之际应无误。

---

① 为了更清楚地表现各区的阶段性特点，大部分区域进行编年序列总结时均附图表示，需要说明的是，图中主要通过各阶段的器物组合表现其文化内涵与阶段性特点，故对于部分型式划分较多的文化遗存，我们仅选取该类遗存最具代表性的陶器类列于图中，以下各区均如是。

表四　鄂西北地区编年序列表

	鄂西北山地区	襄随地区
西周早期	辽瓦一期	毛狗洞 H1 类遗存
西周中期	辽瓦二期	／
西周晚期		一期（黄家村 H5 为代表）
两周之际	辽瓦三期	二期（真武山 H81 为代表）
春秋早期		郭家岗 H187、肖家岭 H18 等

第二节　鄂东北区

鄂东北区，从行政区划上看，主要包括武汉市、孝感市及其下所辖各市县。另麻城市位于大别山南麓的鄂东北及鄂东南区交界处，从其文化面貌上看应属于鄂东北区。

一　鲁台山 H1 类遗存

该类遗存以黄陂鲁台山遗址[①]为代表。

（一）鲁台山 H1 及其年代

鲁台山遗址，位于黄陂县城关镇东，为一处高出现今地面约 10 米的椭圆形台地。遗址位于长江北岸的滠水河畔，滠水紧靠鲁台山北缘，自东北流向西南。经考古调查发现，在滠水左岸的鲁台山范围内，分布着许多两周古文化遗址，总面积约 130 万平方米。而后在鲁台山对岸发现了椅子山遗址，面积有 3 万平方米，二者文化内涵相同，可能属于同一遗址区。1977 年 10 月至 1978 年元月，黄陂县文化馆为配合滠水改道工程，在鲁台山西南清理了两周时期墓葬 35 座，灰坑 1 个，其中属于西周时期的遗迹有灰坑一座（H1）以及墓葬 5 座（M28、M30、M31、M34、M36）。

H1 发现在表土以下深约 1 米处，形制为不规则的方形。口径 2.14 米，底径 0.8 米，底距坑口深 4.68 米。坑壁光滑，四壁坡度较陡，近乎垂直。整个灰坑自上而下，由方口斜收成锅底形，周壁扁圆。文化堆积可分 7 层，除第一层出有部分东周陶片外，其余均为西周陶片。出土陶器绝大多数为红陶，仅少量灰陶；纹饰以绳纹为主，次为方格纹、弦纹及附加堆纹；器类以鬲为最多，皆为大口瘪裆，另有甗、簋、鼎、缸、罐和钵等（图十七）。

---

① 黄陂县文化馆等：《湖北黄陂鲁台山两周遗址与墓葬》，《江汉考古》1982 年第 2 期。

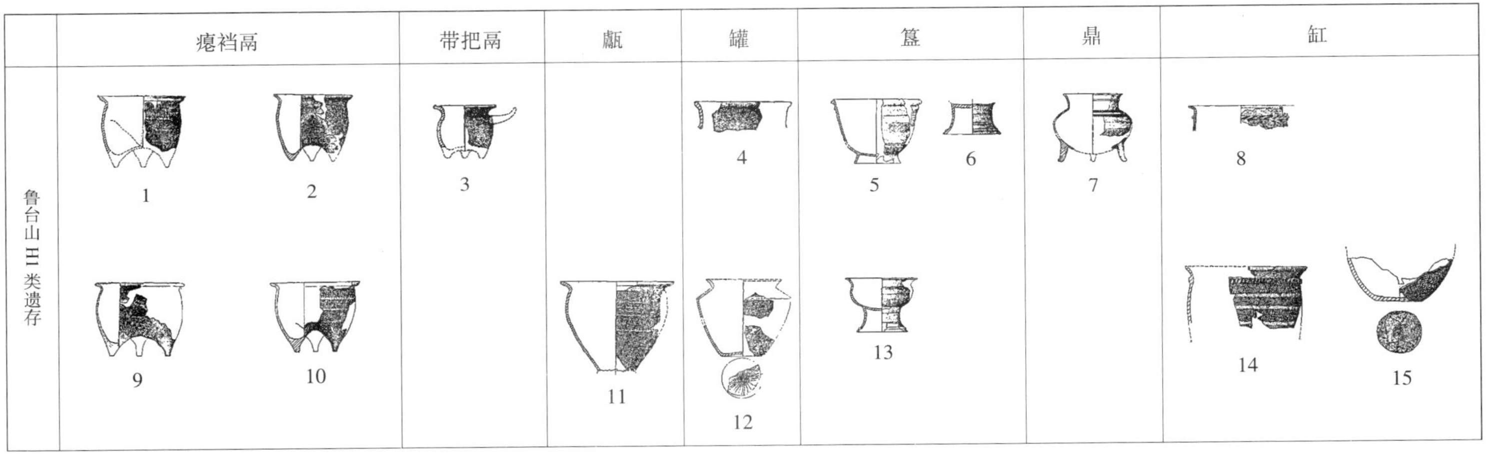

图十七 鲁台山遗址 H1 出土陶器图

1. 鬲 H1⑦：2 2. 鬲 H1⑤：1 3. 鬲 H1⑤：11 4. 罐 H1⑦：2 5. 簋采：17 6. 簋 H1⑤：16 7. 鼎 H1⑥：8 8. 缸 H1⑤：2 9. 鬲 H1④：1 10. 鬲 H1③：1 11. 瓶 H1④：1 12. 罐 H1③：15 13. 簋采：7 14. 缸 H1③：14 15. 缸采：14

报告认为以⑤层为界可分上下两段，年代略有早晚，总体相当于为西周前期。我们大体认同这种观点。从 H1⑦、⑤及④、③层出土的四件陶鬲的排序，可以大致推断 H1 的主体年代。这四件均为夹砂红陶绳纹鬲，形制均为大口、鼓腹、瘪裆，但细部特征略有不同。鬲 H1⑦：2（图十七，1），口沿为斜侈口，尖唇，唇下部贴泥条呈叠唇，袋足风格明显，这是鄂东北地区商晚期鬲口沿的特点，如云梦小王家山遗址商晚期遗存。鬲 H1⑤：1（图十七，2），斜侈口，薄圆唇，瘪裆甚，尖锥足，基本与枣阳毛狗洞遗址 H1 出土的鬲特征一致，年代应该相当；鬲 H1④：1（图十七，9）及 H1③：1（图十七，10），翻卷沿、唇部加厚、整器变矮胖、截锥足等特点，年代应该更接近西周中期，较⑤层应稍晚。此外，簋 H1⑤：16（图十七，6）圈足与簋采：7（图十七，13）一致，后者形态为西周早期。综上，主体年代在西周早期。

（二）墓葬及其年代

墓葬集中在鲁台山西部的鲁台湾以东，墓口发现在表土之下约 1 米左右。分布情况为 M6、M31、M34 等三座纵向并列成形，间距约 3 米；M30 在其西南，M28 在其东北，排列似有一定的规律。墓葬均为长方形土坑竖穴，南北方向。除 M30 带单墓道外，其他均无墓道。墓坑口大底小，坑壁略为倾斜。棺椁周围有二层台，墓室内铺有朱砂，少量墓如M36 有腰坑。从尺寸看，为中、小型墓，中型墓葬如 M30，墓室尺寸为 6×3 平方米，小型墓葬如 M31 尺寸为 2.4×1.4 平方米。随葬品包括青铜礼器、青铜车马器、青铜兵器、陶瓷器、玉石器等。墓葬主要随葬品为青铜礼器，器类包括鼎、甗、簋、爵、觯、觚、尊、卣等。从铜器的组合及形制特征可以判定其年代与 H1 大致相同，集中在西周前期，具体年代可能略有早晚，此处暂不讨论①。

（三）文化性质

从 H1 陶器组合看，以鬲为最多，另有甗、罐、钵、簋、缸。该类遗存的性质与毛狗洞 H1 有相似之处，即保留有较浓的商文化作风，又受到周文化的影响。鬲皆为夹砂红陶绳纹，大口瘪裆，整器较矮胖，可视作地方特点。故其性质为商文化与本地文化融合基础上形成的与周文化关系密切的一支地方文化遗存。结合墓葬及青铜礼器等情况看，鲁台

---

① 铜器的详细讨论见第四章。

山遗址应是西周早期的高等级聚落。

此处还有必要说一下郭元咀遗址。郭元咀遗址分布在武汉市黄陂区前川街鲁台山北麓、滠水东岸的一级台地上，其南距鲁台山周代墓葬群约1000米。该遗址于2019年进行了发掘，发现有商代、西周、春秋时期文化遗存。其中商末周初时期发现了烧土遗迹1处；西周至春秋时期清理了墓葬6座。商末周初阶段遗存的发现，能为寻找与鲁台山西周早期墓葬相关的居住遗址提供新线索。目前资料尚在整理中。

二　金罗家遗址为代表的遗存

该类遗存主体组合为鬲、甗、豆、罐、盆、钵，已属于周文化体系。已发掘的遗址以金罗家遗址[①]为代表，另包括吊尖遗址[②]、金盆遗址[③]、庙山岗遗址[④]、吕王城遗址[⑤]、小王家山遗址、香炉山遗址、放鹰台遗址[⑥]、纱帽山遗址[⑦]、乌龟山遗址[⑧]、应城神台子遗址[⑨]、广水四顾台遗址[⑩]、大悟夏家河遗址[⑪]等。

（一）金罗家遗址及其年代序列（2006）

1. 遗址简介

金罗家遗址位于麻城市宋埠镇叶店村金家湾和新田铺村罗家湾之间，东北距麻城市区约20千米，东南距武麻公路约3千米，西南距宋埠镇约7千米。遗址地处大别山南麓的山前地带，北靠丘陵低山，南临平原，

① 湖北省文物考古研究所2006年发掘资料。
② 湖北省文物考古研究所、麻城市博物馆：《湖北麻城吊尖遗址发掘简报》，《江汉考古》2008年第1期。
③ 湖北文物管理处：《湖北红安金盆遗址的探掘》，《考古》1960年第4期。
④ 周国平：《罗田庙山岗遗址发掘》，《江汉考古》1991年第4期。
⑤ 吴泽明：《大悟县吕王城遗址调查》，《江汉考古》1980年第3期；孝感地区博物馆：《大悟吕王城重点调查简报》，《江汉考古》1985年第3期；孝感地区博物馆：《湖北大悟吕王城遗址》，《江汉考古》1990年第2期。
⑥ a. 湖北省文物考古研究所：《武昌放鹰台》，文物出版社，2003年。
　　b. 武汉市博物馆：《洪山放鹰台遗址97年度发掘报告》，《江汉考古》1998年第3期。
⑦ a. 湖北省博物馆：《汉阳东城垸纱帽山遗址调查》，《江汉考古》1987年第3期。
　　b. 武汉市博物馆等：《1996年汉南纱帽山遗址发掘》，《江汉考古》1998年第4期。
⑧ 湖北省文物考古研究所：《汉川乌龟山西周遗址试掘简报》，《江汉考古》1997年第2期。
⑨ 湖北省文物考古研究所、孝感市博物馆、应城市博物馆：《湖北应城神台子遗址调查发掘简报》，载湖北省文物考古研究所编：《湖北考古报告集》，江汉考古编辑部，2008年，第116页。
⑩ 湖北省文物考古研究所：《湖北广水四顾台遗址发掘简报》，《江汉考古》2012年第3期。
⑪ 湖北省文物考古研究所：《湖北大悟夏家河遗址发掘简报》，《江汉考古》2011年第2期。

海拔高度约 40 米左右，西侧有一条朱溪河大致由南向北流过。该遗址于
1989 年 10 月文物普查中发现①，调查发现了一批新石器时期和周代的遗
物。为配合武合铁路工程建设，湖北省文物考古研究所于 1996 年、2005
年、2006 年先后进行了几次勘探与发掘工作。其中，勘探面积约 12 万平
方米，发掘总面积约 1500 平方米。发掘区共布 5 × 5 平方米探方 54 个，
探沟 4 条。通过勘探与发掘工作，发现有西周时期城垣、城壕及大型夯
土遗迹，确定有西周时期城址存在，城址面积约 10 万平方米；揭露清理
新石器时代及西周灰坑共 59 个，新石器时代墓葬 82 座；出土了大量的
陶器及玉、石器等小件器物 500 余件，是一批十分重要的考古研究资料。

2. 西周时期的遗迹

该遗址的资料正在整理中，我们所获为 2006 年的部分发掘材料。据
我们所知，该遗址 2006 年按象限法布方，发掘区分为两部分，西南为 I
区，东北为 III 区。I 区西周地层为③层，叠压新石器时代地层，并发现
少量西周灰坑，如 H70、H71、H72；III 区发现的西周遗存主要为地层，
没有发现灰坑。从出土的大量的西周时期陶片看，西周时期陶器主要发
现于④～⑧层，但发掘时地层并未统一。

夯土城墙的北垣穿过 III 区的两个探方（T2113、T2114），这两个探
方内的城墙进行了解剖。解剖发现城墙直接叠压地层（T2113⑦及 T2114
⑥），而地层（T2113⑤、T2114④）又叠压于城墙之上，据此推测城墙
年代与 T2113⑥及 T2114⑤同时。T2113⑦出土有夹砂灰陶尖锥鬲足、抹
细绳纹甗腰、泥质灰陶平底罐残片等，年代应该在商代晚期，至少不晚
于西周早期，这可大致推断城墙年代的上限；与城墙同时期的 T2114⑤
出有瘪裆截锥足鬲及侈口折沿甗口沿；直接叠压城墙的地层 T2113⑤、
T2114④没有出土遗物，与之相邻的 T2014④出土有乳钉纹折沿鬲口沿
（与 T1712⑥:4 风格一致）、瘪裆截锥足鬲足、小口折肩罐等；综上，可
推测城墙的主体年代约为西周中期。由于资料尚未发表，城墙、壕沟、
夯土及建筑基址的相关具体数据我们暂时不得而知。

3. 陶器的分类与排序

西周时期发现的陶器十分丰富，陶质夹砂、泥质均有，陶色以灰陶
为大宗，红色、黑色次之；纹饰主要为绳纹，中、细均有，弦纹、附加
堆纹次之；器类以鬲居多，另有甗、簋、豆、罐、盆、钵、器盖、滤盉、
带把盉等。以下型式分析是笔者前往工地调研时根据所获取的资料做出

---

① 麻城市博物馆：《麻城金罗家遗址调查简报》，《江汉考古》1992 年第 3 期。

的，但由于资料尚未发表，故只能有文字描述而不能出图。

鬲　出土最为丰富。据肩部、腹部及裆部等特征，主要可分三型。

A 型：直肩直腹，微瘪裆。可分两亚型。

Aa 型：ⅢT1911⑧层出土一件，微侈口，卷沿，圆唇，微凹长颈，三柱足内敛。器体较小，整器呈方体。夹砂陶，器身黑陶，足部为红陶，肩部以下饰极细绳纹。

Ab 型：ⅢT1913⑦：1，侈口，卷沿，圆唇，溜肩，下腹斜收，微弧，微瘪裆，三截锥足直立。整器呈纵长方体。夹砂灰黄陶，通体饰间断细绳纹。

B 型：圆鼓肩鼓腹，瘪裆较低。可分两式。

Ⅰ式：侈口，卷沿或折沿，薄方唇或薄圆唇，足腔大，整器较矮胖。ⅢT1911⑧：15，折沿，薄方唇，足残。夹砂灰陶，通体交错绳纹，肩部饰弦纹一道。ⅢT1813⑦层出有两件，折沿，薄圆唇，足残。夹砂灰黑陶，通体极细绳纹，肩部饰两道弦纹。ⅢT1711⑦出土一件，卷沿，薄圆唇，足残。夹砂灰陶，通体绳纹。ⅢT1712⑦：3，薄圆唇，折沿，夹砂灰陶，通体交错绳纹，足根素面。ⅢT1912⑦，折沿，薄方唇，足残。夹砂灰陶，通体竖绳纹，肩腹部加饰多道弦纹。ⅢT1813⑥：6，敞口，折沿，薄圆唇。夹砂灰陶，通体饰斜绳纹，肩腹部加饰多道弦纹，足根素面。ⅢT1712⑥：5，折沿，薄方唇，足残。夹砂灰黑陶，通体抹绳纹，肩部饰多道弦纹。

Ⅱ式：方唇或圆唇加厚，颈部明显，凹竖颈或长颈，三截锥足加高，整器呈纵方体，肩腹部饰多道弦纹。ⅢT1813⑤：4，折沿，厚方唇，矮竖颈。夹砂灰陶，通体饰斜绳纹，足根素面。ⅢT1711⑥：5，侈口，厚方唇。夹砂黑陶，足根为红陶，通体饰绳纹，肩部饰多道弦纹。ⅢT1712⑤：35，卷沿，厚方唇，矮竖颈，高柱足。夹砂灰陶，通体抹绳纹，颈部以下加饰多道弦纹。ⅢT1812⑤：11，折沿，厚圆唇，长斜颈，足残。夹砂灰陶，口沿以下饰竖绳纹，颈部以下饰斜绳纹，肩腹部加饰多道弦纹。

C 型：折肩斜直腹。瘪裆很高，自肩部以下开始瘪，故形成明显凸耸肩。可分两亚型。

Ca 型：圆折肩，下腹斜直收。整器呈横长方体。可分两式。

Ⅰ式：侈口，折沿，圆唇或方唇。ⅢT1911⑧，折沿，圆唇。夹砂黑陶，通体交错绳纹。ⅢT1912⑦，折沿，薄圆唇。夹砂灰陶，通体斜绳纹，肩部加饰弦纹多道。

Ⅱ式：平折沿，短颈。ⅢT1813⑤：9，厚圆唇，夹砂灰陶，肩部饰多道弦纹，颈部以下饰中粗绳纹至足部，足根素面。

Cb 型：方唇，硬折肩，下腹斜直收。整器呈横长方体。可分两式。

Ⅰ式：折沿，薄方唇或薄圆唇。ⅠT0414③出土一件，薄方唇，夹砂黑陶，足部为红陶，通体斜绳纹，肩部加饰扉棱及凹弦纹两道。ⅢT1711⑦出土一件，口部略残。夹砂灰黑陶，通体绳纹，肩部加饰乳钉纹。ⅢT1712⑥：4，口部略残。夹砂灰黑陶，通体绳纹，肩部加饰乳钉纹及弦纹。ⅢT1812⑤：8，口部略残。夹砂黑陶，通体绳纹，肩部加饰扉棱及凹弦纹三周。

Ⅱ式：唇部加厚，颈部明显。ⅠT0414③出土1件，夹砂黑陶，通体绳纹，肩部弦纹多道。ⅢT1812⑤出土一件，夹砂黄褐陶，通体绳纹，肩部加饰弦纹多道。

Cc 型：侈口，卷沿，方唇或圆唇，圆折肩，三高柱足直立。整器呈方体，器体较大。可分两式。

Ⅰ式：侈口。ⅢT1811⑦出有1件，方唇，夹砂灰陶，颈部以下饰间断绳纹至足根，肩部加饰附加堆纹一周。ⅢT1913⑥出有一件，薄圆唇，夹砂灰黑陶，颈部以下饰间断绳纹至足部，足根素面，肩部加饰附加堆纹一周。

Ⅱ式：敞口。ⅢT1714⑤出有1件，方唇，夹砂灰陶，颈部以下饰绳纹，肩部饰附加堆纹一周，肩部以下饰间断绳纹至足部，足根素面。

带把鬲　ⅢT1813⑦，圆唇，鼓肩，下腹斜收，弯卷把，流残，足根略残。夹砂灰陶，肩部及以上饰多道弦纹，以下饰竖斜绳纹。

带把滤盉　ⅢT1914⑦出有1件，上部为钵状，敛口，圆唇，折肩，下腹斜收，束腰处有滤箅，下部盉状，弯把略残，鼓肩，瘪裆，下腹直收，三截锥足微内敛。泥质黑陶，上钵部素面，下盉部肩部以上饰弦纹多道。

甗　暂不见完整器，分为甗甑部和甗鬲部。

甗甑部，多见侈口，鼓肩，鼓腹，下腹斜收，束腰。可分两式。

Ⅰ式：深腹。ⅢT1912⑦出土1件，斜折沿，方唇。夹砂灰陶，束腰处附加堆纹。

Ⅱ式：浅腹。ⅠH70 出土1件，翻沿，方唇。夹砂灰陶，颈部以下饰竖绳纹，肩部加饰多道弦纹。

甗鬲部，可分三型。

A 型：圆肩，圆鼓腹。ⅢT1714⑤：7，夹砂灰黑陶，通体饰绳纹及弦纹多道。

B 型：折肩，斜直腹。ⅠT1310③：1，高柱足。夹砂灰陶，足根为红陶，通体绳纹，足根素面。

C 型：圆肩，斜直腹。ⅢT1812⑤：6，高柱足。夹砂灰陶，通体斜绳纹。

罐　多为小口折肩罐，可分两式。

Ⅰ式：折沿外侈，下腹逐渐弧收。ⅢT1911⑧：8，泥质灰陶，通体绳纹。ⅢT1912⑥：16，泥质灰陶，通体绳纹。ⅢT1813⑥，折沿，方唇，泥质灰陶，通体素面。ⅠH70 出土 1 件，平折沿，方唇，凹圜底。泥质灰陶，下腹饰错乱绳纹。

Ⅱ式：最大径下移。ⅢT1712⑤：19，折沿，圆唇。泥质灰陶，通体素面。

簋　可分两型。

A 型：侈口，圆唇，深腹，弧盘，粗把，矮座。ⅢT1911⑧：17，泥质灰陶，素面。ⅢT1811⑦：5，泥质灰皮红陶，素面。

B 型：ⅢT1813⑥：3，折盘，深腹，粗把，矮座。泥质灰陶，通体素面。

豆　以直口、方唇、折腹为多。可分两式。

Ⅰ式：弧座。ⅢT1911⑧：11，粗把，座残。泥质灰陶，折腹处饰弦纹两道。ⅢT1711⑥：10，深腹，粗把，矮圈足略残。泥质灰陶，通体素面。ⅢT1712⑤：28，细把，矮座。泥质黄陶，器表饰弦纹。ⅠT0414③，深盘，矮把，圈足残。泥质黑陶，折腹处有弦纹，其他素面。

Ⅱ式：豆座带折棱。ⅢT1814⑤：2，喇叭矮座。泥质灰陶，素面。

盆　据肩部特点可分两型。

A 型：折肩。可分两式。

Ⅰ式：ⅢT1813⑦，折沿，方唇，最大径在腹中，底残。泥质灰陶，通体绳纹。

Ⅱ式：ⅢT1712⑤：39，口沿略残。折肩，下腹斜收。泥质灰陶，肩部以下饰竖绳纹，加饰多道弦纹。

B 型：弧肩。可分两式。

Ⅰ式：折沿，薄圆唇。ⅢT1912⑦，大敞口，最大径在腹中偏上。泥质灰黑陶，通体斜绳纹。

Ⅱ式：唇部加厚，颈部明显。ⅢT1712⑤，卷沿，圆唇，唇部加厚，最大径在腹中，下腹斜收，底残。泥质灰陶，肩部以下饰错乱绳纹。

钵　均大多为敛口、凹圜底。据最大径的位置分两型。

A 型：敛口，最大径在肩部，下腹斜直收，整器呈倒三角形。可分两亚型。

　　Aa 型：折肩。可分两式。

　　Ⅰ式：ⅢT1711⑦，泥质灰陶，肩部以上饰弦纹多道。

　　Ⅱ式：肩部最大径下移。ⅢT1812⑤：7，泥质灰陶，素面。

　　Ab 型：弧肩。可分两式。

　　Ⅰ式：ⅢT1712⑥：3，泥质灰黑陶，肩部以上饰弦纹多道。

　　Ⅱ式：肩部最大径下移。ⅢT1812⑤：6，泥质灰黑陶，肩部以上饰弦纹多道。ⅢT1714⑤：6，口部以下饰弦纹多道，下腹饰错乱绳纹。

　　B 型：最大径在腹中，下腹弧收。敛口，鼓腹。ⅢT1914⑦，近球形腹。泥质灰黑陶，通体斜细绳纹。ⅢT1711⑦，泥质灰陶，肩部及下腹弦纹多道。

　　器盖　泥质灰陶，盖面微弧，喇叭状捉手，饰多周凹弦纹。ⅢT1811⑦：6、ⅢT1913⑥：2、11。

　　4. 分期与年代

　　该遗址典型遗迹单位极少，可供参考的组合关系极其有限，而地层中出土陶器虽然丰富，但组合及型式多有混出现象，导致期别不好划分。现根据地层关系、典型器物的早晚排序及各单位器物组合的不同，将该遗址西周遗存大致分为两期：

　　第一期主要包括Ⅲ区部分⑧层、⑦层、部分⑥层，如ⅢT1911⑧、ⅢT1711⑦、ⅢT1712⑥、ⅢT1813⑥。该期出土陶器十分丰富，陶质以夹砂陶居多，泥质陶次之；陶色以灰色为主，黑、红陶次之；纹饰主要为绳纹，弦纹、附加堆纹次之，另有乳钉纹、扉棱等，其中绳纹以细绳纹为主，弦纹一般饰两至三周于器肩；器物组合以鬲最多，另有甗、盆、豆、簋、罐、钵、器盖、盂等。该期陶器为典型的周文化风格，以折沿薄唇瘪裆鬲、深腹束腰折肩甗、折腹盆、折盘豆、折腹簋、折沿钵等西周中期盛行的硬折的风格及陶器组合为特点，由此推测年代为西周中期。

　　第二期主要包括Ⅲ区少量⑥层、大部分⑤层、Ⅰ区③层等，如ⅢT1711⑥、ⅢT1712⑤、ⅢT1813⑤、ⅠH70 等。该期出土陶器也十分丰富，其陶器组合和风格延续上一期，差别主要表现在纹饰的装饰及具体形态变化上。从纹饰上看，仍以绳纹为主，但中粗绳纹较多，此外，弦纹的运用较前期大大增多，一般于器表饰多道。附加堆纹仍可见，乳钉纹和扉棱则少见。从器物形态看，陶器口沿的唇部基本加厚，而颈部开始出现或加长，整器变方。年代可至西周晚期。

　　以上两期遗存连续发展，年代跨越整个西周时期，因此可作为该地区文化遗存的序列标尺。下面将在此序列标尺的基础上对比介绍其他典型遗存的分期与年代情况。

（二）其他典型遗存分析

1. 吊尖遗址（2005～2006）

（1）遗址简介

吊尖遗址位于麻城市南湖办事处凡固垸村一组，大别山南部丘陵倒水河的支流孙家河东岸。遗址为一个独立的椭圆形太低，面积不大，约4500平方米。2005年11月至2006年1月，为配合武合高速铁路建设，湖北省文物考古研究所对该遗址进行了抢救性发掘。该次发掘共布方5×5平方米12个，发掘面积300平方米，发现有新石器时代和西周时期两个时期的文化遗存。

据发掘简报，西周时期的遗迹包括G2、G3、H5、H16①、H31等。我们参观了该遗址的发掘出土实物，发现发掘时地层并未统一，除上述遗迹外，遗址的部分③～⑤层也为西周时期，另部分⑤层发现有商时期遗物。

（2）分期与年代

具有分期意义的地层关系有两组：H5→G2；WNT0406④→⑤→H31→⑥。从出土陶器的整体面貌看，其组合及整体风格较为统一，组合以鬲居多，另有甗、盆、豆、罐、钵、滤盉、带把盉等，与金罗家遗址相同。具体可分两组：第Ⅰ组以G2为代表，鬲G2:1（图十八，3）与金罗家一期ⅢT1712⑦:1、钵G2:10与钵ⅢT1712⑥:3相似，故与金罗家遗址一期遗存相当。第Ⅱ组以H31为代表，另包括H5等，鬲H31:5（图十八，7）整体器形与纹饰风格与金罗家二期鬲ⅢT1711⑥:5接近，年代应与金罗家遗址二期遗存相当（图十八）。

2. 金盆遗址（1957）

金盆遗址位于红安县新寨乡。遗址是一个近圆形土墩，面积有3600平方米。1957年进行了一次小规模发掘，在遗址东边开了3个探方，西边开了4条探沟，发现了新石器和西周两个时代的文化堆积。

西周时期遗迹包括房址一座和墓葬一座。房址为圆形，居住面上有柱洞3个，外侧有墙，墙外有小沟围绕，东边有一门道。墓葬为长方竖穴形，葬式应为仰身直肢，疑有葬具，无随葬品。遗址中出土陶器以夹砂红陶和泥质红陶为主，夹砂灰陶和泥质灰陶次之。纹饰以绳纹为主，另有少量弦纹、划纹、附加堆纹等。器形以鬲为主，其次为甗、钵、罐、豆、器盖及少量鼎。

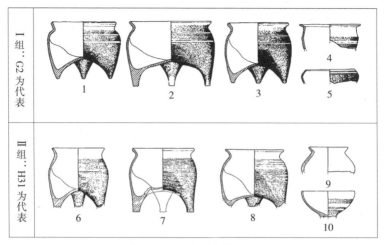

图十八　吊尖遗址陶器分段图

1. 鬲 G2:2　2. 鬲 G2:4　3. 鬲 G2:1　4. 盆 G2:5　5. 钵 G2:10　6. 鬲 H31:6
7. 鬲 H31:5　8. 鬲 H31:19　9. 罐 H31:12　10. 豆 H31:1

从发表资料看，较为完整的陶器仅 4 件（原报告图版拾壹，1、2、
5、7），包括鬲 2 件（其中 1 件为瘪裆鬲，1 件为圆裆鬲），甗 1 件[①]，钵
1 件。从瘪裆鬲和甗的形制看，与金罗家遗址一期遗存相似。

3. 庙山岗遗址（1991）

庙山岗位于黄冈市罗田县三里贩镇张家湾村，东距巴河西岸约 200 米。
遗址位于山坡上，现存面积约 5000 平方米，主要分布在山坡的东部和西北
部。1990 年底文物普查时发现该遗址。1991 年 3 ～ 6 月对该遗址进行了发
掘，共布 5×5 平方米探方 42 个，实际发掘 36 个，面积 900 平方米。

遗址地层堆积分为 9 层，其中④～⑥层及 H3、H4[②]，发掘者认为属
于西周时期遗存，而②、③层及 H1、H2 属春秋时期遗存。简报只见地
层出土的陶器材料，并不见灰坑的陶器。陶系以夹砂红陶或红褐陶为主，
夹砂灰陶、黄陶次之，泥质陶较少。纹饰以粗、中、细绳纹为主，弦纹、
附加堆纹次之，射线暗纹、S 纹、镂孔等较少。制法以轮制为主，手制
为辅。器类有鬲、甗、罐、瓮、缸、方盆、钵、盂、豆、器盖、羊角形
器把及器耳等。从鬲 T0631⑥:1（原简报图十二，1）形态看，侈口卷沿
方唇，鼓腹，高瘪裆截锥足的特点与金罗家遗址ⅢT1811⑤:8 形制一致，
鬲 T1318④:1（原简报图十二，6）与金罗家遗址ⅢT1811⑤出土的鬲一
致。可见，该遗址西周时期遗存年代在金罗家遗址序列之内。

---

① 原简报归入鬲，认为是夸口鬲，我们认为不妥，从形制看应为甗鬲部。

② H3、H4 未见遗物资料发表。

4. 吕王城遗址（1979、1982）

（1）遗址简介

吕王城遗址位于大悟县城东约 70 千米的吕王镇所在的吕王村，地处滠水上游西岸和吕王河交汇处。该遗址于 1958 年文物普查中发现，1979 至 1982 年进行了两次考古调查和抢救性发掘工作。遗址三面环水，唯一一面依山，地势南低北高。整个遗址由吕王镇、陈家岗、天灯岗、卢家沟四大片组成，分别编为南、西、东、北四区。西周时期的文化遗存主要分布在东区 T5 的中层以及西区 T2 中、上层，出土遗物主要是陶器，陶质以夹砂褐陶为主，夹砂和泥质灰陶次之，另有鬲、盆、钵、簋、豆、罐、瓮等（图十九）。

（2）分期与年代

《湖北考古发现与研究》[1] 将该遗址分为早、中、晚三期，第一期以⑦层为代表，第二期以⑥层为代表，第三期以⑤层为代表，三期年代分别对应西周早、中、晚三期。

我们认为，从层位关系上看可分为三段。但⑦层出土器物较少，从鬲 T2⑦∶159[2]（图十九，1）的形态看，侈口，折沿，圆唇，鼓腹，瘪裆高，足腔大，袋状尖锥足，确实残留商鬲的特点，而金罗家遗址一期中的鬲也保留有稍早的特点；从共出的盂 T2⑦∶163（图十九，4）形制看，与金罗家一期遗存Ⅲ T1813⑦出土的盆一致，故年代应该相当。⑥层出土器物较丰富，器类包括鬲、甗、簋、豆、盆、钵，陶器出现统一的硬折风格，鬲除折沿折肩瘪裆鬲外，还有少量卷沿鼓肩瘪裆鬲和折沿折肩连裆鬲，盂为折沿折肩平底，罐为折肩平底，钵为敛口平底，这些特点均与金罗家遗址一期遗存相似。⑤B 层中有几件可以看出晚的特点，如鬲 T2⑤B∶105（图十九，20）、簋 T2⑤B∶158（图十九，35）、鬲 T2⑤B∶119（图十九，23）、盆 T2⑤A∶32（图十九，28）等。整体看来，统一硬折风格转变为圆弧的特点。由此，推测其主体年代应该与金罗家遗址一、二期遗存相当。

5. 小王家山遗址（2002）

西周时期遗存主要分布在Ⅰ区，包括 H43、H121、H123、T28⑤、T29⑤、T13③等。出土的陶器组合为鬲、甗、盆、罐、瓮等，陶器组合和风格与吕王城遗址 T2⑥B 相同，故年代也应相当。

---

① 杨宝成主编：《湖北考古发现与研究》，武汉大学出版社，1995 年，第 86 页。

② 在两份简报中，这件器物有两个不同的编号，还有几件器物也有这样的情况，此处我们都选择了 T2 的编号。

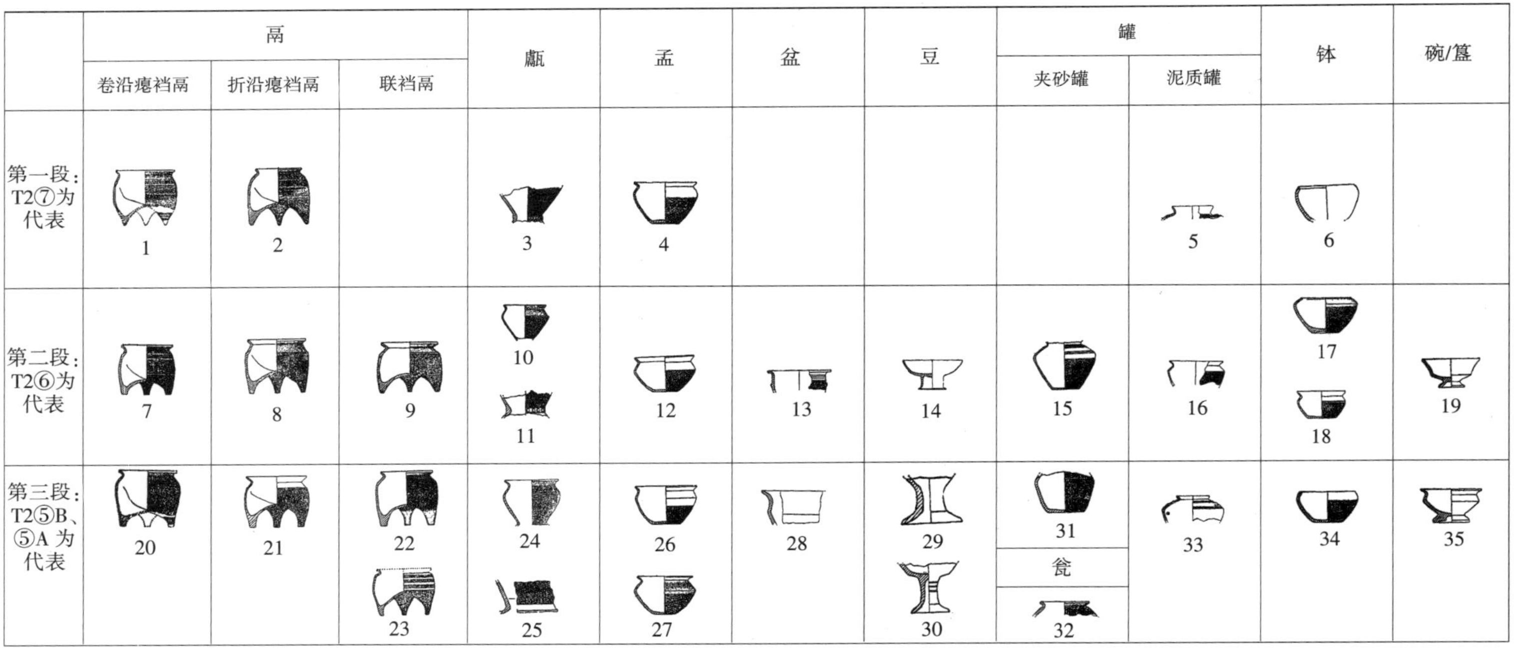

图十九 吕王城遗址陶器分段图

1. 鬲 T2⑦:159 2. 鬲 T2⑦:160 3. 瓿腰 T2⑥:147 4. 盂 T2⑦:167 5. 泥质罐 T2⑦:163 6. 钵 T2⑦:180 7. 鬲 T2⑦:147 8. 鬲 T2⑥:133 9. 鬲 T2⑥:134
10. 瓿腰部 T2⑥:147 11. 瓿腰 T2⑥:148 12. 盂 T2⑥:150 13. 盆 T2⑥:146 14. 豆 T2⑥:156 15. 夹砂罐 T2⑥:152 16. 泥质罐 T2⑥:132 17. A 型钵 T2⑥:152
18. B 型钵 T2⑥:135 19. 碗 T2⑥:157 20. 鬲 T2⑤B:105 21. 鬲 T2⑤B:121 22. 鬲 T2⑤B:118 23. 鬲 T2⑤B:119 24. 瓿腰部 T5⑤B:148 25. 瓿腰 T2⑤A:103
26. 盂 T2⑤B:129 27. 盂 T2⑤A:157 28. 盆 T2⑤A:32 29. 豆 T2⑤B:154 30. 豆 T2⑤A:121 31. 夹砂罐 T2⑤A:130 32. 瓮 T2⑤A:113 33. 泥质罐 T2⑤A:113
34. 钵 T2⑤A:126 35. 筐形器 T2⑤B:158

6. 香炉山遗址（1989～1990）

（1）遗址简介

香炉山遗址位于武汉市新洲县阳逻镇西北约5千米处的香炉山，南距长江约2千米。该遗址位于一小山丘上，面积约3万平方米，为1983年调查发现。1989年9月至1990年9月，为配合基建进行了两次发掘，共发掘2575平方米。发掘区分为南、北、中三区，其中北区主要为西周时期文化堆积。

西周时期遗迹主要包括房址12座以及灰坑百余座①。房址均为地面建筑，面积较大，位于在北区的东、西两边，呈南北向带状分布。其中F4保存最好，面积30余平方米，为不规则长方形，东、西、南三面残留有墙基，墙内发现火膛及柱洞。出土遗物主要包括陶器、铜器、骨角器、玉石器及卜甲等。其中陶器组合主要包括鬲、甗、罐、壶、豆、钵、器盖等。

（2）分期与年代

《发掘纪要》根据地层与遗迹间的打破关系、典型陶器特征及器物组合的差异，将西周遗存分为三段，分别对应为西周早、中、晚三期。我们赞同其分期，但对具体年代的推测，我们认为部分期别推测过早。

第一期：以夹砂红褐陶为大宗，夹砂红陶、泥质灰陶和灰褐陶次之。纹饰以粗深绳纹为主，另有弦纹、刻划纹和镂孔等。鬲为锥足，瘪裆；豆圈足矮粗，深盘，沿外有折棱，另有盆、钵、簋等。部分陶器与本地区晚商遗存有近似之处。除镂孔豆外，陶器面貌基本与金罗家遗址一期遗存相似。

第二期：红陶急剧减少，灰褐陶居多，次为灰陶。绳纹变细变浅。鬲为柱足，豆圈足变瘦长，盘变浅，弧壁，未有折棱。这基本与金罗家遗址西周二期遗存特点相似。

根据简报第三期的描述，出有当阳赵家湖乙B类楚墓的连裆瘦高足鬲，我们认为其年代已晚出西周时期，至少进入春秋早期。

7. 放鹰台遗址（1965、1997）

（1）遗址简介

放鹰台遗址位于武汉市武昌水果湖南岸和东湖南段的西岸湖滨。遗址东、北两面环水，系一湖滨土丘。遗址全貌为一南北向近椭圆形丘状太低，面积1万余平方米。该遗址于1956年发现。1960年由中国科学院

---

① 可惜西周时期的大多材料未见发表，仅在《湖北武汉市阳逻香炉山遗址考古发掘纪要》及《湖北考古发现与研究》中可见几件代表器物。

（现中国社会科学院）考古研究所湖北队主持，对该遗址的分布范围和文化堆积的大致情况作了一次调查性勘探。1965 年，为配合工程需要，有湖北省博物馆文物考古队（现湖北省文物考古研究所的前身）组织进行抢救性发掘，共计开探沟（方）65 条（个），发掘面积约 1250 平方米。其中，西周时期遗存包括坑形遗迹 3 个，65WFK1、65WFK2 和65WFK3；灰坑 4 个，65WFH1、65WFH2、65WFH3、65WFH5；灰沟 1条，G1。1997 年，为配合工程需要，武汉市博物馆组织进行了全面勘探和第二次考古发掘，该次发掘共布探方 21 个，发掘面积共 550 平方米。其中，周代文化遗存共清理墓葬 1 座，灰坑 19 个以及灰沟 2 条。

（2）分期与年代

1965 年发掘区主要集中在遗址的中部偏南，其西周文化堆积不太厚，出土遗物不甚丰富，遗迹单位也不多，给分期带来一定困难。遗迹单位开口②层下，从层位关系上看，应早于部分②层，至少早于其叠压地层单位①，故可大致可区分早晚。早段主要包括开口②层下的遗迹单位，以 65WFH2 为代表；晚段主要为②层，以 65WFT11②、65WFT3②为代表。出土的陶器以夹砂灰陶居多，黑陶次之；纹饰以粗绳纹为主，另有附加堆纹、弦纹、戳印纹及刮削纹；器类以鬲、甗、豆、盆、盂、罐、钵、圈足碗、簋，以及鼎、护耳甗、镂孔豆、带流鬲、器盖等（图二十）。从出土陶器的组合和特点看，两期变化不太大，年代应相距不远。如鬲 65WFT11②：1（图二十，13）卷沿、薄圆唇、溜肩特点与金罗家遗址 BⅡ式鬲接近，且颈部矮领特点更晚；带流鬲 65WFT3②：1（图二十，15）高瘪裆风格、钵 65WFH2：24（图二十，10）风格在金罗家遗址一、二期遗存均可见。因大部分口沿开始出现厚圆唇矮领的特征，并出现通体饰多道弦断绳纹的纹饰风格，推测其年代更接近金罗家遗址二期遗存。

1997 年发掘区出土遗物较丰富的遗迹主要在遗址的西部及东南部。陶器组合为鬲、甗、豆、盆、钵、罍、瓮、器盖、带把器等。简报据其叠压打破关系将西周遗迹分为三组②：第一组包括 H22、H21、H4 等，年代在西周中期偏早；第二组包括 M48、H11、H6 等，年代在西周中期偏晚；第三组包括 H18、H5、H3、G3 等，年代在西周晚期偏早。此处H22 似乎存在问题，鬲 H22：1（原简报图二十三，17）卷沿，束颈，鼓肩，

---

① 遗迹单位层位关系包括：T17②→K1→③；T18②→K2→③；T32②→K3→③以及 T23②→H2→③。

② 遗迹单位层位关系包括：H18→T1708②→H22；H5→T0321②→H4；H3→T1808②→H11。

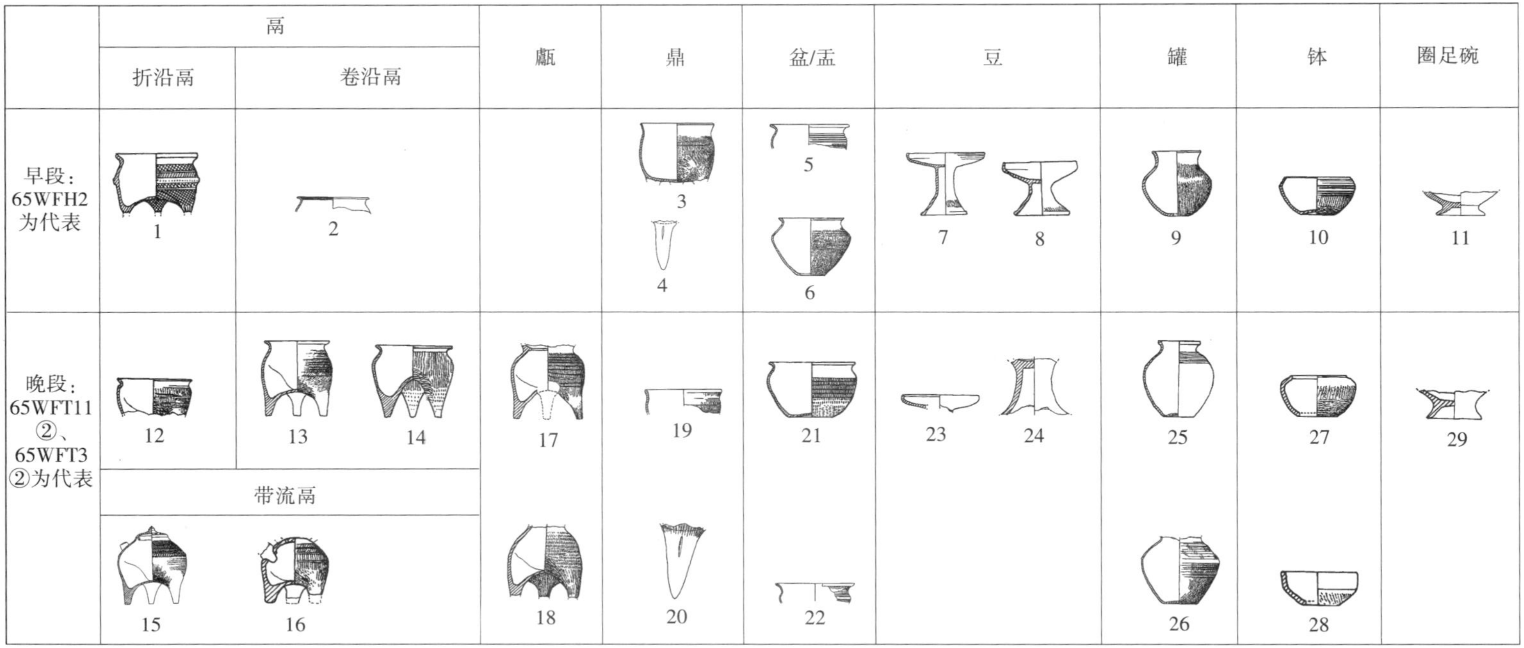

图二十　放鹰台遗址陶器分段图

1. 鬲 97WFH22：11　2. 鬲 65WFH2：17　3. 鬲 65WFK2：33　4. 鼎足 65WFH2：9　5. 盆 65WFH2：8　6. 盂 65WFH2：32　7. 豆 65WFH18：11　8. 豆 65WFH2：2
9. 罐 65WFH2：35　10. 钵 65WFH2：24　11. 圈足碗 65WFH2：17　12. 鬲 65WFT11②：15　13. 鬲 65WFT11②：1　14. 鬲 97WFH18：1　15. 带流鬲 65WFT3②：1
16. 带流鬲 T41②：1　17. 甑鬲部 65WFT11②：40　18. 甑鬲部 65WFT11②：42　19. 鼎 65WFT11②：5　20. 鼎足 65WFT21②：12　21. 盆 97WFH18：1
22. 盆 65WFT33②：9　23. 豆盘 65WFT11②：25　24. 豆柄 65WFT11②：26　25. 圆肩罐 97WFH5：4　26. 折肩罐 65WFT23②：2　27. 钵 65WFT8②：24
28. 钵 65WFT8②：24　29. 圈足碗 65WFT23②：23

间断粗绳纹，从形态和纹饰看均已晚出西周晚期而进入春秋时期，若然如此，根据简报分组及层位关系则所有单位都晚进春秋。从陶器的排序看，似不相符。那鬲 H22∶1 是否为混入？排开此件鬲，遗迹的分组大致无误。关于年代，从豆 H21∶1（原简报图二十三，16）与 65WFH2∶2（图二十，8）的对比看，第一组年代应与之相当。从其他晚期单位看，陶器的口沿普遍下压，颈肩分界十分明显，如钵 H18∶11（原简报图二十三，15）；盆由折肩、平底变为弧肩、平底内凹，这些特征与金罗家遗址二期遗存相似，年代相当或更晚。由此可以将简报第二、三组合为一组。

8. 纱帽山遗址（1996）

（1）遗址简介

纱帽山遗址位于武汉市汉南区纱帽镇纱帽山，在武汉市区西南约 30千米。东面濒临长江，北、西两面有山。遗址为一小山丘，经江水历年冲刷部分被破坏，现存面积 1000 平方米。1961 年，湖北省博物馆曾对该遗址进行调查，试掘三条探沟，位于遗址西、北部①。调查所得的西周陶器大多为采集，而出土的陶器大多零碎，不好辨认。1996 年，为配合基建工程，在遗址的东部和西部各开探方两个，发掘面积 100 平方米②。发掘简报认为第三期遗存属于西周时期，包括 H2～H6、F1 以及地层西区③～⑤层及东区的④～⑥层（分为 a、b、c 三小层）。

（2）遗迹与遗物

F1 分布于东区 T1、T2④层下，并向四周延伸。因发掘面积有限，不明全貌。从所见部分看，房址方向南北，有红烧土的坚硬块居住面，散水、户外活动面及火塘遗迹。有三个规整的红烧土柱础和一个石柱础，构成一个长方形的两连间房。地面建筑已不见，推测为立柱架梁的木构建筑。

简报发表的陶器大多为地层出土。陶器组合包括鬲、甗、罐、豆、簋、钵等。简报将其分为两段，Ⅰ段包括地层东区⑥层，西区⑤、④层，遗迹 H5、H6；Ⅱ段包括地层东区⑤、④层及西区③层，遗迹 H2～H4、F1。

（3）年代推断

简报认为Ⅰ段在西周前期，Ⅱ段在西周后期，部分晚至春秋前期。我们感觉从出土的鬲、豆形制看，两组之间年代差别不大。鬲 DT2⑥c∶31（原简报图六，11）折沿外侈，圆肩鼓腹的作风与金罗家一期遗存 BⅠ式鬲相似；鬲 XT1④∶43 及 XT1④∶44（原简报图六，1、2）斜侈口，方唇，

①　湖北省博物馆：《汉阳东城垸纱帽山遗址调查》，《江汉考古》1987 年第 3 期。
②　武汉市博物馆等：《1996 年汉南纱帽山遗址发掘》，《江汉考古》1998 年第 4 期。

折沿，折肩，属于金罗家 Cb 鬲，较 I 式或稍晚；罐 DT2⑥b：9（原简报图二，八），与金罗家Ⅲ T1814⑦出土的罐形态一致等。故 I 段年代应该与金罗家遗址一期遗存相当，Ⅱ段或稍晚。

9. 乌龟山遗址（1973）

乌龟山遗址隶属于汉川县南河乡南河村，东距南河乡约 2 千米，北距汉水约 15 千米。遗址于 1958 年文物普查中发现。1973 年进行调查与试掘，由西向东布 2×6 平方米探沟 3 条，发掘面积共 36 平方米。

出土陶器中，陶质以夹砂陶居多；陶色以褐陶居多，红、灰陶次之；纹饰多为绳纹与弦纹，另有附加堆纹及方格纹。器类以鬲居多，另有罐、盆、钵、豆等。简报认为遗存的主体年代在西周晚期，唯 T1④层稍早，或可到西周早期。

我们认为，从层位关系上看，可以分为三段。从鬲 T1④：12（图二十一，2）形制看，与③层出土的鬲 T1③：9（图二十一，6）一致，且与金罗家遗址一期遗存 Ca I 式鬲相似。另 T1④层年代应与③层相当，这从与豆 T1④：11（图二十一，3）及鬲 T1③：15（图二十一，5）同形制的器类在大悟吕王城⑥层如豆 T2⑥：156（图十九，14）和鬲 T2⑥：133（图十九，8）共出可推得。另鬲 T3③：4（图二十一，7）、盆 T1③：7（图二十一，11）与钵 T1③：10（图二十一，12）的形制与吕王城⑤B、⑤A 同类器物特点也接近。故该遗存整体年代与金罗家一、二期遗存相当。②层出土器物较少，从鬲 T3②：7（图二十一，14）与罐 T1②：6（图二十一，15）形制看，已晚出西周（图二十一）。

10. 神子台遗址（2005）

神子台遗址（原时辰台），位于应城市城南的黄滩镇桂桥村，于 1981 年文物普查时发现。遗址东西长约 110 米，南北宽约 61 米，总面积 7000 平方米。2005 年 7～8 月，由湖北省文物考古研究所、孝感市博物馆、应城市博物馆组成考古队联合发掘。由于发掘时间紧，只开 5×5 平方米探方一个。发掘者认为以遗址第③层为代表的遗存，年代属于西周晚期。由于出土的器物多为残片，不见完整器，不好分组。从豆盘 T1③：17（原简报图八，12）看，直口折腹为西周晚期特点。但从鬲足 T1③：17（原简报图九，7）看，疙瘩状足根内收明显，年代已晚出西周。

11. 四顾台遗址（2006）

四顾台遗址位于广水市杨寨镇刘家畈村三组。该遗址为一圆形台地，四面环水，高出地面 4～5 米。东邻京广铁路改线路基约 50 米，西距王家河约 250 米。2006 年 6 月，湖北省文物考古研究所对四顾台遗址及其

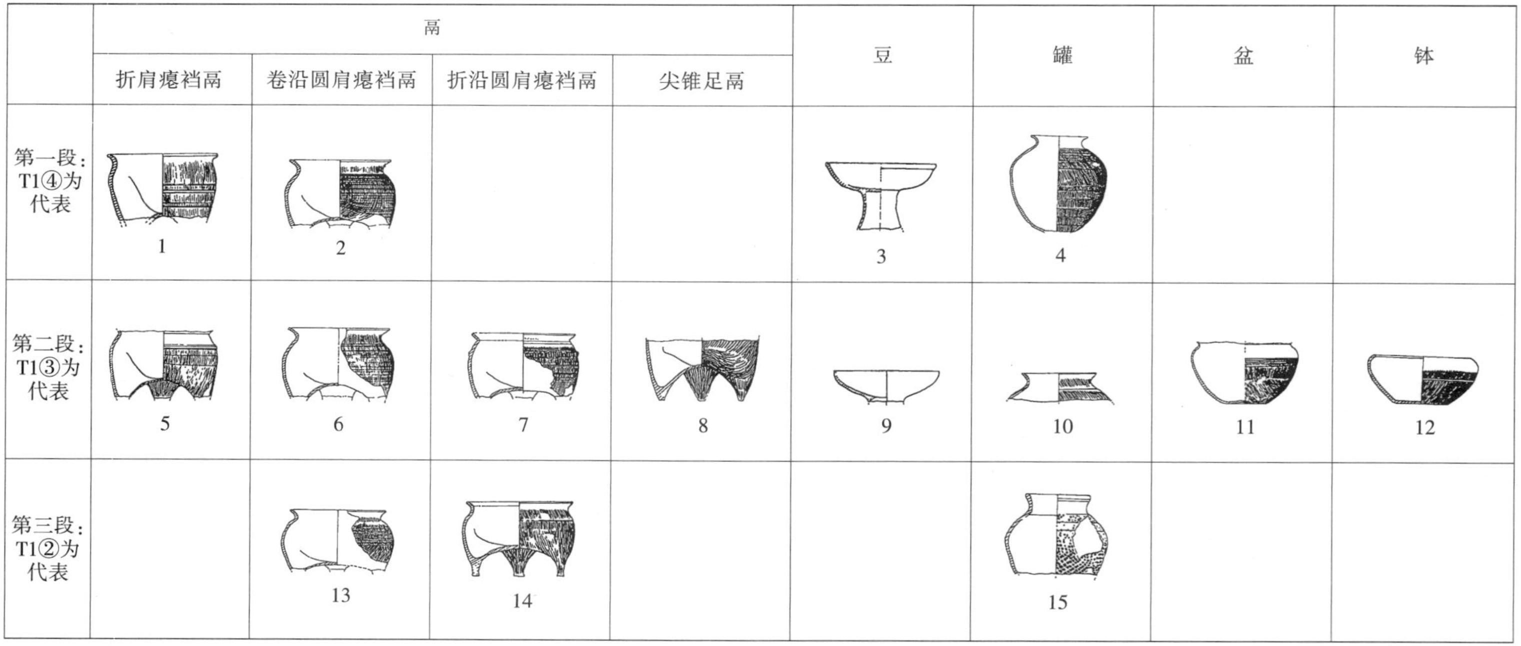

图二十一　乌龟山遗址陶器分段图

1. 鬲 T1④：8　2. 鬲 T1④：12　3. 豆 T1④：11　4. 罐 T2④：1　5. 鬲 T1③：15　6. 鬲 T1③：9　7. 鬲 T3③：4　8. 鬲下部 T3③：6　9. 豆 T1③：4　10. 罐 T3③：1
11. 盆 T1③：10　13. 鬲 T1②：1　14. 鬲 T3②：7　15. 罐 T1②：6　12. 钵 T1③：7　15. 鬲 T1②：6

周边进行了调查和勘探，7 月在遗址东部开 5×5 平方米探方 2 个，发掘面积 50 平方米。从公布的出土遗物看，西周时期遗物出土的遗迹单位包括②至⑥层、H1、H2、H3、H6、H7、烧土 2 和 M2[①]。陶器组合主要有鬲、甗、簋、瓮、豆等，发掘者认为年代跨越整个西周时期。该遗址出土的完整器不多，鬲 H7：1（原简报图二二，4）与吊尖鬲 G2：1（图十八，3）特点一致，豆 T2④：4（原简报图二六，2）与放鹰台遗址 65WFH2：2（图二十，8）形制相似。簋烧 2：14（原简报图二六，1）的器身特点与沈岗 M694 出土的簋（图十一）接近。综合考虑，该遗址西周遗存的年代跨越了金罗家一、二期。

12. 夏家河遗址（2008）

夏家河遗址位于大悟县高店乡夏河村，高店河自东向西从遗址北部流过。2008 年 11～12 月，为配合郑（州）武（汉）高速铁路建设，湖北省文物考古研究所对该遗址进行了抢救性发掘，共发掘 5×5 平方米探方 9 个，发掘面积 225 平方米。发掘者将夏家河西周文化遗存分为两期，早期以烧土 4 和 H2 为代表，晚期以烧土 2 为代表。主要出土器物组合为鬲、罐、豆、盂、甗、钵等，为西周时期典型器物组合，根据器物形制特点，两期之间年代跨度不大，都在西周晚期。

（三）遗存分期与性质

根据金罗家遗址的分期，将其他遗址与之比较串联得分期对应表（表五）。

表五　金罗家类型典型遗址分期对应表

金罗家	吊尖	金盆	庙山岗	吕王城	小王家山	香炉山	放鹰台	纱帽山	乌龟山	神子台	四顾台	夏家河
一期	I 组 G2	√	√	一、二段	H43 等	一期		I 段	一段		√	
二期	II 组 H31		/	三段	/	二期	一、二段	II 段	二段	√	√	√

该类遗存以金罗家遗址为代表，以鬲、盆、豆、罐、钵为主体陶器组合，属于周文化体系。陶器形制与宗周地区十分接近，又具有一定的地方特色，过去一般称为"香炉山类型"。由于金罗家遗址发现有城址，作为政治中心的可能性更大，且陶器面貌更为丰富和典型，我们认为，该类遗存可统称为"金罗家类型"。

---

① 但简报西周遗存部分介绍遗迹时说"只有灰坑一种"，并举例 H6、H1、H4。

三　鄂东北区的编年序列

综上所述，鄂东北地区西周时期年代序列完整，以周文化为主线，可分为两大阶段：一为以鲁台山 H1 类遗存为代表的地方文化阶段，年代在西周早期，二为西周中期开始的属于周文化体系的金罗家类型阶段。

以上编年序列中，鲁台山 H1 的年代定在西周早期，一般无争议；金罗家一、二期遗存的年代我们推测在西周中期和晚期，后文将通过各区序列对比论证。由于金罗家遗址的资料尚未发表，此处我们用吕王城⑥层代表金罗家一期遗存，放鹰台晚段代表金罗家二期遗存（图二十二）。

第三节　鄂东南区

鄂东南区，从行政区划上看，主要包括黄冈市、黄石市、咸宁市及其下所辖各市县。

一　毛家咀类遗存

该类遗存以毛家咀遗址为代表①，东距其 600 米的新屋塆铜器窖藏②应该与其为同一文化内涵的遗存，除此之外暂未发现其他遗址。

（一）毛家咀遗址（1958）

毛家咀遗址位于蕲春县城东北约 30 千米处，面积约 2～3 万平方米。该遗址于 1957 年发现，1958 年中国科学院考古研究所湖北发掘队对其进行了试掘。

1. 木构建筑遗迹③

最重要的发现是木构建筑遗迹，位于 3 个大小不一的水塘底部。从试掘和钻探的情况看，范围应在 5000 平方米以上。从分布情况看，可分为东、西两组。以下以西组遗迹为例做一介绍。

西组遗迹位于一个中型水塘内，暴露在水塘底部的木构遗迹约有 1600 平方米，共发现木柱 109 根，直径多在 0.2 米左右。有的木柱和柱

---

① 中国科学院考古研究所湖北发掘队：《湖北蕲春毛家咀西周木构建筑》，《考古》1962年第 1 期。

② 黄冈市博物馆等：《湖北达城新屋塆西周青铜器窖藏》，载黄冈市博物馆编《鄂东考古发现与研究》，湖北科学技术出版社，1999 年。

③ 木构建筑描述部分引自《中国考古学·两周卷》。

洞排列整齐，纵成行，横成列。在其周圆，有的残留有排列整齐的木板墙。有的木柱上凿有榫眼，用以插置横柱架以固定墙板。残存的木板宽0.2~0.3米，厚0.02~0.03米。

根据残留的木板墙角及木柱的排列形式，大致可复原3座房屋。

F1位于该组遗迹的东南角，长8.3米，宽4.7米。方向130°。房内有木柱18根，粗细不等，直径为0.1~0.3米，排列成方格形，纵3行，横6行。纵距在2米左右，横距在2或3米左右。在东南角、西北墙都保留有部分木墙。

F2位于F1的西北，距F1不足2米，长8米，宽4.7米。房内有木柱15根，亦成方格形，纵3行，横6行，排列较F1整齐。粗的7根，4根与南墙平行，3根与北墙平行。8根细柱，6根等距分布在房的纵中线上，并与两侧粗柱成行成列；西南与西北角上各有1根；另1根靠在北墙的中部。

F3未完全复原。位于F1的东北，距F1不足1米。F3有粗柱7根，排列成横方形，纵2行，横4行。木柱周围没有发现板墙的遗迹。从木柱的分布及间距看，F3的大小和形状应与F1、F2相同。F3残长6.8米，残宽约5米。

这三座房屋因墙板破坏严重而未发现门道。三座房子的形状、大小相若，距离相近，每座房屋之间只有宽约1.3米的甬道。但房屋内的布局却不完全相同，如F1东南部的木柱较密，可能有小的隔间；F2的木柱分布较疏且间距均匀，可能隔间较大；F3内部则没有木柱，或许是一间没有隔间的大房子。结构上的不同有可能是用途上的不同的所致。这几座房子都是自成单元，但它们更像是一组建筑的组成部分。

在F2的西北还发现大片建筑遗迹，包括45根细木柱和一段长达4米的弧形木板墙。在其南部，发现有木制楼梯形的残迹。另外还发现许多生活用具，如黑地红彩的漆杯、木瓢和陶片，另发现有卜甲和卜骨等。在F1的东部也发现有大块平铺的木板。从这些现象推测，这些建筑可能为木构的楼房。另外，在F2的北部还发现一口水井（图二十三）。

从东、西两组木构建筑可以推测，这一建筑群是经过规划后而起建的。从遗迹现象可推测毛家咀的木构建筑应是南方地区常见的干阑式建筑。据简报，这类建筑在毛家咀遗址西北约3、4千米处以及荆门市车桥村附近也有发现，说明这类聚落在长江中游并非只有一处。

2. 遗物

出土的遗物包括青铜器、陶器、木器、石等。青铜器除铜镞、斧、锛、刀外，最重要的为一件礼器铜爵，出自东组建筑群内，鋬内侧有铭

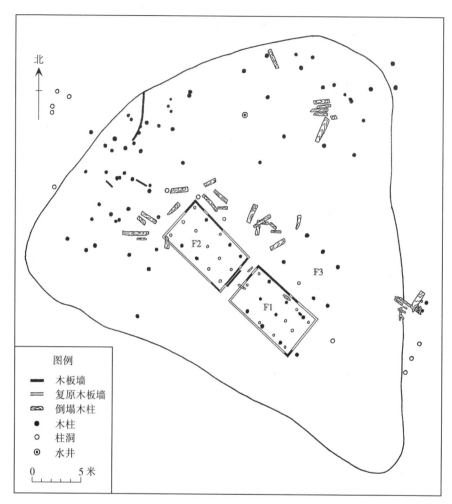

图二十三　毛家咀遗址木构建筑西组遗迹平面图

（转引自《中国考古学·两周卷》图 4 - 1，第 130 页）

文"酉"[①]。陶器以泥质黑陶居多，另有少量夹砂或泥质灰、褐陶。黑陶多为轮制，器形规整，器表磨光者近半数。夹砂纹饰以细绳纹为主，附加堆纹和平行凹弦纹也多见。器类主要包括鬲、鼎、簋、爵、尊、盘、罐、钵、器盖等。石器主要为斧。另有漆杯、木瓢、骨锥以及竹席等物的残迹。西组建筑中还出土有卜骨和卜甲，上面有钻、凿、灼痕。在东、西组建筑附近还发现有成堆的稻谷遗迹（图二十四）。

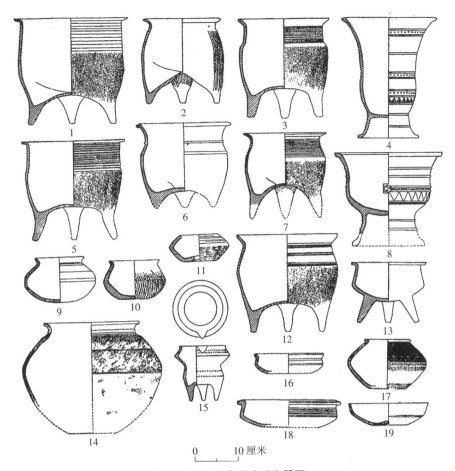

0 ——— 10厘米

图二十四　毛家咀遗址陶器图

1. 鬲Ⅲ8/1：3：3　2. 鬲Ⅱ7/1：3：27　3. 鬲Ⅲ9/1：3：1　4. 尊Ⅱ9/5：3：32　5. 鬲Ⅱ12/2：3：10
6. 鬲Ⅰ4/5：3：36　7. 鬲Ⅰ24/3：3：28　8. 簋Ⅲ9/1：3：33　9. 罐Ⅲ3/1：3：11　10. 罐Ⅰ23/2：2F：3
11. 钵Ⅰ24/3：3：14　12. 鬲Ⅲ9/1：3：4　13. 鼎Ⅱ9/5：3：7　14. 罐Ⅱ11/1：3：34　15. 爵Ⅱ2/2：2
B：30　16. 盘Ⅲ12/2：3：16　17. 罐Ⅰ24/2：2A：12　18. 盘Ⅱ9/5：3：17　19. 盘Ⅱ5/6：3：15

鬲的形制较多，据整体形态简报分5式①，分别为：1式弧壁袋足式
（图二十四，2）、2式浅腹袋足式（图二十四，7、12）、3式弧颈弧壁式
（图二十四，6）、4式直壁袋足式（图二十四，1）、5式直壁实足式（图
二十四，3、5）。2式、4式和5式颈部饰多道平行弦纹，很有特点。

3. 年代推断

从出土的陶鬲看，3式鬲Ⅰ4/5：3：36（图二十四，6），鼓腹，尖锥
足，颇有殷墟时期陶鬲的遗风；1式鬲Ⅱ7/1：3：27（图二十四，2），卷
沿薄圆唇，有西周早期的特点，弧腹袋足为晚商遗风；鬲、簋、尊、爵

———————————

① 此处的式，应理解为型。

组合基本不见于西周早期之后；青铜爵为商末周初的特点；综上推测，毛家咀遗存应不晚于西周早期。

（二）新屋塆铜器窖藏及其年代（1996）

新屋塆窖藏距毛家咀遗址仅 600 米，原为一较高的山丘。窖藏坑为不规则圆形坑，直径 1~1.4 米，残深 1.1 米。坑内共出土 7 件青铜器，大多有铭文和徽记，包括盂方鼎 2 件、宠方鼎 2 件、酉方鼎 1 件、圆鼎和斗各 1 件。关于铜器的风格与年代，发掘者认为，铜器含有少量的商文化因素，但主体因素是姬姓宗周文化。其年代应与毛家咀遗址同时，为西周早期，不晚于康王之世。李学勤先生则认为年代应不晚于商周之际[①]。

（三）文化性质

从遗存的整体面貌观察，可以看出包含两组因素，一组为中原文化因素，一组为土著文化因素。中原文化因素包括：铜礼器组合方鼎、圆鼎、爵、斗；陶器中的 1 式鬲、簋、爵、尊的仿铜器组合以及卜骨等。土著文化因素包括：干阑式建筑、陶器中的 2、4、5 式鬲、鼎、钵、盘、罐等。由此，该类遗存应属于受中原文化影响的地方文化遗存。

结合遗址的大型木构建筑以及铜器窖藏分析，该遗存应是西周早期一处高等级聚落中心。

二　大路铺文化

过去该类遗存一般统称为"鄂东南类型"，由于正式发掘的遗址较少，只是从调查和试掘的材料看到了其大致的文化面貌，故未正式命名。自阳新大路铺遗址科学发掘后，发现该遗址堆积丰富且处于这支文化的中心区，延续时间也包括了该文化的主要发展阶段，因此可将该类遗存命名为"大路铺文化"。目前已知属于该文化且经过试掘或发掘的遗址包括大路铺遗址[②]、和尚垴遗址[③]、铜绿山遗址[④]、蟹子地遗址[⑤]、焦墩

---

①　李学勤：《谈盂方鼎及其他》，《文物》1997 年第 12 期。

②　湖北省文物考古研究所：《阳新大路铺遗址东区发掘简报》，《江汉考古》1992 年第 3 期。该遗址先后经过四次发掘，发掘报告现已出版。湖北省文物考古研究所等：《阳新大路铺》，文物出版社，2013 年。

③　咸宁地区博物馆等：《阳新县和尚垴遗址调查简报》，《江汉考古》1984 年第 4 期。

④　黄石市博物馆：《铜绿山古矿冶遗址》，文物出版社，1999 年。

⑤　湖北省文物考古研究所 2009 年发掘资料。

遗址[①]等。

（一）大路铺遗址及其分期与年代（1984、1990、2003）

1. 遗址简介

（1）地理位置

大路铺遗址，隶属阳新县白沙镇大路铺村，东南距阳新县城关19千米。大路铺遗址是一处台墩遗址，呈不规则长方形。遗址范围较大，包括四周高出大路铺村的背后山、前面山、铺垴等山林、丘岗、台地，总面积约7万平方米。遗址中心区域被大路铺村覆盖或破坏，并将遗址分隔为东（山岗林地和台地）、西（山坡地）、北（丘岗林地）三个相对独立的区块。遗址的西部紧邻106国道，"武九"（原名"大沙"）铁路由北向南穿过遗址，东、西两面各有一条溪流，东面一条（原为古河道）紧靠遗址由北向南流。

（2）发现与发掘经过

该遗址于1984年配合"大沙"（湖北大冶至江西九江沙河镇）铁路修建进行调查时发现，之后进行过四次发掘。

1984年底至1985年进行了第一次发掘。此次发掘主要是配合"大沙铁路"单线路基修筑工程而进行，发掘区域局限在路基设计线段内，北区、西区和东区南部均有涉及。此次布方采用区块法，在区块基础上按先后发掘的顺序给探方（沟）流水号，北区先后布探方（沟）13个（NT1～T13），西区17个（WT1～17），东区6个（ET1～16），实际发掘面积约670平方米，共发现灰坑、柱洞、烧土遗迹、石块遗迹、炼炉等五类遗迹。

1990年进行了第二次发掘[②]，此时遗址的北区、西区已被毁。为了全面了解遗址地层结构，此次发掘在遗址东区的北部选择有代表性的区块进行布方，共布5×5平方米探方14个，仅对T217、T233、T248、T262、T216、T272等6个探方进行了发掘，实际发掘面积150平方米，共发现墓葬、灰坑、灰沟、房基、柱洞、灶坑等六类遗迹。

第三和第四次发掘工作于2003年展开。为配合"武九"铁路复线提速工程，再次对该遗址进行了发掘。发掘工作分上半年（第三次）和下半年（第四次）两次展开，分别在东区中部和南部两个地点进行了发

---

① 湖北省文物考古研究所1993年发掘资料。

② 湖北省文物考古研究所：《阳新大路铺遗址东区发掘简报》，《江汉考古》1992年第3期。

掘。上半年在东区中部布 5×5 平方米探方 21 个，实际发掘面积 475 平方米。下半年在遗址东区南部布 5×5 平方米探方 19 个，实际发掘面积 397 平方米。两次发掘共发现灰坑、灰沟、房基、灶、烧土遗迹、柱洞等六类遗迹共 246 个遗迹单位①。

（3）地层堆积

遗址的北、西、东三个区块在地形、地貌以及地层堆积的层次、分布、结构、土质土色等方面稍有不同，但从文化内涵上看相互间差别不大，其间有密切联系。故此处选取堆积最为丰富的东区南部予以介绍，以 03·E·T2410、T2409、T2408、T2407 四个相贯通的探方西壁剖面为例，共分 10 层：

第①层：耕土层。沙质灰色土，土质松软。夹烧土粒、炼渣颗粒和早晚陶、瓷、砖、瓦碎片。

第②层：近现代文化层。沙泥质黄褐色土，土质松软，夹较多烧土块和早晚混杂陶、瓷、砖、瓦碎片，石块等遗物。此层下开口的遗迹有近代房基、沟和编号为 03·E·H11、H23 的灰坑。其中，近代房基打破 H11 和第⑦层；H11 打破第⑦层；H23 打破第④层。

第③层：沙泥灰褐色土层。土质疏松，内含鬲、鼎、罐、豆、钵等陶器和烧土粒、炼渣等。

第④层：泥沙质灰黄土层。土质较硬。内含鬲、鼎、罐、豆、钵等陶器和烧土块，少量木炭粒等。

第⑤层：沙泥质灰褐色土层。土质较硬，内含鬲、鼎、罐、豆、钵等陶器和矿石、炼渣、烧土块、草木灰等。此层下开口的遗迹有：03·E·H52、H42 灰坑。其中，H52 打破 H42 和第⑥层。

第⑥层：泥质灰黑色土层。土质细腻有黏性，内含鬲、罐、豆、钵等陶器和矿石、炼渣、烧土块等。此层下开口的遗迹有：03·E·H53、H43、H44、H54 等四个灰坑。其中，H44 打破 H54；H53、H43 和 H54 打破生土层。

第⑦层开始为新石器时期堆积，此处略去。

---

① 遗迹单位在发掘时是分开编号，即上半年发掘区为Ⅰ区，遗迹单位编号顺编，下半年发掘区为Ⅱ区，遗迹单位编号顺编，周利宁《阳新大路铺商周遗址性质及相关考古学文化研究》一文中引用的遗迹单位即是如此。在后来的整理和报告编写阶段，两个区的遗迹单位编号进行了整合，先顺编Ⅱ区，再接着顺编Ⅰ区。可以找到的对应关系有以下几组：Ⅰ H6 改为 H61；Ⅰ H34 改为 H98；Ⅰ H47 改为 H116；Ⅰ H48 改为 H68；Ⅰ H50 改为 H129；Ⅰ H51 改为 H130；Ⅰ H56 改为 H149；Ⅰ G3 和 Ⅰ G4 合并为 G4 等，后文将按照整合后的遗迹编号介绍。

2. 商周时代遗存的重要发现

商周时代文化遗存是大路铺遗址重要文化堆积之一[①]。在东、西、北三个区块中，地层包括东区北部第③～⑤层；中部第②～⑥层；南部③～⑥层；西区第③～⑦层和北区第③层。遗迹主要是灰坑，此外还有灰沟、房基（柱洞）、水井、陶窑、炼炉、灶（坑）、石块堆积、烧土堆积、墓葬等十大类遗迹。

属于商周时代的灰坑共 201 个。北区清理 14 个，编号为 84・N・H1～H14。西区发掘清理 11 个，编号为 84WH1～H11。东区最多，共发掘清理 176 个。其中，1984 年清理 2 个，编号为 84EH1、H2；1990 年清理 26 个，编号为 90EH1～H26；2003 年共清理 148 个。根据坑口平面形状可分为圆形、椭圆形、方形（包括正方形、长方形）、不规则形等四大类。灰沟共 6 条，1990 年清理 2 条，编号为 90EG1、G2；2003 年清理 4 条，编号为 03EG1～G4。

房基（柱洞）共 6 座，分为半地穴式和地面建筑两类。1984 年在北区发现 1 座，编号为 84NF1，为半地穴建筑。1990 年在东区发现 2 座，编号为 90EF1、F2，一座为地面建筑，一座为半地穴式建筑。2003 年在东区发现 3 座，编号为 03EF1、F2、F3 均为地面建筑。

3. 陶器的分类与排序

大路铺遗址经过四次发掘，出土遗物十分丰富，包括陶、石、铜和漆木器等几大类。其中，绝大多数是陶器，另有一定数量的石器、少量铜器、漆木器以及矿石、炼渣、炉壁残片等，应是与冶炼相关的特殊遗物。

出土的陶器从陶质看可分为软陶和硬陶两大类，软陶占绝大多数，仅有少量硬陶。软陶器从陶质看以夹砂陶居多，泥质陶较少；陶色比较单调，大多为褐红陶，少量灰陶、灰白陶和黑陶，磨光黑皮陶极少见。纹饰以条纹为主，另有绳纹、方格纹、"S"形纹、条索状附加堆纹、弦纹、乳钉纹、线条暗纹、几何形纹、小圆圈纹、戳印纹、蓝纹，另有少量重环纹、夔纹等仿铜器纹饰。其中，以间断压印条纹最具特征。从制法上看除了继承早期的陶器制作技法外，新出现了"包足法""贴片法"和"榫卯接贴法"等新的技法。从器类组合上看，包括鬲、鼎、甗、豆、簋、罐、盆、盘、钵、滤盉、瓮、缸、杯、器盖、尊等。

---

① 该遗址据过去研究年代分属商周时期，由于其遗存文化面貌一脉相承，故此处将所有遗存放在一起讨论和排序。

2003 年在遗址的东区发掘工作最为系统和完整，出土的陶器的数量及种类最为丰富，最能反映其文化面貌和时代特征。现择取出土数量多、层位关系明确、演变趋势明显的器类分别排序如下（标本号均省去前缀 03E）：

鬲　以平裆鬲出土数量最多。根据口、颈部特点，可分两型。

A 型：罐形鬲，器身呈罐形，可分四亚型。

Aa 型：折沿弧折肩。可分三式。

Ⅰ式：H44∶14，卷沿，方唇，唇面外斜，颈、肩、腹交界清晰，弧腹斜内收，底、足残。夹砂灰褐陶。器壁内外均有烟垢，颈部绳纹被抹，肩饰弦断交叉绳纹，肩腹部饰弦断绳纹，肩腹交界处饰一周附加堆纹，下腹饰绳纹（图二十五，1）。H54∶1，尖圆唇，弧沿，弧腹残。夹砂红褐陶，肩、腹饰弦断绳纹，肩腹相交处饰一周附加堆纹。H35∶2，圆唇，圜底，足窝较深，圆柱状足，足尖残。夹砂褐黄陶，器表有烟炱，颈及肩部饰绳纹，上腹饰一周附加堆纹和弦断绳纹，下腹、底至足根饰绳纹，足外侧三个圆窝。

Ⅱ式：肩部隆起，折肩明显。H26∶7，方唇，底残，足窝较浅，圆柱状尖锥足，足外壁刻划一道竖槽。夹砂褐陶，器表有烟炱，颈部条纹被抹，肩、腹饰弦断条纹，肩腹相交处饰一周附加堆纹，下腹、底至足根饰条纹（图二十五，2）。

Ⅲ式：口径变小。H22∶18，口部残，圜底，足窝较深，足外侧一道竖刻槽，椭圆柱状足，足尖残。夹砂褐陶，器表有烟熏痕迹，肩、腹及足根饰绳纹（图二十五，3）。T2410③∶1，口部残，斜折肩，直弧腹内收，圜底近平，足窝较深，圆柱状足，足外撇，外侧一道竖刻槽。夹砂褐陶，器表有烟熏痕迹，肩、腹、底及足根饰压印方格纹，足根外侧有五个圆凹窝。

Ab 型：折沿鼓肩。可分三式。

Ⅰ式：卷沿，圆唇。H44∶18，圆鼓腹弧内收，底残，足窝较深，圆柱状足，足尖残，足芯明显，包足痕迹清晰。夹砂褐陶，器壁内外均有烟垢，肩腹部饰弦断绳纹，肩腹相交处饰一周附加堆纹，下腹、底及足饰绳纹（图二十五，4）。

Ⅱ式：圆唇，圆隆肩，下腹斜收。H26∶3，敞口，圆唇，斜肩，圆鼓腹弧内收，圜底残，器内壁底部足窝较深，圆柱状足，足尖残。夹砂褐黄陶，器表有烟炱，颈部饰条纹，肩、腹饰弦断条纹，下腹、底至足根饰条纹（图二十五，5）。H139∶4，侈口、方唇，弧束颈较高，圆隆肩，圆鼓腹弧内收，圜底略残，圆柱状锥足残，"足窝"较浅。夹砂黄褐陶，颈部纹饰被抹，肩、上腹饰弦断条纹，下腹、底、足根饰条纹。
H103：4，侈口、方唇、弧束颈、圆隆肩、圆鼓腹弧内收，底残，圆柱状尖锥足，"足窝"较深。夹砂黄陶，器表有烟熏痕迹，颈部纹饰被抹，肩、腹饰弦断绳纹，腹至足根饰交错绳纹。

Ⅲ式：圆鼓深腹，方唇。H129：6，器较大。卷沿，唇面下缘向外侈，圆柱状足，"足窝"浅，裆、足尖残。夹砂黄褐陶。器表有烟熏痕迹。颈部条纹被抹过，颈下至下腹饰弦断竖条纹，肩腹交界处饰一周附加堆纹。足根有明显捏痕，足外侧一道竖刻槽，刻槽上端深，向下渐浅（图二十五，6）。

Ac型：卷沿鼓肩。可分三式。

Ⅰ式：H44：2，圆唇，下腹弧内收，圜底，器内壁底部与足根对接处有足窝，足窝较浅，足根部手捏痕迹清晰，圆柱状锥足，足尖残。夹砂褐陶，器壁内外均有烟炱。肩及上腹部饰弦断细绳纹，肩腹相交处饰一周附加堆纹，下腹至足根饰细绳纹，足根外侧一个圆窝（图二十五，7）。

Ⅱ式：圆隆肩，下腹斜收。H139：1，方唇，弧束颈，圜底略残，圆柱状锥足，"足窝"较深。夹砂黄褐陶，器表有烟熏痕迹，颈部纹饰被抹，肩、上腹饰弦断绳纹，下腹、底、足根饰绳纹（图二十五，8）。H12：3。方唇，弧颈，溜肩，圆弧腹内收，圜底，圆柱状足，足尖残，足芯明显，包足清晰，足窝较深。夹砂褐陶，颈部绳纹被抹，肩、腹饰弦断绳纹，底及足根饰绳纹。

Ⅲ式：束颈，颈肩交界明显，圆鼓腹。H98：7，侈口、方唇，卷沿，弧束颈，圆肩，圆鼓腹下收，底残，足残，"足窝"较深。夹砂褐陶。器表有烟熏痕迹，颈下至足根饰条纹（图二十五，9）。

Ad型：肩腹近直。器体多为方体，口、肩径相若，卷沿，斜肩，圆弧腹内收，圜底或近平。可分三式。

Ⅰ式：H44：13，卷沿，方唇，颈肩分界不明显，下腹弧直内收，底残，足窝较深，足根部手捏痕迹清晰，圆柱状尖锥足。夹砂褐陶，器壁内外均有烟炱痕迹。肩及上腹部饰弦断细绳纹，肩腹相交处饰一周附加堆纹，下腹至足根饰细绳纹（图二十五，10）。T2409⑥：6，夹砂褐红陶，颈下饰间断绳纹。

Ⅱ式：器身变扁。H35：1，圆唇，圜底残，器内壁底部与足根对接处有足窝，足窝较深，圆柱状足，足尖残。夹砂褐黄陶，上腹饰弦断绳纹，残有一个圆形泥饼，下腹、底至足根饰绳纹。H26：16，圆唇，圜底近平，足窝较浅，圆柱状足，足尖残，足根部有明显的手捏痕迹。夹砂褐陶，器表有烟炱，上腹饰弦断绳纹，残有一个圆形泥饼，下腹、底及足根饰绳纹（图二十五，11）。H80：27，圆唇，底残，足窝较深，圆柱状足残。夹砂红褐陶，颈部纹饰被抹，腹至足根饰绳纹。H80：1，圆唇，圜底，足窝较深，圆柱状足。夹砂褐陶，器表有烟垢，颈部纹饰被抹，腹至足通饰绳纹。

Ⅲ式：口部外敞加剧，沿面下压。H117：30，敞口圆唇，圆柱状足，足窝较深，足尖残。夹细砂红褐陶，肩、腹饰弦断绳纹，下腹、底至足根饰绳纹。H149：44，器小，敞口圆唇，圜底，圆柱状足残，"足窝"较深。夹砂褐红陶，器表有烟熏痕迹，颈部有指窝纹，肩、腹饰弦断绳纹，下腹、底、足根饰绳纹（图二十五，12）。

Ae 型：卷沿斜腹。口径大于最大腹径。敞口，圆唇，弧沿，弧颈，溜肩，弧腹斜内收。可分两式。

Ⅰ式：H44：16，足窝较深，三足内聚，足尖残。夹砂褐陶，器壁内外均有烟炱。颈部纹饰被抹，肩腹部饰弦断条纹，上腹部饰一周附加堆纹，下腹至足根饰条纹（图二十五，13）。T2409⑥：17，足根残，足根外侧残有两个圆窝。夹砂灰褐陶。肩腹饰弦断绳纹，下腹、底和足饰绳纹，肩腹相交处一周附加堆纹。

Ⅱ式：H26：1，底、足残。夹砂褐陶，器表有烟炱，肩、腹饰弦断绳纹，肩腹相交处饰一周附加堆纹，下腹、足根饰绳纹（图二十五，14）。

演变趋势：肩部微弧，颈肩交界明显。

B 型：釜形鬲，器身呈釜形，侈口圆唇，弧颈弧腹，圜底近平。分两亚型。

Ba 型：口径与肩径相若。可分三式。

Ⅰ式：H44：4，足窝较浅，足根部手捏痕迹清晰，圆柱状锥足。夹砂褐陶，器表有烟炱。肩部对称饰两个圆形泥饼，上腹部饰三周凹弦纹，底及足根饰绳纹（图二十五，15）。T2409⑥：5，底残，圆柱状足尖，足窝较深，足外侧有植物状划痕。夹砂灰褐陶，腹饰弦断绳纹，底和足饰绳纹。

Ⅱ式：束颈，颈肩交界明显。H26：6，底残，足窝较浅，圆柱状足，足尖残。夹砂褐陶，器表有烟炱，颈部一周凹弦纹，肩、腹饰弦断绳纹，肩腹相交处饰一周附加堆纹，下腹、底饰绳纹，足外侧有三道刻槽，中间一道刻槽竖直，两侧刻槽以中间一道为点斜下刻，三道刻槽整体呈倒树丫形（图二十五，16）。

Ⅲ式：腹部变圆鼓。H130：9，底残，圆柱状锥足，足窝较浅。夹细砂红褐陶，器表有烟炱，素面（图二十五，17）。G3②：19，圜底残，足窝较深，圆柱状尖锥足。夹砂灰褐陶，器表有烟熏痕迹。腹、底饰条纹。

Bb 型：口径大于肩径，颈肩分界不明显。可分三式。

Ⅰ式：H44：17，圆唇，弧腹内收，底残，足窝较深，圆柱状锥足。夹砂褐陶，器表有烟炱。颈部绳纹被抹，肩、上腹部饰弦断绳纹，下腹、底饰绳纹（图二十五，18）。

Ⅱ式：器腹变扁矮。H136：1，圜底，圆柱状足残，足窝较深。夹细砂褐陶，上腹饰弦断条纹，下腹、底和足根饰间断条纹（图二十五，19）。F1：1，圜底近平，器内壁足窝较深，圆柱状足外撇，足尖残。夹砂红褐陶，腹部残有绳纹。

Ⅲ式：腹壁变斜直。H22：29，圆唇，斜弧沿，弧腹内收，平底，足窝较浅，圆柱状足，足尖残。夹砂褐陶，器表有烟熏痕迹，素面（图二十五，20）。H22：30，圆唇，斜弧沿，弧腹内收，圜底残，足窝较浅，圆柱状足，足尖残。夹砂褐陶，器表有烟熏痕迹，腹及足根饰绳纹。

带流鬲　可分三型。

A 型：折肩。侈口，折沿，圆唇，折肩，平裆，三足直立。颈下饰间断绳纹，肩部加饰附加堆纹。可分两式。

Ⅰ式：整器呈长方体。T2410⑥：7，夹砂红陶，束颈，折肩，直腹微斜，尖锥足，足外侧有刻槽（图二十五，21）。

Ⅱ式：整器截面呈不规则六边形，下腹斜收明显。H139：2，夹砂黄褐陶，方唇，束颈，斜腹（图二十五，22）。

B 型：溜肩。T2410⑥：6，侈口，圆唇，溜肩，下腹圆鼓，平裆，足残。夹砂褐陶，颈下饰附加堆纹，其下饰间断绳纹（图二十五，23）。

C 型：鼓肩。H83：8，直口微敞，方唇，凹颈，圆弧腹斜直内收，底残，器内壁底部与足根对接处有足窝，足窝较浅，圆柱状截锥足。夹砂褐陶，颈部纹饰被抹，腹至足根饰弦断绳纹（图二十五，24）。

带把鬲　接近复原1件。G4：5，侈口，卷沿，方唇，鼓肩，把略残。夹砂灰陶，素面（图二十五，25）。

抠耳鬲　口沿外对称附加两个泥条"抠耳"。可分三式。

Ⅰ式：H50：17，敞口，圆唇，斜直颈，弧溜肩，弧腹残。夹砂灰褐陶，颈部绳纹被抹，耳面饰绳纹，肩、腹饰弦断绳纹，肩腹相交处一周附加堆纹（图二十五，26）。

Ⅱ式：肩部隆起，颈部变短。H129：10，敞口，弧沿，方唇，弧颈，弧肩，圆腹弧内收，底、足残。夹细砂褐黄陶，器表有烟熏炱。颈部斜条纹被抹，肩腹交界处饰一周附加堆纹，肩至下腹饰弦断绳纹（图二十五，27）。

Ⅲ式：口径小于肩径。H130：37，侈口，弧沿，方唇，弧颈，弧肩，颈、肩、腹交界清晰，腹残。夹细砂褐黄陶，肩腹交界处饰一周附加堆纹，肩腹饰弦断绳纹（图二十五，28）。

甗 "护耳甗"出土最多，甗身整体由上部罐形甑和下部三足钵两部分构成。口沿外侧贴施两个对称泥片"护耳"，两耳内根部甗壁上各戳穿一圆形孔，束腰内壁等距离安三个舌状横泥片用以支箅。据整体形态可分为两型。

A型：钵部圆肩圆腹，整器上下部分界明显，腰部有明显凹痕，上部最大径与下部最大径近相等。可分两式。

Ⅰ式：敞口凹颈。T2409⑥：9，敞口，圆唇，卷沿，弧颈，弧肩，弧腹，圜底残，三个矮锥足等距离侧装。夹砂褐陶，器表有烟炱。耳面绳纹脱落，颈部纹饰被抹，甑部饰弦断绳纹，钵及足根饰绳纹（图二十五，29）。

Ⅱ式：侈口弧颈。H26：23，圆唇，斜弧沿，溜肩，弧腹内收，底、足残。夹砂褐陶，器表有烟熏痕迹和烟炱，甑部及耳面饰绳纹或弦断绳纹，钵腹部饰绳纹（图二十五，30）。

B型：钵部斜直肩。流线形束腰。可分三式。

Ⅰ式：整器上部最大径略大于下部最大径，钵腹底相交处弧外鼓，三个矮锥足等距离侧装。T2409⑥：2，上部残，底略残。夹砂褐黄陶，器表有烟熏痕迹。颈部纹饰被抹，甑及钵腹部饰弦断绳纹，钵底及足根饰绳纹，足根外侧有一个圆窝（图二十五，31）。T2707⑤：4，残存甗腰以下部分，圜底略残，底部等距离安三个乳头状小矮足。夹砂褐黄陶，器表有烟熏痕迹，腹饰弦断绳纹，底及足根饰横竖绳纹。

Ⅱ式：整器上部最大径大于下部最大径，钵腹底相交处不外鼓，钵部直腹，三个矮锥足等距离侧装或开始装于钵底 H26：19，甑上部残。钵部圜底近平、底残，矮锥足，足尖残。夹砂褐陶，器表有烟炱。甑下腹饰条纹，腰部饰弦断条纹，钵腹、底及足饰条纹。上部最大径明显大于下部最大径。侈口，圆唇或方唇，鼓肩 H1：1，甑下腹斜直内收，钵腹壁斜直微外弧，圜底。夹砂褐陶，下腹饰弦断条纹，底和足根饰条纹，足底面饰条纹。H130：5，侈口，方唇，弧沿，弧束颈，圆肩，钵壁斜直，平底残。夹砂褐陶，器表有烟熏痕迹。颈下至底通饰条纹，足外侧一道竖刻划槽。H8：9，夹砂褐陶，满饰间断细绳纹，耳部无压印（图二十五，32）。

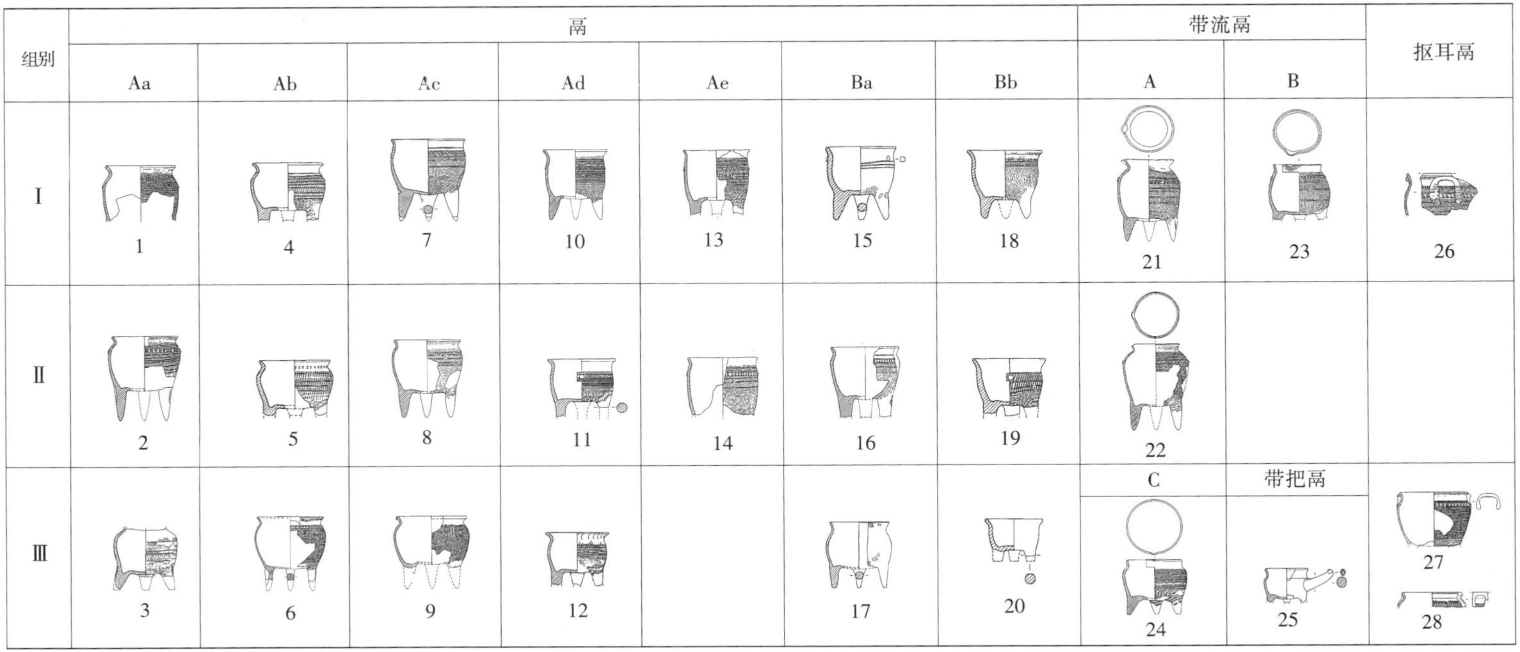

图二十五　大路铺遗址 2003 年发掘区陶器分组图

1. Aa I 式鬲（H44∶14）　2. Aa II 式鬲（H26∶7）　3. Aa III 式鬲（H22∶18）　4. Ab I 式鬲（H44∶18）　5. Ab II 式鬲（H26∶3）　6. Ab III 式鬲（H129∶6）
7. Ac I 式鬲（H44∶2）　8. Ac II 式鬲（H139∶1）　9. Ac III 式鬲（H98∶7）　10. Ad I 式鬲（H44∶13）　11. Ad II 式鬲（H26∶16）　12. Ad III 式鬲（H149∶44）
13. Ae I 式鬲（H44∶16）　14. Ae II 式鬲（H26∶1）　15. Ba I 式鬲（H44∶4）　16. Ba II 式鬲（H26∶6）　17. Ba III 式鬲（H130∶9）　18. Bb I 式鬲（H44∶17）
19. Bb II 式鬲（H136∶1）　20. Bb III 式鬲（H22∶29）　21. A I 式带流鬲（T2410⑥∶7）　22. A II 式带流鬲（H139∶2）　23. B 型带流鬲（T2410⑥∶6）
24. C 型带流鬲（H83∶8）　25. 带把鬲（G4∶5）　26. I 式抠耳鬲（H50∶17）　27. II 式抠耳鬲（H129∶10）　28. III 式抠耳鬲（H130∶37）

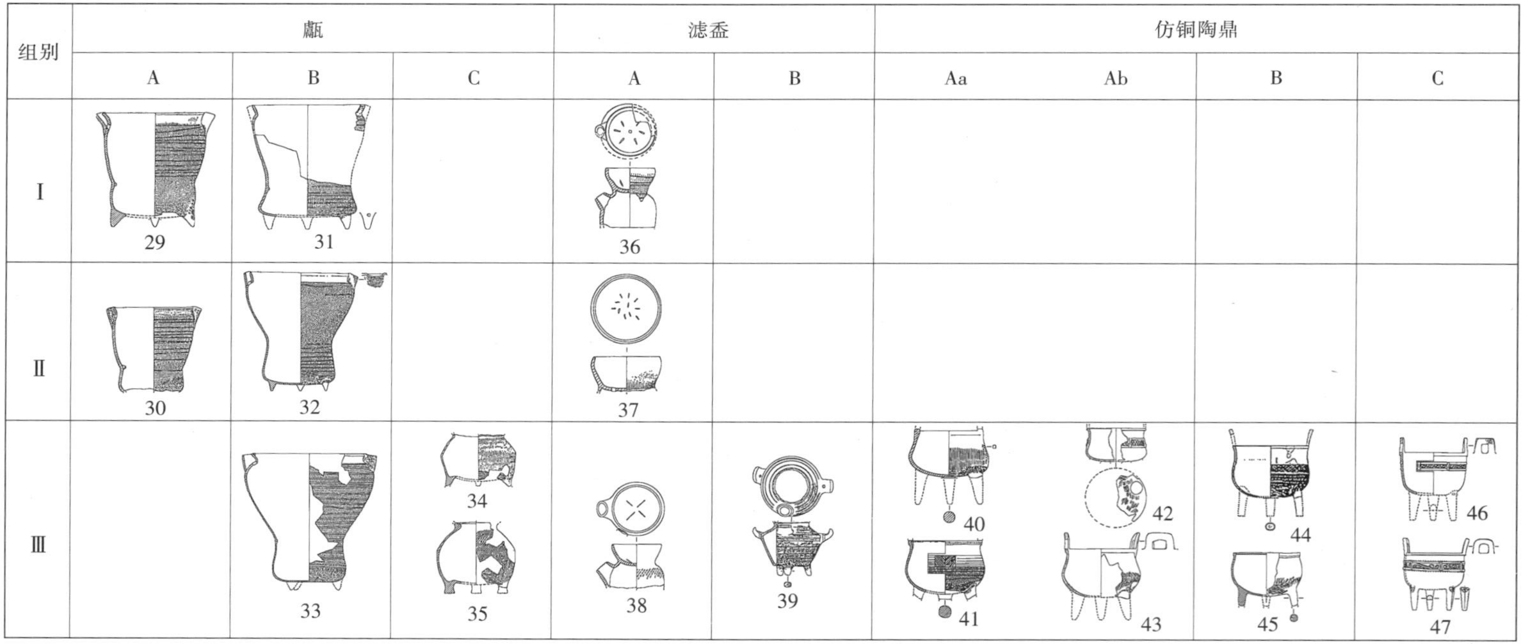

图二十五 大路铺遗址 2003 年发掘区陶器分组图（续一）

29. A I 式瓶（T2409⑥:9）　30. A II 式瓶（H94:1）　31. B I 式瓶（H26:23）　32. B II 式瓶（H8:9）　33. B III 式瓶（H118:1）　34. C I 式瓶（H143:1）
35. C II 式瓶（H58:3）　36. A I 式滤盉（T2409⑥:2）　37. A II 式滤盉（H12:1）　38. A III 式滤盉（H36:3）　39. B 型滤盉（H36:6）　40. Aa I 式鼎（H120:3）
41. Aa II 式鼎（H19:8）　42. Ab I 式鼎（H22:3）　43. Ab II 式鼎（H129:8）　44. B I 式鼎（H68:2）　45. B II 式鼎（H149:2）　46. C I 式鼎（H164:3）
47. C II 式鼎（H129:3）

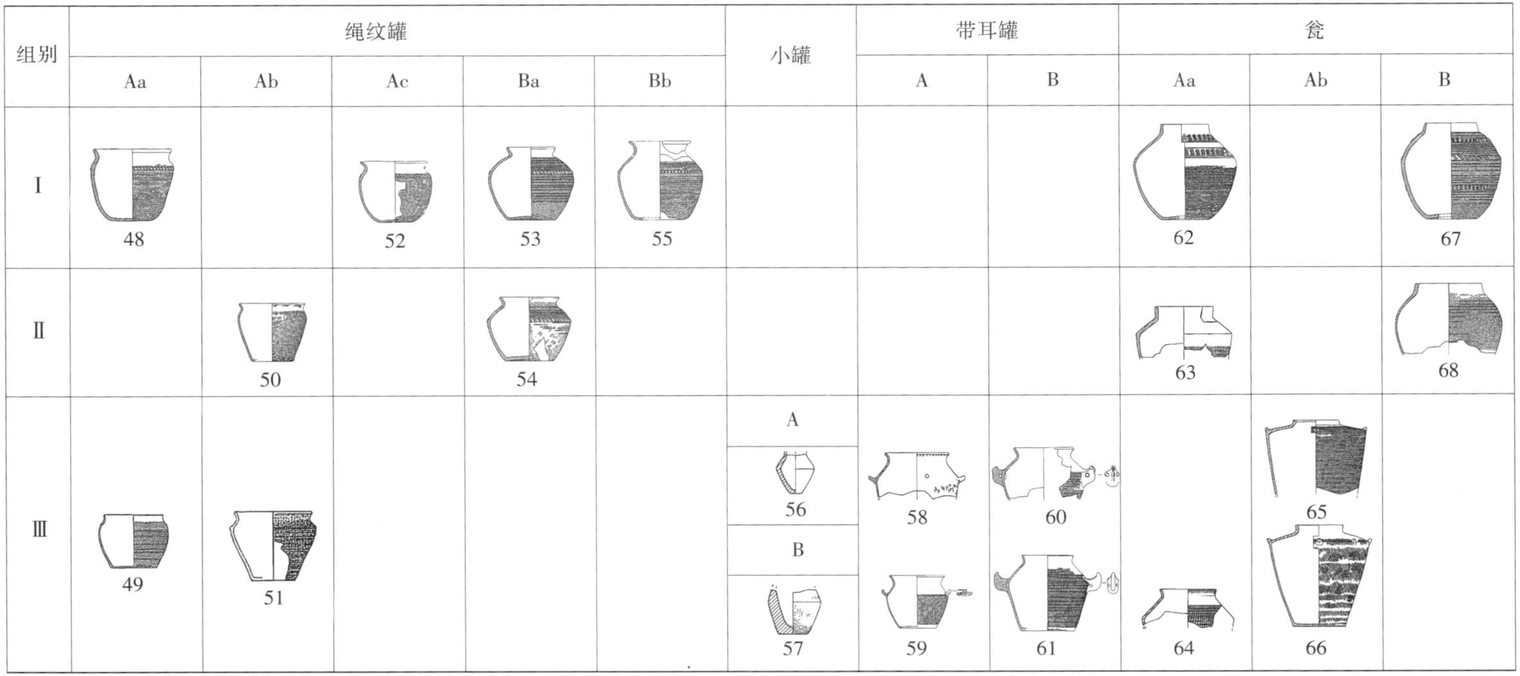

图二十五　大路铺遗址 2003 年发掘区陶器分组图（续二）

48. Aa I 式罐（H50：4）　49. Aa II 式罐（T2410④：1）　50. Ab I 式罐（H106：1）　51. Ab II 式罐（T2410③：3）　52. Ac 型罐（H15：4）　53. Ba I 式罐（H50：3）
54. Ba II 式罐（H26：24）　55. Bb 型罐（H50：5）　56. A 型小罐（H22：24）　57. B 型小罐（H75：4）　58. A I 式带耳罐（H129：9）　59. A II 式带耳罐（H117：8）
60. B I 式带耳罐（H130：7）　61. B II 式带耳罐（H22：27）　62. Aa I 式瓮（H44：3）　63. Aa II 式瓮（H26：26）　64. Aa III 式瓮（H130：35）　65. Ab I 式瓮（H79：2）
66. Ab II 式瓮（H19：7）　67. B I 式瓮（H50：6）　68. B II 式瓮（H8：7）

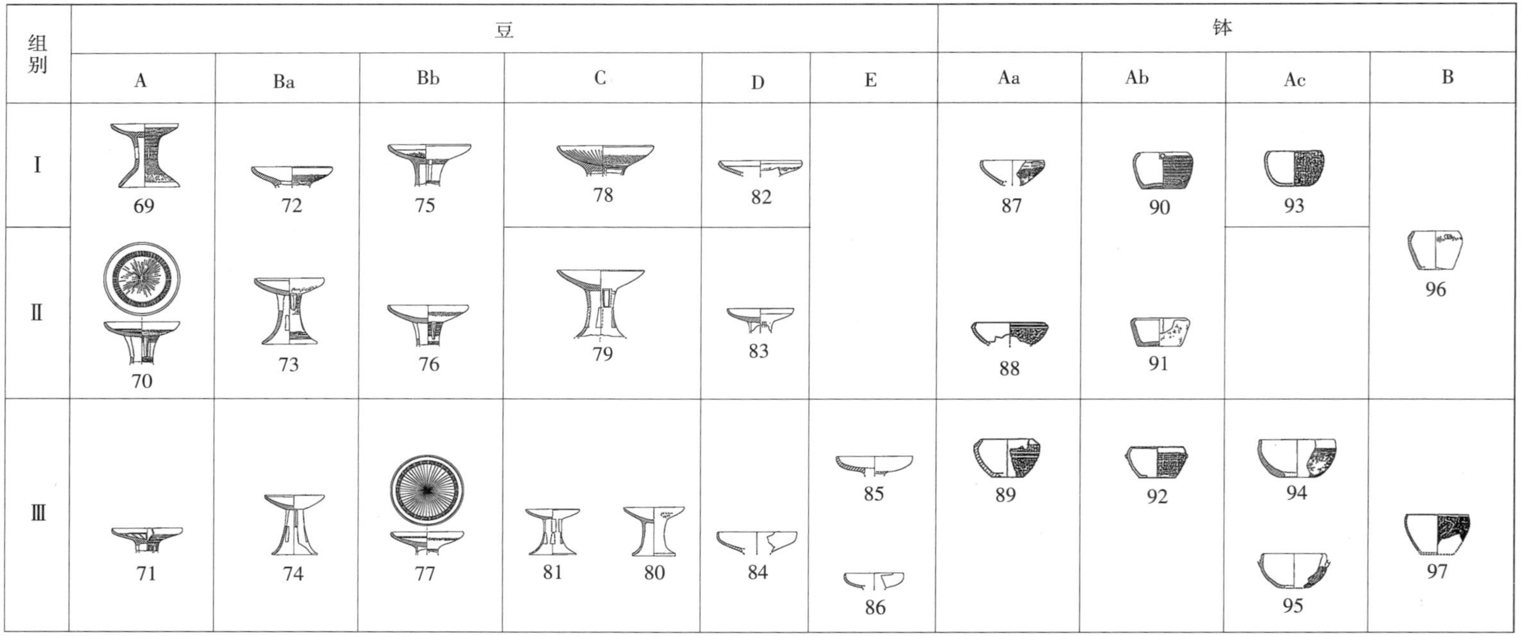

图二十五　大路铺遗址 2003 年发掘区陶器分组图（续三）

69. Aa I 式豆（H44:6）　70. A II 式豆（H17:6）　71. A III 式豆（H129:12）　72. ABa I 式豆（H44:8）　73. Ba II 式豆（H8:5）　74. Ba III 式豆（T2605③:1）
75. Bb I 式豆（H44:11）　76. Bb II 式豆（H26:17）　77. Bb III 式豆（H117:11）　78. C I 式豆（H44:10）　79. C II 式豆（H81:1）　80. C III 式豆（H22:10）
81. C III 式豆（Y1:6）　82. D I 式豆（H44:9）　83. D II 式豆（H8:33）　84. D III 式豆（H132:1）　85. E I 式豆（H19:15）　86. E II 式豆（H19:13）
87. Aa I 式钵（H53:1）　88. Aa II 式钵（T2509⑤:1）　89. Aa III 式钵（H132:1）　90. Ab I 式钵（H44:19）　91. Ab II 式钵（H26:10）　92. Ab III 式钵
（T3006④:4）　93. Ac I 式钵（H25:1）　94. Ac II 式钵（H80:2）　95. Ac III 式钵（H19:16）　96. B I 式钵（H8:3）　97. B II 式钵（H65:1）

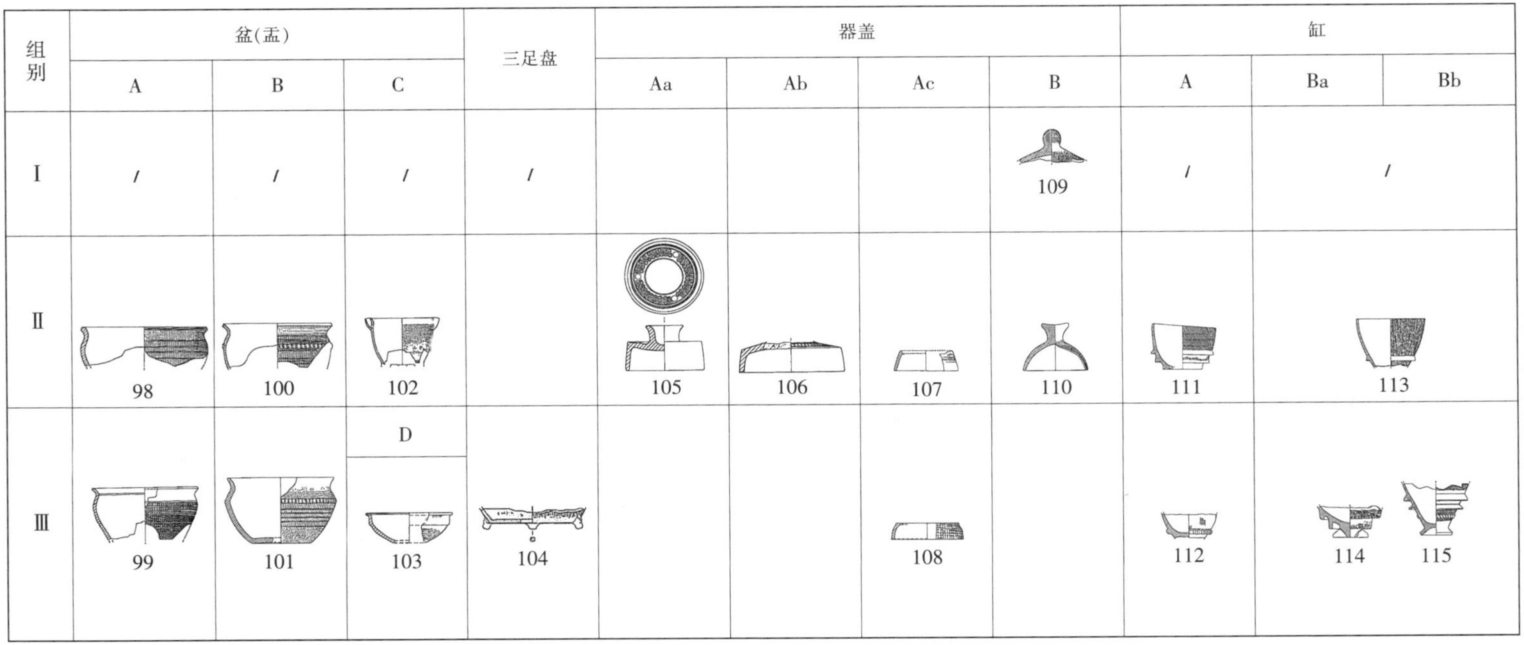

图二十五　大路铺遗址 2003 年发掘区陶器分组图（续四）

98. A I 式盆（H26：30）　99. A II 式盆（H14：18）　100. B I 式盆（H26：29）　101. B II 式盆（T2508④：1）　102. C 型盆（H26：22）　103. D 型盆（T2509③：3）
104. 三足盘（H146：15）　105. Aa 型器盖（H26：12）　106. Ab 型器盖（H26：57）　107. Ac I 式器盖（H17：1）　108. Ac II 式器盖（H117：4）　109. B I 武器盖（H117：4）
（T2307⑥：23）　110. B II 式器盖（H103：17）　111. A I 式缸（H26：20）　112. A II 式缸底（H28：4）　113. B 型缸口（T2509⑤：2）　114. Ba 型缸底（H19：5）
115. Bb 型缸底（H117：12）

Ⅲ式：三个小矮足等距离直接装于钵底，位置内移。上部最大径远大于下部最大径。甑部侈口，方唇，弧束颈，圆肩，肩部更加突出，下腹内收加剧。钵壁弧直，平底。H118：1，卷沿，底部三足残。夹砂褐陶，器表有烟熏痕迹。颈下通饰弦断绳纹（图二十五，33）。G4：1，斜弧沿，弧肩，口沿外侧有贴耳残痕，耳部甑壁上戳有圆形孔，圆弧腹，束腰，圜底略残。夹砂黄褐陶，器表有烟炱。通体饰弦断条纹。

甑鬲部 仅存下部，折鼓肩，暂定 C 型。甑部形态不明，应该为无耳甑。

Ⅰ式：H143：1，束腰，矮尖锥状足，夹砂黄褐陶，饰交错绳纹（图二十五，34）。

Ⅱ式：H94：1，束腰，圆柱状矮足略呈蹄形。夹砂红褐陶，饰交错绳纹（图二十五，35）。

滤盉 复原器较少。据整体形态分两型。

A 型：整器由上部滤钵和下部带流带鋬鬲两部分构成，鬲肩腹部残有圆筒形流和安鋬圆孔。可分三式。

Ⅰ式：H58：3，鬲残。钵口直口微敛，圆唇，弧腹内收，圜底，底部中心戳一个圆形穿孔，四周六个长条形穿孔；鬲为直口，弧圆肩，弧腹，底及足残。夹砂褐陶，钵及鬲腹饰弦断绳纹，足根饰绳纹，鬲肩腹部残有椭圆筒形流（图二十五，36）。H50：8，鬲为敛口，弧肩，弧腹内收，平底，器内壁底部与足根对接处有足窝，足窝较深，椭圆柱状足，足尖残。夹砂褐红陶。钵、鋬残，鬲腹饰绳纹。H87：2，夹砂黄褐陶，口沿下有对称乳钉纹，乳钉下饰间断绳纹。

Ⅱ式：器腹变浅。H12：1，鬲残，钵为敛口，圆唇，弧腹内收，平底。钵底封闭并连接鬲口，底上中心戳一条形穿孔，周围十个条形穿孔。夹砂褐红陶，钵饰绳纹（图二十五，37）。

Ⅲ式：敛口变侈口。H36：3，鬲残。鬲腹饰绳纹，钵口侈口，圆唇，弧腹内收，圜底，底部戳长条形穿孔；鬲为敛口，弧肩，弧腹残。夹砂黄褐陶（图二十五，38）。G3④：5，鬲残。钵腹变浅呈豆盘状。口敞，圆唇，弧腹内收，底残。夹砂褐灰陶，素面。

B 型：器由上部滤钵和下部带流带耳三足罐两部分构成，肩部安椭圆筒形流，肩腹相交处对称安两个长方形泥片状横耳，两耳根中部各有一个椭圆形竖穿孔。H36：6，夹砂黄褐陶，器表有烟炱。滤钵残，罐肩、腹饰弦断绳纹，底及足饰绳纹，三足根外侧各有一个圆窝，耳顶面弧，耳面弧上勾。罐口残，弧颈，斜弧折肩，腹壁直斜内收，平底，椭圆柱状矮足（图二十五，39）。

鼎　双立耳鼎，皆为仿铜陶鼎①。根据腹部不同分为三型。

A 型：斜肩垂腹。据口部分两亚型。

Aa 型：直口。可分两式。

Ⅰ式：H120∶3，平沿，沿面立耳耳根套包在口沿上，直颈，圜底，耳残圆柱状足残。夹砂黄褐陶，肩腹部饰圆形泥饼纹，腹饰条纹，底饰横条纹，足根部有明显的手捏痕迹（图二十五，40）。H22∶22，方唇，平沿，沿面立对称圆角方形耳，耳残，垂腹弧内收，底、足残。夹砂红褐陶，腹部两周凹弦纹，中间饰一周交错条纹，底部饰绳纹。

Ⅱ式：器腹变深，下腹变圆鼓。H19∶8，平沿，沿面内勾呈一道凹槽，方唇，斜直颈，耳残，圜底残，柱状足残。夹细砂磨光红衣黄灰胎陶，器表有烟熏痕迹，唇面饰条纹，上腹饰五周凹弦纹，其间等距离饰四组叶脉纹，中、下腹饰弦断条纹，底及足根饰条纹（图二十五，41）。H68∶1，方唇，平沿，圆弧腹，下腹外鼓，圜底近平，圆柱形截锥足，耳残。夹砂红褐陶，下腹和底部有烟熏痕迹。肩腹交界处饰网格纹，其间残有两个泥饼纹，腹饰弦断条纹，底及足根饰条纹，足根有三个小圆窝纹。

Ab 型：敞口。可分两式。

Ⅰ式：圆唇。H22∶3，敞口，平沿，沿面立对称圆角方形耳，耳残，上腹斜弧，下腹外鼓弧内收，圜底残，底面有粘贴鼎足残痕，足残。夹砂褐陶，器表有烟熏痕迹，腹部两周凸棱，凸棱中间饰一周菱形方格纹，纹样用竖条凸棱间隔，底部饰交错条纹（图二十五，42）。

Ⅱ式：方唇。H129∶8，直口微敞，平沿，沿面立对称圆角长方形耳，方唇，弧颈，垂腹，底下圜，底残，柱状足残。夹砂黄褐陶，器表有烟熏痕迹，下腹及足根饰条纹，足根外壁一道竖刻槽（图二十五，43）。

B 型：圆鼓腹。可分两式。

Ⅰ式：长直颈。H130∶10，直口微敞，平沿微内斜，方唇，弧直颈，垂腹，圜底残，柱状足残，足根外壁有三个圆窝。夹砂褐陶，器表有烟熏痕迹，肩部等距离附加六个长方形竖泥条，上腹饰交叉条纹，中腹饰弦断条纹，下腹、底及足根饰条纹。H68∶2，直口，平沿，内外圆唇，圆弧腹，下腹垂，圜底残，足残，耳残。夹砂黄褐陶，腹和底部有烟熏痕迹。腹部等距离施四个泥钉，腹、底饰条纹，足内壁残有一道竖刻划槽（图二十五，44）。

---

① 鼎分仿铜带耳鼎和无耳鼎，由于无耳鼎与平裆鬲从器形上难以区分，故仿铜鼎之外的鼎均归入鬲类排序。

Ⅱ式：无颈。H149：2，敛口，平沿内斜，唇外方内圆，圆腹，下腹外鼓，圜底略残，圆柱状足，足尖残，耳残。夹细砂黄褐陶，腹和底部有烟熏痕迹。腹、底饰条纹，足内壁一道竖刻划槽（图二十五，45）。

C 型：直口直腹。可分两式。

Ⅰ式：直口。H164：3，方唇，平沿，沿面立对称圆角方形耳，斜直腹弧内收，裆、足残。夹砂褐黄陶，器表有烟熏痕迹，腹部两周凸棱，凸棱中间饰一周菱形方格纹，用竖条凸棱间隔成六组（图二十五，46）。

Ⅱ式：直口微敛。H129：3，平沿，沿面立对称圆角方形耳，方唇，弧腹，底微下圜，底残，柱状足，足内壁平，外壁和两侧壁圆弧夹砂褐陶，器表有烟熏痕迹。立耳内面环绕耳面饰一组由夔纹组成的饕餮纹图样，腹部两周小圆窝纹和凸棱，凸棱中间饰一周由夔纹组成的六组饕餮纹图样，足外壁一道竖槽，根部饰兽面纹（图二十五，47）。

罐 从质地上可分为软陶罐和硬陶罐两种。硬陶罐只有残片无复原器，暂不介绍。软陶罐包括不带装饰的绳纹罐、带耳罐和小罐三大类。

绳纹罐 据口部特征可分为两型。

A 型：口径等于或略小于肩径，且大于底径。分两亚型。

Aa 型：弧肩，下腹弧收。可分两式。

Ⅰ式：圆唇。H58：1，敞口，斜弧沿，弧颈，溜肩，弧腹斜内收，底残。夹细砂灰陶，肩、腹饰弦断绳纹，肩腹相交处饰一周附加堆纹。H50：4，侈口，圆唇，下腹弧收，平底。夹砂褐陶饰黑衣，肩部饰附加堆纹，其下饰间断绳纹（图二十五，48）。

Ⅱ式：方唇。T2410④：1，直口微侈，方唇，弧颈，斜弧肩，圆弧腹内收，平底。夹砂红褐陶，器表有烟熏痕迹，肩、腹饰弦断条纹，底饰交错条纹（图二十五，49）。

Ab 型：鼓肩，下腹斜收。可分两式。

Ⅰ式：H28：1，口部残，斜弧肩，弧腹斜内收，平底残。夹细砂褐黄陶，颈部饰绳纹，肩、上腹部饰弦断绳纹，肩腹相交处一周附加堆纹，下腹和底部饰绳纹。H106：1，敞口，方唇，斜弧沿，弧颈，斜肩，圆弧腹斜内收，平底残。夹砂黄褐陶，颈部纹饰被抹，肩至下腹饰斜竖条纹，底饰横条纹（图二十五，50）。

Ⅱ式：下腹内收急剧，肩部突出。T2410③：3，敞口，方唇，斜沿，斜直颈，弧肩，圆弧腹斜内收，底残。夹砂黄褐陶，器表有烟熏痕迹，肩、腹饰弦断交错条纹，底饰交错条纹，肩腹相交处一周附加堆纹（图二十五，51）。

Ac 型：圆肩圆腹。H15:4，敞口，圆唇，卷沿，斜弧颈，圜底内凹。夹砂黄褐陶，肩腹相交处一周附加堆纹，腹至底饰条纹（图二十五，52）。

B 型：口径明显小于肩径。分两亚型。

Ba 型：敞口，圆唇，折沿，圆鼓腹弧内收，圜底内凹。可分两式。

Ⅰ式：弧鼓肩。H50:3，厚圆唇。夹砂褐红陶，肩部残有一个圆形泥饼，肩腹相交处一周附加堆纹，肩、上腹饰弦断绳纹，下腹及底饰绳纹（图二十五，53）。

Ⅱ式：弧折肩，器身变矮扁。H26:24，夹细砂黄褐陶，颈部饰绳纹，肩、上腹部饰弦断绳纹，肩腹相交处一周附加堆纹，下腹和底部饰绳纹（图二十五，54）。

Bb 型：小口高领。H50:5，敞口，尖圆唇，弧卷沿，弧颈残，斜弧肩，圆弧腹内收，平底残。夹砂黄褐陶，肩、上腹部饰弦断绳纹，肩腹相交处一周附加堆纹，下腹及底饰绳纹（图二十五，55）。H44:20，敞口，斜弧沿，方唇，唇面一周凹弦纹，弧束颈，斜弧肩，圆鼓腹弧内收，底残。夹砂灰褐陶，器表有烟炱。肩、上腹部饰弦断条纹，其间有零星小圆窝肩腹相交处饰一周附加堆纹，下腹饰交错条纹。

小罐　胎质可分厚胎和薄胎，功能可能有别。

A 型：胎薄。H22:24，口部残，斜折肩，斜弧腹，平底。夹细砂褐陶，素面（图二十五，56）。H22:31，敛口，圆唇，弧腹残。泥质褐红陶，腹饰弦纹、条纹和绳纹。

B 型：胎厚。H75:4，口部残，斜折腹，平底。夹砂黄褐陶，器表饰绳纹（图二十五，57）。H75:5，口部残，弧腹，平底。夹砂灰褐陶，器表饰绳纹。H28:2，口部残，弧腹，平底残。夹细砂褐红陶，腹部饰条纹。H22:11，直口，方唇，斜直颈，斜平折肩，弧腹，平底。夹细砂褐陶，颈部对称穿两个圆孔。

带耳罐　肩部装饰对称双耳。

A 型：泥片状横耳，无穿孔。罐体的基本形态为敞口，卷沿，方唇，弧颈，斜弧折肩。可分两式。

Ⅰ式：H129:9，耳顶平，耳面斜上侈，弧腹斜直内收，下腹残。夹细砂褐陶，肩部饰圆形泥钉，耳根和肩腹部饰条纹（图二十五，58）。

Ⅱ式：耳面弧上翘，肩部最大径逐渐上移。H149:43，鸡冠状横耳，耳面弧上翘，斜弧腹内收，下腹、底残。夹砂黄褐陶，耳根和耳顶面饰条纹，腹饰弦断条纹。H117:8，鸡冠状横耳，耳面弧上翘，弧腹内收，凹底残。夹砂褐陶，肩、腹和鋬面饰条纹（图二十五，59）。H144:1，鸡冠状横耳，耳面弧上翘，弧腹内收，下腹、底残。夹砂褐陶，肩、耳顶面和腹饰条纹。

B 型：肩腹部装饰对称穿孔圆环扁直耳。可分两式。

Ⅰ式：敞口弧肩。H22：27，敞口，方唇，斜弧沿，弧颈，斜弧肩，弧腹内收，下腹残。夹细砂褐红陶，腹部饰弦断条纹，鸟头形耳（图二十五，60）。H129：5，敞口，方唇，弧颈，弧肩，耳残，圆腹弧内收，平底微内凹。夹细砂黄褐陶，肩下至底饰弦断条纹。

Ⅱ式：直口折肩。H129：7，夹细砂黄褐陶，肩、腹饰弦断条纹。直口微敞，方唇，直颈，斜弧肩，弧腹斜直内收，下腹残。H130：7，夹细砂褐陶，肩、腹饰弦断条纹。直口微侈，圆唇，斜直颈，斜直折肩，肩腹相交处对称安鸟喙形扁直耳，耳根部横穿椭圆孔，腹斜直内收，平底残（图二十五，61）。

瓮 复原较少，据肩部可分为两型。

A 型：折肩。根据有无泥钉装饰可分两亚型。

Aa 型：无泥钉装饰。可分两式。

Ⅰ式：敛口。H44：3，方唇，斜直颈，斜弧肩，圆鼓腹弧内收，内凹圜底残。夹砂灰皮褐胎陶，黑皮多脱落，肩部磨光，饰三组凹弦纹和两周"S"形纹，"S"形纹间各等距离粘贴三个鸟头状泥饰，上腹部饰弦断绳纹，下腹及底饰交错绳纹（图二十五，62）。

Ⅱ式：直口。H26：26，圆唇，直颈，斜折肩，斜直腹残。夹细砂褐陶，腹部饰弦断条纹（图二十五，63）。

Ⅲ式：直口微敞或敞口。G3③：11，直口微敞，方唇，斜直颈，斜直折广肩，斜直腹内收，平底内凹。夹细砂灰褐陶，颈部一周指窝纹，肩、肩腹相交处和中腹部各饰一周附加堆纹，肩、腹饰弦断绳纹，底饰绳纹。H130：35，敞口，方唇，斜直颈，斜直广折肩，弧腹内收，腹残。夹细砂褐陶，颈部纹饰被抹，肩腹饰弦断条纹（图二十五，64）。

Ab 型：肩腹交界处等距离饰"泥钉"。器体高大，斜直颈，斜平折广肩，斜直深腹，平底。可分两式。

Ⅰ式：敛口。H79：2，平沿，腹残。夹砂黄褐陶，肩，腹饰弦断条纹，饰泥钉六个，钉面饰条纹（图二十五，65）。

Ⅱ式：口微敞或直口。H19：7，小口方唇。夹细砂褐陶，器表腹上局部有青灰色。饰泥钉八个，顶面有条纹。肩以下通饰抹断交叉条纹，底面饰漩涡状条纹（图二十五，66）。H130：41，直口，方唇，直颈，斜弧广折肩，弧腹内收，下腹残。夹细砂褐陶，肩腹饰条纹，肩腹相交处饰泥钉。

B 型：圆肩。敛口，斜直颈，弧肩弧腹。可分两式。

Ⅰ式：圆唇。H50：6，敛口，内凹圜底残。夹细砂灰陶，肩、上腹和下腹各饰一周附加堆纹，肩、上腹饰弦断绳纹，下腹及底饰绳纹（图二十五，67）。

Ⅱ式：方唇，肩部变鼓。H8：32，敛口，斜直颈，斜弧肩，圆弧腹残。夹砂褐红陶，肩腹部饰弦断绳纹。H8：7，敛口，方唇，斜直颈，斜弧肩残。夹砂黄陶，肩部饰绳纹（图二十五，68）。

豆　出土较多，多为浅盘高圈足粗把豆，豆柄大多饰长方形镂孔。据豆盘内壁的特点分为三型。

A 型：弧壁浅盘。可分三式。

Ⅰ式：敞口。H44：6，圆唇，圜底，圆圈形柄，喇叭口形豆座。夹细砂褐红陶，豆盘外壁和柄座饰弦断绳纹，柄中部一周等距离镂三个长条方形穿孔（图二十五，69）。H44：10，方唇，圜底，圆圈形柄残。夹细砂灰陶，盘内壁饰线纹，线纹呈辐射状，外壁底部饰绳纹，柄部残有长方形镂孔痕迹。

Ⅱ式：侈口。H26：39，圆唇，圜底残。夹细砂灰陶，盘内壁饰两周凹弦纹，其间一周"S"形纹，外壁底部饰绳纹。H17：6，圆唇，圜底，圆圈形柄残。夹细砂黑皮灰胎陶，盘内壁饰两周凹弦纹，其间饰一周"S"形纹，底部饰线纹，线纹呈辐射状，外壁底部饰绳纹；柄上饰弦纹，残存三个长条方形镂孔（图二十五，70）。

Ⅲ式：侈口微内收，口沿下内壁微外鼓。H129：12，圆唇，弧底，圆圈形豆柄残。泥质灰陶，盘内壁饰凹弦纹和线纹，外壁盘底饰间断条纹，柄上残有三个长方形镂孔（图二十五，71）。

B 型：直口斜直壁。可分两亚型。

Ba 型：平底。可分三式。

Ⅰ式：口微侈。H44：8，方唇，圆圈形柄残。夹细砂灰陶，盘内壁一周凹弦纹，其下饰线纹，线纹呈辐射状，柄部残有两组凹弦纹和三个长条方形镂孔（图二十五，72）。T2409⑥：4，夹砂褐陶黑衣，盘内饰一周"S"形纹，盘内有暗纹，豆柄饰六个长方形镂孔，豆盘下、豆柄中间、豆座三处饰数道弦纹。

Ⅱ式：口沿内壁有明显凹折痕，豆座呈束腰喇叭形。H26：9，方唇，圆圈形柄残。夹细砂灰陶，盘外壁底部饰绳纹，柄部残有长方形镂孔痕迹。H26：18，圆唇，圆圈形柄残。夹细砂灰陶，盘内底部饰线纹，线纹呈辐射状，外壁底部饰绳纹，柄部残有长方形镂孔痕迹。H8：5，圆唇，圆圈形柄，豆座呈喇叭形。泥质黑皮灰胎陶，盘内壁一周凹弦纹，外壁饰绳纹；柄上饰弦纹，有两层镂孔，每层镂三个长条方形孔；豆座顶部饰弦纹（图二十五，73）。

Ⅲ式：口沿内壁有明显凹折痕，豆柄座呈圆圈柱状喇叭形。T2605③：1，方唇。夹砂红陶，柄上分两层镂六个长方形孔，每层三个（图二十五，74）。

Bb 型：弧底。可分三式。

Ⅰ式：口微侈，圆唇。H44：11，圈足残。夹细砂灰陶，盘外壁底部饰绳纹（图二十五，75）。

Ⅱ式：口沿内壁有明显凹折痕，圆唇。H26：17，圆圈形柄残。夹细砂灰陶，盘外壁底部饰绳纹，柄部饰弦纹，残有三个长方形镂孔（图二十五，76）。

Ⅲ式：尖圆唇。H117：11，圆圈形豆柄残。夹砂褐陶，盘内壁饰线纹和一周重环纹，外壁盘底饰绳纹，柄上残有三周凹弦纹和长方形镂孔痕迹（图二十五，77）。

C 型：侈口斜直壁。可分三式。

Ⅰ式：弧底。H44：10，敞口，方唇，弧盘，圜底，圆圈形柄残。夹细砂灰陶，盘内壁饰线纹，线纹呈辐射状，外壁底部饰绳纹，柄部残有长方形镂孔痕迹（图二十五，78）。

Ⅱ式：平底。H81：1，敞口，圆唇，弧盘，圜底。夹细砂灰陶，素面，柄上分两层镂长方形孔六个，每层三个，豆座残（图二十五，79）。H172：4，敞口，圆唇，弧盘，弧底，柄残。夹细砂褐陶，素面，圆圈形柄上残有长方形镂孔。另 H22：10，豆柄无镂孔。敞口，圆唇，弧盘，圜底，圆圈形柄，喇叭口形豆座。夹细砂灰陶，盘外壁饰绳纹（图二十五，80）。

Ⅲ式：器腹变浅。Y1：6，敞口，圆唇，弧盘，圜底，喇叭形豆座。夹细砂红褐陶，素面。柄上分两层镂六个长方形孔，每层三个（图二十五，81）。

D 型：弧折壁。可分三式。

Ⅰ式：敞口。H44：9，方唇，圜底残。夹细砂黑灰陶，盘内壁饰一周凹弦纹，外壁底部饰绳纹（图二十五，82）。

Ⅱ式：直口微敛。H8：33，方唇，圜底，圆圈形柄残。泥质黑灰陶，柄上残有长方形镂孔痕迹（图二十五，83）。

Ⅲ式：直口。H19：15，直口，圆唇，弧盘，圜底残。夹细砂褐陶，素面（图二十五，84）。

E 型：弧鼓壁。可分两式。

Ⅰ式：T2410⑤：7，敞口，圆唇，弧盘，圜底、圈足残。夹细砂红褐陶，素面（图二十五，85）。

Ⅱ式：腹部变深，敞口内收。H19：13，夹细砂褐黄陶，素面。直口微敛，圆唇，弧盘，圜底残（图二十五，86）。H98：11，直口微侈，圆唇，弧盘，弧底残。夹细砂黄褐陶，素面。

钵　出土很多，大多为敛口，据腹部可分为两型。

A 型：浅腹（口径或器身最大径明显大于通高）。可分两亚型。

Aa 型：口径明显大于底径，整器截面呈倒三角形。可分三式。

Ⅰ式：口沿微敛。H53：1，夹砂黑陶饰黑衣，口沿下有修整痕迹，下饰绳纹（图二十五，87）。

Ⅱ式：敛口，尖圆唇，斜弧肩。T2509⑤：1，肩腹相交处起一周凸棱，弧腹斜内收，底残。泥质灰陶，肩部饰凹凸弦纹，腹饰交错绳纹（图二十五，88）。

Ⅲ式：尖圆唇，折鼓肩，器腹变深。H132：1，凹圜底。夹砂红褐陶，肩下至底饰间断绳纹（图二十五，89）。H129：4，底残。夹砂红褐陶，肩下饰绳纹。

Ab 型：口径稍大于底径，整器呈扁长方体。可分三式。

Ⅰ式：圆唇，凹圜底。H44：19，夹砂褐陶，沿下饰乳钉纹，通体饰间断绳纹（图二十五，90）。

Ⅱ式：圆唇，弧肩，斜直腹内收，平底内凹。H26：10，泥质黑皮灰胎陶，腹部饰绳纹（图二十五，91）。

Ⅲ式：敛口，圆唇，上腹圆弧，下腹斜直内收呈平底，平底残。T3006④：4，夹砂灰陶，火候不均，器表有黑斑块，交错绳纹被抹（图二十五，92）。

Ac 型：圆肩弧腹。可分三式。

Ⅰ式：H25：1，平底。夹砂灰黄陶，饰绳纹（图二十五，93）。

Ⅱ式：口、底径差距变大。H80：2，平底。泥质灰陶，饰间断条纹（图二十五，94）。

Ⅲ式：腹壁变圜圆。H19：16，底残。夹砂褐红陶，口下饰乳突，下饰细绳纹（图二十五，95）。

B 型：深腹（口径或器身最大径等于或小于通高）。可分两式。

Ⅰ式：折肩。H8：3，夹砂黄褐陶，口沿下饰乳钉和绳纹（图二十五，96）。

Ⅱ式：弧肩。H65：1，夹砂褐红陶，口沿至腹有烟熏痕迹，肩部有少量指压痕，肩下饰间断绳纹（图二十五，97）。

盆（盂） 据肩腹部可分三型。

A型：深弧肩。可分两式。

Ⅰ式：H26：30，敞口，卷沿，方唇，圆弧腹残。夹细砂灰白陶，颈部饰绳纹，肩、腹部饰弦断绳纹（图二十五，98）。

Ⅱ式：鼓肩。H14：18，敞口，方唇，底残。夹砂黄褐陶，腹饰弦断交错条纹（图二十五，99）。

B型：深弧折肩。可分两式。

Ⅰ式：H26：29，敞口，方唇，弧腹残。夹细砂黄褐陶，颈部饰绳纹，肩、腹部饰弦断绳纹，肩腹相交处一周附加堆纹（图二十五，100）。

Ⅱ式：折肩。T2508④：1，敞口，方唇，弧腹残。夹砂灰陶，肩腹相交处一周附加堆纹，上腹饰绳纹（图二十五，101）。

C型：带耳深腹盆。H26：22，侈口，斜弧沿，圆唇，弧腹内收，平底，三足残。口沿外侧饰两个对称泥片护耳，两耳内根部盆壁上各戳穿一圆形孔。夹细红褐陶，器身、耳面、足根饰绳纹（图二十五，102）。

D型：直颈浅折肩。T2509③：3，敞口，圆唇，上腹直，下腹斜弧内收，底残。泥质灰陶，下腹饰绳纹，上、下腹相交处一周凹凸棱（图二十五，103）。

三足盘 无复原器。H146：15，上部残。下腹斜直内收，平底残，椭圆柱状矮截锥足。夹砂黄褐陶，下腹饰弦断条纹，足根饰条纹（图二十五，104）。H19：80，下腹斜直内收，平底残，圆柱状矮足外撇。夹砂黄陶，下腹及足根饰条纹。

器盖 可分两型。

A型：折沿直壁。分三亚型。

Aa型：盖顶内凹。H26：12，圆圈喇叭口形凹纽，敞口，圆唇。泥质黑皮灰胎陶，盖顶面饰弦纹和一周"S"形纹，其间等距离施三个圆形泥饼（图二十五，105）。

Ab型：盖顶斜侈。H26：57，盖纽残，顶残，敞口，方唇，唇面一道凹槽。泥质灰陶，盖顶面饰弦纹和一周"S"形纹（图二十五，106）。H27：12，盖纽及斜顶残，直壁，敞口，圆唇。泥质灰陶，盖顶面饰弦纹，残有两周"S"形纹。

Ac型：平顶。可分两式。

Ⅰ式：H17：1，盖顶残，斜直壁，敞口，方唇。夹砂褐红陶，盖壁饰弦断绳纹（图二十五，107）。

Ⅱ式：壁顶交接处变弧。H98：10，盖顶残，敞口，方唇。夹砂褐红陶，盖壁饰绳纹。H117：4，顶残，盖壁弧，口微敞，圆唇。泥质黄陶，壁饰方格纹（图二十五，108）。

B 型：弧鼓壁。

Ⅰ式：盖纽椭圆球形。T2307⑥：23，斜弧顶残。夹砂红褐陶，盖纽和顶面饰绳纹（图二十五，109）。

Ⅱ式：盖纽圆柄状"丫"字形。H103：1，盖顶壁弧，盖口敞，平方唇。夹砂褐陶，纽根和盖顶壁通饰交错绳纹（图二十五，110）。

缸　没有复原器。据腹部可分两型。

A 型：下腹圜收。可分两型。

Ⅰ式：圜底残，矮圈足。H26：20，直口微敛，圆唇。夹细砂褐皮灰胎陶，器表有烟熏痕迹，腹部饰弦断条纹，下腹两周凸棱（图二十五，111）。

Ⅱ式：圜底近平。H28：4，口、圈足残。夹砂褐红陶，腹部饰条纹，下腹一周锯齿状凸棱（图二十五，112）。

B 型：下腹斜直内收。T2509⑤：2，直口微敛，方唇，斜弧腹内收，底残。夹砂黄褐陶，通体饰条纹，下腹残留一周凸棱（图二十五，113）。另据器底可分两亚型。

Ba 型：实足。H22：5，平底。夹细砂褐红陶，器表饰条纹，下腹残留两周凸棱。H19：5，斜直腹内收，圜底。夹砂褐陶，器表饰条纹，下腹残留两周凸棱，凸棱顶面压印条纹。底部有"T"字形纽（图二十五，114）。

Bb 型：圈足。H79：27，圜底底厚，矮喇叭形圈足。夹细砂褐陶，底足交界处饰一周附加堆纹。H117：12，斜直腹内收，圜底，矮圈足呈喇叭口形。夹砂黄褐陶，腹部饰绳纹，残留两周凸棱和一周附加堆纹（图二十五，115）。

另有盉、瓿、杯、支垫、动物陶塑等器类，因出土较少，暂不适宜分型定式。

4. 分期与年代

（1）典型层位关系

大路铺遗址 2003 年发掘区中地层与遗迹单位较多存在明确的叠压打破关系，这为分期研究提供了可靠的基础和依据，其间的层位关系按区块分别介绍如下：

A. 2003 年东区南部（03·E）

T2509、T2409、T2410：

④→（H20、H15）→H26→H45→⑤→H35→H42→H43→⑥→H44→（H58→H59）、H54

T2407：②→H8→③

T2408：③→H17→④→H21→H27→H29→H38→生土

T2508：②→H2→H12→③→H1→H6→④

T2612：②→H19→H22→H39→生土

T2712：②→H28→H36→生土

T2001、T2101、T2201：③→G3→④

B. 2003 年东区中部（03·E）

T2604、T2605：④→H123→H98→H120→H65→H76→⑤

T2704：⑤→H139→生土层

T2606：④→H114、H141→G4→Y1→H116→生土层

T2607：⑥→H96→H124→H132→H105→H133→H138→生土层

T2806、T2906：③→H112→（H106→H178）、H149→H130→H67→H71→④→⑤→H72→H177→（H93→H81→H79）、（H131→H178）→H80→H127→H90→H87→生土层

T3006、T3007、T3107：④→H117→H161→H129→H70、（H68→H94）、（H83→H147→H160）→生土层

（2）分组与分期

根据典型层位关系及其基础上器物的早晚排序，并结合各遗迹单位器物组合的不同，可将该遗址 2003 年发掘区出土物相对丰富的遗迹单位分为三组（表六）：

第Ⅰ组：包括Ⅱ区 H58、H54、H53、H50、H44、H35、H25、⑥层，Ⅰ区 H74、H82、H87、H115、H116、H133、H138、H169 等。其中，以 H58、H50、H44 为典型代表单位。本组陶器组合主要包括：鬲、甗、罐、瓮、豆、钵、滤盉、器盖、硬陶罐等，其中刻槽鬲、护耳甗和镂孔豆为该文化的主体特色组合。具体而言，第一组陶器组合为各类型Ⅰ式平裆鬲，AⅠ、BⅠ甗，AⅠ式滤盉，AaⅠ式、BaⅠ式、Bb 型绳纹罐，AaⅠ、BⅠ式瓮，A 至 D 型Ⅰ式豆，A 型Ⅰ式钵，BⅠ式器盖，另有带把器钮、圈足簋、杯、硬陶罐等。

第Ⅱ组：包括Ⅱ区 H8、H12、H15、H17、H26、H27、F1、⑤层；Ⅰ区 H77、H96、H105、H106、H124、H132、H135、H136、H139 等。其中，以 H26 为典型代表单位。陶器组合延续第一组，新出现的器类有缸。本组器物包括各类型Ⅱ式平裆鬲，AⅡ、BⅡ式护耳甗，AbⅠ式滤

表六　大路铺遗址 2003 年发掘区遗迹单位分组表

组别	单位	鬲 Aa	鬲 Ab	鬲 Ac	鬲 Ad	鬲 Ae	鬲 Ba	鬲 Bb	鬲 带流	鬲 枢耳	甗 A	甗 B	甗 C	滤盂 A	滤盂 B	仿铜鼎 Aa	仿铜鼎 Ab	仿铜鼎 B	仿铜鼎 C	罐 Aa	罐 Ab	罐 Ac	罐 Ba	罐 Bb	带耳 A	带耳 B	小罐 A	小罐 B	瓮 Aa	瓮 Ab	瓮 B	豆 A	豆 Ba	豆 Bb	豆 C	豆 D	豆 E	杯 Aa	杯 Ab	杯 Ac	杯 B	盆（盂）A	盆（盂）B	盆（盂）C	器盖 Aa	器盖 Ab	器盖 Ac	器盖 B	缸 A	缸 Ba	缸 Bb
第Ⅰ组	H58	I	I											I																																					
	H53	I		I									I									I									I				I			I	I												
	H50	I								I				I						I			I	I							I			I	I																
	H44	I	I	I	I	I	I	I			I	I	I										I						I				I	I					I												
	H35	I		Ⅱ		Ⅱ		Ⅱ			Ⅲ	Ⅲ												Ⅱ																											
	H25								A I B		I	Ⅲ																																							
	⑥	Ⅱ							A I B		Ⅲ	Ⅲ																																							
第Ⅱ组	H26	Ⅱ	Ⅱ	Ⅱ	Ⅱ	Ⅱ	Ⅱ	Ⅱ														I							Ⅱ			Ⅱ	Ⅱ	Ⅱ						Ⅱ					∨	∨					
	H15	Ⅱ				Ⅱ	Ⅱ	Ⅱ									I					I									I	Ⅱ	Ⅱ	Ⅱ															I		
	H28	Ⅱ						Ⅱ	A Ⅱ B														Ⅱ				∨	∨												Ⅱ									Ⅱ		
	H81										Ⅱ														∨																										
	H139	Ⅱ	Ⅱ	Ⅱ	Ⅱ				A Ⅱ B					Ⅱ			I						Ⅱ							Ⅱ		Ⅱ	Ⅱ		Ⅱ							Ⅱ				I					
	F1																																																		
	H17	Ⅱ																			∨																		I			I									
	H8																												Ⅱ	Ⅱ			Ⅱ		Ⅱ		Ⅱ			Ⅱ							I				
	H103	Ⅱ																																													Ⅱ				
	H106																																																		
第Ⅲ组	H14																																																		
	H80			Ⅱ		Ⅱ		Ⅱ															Ⅱ																	Ⅱ			Ⅱ								
	H83								C																																			Ⅱ							

续表

组别	单位	鬲 Aa	鬲 Ab	鬲 Ac	鬲 Ad	鬲 Ae	鬲 Ba	鬲 Bb	带流	抠耳	瓶 A	瓶 B	瓶 C	滤盃 A	仿铜鼎 Aa	仿铜鼎 Ab	仿铜鼎 B	仿铜鼎 C	罐 Aa	罐 Ab	罐 Ac	罐 Ba	罐 Bb	带耳 A	带耳 B	小罐 A	小罐 B	瓮 Aa	瓮 Ab	瓮 B	豆 A	豆 Ba	豆 Bb	豆 C	豆 D	豆 E	钵 Aa	钵 Ab	钵 Ac	钵 B	盆(盂) A	盆(盂) B	盆(盂) C	器盖 Aa	器盖 Ab	器盖 Ac	器盖 B	缸 A	缸 Ba	缸 Bb
第Ⅲ组	H120														Ⅰ																																			
	H79																																																∨	∨
	H22	Ⅲ						Ⅲ							Ⅰ											Ⅰ∨			Ⅰ					Ⅱ																
	H164		Ⅲ											Ⅲ∨	Ⅰ	Ⅰ		Ⅰ																Ⅱ																
	H36												Ⅲ																		Ⅲ						Ⅲ												
	H129		Ⅲ							Ⅱ					Ⅱ			Ⅱ						Ⅰ	Ⅰ			Ⅲ																						
	H130	Ⅲ	Ⅲ			Ⅲ				Ⅲ															Ⅱ		Ⅲ																							
	H19				Ⅲ							Ⅱ			Ⅱ		Ⅰ								Ⅲ										Ⅲ	Ⅲ										Ⅱ				
	H98			Ⅲ														Ⅱ						Ⅲ					Ⅱ						Ⅲ	Ⅲ			Ⅲ							Ⅱ			∨
	H117																																Ⅲ							Ⅱ									∨
	H161																							Ⅱ	Ⅲ																								
	H118																																																
	H68												Ⅲ		Ⅱ	Ⅱ		Ⅲ																															
	H143															Ⅰ	Ⅰ																																
	H94				Ⅲ						Ⅰ													Ⅱ																									
	H149											Ⅱ												Ⅲ										Ⅲ															
	H144																																																
	H75					Ⅲ																				∨		Ⅲ																						
	G3																																	Ⅲ					Ⅲ											
	Y1																		Ⅱ Ⅲ		Ⅲ											Ⅲ						Ⅲ											
	④																																																	
	③																															Ⅲ																	

盉、AbⅠ、Ac、BaⅡ式绳纹罐，AaⅡ、BaⅡ瓮，A至D型Ⅱ式豆，Aa
Ⅱ、Ab式钵，AⅠ式、BⅠ式、C型盆，Aa、Ab、AcⅠ式器盖，A、B型
缸，另有簋、尊、带把器钮、硬陶罐等。

第Ⅲ组：包括前两组之外的大多数遗迹单位，仅少量的遗迹单位因
出土物太少没有参与分组，地层包括Ⅱ区④、③层及Ⅰ区⑥~③层。其
中，以H19、H98、H117、H130为典型代表单位。陶器组合延续第二
组，新出现的器类包括仿铜陶鼎、带耳罐、小罐；新出现的器形有C型
带流盉，C型甗，B型滤盉，Ab型绳纹罐，Ab型瓮，AbⅡ、AcⅡ、BⅡ
式器盖，Ba、Bb型缸；其他陶器为式别的变化。具体而言包括AaⅢ、
AbⅢ、AcⅢ、AdⅢ、BaⅢ、BbⅢ式平裆鬲，Ⅱ、Ⅲ式抠耳鬲，BⅢ式护
耳甗，C型甗，AⅢ式、B型滤盉，各类仿铜陶鼎，Ab、Ac型绳纹罐，
A、B型带耳罐及小罐，AaⅢ式、Ab型瓮，A至D型Ⅲ式豆，EⅠ式、
Ⅱ式豆，AaⅢ、AbⅢ、AcⅡ与Ⅲ、BⅡ式钵，AⅡ式、BⅡ式、D型盆，
AcⅡ式、BⅡ式器盖，AⅡ、Ba、Bb型缸，另有三足盆，带把器钮、硬
陶罐等。本组的遗迹单位根据陶器的排序和层位关系可再分为早晚，大
致以Ⅰ区④层为界，但其具体年代应不会相差太远。由于陶器的总体特
征不易归纳，此处不做进一步的细化处理。

以上三组遗存主要为陶器组合的差别，其中，第一组和第三组差别
明显，第二组属于过渡阶段。从陶质上看，演变趋势为夹细砂红陶以及
泥质黑、红陶居多逐渐变为夹粗砂红、灰陶、泥质灰陶居多，纹饰上大
致趋势为细绳纹、附加堆纹和泥钉装饰居多，变为条纹、乳突和带耳装
饰居多，特别是间断条纹为其特色。陶器风格上大致趋势为口沿由圆唇
向方唇发展；肩腹部由圆肩、圆腹向折肩、下腹直收发展；器底由圈底
内凹向平底发展；三足器由尖锥（柱）足向截锥（柱）足发展。从陶器
组合上可归纳出大路铺文化的主体组合，即平裆鬲、护耳甗、镂孔豆、
罐、瓮、钵、滤盉、缸、器盖等，三组遗存中各类器物的型式演变清晰，
为同一文化的延续发展。各组遗存陶器特点见分组图（图二十五）。

（3）年代推断

第Ⅰ组遗存中，可供断代的陶器有鬲H116∶2（图二十六，1），从整
体器形看，此件鬲与中原地区殷墟晚期的鬲接近，如殷墟苗圃北地出土
的鬲T2514④∶25（图二十六，2）[1]，其年代在殷墟三期之后。仔细对比

① 中国社会科学院考古研究所：《中国考古学·夏商卷》，中国社会科学出版社，2003
年，第291页，图6-3，11。

会发现，H116：2 作风似乎更晚，如沿部已变成更晚的卷沿，唇部虽为方唇，却已有小平沿的作风，肩部以下饰细绳纹，但颈部纹饰被抹去，这些风格都说明其年代更晚。而与沣西地区西周早期鬲 96SCCM5：2（图二十六，3）相比[1]，口部和裆部已十分相似。综上，该组遗存年代应接近西周早期。

第Ⅲ组遗存中，H67：6（图二十六，4）为典型的周式簋，从沣西地区周代簋的排序看，H67：6 的上部形态特征与三期西周早中期 67SCCM1：3（图二十六，5）相似[2]，但口沿不如其外敞，下腹不如其圆鼓，下腹斜收更甚，圈足稍矮，年代应更晚。本期新出现大量的仿铜陶鼎，其形制有两类，一类为直肩圆鼓腹腹，一类为斜肩垂腹。H129：3（图二十六，6），直肩圆鼓腹，纹饰特点为口沿以下一周由夔纹组成的六组饕餮纹图样，这种纹饰形态和装饰特点多见于西周早期铜器，但简化的夔纹似更晚，如黄堆村 M37：5（图二十六，7）直腹鼎与新旺村 M104：1（图二十六，8）垂腹鼎[3]，均归入其所分的第三期遗存，大致相当于昭穆之际。考虑到铜器的沿用时间较长，而仿铜陶器的出现与铜器的时间可能会有一定的差距，如此，仿铜陶器的年代或应更晚。豆 H117：11（图二十六，9），盘内壁施一周规整的重环纹。重环纹为西周铜器的常见纹样，西周中期开始出现并使用，西周中期偏晚直至春秋早期，特别是西周晚期为大量流行的时代[4]。此件豆上的重环纹为规整使用，年代应在西周中期偏晚或之后。综上，推测第Ⅲ组遗存的年代不早于西周中期偏晚（图二十六）。

5. 其他发掘区的遗存对比

1984 年和 1990 年发掘区的典型单位可以跟上述结论进行对比归类，具体如下。

（1）东区北部（90E）（图二十七）

属于商周时期的遗存有③～⑤层，H5、H8、H13、F1、F2。

地层：T217⑤出土有鬲、罐、盆、豆、滤盉、器盖（原报告图六七五）。陶器组合和整体风格与 03EH26 一致，属于第Ⅱ组遗存。T233⑤出有鬲、甗、带乳突折肩平底罐、镂孔豆、带耳罐、滤盉等（原报告图六

① 中国社会科学院考古研究所丰镐工作队：《1997 年沣西发掘报告》，《考古学报》2000年第 2 期。

② 中国社会科学院考古研究所沣西发掘队：《1967 年长安张家坡西周墓葬的发掘》，《考古学报》1980 年第 4 期。

③ 中国社会科学院考古研究所沣西发掘队：《1979～1981 年长安沣西、沣东发掘简报》，《考古》1986 年第 3 期。

④ 拙文：《重环纹源流初探》，《云南民族大学学报（哲学社会科学版）》2010 年第 3 期。

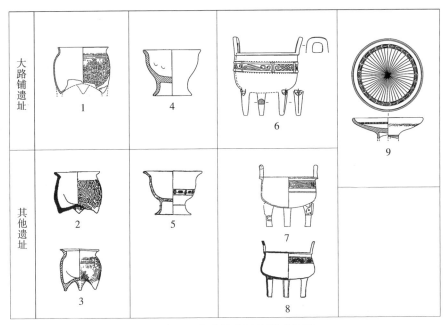

图二十六　大路铺遗址陶器对比图

1. 大路铺鬲 H116：2　2. 殷墟苗圃北地鬲 T2514④：25　3. 沣西鬲 96SCCM5：2　4. 大路铺簋
H67：6　5. 沣西簋 67SCCM1：3　6. 大路铺仿铜陶鼎 H129：3　7. 黄堆村仿铜陶鼎 M37：5
8. 新旺村仿铜陶鼎 M104：1　9. 大路铺豆 H117：11

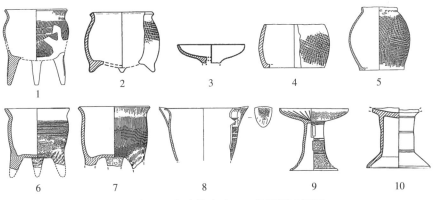

图二十七　大路铺遗址 90E 发掘区陶器图

1. 鬲 T217④：6　2. 鬲 T217④：9　3. 瓮 T262④：2　4. 钵 T262④：3　5. 罐 M1：1　6. 鬲 F2：7
7. 鬲 F2：1　8. 盆 F2：8　9. 豆 F2：26　10. 豆 F2：19

八〇、六八一），组合特点与第Ⅲ组遗存相似。T248④出土直口瓮、乳突
罐、滤盂（原报告图六八六），与03EG3③特点一致，属于第Ⅲ组遗存。
此外，④层出土几件方格纹器物，如T262④出有方格纹直口折肩瓮T262
④：2（图二十七，3）和方格纹平底微弧壁钵T262④：3（图二十七，
4），T217④层出有斜方唇方格纹矮足鬲T217④：9（图二十七，2）等。

伴出的鬲 T217④：6（图二十七，1）与 03EH130：8（原报告图四八七，1）相似，但此类型方格纹的器物在 03E 第Ⅲ组遗存不多见，如罐底 03ET2705③：11（原报告图六五五，3）以及刻槽鬲 03ET2410②：3（原报告图六〇九，1），器身都满饰方格纹，可能为其他文化因素传入，或为较晚的特点。从 T217④整体陶器面貌看，可归入第Ⅲ组。

灰坑：H5、H8、H13 均打破④或③层，④层相当于第Ⅲ组遗存，故这些灰坑不会早于第Ⅲ组遗存，从器形看可归入第Ⅲ组遗存。

房址：两座，编号 F1、F2。其层位关系为分别为 T248④→M1→F1→⑤；⑤→H17→F2→⑦，即 F2 早于⑤层早于 F1。F1 出土豆、钵组合，F1：5（原报告图六六七，6）喇叭形豆柄，中空大，圈足高且无镂孔，有别于与之共出的常见的镂孔豆 F1：6（原报告图六六七，8）。F2 出土陶器为鬲、甗、盆、豆、罐组合，另有漆木柄和木楔。鬲 F2：7（图二十七，6）与第Ⅰ组遗存鬲 03EH35：1（原报告图三四五，4）一致，但盆 F2：8（图二十七，8）及 F2：11（原报告图六七〇，1），因口部卷沿凹长颈使得耳乖张，中空大，耳圆弧，两端不内捏，为与牛鼻形耳不同的特点，此种风格最晚见于 03EH26。除常见的镂孔豆 F2：26（图二十七，9）外，也出有中空大，圈足高且无镂孔的豆柄 F2：19（图二十七，10），为直筒形，小喇叭底座。

墓葬：仅一座，编号 90EM1，墓圹开口于④层下，打破 F1，墓向东偏南。

长方形竖穴墓，坑浅壁直。葬具已朽无痕，葬式不明。随葬品共 2 件，组合为陶罐、支垫，放置于墓坑北壁中部。陶罐 M1：1（图二十七，5），口径小于最大腹径。敞口，尖唇，短弧颈，圆弧腹，平底残。夹砂褐陶，颈部有手指捏印痕迹，肩、腹至底通饰压印方格纹。该类型陶罐未见于 03E 区，在从器底及纹饰风格特点看，可能晚于第Ⅲ组遗存。

（2）东区南部（84E）（图二十八）

属于商周时期的遗存有②－⑥层，H1、H2。T2③出有 A 型仿铜陶鼎一件 T2③：4（图二十八，1），表明③层可归入第Ⅲ组。H1、H2 均开口④下，打破⑤层，H2 组合为罐 H2：2、缸 H2：1、甗 H2：3（图二十八，2~4），同类型的陶器可见于 03EH130、03EH19 中，属于第Ⅲ组遗存。H1 出土三件豆如 H1：1（图二十八，5），与 H2 年代应相当。T4⑥出土有 03EH26 相似的缸 T4⑥：1、瓮 T4⑥：2（图二十八，7、6），属第Ⅱ组遗存。T1⑥出土的鼎 T1⑥：1（图二十八，8），侈口，近直腹，暂不见于 03 东区，与 90ET233⑤：16（原报告图六八〇，2）形制相似。

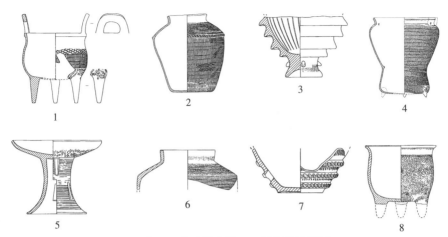

图二十八　大路铺遗址 84E 发掘区陶器图

1. A 型仿铜陶鼎 T2③：4　2. 罐 H2：2　3. 缸 H2：1　4. 瓱 H2：3　5. 豆 H1：1　6. 瓮 T4⑥：2
7. 缸 T4⑥：1　8. 鼎 T1⑥：1

另其上部特点与 Ad I 式平裆鬲如鬲 03EH44：13（图二十五，10）接近。T2⑤出土豆座一件，饰多道凸棱，暂不见于 03E 区。其他地层出土物少，有鬶、瓿、碗形簋零散出土，可能有更早的遗存。T4②出土一件钵形器 T4②：1（原报告图六九四，3），浅盘，下腹弧折斜内收，平底微内凹，不见于更早的遗存，可能是较晚的特征。

（3）北区（84N）（图二十九）

属于商周时期遗存的包括②至④层以及 H1、H8 和 H10。可供排序的层位关系有一组：T5③→H10→④→H8→生土层。参考出土物组合和形制特点，可得出早晚两段。

早段：H8 以及 T5④。H8 出土鬲、鼎组合。鬲 H8：1（图二十九，1）小口罐形，斜弧形广肩，连裆尖锥足。鼎 H8：2（图二十九，2）为侈口方唇斜直颈，溜肩鼓腹，圆柱状足。T2④出有鼎一件 T2④：1（原报告图七一三，2），与 H8：2 形制相似。T5④出土一件鼎 T5④：1（图二十九，3），敞口卷沿，直垂腹，器身饰篮纹。以上器形均不见于 03E 区。

晚段：H10 以及 T5③。H10 出土有鬲 H10：1（图二十九，4）、鬲 H10：3（原报告图七一二，4）、鼎 H10：2（图二十九，5）、仿铜陶鼎 H10：5（图二十九，6）、硬陶瓮 H10：4（原报告图七一二，1）等。鬲 H10：1 长束颈，鼓肩，斜腹内收，与 90ET217④：7（原报告图六七六，4）相似，但后者鼓肩更甚；鼎 H10：2 与 84W 鼎 T2③：2（图三十，3）同为敞口，平沿微上侈，圆唇，斜直颈，溜肩圆腹，唯前者更似垂腹，而后者似圜鼓腹。以上器形均不见于 03E 区。另硬陶瓮也少见于 03E 区。

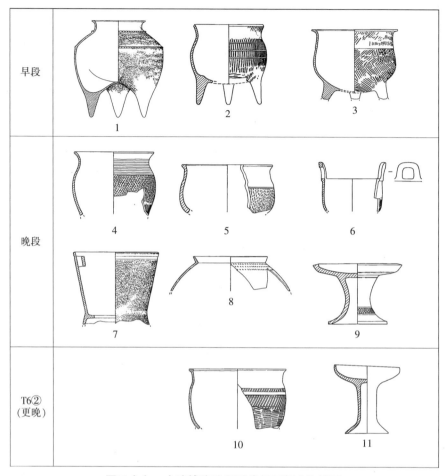

图二十九 大路铺遗址 84N 发掘区部分陶器图

1. 鬲 H8：1 2. 鼎 H8：2 3. 鼎 T5④：1 4. 鬲 H10：1 5. 鼎 H10：2 6. 仿铜陶鼎 H10：5
7. 直壁甗 T5③：3 8. 硬陶罐 T5③：4 9. 豆 T1③：4 10. 鼎 T6②：1 11. 豆 T6②：2

从仿铜陶鼎 H10：5 的形制看，为 C 型，纹饰较 C I 式 03EH164：3（图二十五，46）更简单，可能更早。T5③出有斜直壁甗 T5③：3（图二十九，7）与硬陶罐 T5③：4（图二十九，8）的组合。甗为夹砂灰陶，陶质好，器形规整。其下腹残，上腹为直口、方唇、斜直壁，内壁近口部施对称牛鼻形耳。T1③仅出土陶豆一件，豆 T1③：4（图二十九，9）。直口，厚方唇，浅折盘，圆柱状柄较粗矮，中部内弧，座口呈喇叭形，浅折盘且豆柄中空大，无镂孔，与 90EF1：5（原报告图六六七，6）接近，但比F1 显得矮胖，此外，该件豆的特色为底座饰菱形网格纹一周，应为不同的文化因素。以上器形暂不见于 03E 区。

　　以上两段器物，大都不见于 03E 区，可能时代更早，或至少早于

03E 第Ⅲ组遗存。而其他地层中，T2③、T13③出土平裆鬲、附耳甗、乳突折肩瓮等，可归入 03E 第Ⅲ组遗存。T6②出土有鼎豆组合，鼎 T6②∶1（图二十九，10）为直口圆唇束颈鼓腹，与第二组 H10∶2 为同一型，但颈肩交界明显，应更晚；豆 T6②∶2（图二十九，11）为直口，圆唇，弧深盘，豆柄圆柱笔直且瘦高，小喇叭形座，素面，无镂孔，豆盘特点与 90ET217③∶1（原报告图六七八，4）类似，应晚于 03E 第Ⅲ组中的豆。

（4）西区（84W）（图三十）

该区位于前面山坡西部，为山坡梯田坎地，梯田改造对文化遗存的破坏很大，几乎很难找到原生地层。地表中部有一条冲沟，由东向西将西区分隔为南、北两块，两边的地层堆积不一致，5~7 层不等，各探方中商周时期文化堆积的分布也不一致。如 T14 的⑦层及以上均为商周时期堆积，再如 T1 的⑥层以上为商周时期，而 T2 的④层以上为商周时期。

T2③出土陶器为鬲、大口尊、斜直壁甗、鼎、罐、钵、瓮、豆组合。出土的鬲 T2③∶1（图三十，1），敞口，平沿，斜直长颈，鼓肩弧腹，弧裆略残，圆锥状尖锥实足，夹砂黑衣褐陶，器身饰细绳纹，肩部饰弦纹和乳钉。斜直长颈的风格应该更早，在黄梅意生寺遗址看到的鬲、甗风格大多为长颈，如鬲 H2∶1（原简报图一一，2）及甗 T7⑤∶5（原简报十六，2），但下部形态为三足内聚，整体瘦高，为西周早期鬲的统一风格。所出甗 T2③∶7（图三十，2）为斜直壁甗，与 84NT5③∶3（图二十九，7）一致。大口尊 T2③∶10（图三十，8）为大敞口，口径远大于肩径。出土的鼎 T2③∶2（图三十，3）为敞口，平沿微上侈，圆唇，斜直颈，溜肩，圜鼓肩，腹部以下残，夹砂灰陶，肩、上腹部起棱，饰一周凹弦纹，同形态的鼎还见于阳新观音垴遗址[1]，应早于第Ⅰ组遗存，可能为更早期器类和形制的延续使用。本组器物似有一些其他的文化因素，如斜直壁甗，与费家河义化玉笥山遗址甗形器如 M2∶2（图四十八，46）应有关联，为更早甗的形态的改造与沿用。而在大路铺 03EH96 似有发现这类甗的下部残片 03EH96∶1（图六十二，4）。而这种文化因素的归属究竟如何，后文将综合讨论。此单位的年代从鬲、钵、罐、大口尊的形态可知约在西周早期，故与第Ⅰ组年代相当。另出土的盆 T2③∶11（图三十，6）和残附耳甗 T2③∶9（图三十，7）为方格纹，在 90ET217④有发现，应为其他文化因素的传入。

T14⑥出土抠耳鬲一件 T14⑥∶1（原报告图七〇二，1），整体形态与

---

① 所见三件标本均为该类鼎，夹砂红陶，饰绳纹。现为湖北省文物考古研究所标本室收存。

03 东区同类器形制不太相同，仅看器身则与 Aa Ⅱ 式平裆鬲 03EH26：7（图二十五，2）形态一致。另出鼎和护耳甗，鼎 T14⑥：2（原报告图七〇二，2）的形态与 90ET233⑤：16（原报告图六八〇，2）一致，甗 T14⑥：3（原报告图七〇二，4）残存上部，整体形态为 B 型，卷沿圆唇的特点应早于 B Ⅱ 式。故 T14⑥与 03E 第 Ⅱ 组遗存相当。

T14③出土的陶豆 T14③：1（原报告图七〇七，7），敞口，弧腹，圆柱形豆柄由上至下渐粗，从盘的形制看，与 03EH19：15（图二十五，84）接近。T8③出土罐、钵、器盖组合，其中，罐 T8③：7（原报告图七〇六，1）和钵 T8③：4（原报告图七〇六，6）都为方格纹，与 90ET217④所见一致。由此，它们不会早于第 Ⅲ 组。

遗迹单位中，H1 开口 T15④B 层下，打破第⑤层；H2 开口 T15③层下，打破第⑤层；H6 开口 T9③层下，打破第⑤层。H1 出土滤盅、护耳甗组合，从滤盅形制上看，与 03EH50：8（原报告图三一九，1）相似，但甗下部残不便比对，应该不晚于第 Ⅰ 组遗存。H2 出陶豆和铜甾组合，豆柄中空大，无镂孔，形制与 90EF1：5（原报告图六六七，6）接近。H6 仅出土一件弧裆鬲 H6：1（原报告图七〇一，1），残存裆部，不好比对，从层位关系看，似可归入第 Ⅲ 组。

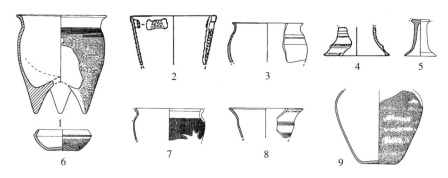

图三十　大路铺遗址 84W 发掘区陶器图
1. 鬲 T2③：1　2. 直壁甗 T2③：7　3. 鼎 T2③：2　4. 钵 T2③：15　5. 豆 T2③：5　6. 盆 T2③：11
7. 甗 T2③：9　8. 大口尊 T2③：10　9. 罐 T2③：3

综上，其他发掘区的典型遗存可大致与 2003 年东区相对应，已发现部分单位出现有别于大路铺遗存的因素，即 90EF2、84ET2⑤、84WT2③、84NT5③。除 90EF2 外，其余三个单位可以通过共出的同形制的陶器如直壁甗和凸棱豆直接串联为同时期，而这三个单位中，又以 84WT2③出有的弧裆鬲形态可确定为西周早期，故年代与第 Ⅰ 组相当。90EF2 除中空大，耳外张的盆外，共出的鬲的形态为敞口直腹的特点，与第Ⅰ组相当（各遗迹单位对应见表七）。

表七　大路铺遗址 1984 年、1990 年遗迹与 2003 年发掘区对应表

03E	90E	84E	84N	84W
Ⅰ组	F2、F1	T2⑤	T5④、T2④、H8、	T2③、H1、H2
Ⅱ组	T217⑤	T4⑥、T1⑥	H10、T5③、T1③	T14⑥
Ⅲ组及含较晚因素	T233⑤、H5、H8、H13、T217④	H1、H2、T1③等	T2③、T13③	H6
	M1、部分④层、③层	T4②	T6②	T8③、T14③

（二）其他相关典型遗存分析

1. 和尚垴遗址（1981）

和尚垴遗址位于阳新县白沙镇东南约 0.5 千米的一正南北向的长方形坡地与大路铺遗址相距不远，是鄂东南地区最早发现的该类文化遗址。1981 年在文物普查中发现该遗址，遗址面积 2 万平方米。之后进行过复查和正式发掘，但发掘资料并未发表。我们曾至咸宁博物馆调研参观，对资料进行了初步整理。商周时期的遗存仅包括地层③层及 H1。陶系以夹砂红陶与红褐陶占多数，泥质灰黄陶次之，少量泥质红胎黑衣或黑皮陶，灰陶与黑陶极少。此外还有一定数量的印纹硬陶。纹饰以间断绳纹为主，压印条纹次之，另有附加堆纹、方格纹、弦纹、暗纹、S 纹、镂孔等。器物组合包括鬲、甗、豆、簋、罐、瓮、滤盉、器盖及硬陶罐残片等。遗存所见陶器面貌有早有晚，没有层位依据，暂不宜分期。H1 出土的陶器主要为鬲，与大路铺遗址 03EH44 一致。T28③出土鬲与 03EH139∶4（原报告图三六七，4）一致，甗与 03EH118∶1（图二十五，33）一致。由此可知，和尚垴遗址的文化性质与大路铺遗址相同，年代也包含在其序列之内。

2. 铜绿山遗址（1974～1985）

（1）遗址简介

铜绿山遗址是鄂东南一处古铜矿遗址。铜绿山矿区位于长江中游南岸，行政区划隶属大冶市铜绿山镇，面积 7.8 平方千米。北临大冶湖中心河及鲤泥湖铜铁矿床，南接铜山铜矿床，东与经过石头嘴铜铁矿的大金公路为界，西与黄牛山铁矿毗邻。铜绿山铜铁矿床位于长江中下游铜铁矿成矿带的西部，地质结构特点决定其矿体呈北东向，因此，古矿井

在矿区总平面上的布局也呈北东向带状分布。

遗址于 1973 年发现，1974 年至 1985 年进行了连续发掘，总面积 4923 平方米。遗址采冶结合，共清理出古代采矿竖（盲）井 231 个，平（斜）巷 100 条，炼炉 12 座。其中Ⅺ号矿体的采矿遗址和冶炼遗址出土了一批周代的遗物。

（2）采矿遗迹

①地层堆积

Ⅺ号矿体采矿遗址地层堆积共分六层，以 T1 南壁为例：

第 1 层，杂质土，扰乱层。

第 2 层，灰褐色土，夹大量炼渣、红烧土块、炼炉残壁、陶器残片等。

第 3A 层，红色黏土，夹铁矿石、红烧土块。11、12 号炼炉炉基构筑于此层。

第 3B 层，红色黏土夹少量铁矿石、红烧土块。

第 4 层，黑褐色小颗粒矿石，出土有 1 件较完整的夹砂红陶鬲。

第 5 层，红色黏土淤积层，土质细而纯，所有竖井的井口开口此层下。

第 6 层，揭去第 5 层后，从剖面看有铁物质经氧化后自然交结的一条黄线，其下为灰黑色五花土。有大量的古坑木，木质、竹制工具残件，陶器残片和一件较完整的夹砂褐红陶双耳甗出土。

②遗迹与遗物

共发现竖（盲）井 58 个，马头门结构 2 个，平巷 10 条。遗物包括生产工具和生活用具。生产工具包括铜斧、竹篓、骨锥及木铲、木锹等大批木质生产工具。生活用具主要为陶器。④～⑥层出土的器形主要有鼎、鬲、甗、大口尊、罐、瓮等。这时期陶器以夹砂褐红陶为主，次为夹砂灰陶、夹砂褐陶、夹砂橙黄陶，少量泥质灰陶、夹砂红陶。纹饰以间断绳纹为主，次为绳纹、弦纹、压印条纹、附加堆纹等。②层出土的器类有刻槽鬲、豆、罐三种，均为残片。这时期陶器以夹砂褐红陶为主，次为夹砂橙黄陶、泥质灰陶、泥质灰陶外饰黑衣。纹饰以间断绳纹为主，次为绳纹、间断条纹、辐射状暗纹等。

（3）冶炼遗迹

①地层堆积

Ⅺ号矿体冶炼遗址地层堆积可分七层，以遗址中部 T19、T27 东壁为例：

①~③层属隋唐及以后文化层，从略。

第4层　炼渣层，层内夹灰褐色土，出有刻槽鬲、豆残片。

第5层　炼渣层，层内夹红褐色土，出土物与4层似。

第6层　红色黏土夹炼渣、红烧土块等，出有双耳甗足、刻槽鬲足等。

第7层　红色黏土。自然淤积层。炼炉炉基坐落在此层。

②遗迹与遗物

共清理出炼炉10座，均保留有炉基、炉缸，炉身已坍塌。炉旁堆积着大量的红烧土和炉壁。出土有矿石、炼渣、燃料、筑炉材料及铜锛1件。陶器主要出土于地层中，⑥层出土的器形主要有鬲、甗、豆、罐、瓮等。以夹砂褐陶为主，次为夹砂红陶、泥质灰陶、泥质橙黄陶和夹砂橙黄陶。纹饰以间断绳纹为主，次为间断压印条纹、绳纹、素面等。④、⑤层出土陶器也为鬲、甗、罐、豆。以夹砂红陶为主，次为泥质橙黄陶、泥质红陶，泥质灰陶、夹砂褐陶。纹饰以间断绳纹最多，次为间断压印条纹、素面、绳纹、方格纹等。

（4）年代推断

报告认为采矿遗迹第②层与冶炼遗迹第⑤层出土遗物相同，为春秋早中期层；采矿遗迹④~⑥层及以下为西周时期文化层，竖井均开口⑤层下打破⑥层，年代与第④~⑥层相当。据J46和X2内铜斧木柄的[14]C测定[①]，采矿遗迹的年代约在西周早中期。根据出土物，冶炼遗迹⑥层下限在两周之际，炼炉坐落在⑦层上，年代应为春秋早期[②]。

遗址的出土陶器不多，且大多为碎片，不利于年代推断。从整体面貌看，器物组合和风格延续发展，如刻槽鬲、豆、罐早晚地层均有出土。采矿遗迹ⅪT1⑥陶器组合为刻槽鬲、护耳甗与大口尊共出，这种组合还见于大路铺84·W·T2③。从护耳甗ⅪT1⑥：11（图三十一，2）形态看，属于大路铺B型，口、肩径相若，束腰，三足侧装等特点，应早于03EH26：19（原报告图三九五，1），与BⅠ式更接近。考虑到陶器均出于地层，陶器组合的可信度有限，推测应不晚于大路铺遗址第Ⅰ组遗存。

---

① 铜斧ⅪJ46：1木柄的年代为距今2750±70年，树轮校正年代为788~415B. C.；铜斧ⅪX2：1木柄的年代为距今3140±80年，树轮校正年代为1406~1139B. C.。

② 6号炼炉旁出土的木炭进行过[14]C测定，年代为距今3205±400年，树轮校正年代为1880~840B. C.。报告认为测定年代过早，未采纳。

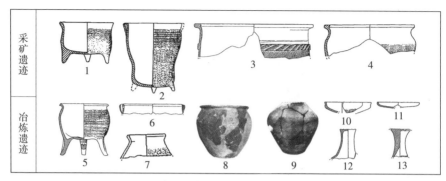

图三十一　铜绿山遗址出土陶器图

1. 鬲ⅪT1④:9 2. 护耳甗ⅪT1⑥:11 3. 大口尊ⅪT1⑥:15 4. 罐ⅪT1⑥:22 5. 鬲ⅪT10⑤:1
6. 护耳甗ⅪT15⑤:3 7. 瓮ⅪT19⑤:1 8. 瓮ⅪT11⑥:1 9. 瓮ⅪT11⑤:1 10. 豆ⅪT8⑤:2
11. 豆ⅪT10④:1 12. 豆ⅪT20⑤:1 13. 豆ⅪT29⑤:2

　　冶炼遗迹仅出三件完整器，⑥层1件，瓮ⅪT11⑥:1（图三十一，8）；
⑤层两件，鬲ⅪT10⑤:1（图三十一，5）、瓮ⅪT11⑤:1（图三十一，9）①。
⑥层出土物少，从组合上看没有变化。瓮ⅪT11⑥:1，口部略残，似为敛
口，另斜肩，弧腹，下腹急剧内收，平底，饰间断压印条纹，特征与大
路铺第Ⅲ组遗存相似。⑤层的组合为刻槽鬲、护耳甗、素面豆、罐、瓮
等。鬲ⅪT10⑤:1，从上部形态看可归入平裆鬲 AcⅢ型，器身罐形以及
间断条纹的纹饰特点常见于第Ⅲ组遗存，但斜方唇下压以及三足外撇形
态均更晚，与大路铺遗址第Ⅲ组晚段单位出土的鬲03ET2410②:3（原报
告图六〇九，1）足部一致，同为刻槽圆柱足外撇，与前文已述大路铺遗
址Ⅲ组偏晚的90ET217④出土的矮足鬲口沿特点一致。瓮ⅪT11⑤:1，口
沿及纹饰特征与⑤层的鬲ⅪT10⑤:1一致，同为卷沿斜方唇，纹饰同为
间断细条纹，斜肩鼓腹平底，与大冶五里界春秋城址出土陶器特点已有
相似之处②。由此推测，其年代已晚于大路铺遗址第Ⅲ组晚段遗存。

3. 蟹子地遗址（2009）

　　蟹子地遗址③坐落在大冶市罗桥街道办事处王家庄村5组。遗址因分
布在一个蟹形台地上而得名，覆盖面积30000平方米。该遗址1962年被

---

① 报告图版中两件瓮的器物编号颠倒了，为排版失误。从器物形制描述上可看出图版三
　十四1号应为瓮ⅪT11⑤:1，2号应为瓮ⅪT11⑥:1。
② 朱俊英、黎泽高：《大冶五里界春秋城址及周围考古的主要收获》，《江汉考古》2005
　年第1期；湖北省文物考古研究所：《大冶五里界春秋城址勘探发掘简报》，《江汉考
　古》2006年第2期；湖北省文物考古研究所编著：《大冶五里界——春秋城址与周围
　遗址考古报告》，科学出版社，2006年。
③ 湖北省文物考古研究所等：《湖北大冶蟹子地遗址2009年发掘报告》，《江汉考古》
　2010年第4期。

定为大冶县重点文物保护单位，1983 年再次进行了重点调查。2009 年 5 月，为配合大广南高速公路连接线的建设进行了抢救性发掘。此次发掘共布探方 28 个，发掘面积 700 平方米。

据发掘简报，遗址地层堆积分 7 层，其中③层属于商周时期。商周遗存可分两段，第 1 段以 H1、H3、H5、H12、H13 等③层下灰坑为代表；第 2 段以 T3020③等各探方③层为代表，还包括部分灰坑如 H38 等。发掘者认为两段很多器类相同，形式也相同，表明文化性质稳定，整体年代在西周早期。由于公布材料中完整器有限，不另做分期。所见陶器的基本组合为刻槽鬲、镂孔豆、护耳瓹、盆、钵、器盖等，可确定为大路铺文化遗存，另折腹釜形鼎（原简报图二四，9）暂不见于大路铺遗址①（图三十二）。

试举几例进行陶器比对。护耳瓹 H38：1（图三十二，4），夹细砂，黄褐陶，颈以下灰黑色烟炱痕，侈口圆唇，束颈，上腹较深，最大径近肩部，下腹较浅，大圜底，粗腰，腰内壁三个扁圆乳突以承箅，三个截尖圆锥足矮而外撇，三足底面与圜底相平，附耳扁短，低于沿面，两侧以泥条搭附于口沿内侧，颈沿以下饰间断细绳纹，附耳以及三短足，足底面也有细绳纹。从此件瓹形态看，属于大路铺遗址 A 型，但上、下部均圆鼓腹的特点似比 A I 式稍早。鼎式鬲 T3020③：8（图三十二，1），

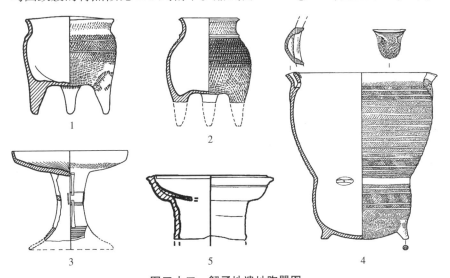

图三十二　蟹子地遗址陶器图

1. 鼎式鬲 T3020③：8　2. 罐式鬲 T1930③：19　3. 暗纹镂孔豆 T3025③：1　4. 护耳瓹 H38：1
5. 假腹豆 T1930③：33

---

① 与炭河里遗址出土的同类器类似。

夹砂红褐陶，侈口圆唇，束颈，腹微鼓，裆略下弧，锥足，足跟部有小浅窝，足底部圆缓，肩腹饰间断交错绳纹，颈部绳纹抹光，足根部以下素面。从此件鬲的形态看，与大路铺遗址第Ⅱ组03EH26：3（图二十五，5）相似。小口罐式鬲T1930③：19（图三十二，2），大路铺遗址出土不多，如84NH8：1（图二十九，1）。另出有暗纹镂孔豆T3025③：1（图三十二，3），与大路铺遗址同类器物形制相似。遗址还出有残假腹豆T1930③：33（图三十二，5），故应有早于大路铺遗址第Ⅰ组的遗存。

4. 焦墩遗址（1993）

焦墩遗址位于黄梅县白湖乡张城村，蔡家墩（自然村）的西面，濯港河的右岸岗地上。遗址现存面积约5000平方米。该遗址于1983年文物普查时发现。1993年7月，配合京九铁路"合九线"的建设对该遗址进行了抢救性发掘。该遗址文化层厚1.5~2.5米，包含有新石器和商周时代的文化堆积。商代遗物以夹砂红陶为主，夹砂灰陶次之；纹饰有绳纹等。西周时代遗物以夹砂红陶为主，夹砂褐灰陶次之，少量黑皮红陶；纹饰有绳纹、附加堆纹、压印纹、刻槽等。

我们所获材料为G3、H5、H6、H7、H13、H15、H18、H25等遗迹单位的部分陶器资料[①]。陶器的组合包括：鬲、镂孔豆、护耳瓿、护耳鼎、滤盉、敛口钵、三足钵、器盖，另有仿铜陶鼎、瓿。以上器类，除护耳鼎和三足钵少见或不见于大路铺遗址外，其余组合与大路铺遗址一致，属于同一性质的遗存。

由于没有明确的层位关系，暂不适合分期。从器物组合和形态上可与大路铺遗址进行比较。

H13出土组合为鬲、护耳瓿、滤盉、钵。鬲的形态为敞口、溜肩、圆腹、微圜底，与大路铺BⅠ式平裆鬲03EH44：4（图二十五，15）形制相似，敞口风格更早；瓿的形态为敞口，上、下部圆鼓，束腰明显，属于A型护耳瓿，瓿部圆鼓腹特点早于AⅠ式03ET2409⑥：9（图二十五，29）；滤盉的钵部为深腹，下腹直收，与鬲部交接处为钝角，略早于AⅠ式03EH58：3（图二十五，36）；钵的形态与AcⅠ式03EH25：1（图二十五，93）大体一致。由此可见H13与大路铺遗址第Ⅰ组遗存更早。G1⑥c组合为鬲、小口高领罐、双耳三足钵及器盖，鬲属于AbⅠ式平裆鬲，敞口圆唇圜底形态略早；小口高领罐为长弧颈，不见于大路铺遗存；而三足钵或为早一期的组合个体，与后期出现的三足盆可能有关。另G1

---

③出土有护耳鼎，该器类在 03 东区未见及，但在 84WT2③中可见，故与其年代相当，即与大路铺遗址Ⅰ组相当。由此也可见 G1⑥C 应早于大路铺遗址Ⅰ组遗存。仿铜陶器类包括仿铜陶鼎、仿铜陶甗及仿铜陶方鼎等，鼎的形态为环耳、盆形器身加高圆柱足；甗的耳与足和鼎一致，去掉耳、足加上护耳及矮足则成护耳鼎形态，可见主体器形不是完全模仿；仿方鼎的陶器为仓形器，不见耳、足，也为初步模仿。这种仿铜精细的程度跟大路铺遗址不可比，或许也表示其年代稍早。可见焦墩遗址存在 G1⑥c 为代表的年代比大路铺遗址第Ⅰ组更早的遗存。

（三）大路铺文化的分期与年代

1. 期别的确立

大路铺遗址 2003 年东区第Ⅰ至Ⅲ组遗存基本可以涵盖大路铺文化的主要发展阶段，主体陶器组合也可相应归纳出。早于第Ⅰ组的单位还包括焦墩遗址 H13 等；大路铺遗址 90EF2、84WT2③、84NT5③；可能存在比Ⅰ组遗存早的器类或器形的包括 84E④至⑥；铜绿山遗址采矿遗迹ⅪT1⑥；蟹子地遗址③层下部分灰坑。晚于第Ⅲ组遗存的包括铜绿山遗址Ⅺ冶炼遗迹⑤、④层。

以上单位尚有讨论的余地。焦墩遗址 G1⑥c 等风格较为统一，大敞口、卷沿圆唇、圜底为该阶段的特点，可作为一期处理，和 03EH44 为代表的Ⅰ组遗存似可前后相接。90EF2 除护耳甗形态稍早，可另做处理外，其他器类的形态不早于焦墩遗址 G1⑥c，与 03EH44 特点更接近，故可归作一期。而 84WT2③，若所有器物确实共出，则器物组合和形态是有别于 03EH44，但年代上又与其相当，故暂可归入一期，以文化因素的区别相应处理。蟹子地遗址③层下灰坑如 H38，甗的形态早于 AⅠ式，但其所属的 1 段遗存是否早过焦墩遗址尚需进一步验证，但从其镂孔豆、宽折沿圆腹甗以及形制较大路铺Ⅰ组更早的甗看，应与焦墩 G1⑥C 可归作一期。Ⅺ冶炼遗迹⑤、④层晚于大路铺遗址第Ⅲ组遗存，其陶器风格较为统一，表现在陶质较差、火候较低、陶色以红褐陶居多、纹饰为间断细条纹、口沿风格为斜方唇口沿下翻等，故可另作一段，但组合方面的依据尚需完善。从目前的材料看，到该期遗存为止，大路铺文化的组合仍未发生重大变化，文化仍在延续。前文提及该期遗存与大冶五里界城址陶器已有共性，此处将五里界遗址情况做一介绍。

五里界城址发掘者认为其年代在两周之际，而遗址年代从两周之际延续到春秋中期偏晚。最早的堆积为城墙夯土⑥层，仅出土少量鬲足、鬲口沿和盆口沿残片，从口沿特点看，已为斜方唇。报告认为其年代在两周之际到春秋早期。而其他单位晚至春秋中期。以东南区为例，H1 开口 TS4E24⑤层下打破⑥层，出土器物组合为鬲、罐、豆、盆、瓮，其陶质火候很低，纹饰为间断细条纹及方格纹，口沿特点为卷沿或折沿斜方唇，器底为平底，豆为弧盘素面。G2 开口 TS5E23④层下打破 TJ1 和 TJ3，从层位串联上看，早于 H1。从陶器风格看，与 H1 一致，组合中还见甗腰、钵及盂口沿残片，甗腰内壁承箅的泥钉已消失，下腹斜直；盂为平沿凹颈鼓腹。G6 开口 TS6E28④a 下打破⑤层，层位串联上与 G2 大致同时，出土器物组合为鬲、甗、豆、罐、盆、瓮，但从鬲足、甗足和折肩瓮的特点看，似保留了更多大路铺文化的特点。从鬲口沿 G6：20（原报告图五八，12）斜方唇的特点看，与 H1：8（图三十三，10）一致，但前者溜肩，后者鼓肩，显示出二者仍有差别（图三十三）。

与铜绿山⑤、④层陶器相比，五里界的鬲为折沿斜方唇，刻槽柱足，这与其相似；豆均为弧盘，中空高，这晚于前者；甗仅剩甗腰，无法确定是否有护耳，但标本中未见，且内壁承箅的泥钉已消失，应晚于前者；罐、瓮口沿均为平沿方唇，也应晚于前者，因前者还伴出有卷沿圆唇口沿。由此可见，铜绿山⑤、④层应稍早于五里界城址陶器。

五里界陶器与大路铺遗址Ⅲ组遗存陶器从组合和形制上看已有较大差别，但仍可见刻槽鬲、平底罐等延续使用。这两类是否仍为同一文化性质的两个阶段或分属两类遗存还需更多材料的验证。但我们倾向认为，五里界陶器阶段，其组合和形态已发生较大变化，特别是到 G2、H1 时，鬲、盂、豆、罐组合已大致形成，仅一些文化因素如刻槽风格仍在延续。特

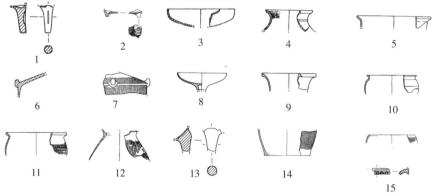

图三十三　大冶五里界遗址东南区出土陶器图

1. 鬲足 G6：20　2. 甗足 G6：25　3. 豆 G6：33　4. 罐口沿 G6：39　5. 盆 G6：45　6. 瓮 G6：7　7. 豆 H1：2　8. 罐口沿 H1：6　9. 盂 G2：38　10. 鬲 H1：8　11. 甗腰 G2：19　12. 鼎足 G2：1　13. 罐底 H1：3　14. 钵 G2：47　15. 器鋬 G2：48

别是浅盘弧腹豆 H1∶2（图三十三，7），与鄂西北区如郭家岗 H109∶4（图十五，4）、鄂东北区如乌龟山豆 T1③∶4（图二十一，9）以及鄂西南区如荆南寺豆 H73∶2（图三十八，8）所见一致。此时，大路铺文化应算完结，或进入演变过渡阶段。

综上，大路铺文化可归结为四期：第一期，以焦墩 G1⑥c 及蟹子地遗址为代表；第二期，以大路铺遗址第Ⅰ组、第Ⅱ组为代表，可再分早、晚段；第三期，以大路铺遗址第Ⅲ组为代表；第四期，以Ⅺ冶炼遗迹⑤、④层为代表，该期或可作为五里界陶器的早段。

在把握陶器组合和各类器物的演变趋势的前提下，可对型式划分做进一步的统一处理，并由此可归结出大路铺文化各阶段的特点和演变趋势。通过以上的讨论，大路铺文化的主体陶器组合以及文化发展的主要阶段可综合分析排比得出（图三十四）。

2. 各期的年代

从整个大路铺文化的发展阶段看，第二期年代比较确定，因有 03EH116∶2（图二十六，1）和 84WT2③∶1（图三十，1）两件鬲作为标尺，应为西周早期；第一期和第二期的整体组合特点较为相似，只是陶器的统一风格不尽相同，这种年代跨度似不会太远。由于没有确定的比对材料，对焦墩这段遗存的年代尚不能定论。这两期的陶质陶色以夹砂黄褐陶，红褐陶为主，纹饰以细密绳纹为主。

第三期与前两期相比，变化显著。从陶质上看，红褐陶仍居多，但纹饰上以间断粗条纹为特色，口沿大多由圆唇变为方唇，鬲以罐形鼓腹居多，罐瓮等陶器由之前的弧圆风格转为较统一的硬折风格，器底为平底或极矮圈足等。此外，组合上新出现较多器类。而这种变化从第二期晚段就开始出现。第三期的年代之前推断至少不早于西周中期偏晚，如此，二期晚段的年代大致可卡在西周中期，那这种风格的转换应与周文化的影响有关。

第四期陶器的陶质仍以夹砂褐红陶为主，但陶质火候较低，纹饰变为间断细条纹，口沿风格为统一的斜方唇，器类种类和形制较上一期大大减少，其年代应早于春秋早中期的五里界陶器。

三　鄂东南区的编年序列

综上所述，鄂东南区西周时期遗存以大路铺文化为代表，大致可覆盖整个西周时期。另西周早期还可见毛家咀类遗存。该编年序列中，毛家咀遗存的年代在西周早期，一般无争议；大路铺文化第二期有两件鬲作为标尺，故可确定为西周早期；第一期稍早，我们推测与第二期相差不远；第三期陶器种类增多，风格有转换，加上有仿铜陶鼎、陶簋及重环纹豆的伴出，推测包含不晚于西周中期偏晚的年代；第四期的风格在第三期晚段开始出现，而与五里界陶器又有一定的共性，故下限可从与五里界陶器的对比推测，应尚早于春秋早中期的五里界城址陶器（图三十四）。

第四节　江汉平原区

江汉平原区，在行政区划上包括荆州市、荆门市及其下所辖各市县。另包括宜昌市东部所在的当阳市、枝江市（从文化面貌看，此处不包括武汉市）。

一　周梁玉桥文化

前文已提及荆南寺文化之后，该地区兴起的另一支地方文化为周梁玉桥文化[①]，年代跨越晚商至西周前期。该文化在江陵和沙市两地已多次发现同类遗址，其中最重要的有沙市周梁玉桥遗址[②]、官堤遗址[③]、荆州荆南寺遗址等。

（一）周梁玉桥遗址及其分期与年代

1. 遗址简介

周梁玉桥遗址位于沙市东北近郊，南距长江仅 1.5 千米，西北 7.5 千米为楚郢都纪南城，遗址东部 1 千米即为官堤遗址[④]，西半部被一条古河道截断。遗址首先发现于古河道的两岸，面积约 15 万平方米。

该遗址于 1979 年调查时发现，考古发掘始于 1981 年秋，包括官堤遗址在内前后进行过五次[⑤]，已作了较大规模的揭露。1981 年，沙市市博物馆（后更名为荆州市周梁玉桥遗址博物馆）在遗址的西北部（甲区）进行了试掘，一共挖掘 7 条探沟，发掘面积共 98 平方米。1982 年，

---

① 王宏：《论周梁玉桥文化》，《江汉考古》1996 年第 3 期。
② 沙市市博物馆：《湖北沙市周梁玉桥遗址试掘简报》，《文物资料丛刊》第 10 辑，1987 年；荆州市周梁玉桥遗址博物馆：《沙市周梁玉桥遗址 1987 年的发掘》，《考古》2004 年第 9 期。
③ 湖北省博物馆：《沙市官堤商代遗址发掘简报》，《江汉考古》1985 年第 4 期。
④ 现多数学者认为二者地理位置相连，文化内涵相同，实为同一遗址范围。
⑤ 据《论周梁玉桥文化》推测第二次和第三次应是 1982 年进行的两次发掘，但材料未见系统报道。

北京大学考古专业、湖北省博物馆和沙市市博物馆又共同在遗址的中部
（乙区）进行了连续发掘。1984年，由湖北省博物馆江陵考古工作站负
责，对官堤遗址（官堤区）进行了发掘，共布探方4个，实际发掘面积
共102平方米。1987年，在遗址的东部（丙区）再次进行发掘，共布探
方4个，实际发掘面积104平方米。

2. 主要收获

（1）甲区（1981）

甲区的发掘又分为两块，分别位于古河道的两岸。除T4位于河的南
岸外，其余6条探沟均在河的北岸。两区块的地层堆积稍有不同，南岸T4
共分三层，北岸探沟均分六层。出土遗物绝大部分为商周时期的陶器，另
有石器、铜器及骨器等。值得注意的是，发现了较多的占卜用过的无辞卜
骨。属于商周时期的地层包括②～⑥层，遗迹单位包括H1、H2、H3。

根据出土物特别是陶器的排序，加上层位关系的依据[1]，大致可分
为早晚两组。Ⅰ组包括④～⑥层、T3H1、T4③，年代稍早；Ⅱ组包括③
层、T5H2、T4②层、T4H3，年代稍晚。早晚两组的陶器面貌从陶器的陶
质、陶色及纹饰看，没有明显差别，但夹砂陶、红陶和黑褐陶以及方格
纹在早组中占有较大比例，而泥质陶、黄褐陶和灰褐陶以及间断绳纹在
晚组中比例增大。从陶器组合看，除甗、簋、罍不见于早期而见于晚期
外，组合变化不大，以釜及釜形鼎为主，另有鬲、甑、罐、瓮、豆、杯、
器盖等。但从器类的形制看，还是发生了一定的变化，如鼎在早期三足
呈圆椭形向外张开，足尖多卷翘，晚期三足上端多呈扁形，足尖直立；
再如瓮在早期作圆鼓肩，晚期多见折肩等。

（2）乙区（1982）

乙区的材料未见直接的详细报道，仅间接获知发现有房基1座[2]、祭
祀坑1座以及残存窑址[3]。房基形制为"吕"字形，半地穴式，有前
室、后室、过道和门道。祭祀坑形制作长方形土坑，排列有序，方向
一致，发现有完整人骨架一具。窑址平面呈不规则圆形，东西长80、
南北宽50～60厘米，窑址的火膛为圆形小坑，直径在60～80厘米之
间，窑内积满红烧土，土层厚薄不一，并发现了少量红陶鼎足等。

（3）官堤区（1984）

官堤区距甲区约1.1千米，西北距纪南城约15千米。从发掘情况

---

[1]　层位关系包括：T3④→H1→⑤；T5②→H2→③；T4②→H3→③。

[2]　俞伟超：《寻找"楚文化"渊源的新线索》，《江汉考古》1982年第2期。

[3]　彭锦华：《沙市周梁玉桥殷商遗址试析》，《江汉考古》1989年第2期。

看，官堤区的中心部位应该在发掘点的北面，大多被覆盖和破坏，而发掘的部分文化层较薄，扰乱也较严重，包含物不甚丰富。属于商周时期的地层包括部分②层、③层，遗迹单位包括 H1～H5。从出土陶器看，陶色以红褐色为特色；纹饰以绳纹和方格纹为主，另有弦纹、附加堆纹和少量的刻划纹、乳钉纹等。陶器组合以鼎、釜为主，另有鬶、瓮、缸、豆、杯等。根据陶器组合与形制特点，再加上地层关系依据①，官堤区的遗存也可分为早晚两组，Ⅰ组包括 H4、H5，年代稍早；Ⅱ组包括②、③、H1～H3，年代稍晚。早段出土陶器较少，鼎足，足尖仍外卷；瓮为平折沿，颈部仍较高。而晚段鼎足为瘦长体，呈扁圆锥形；瓮颈部变矮。此外，晚段陶器的鼎形制为翻卷沿直颈；而瓮作鼓折肩；另出有大口缸等，由此推测应晚于甲区Ⅱ组陶器，而Ⅰ组陶器或与其相当。

（4）丙区（1987）

丙区属于商周时期的地层包括③至⑥层，遗迹单位包括 H1～H6。出土遗物除少量铜器、石器和骨角器外，主要是陶器。值得一提的是，还发现两片卜甲。

根据陶器的排序以及层位关系的依据②，大致可分为早晚两组。Ⅰ组包括⑤、⑥、H6，年代稍早；Ⅱ组包括③、④、H1～H5，年代稍晚。从陶器组合看，Ⅰ组以鼎、釜为主，另有鬲、甑、鬶、瓮、簋、杯；Ⅱ组仍以鼎、釜为主，新出现了豆和器盖。此外，较多器类的形制都发生了较大变化。从Ⅰ组出土的鬲 H6:1 早于甲区Ⅰ组 T3④B:13；从Ⅱ组 T2④出土的豆看，与甲Ⅰ组 H1 下一致，出土的鼎釜风格与甲区Ⅰ组相比相似，年代应相当。

3. 陶器的统一排序

出土陶器主要有鼎、釜、鬲、甑、罐、瓮、鬶、尊、簋、豆、杯、器盖等。以下择取出土较为丰富，演变趋势清晰的代表器类统一进行型式分析，具体如下：

鼎 基本形态接近。器身均为垂鼓腹釜形，三足较细。腹部至足上多饰方格纹。据口沿特征可分两型。

A 型：折沿。可分三亚型。

Aa 型：宽沿硬折。可分两式。

Ⅰ式：丙 T2⑥:6（图三十五，1）。

---

① H4、H5 开口③层下，比其他单位应略早。
② 除 H6 开口④层下外，H1～H5 均开口②层下打破③层。

Ⅱ式：丙 T2②：1、甲 T1③：1（图三十五，2）。

Ab 型：窄沿内弧折。可分两式。

Ⅰ式：甲 T3④A：2（图三十五，3）。

Ⅱ式：甲 H3 下：1（图三十五，4）

Ac 型：直口，沿面下折呈三角形唇。可分两式。

Ⅰ式：甲 T3④A：1（图三十五，5）。

Ⅱ式：甲 H2：9（图三十五，6）。

B 型：卷沿。可分两亚型。

Ba 型：圆唇，沿面下压。可分两式。

Ⅰ式：丙 H4：9（图三十五，7）。

Ⅱ式：官 T2③：1（图三十五，8）。

Bb 型：圆唇，外敞口。可分三式。

Ⅰ式：甲 T2⑥：11（图三十五，9）。

Ⅱ式：丙 H1：8（图三十五，10）。

Ⅲ式：官 T4②：1（图三十五，11）。

鼎的演变规律为：器身由扁椭到圆鼓，三足由外张到直立，且截面由圆到椭，足尖由微翘到卷翘再到消失。

釜　据口沿可分两型。

A 型：宽折沿。可分两亚型。

Aa 型：硬折，口外侈。可分两式。

Ⅰ式：甲 T3④A：17（图三十五，12）。

Ⅱ式：甲 T1③：2，官 H2 下：5（图三十五，13）。

演变趋势：尖唇到圆唇，上腹变圆鼓。

Ab 型：外折内弧。可分两式。

Ⅰ式：丙 T1⑥：1（图三十五，14）。

Ⅱ式：丙 T2④：1（图三十五，15）。

演变趋势：沿面下压。

Ac 型：宽沿内弧，盘口。丙 H1：3（图三十五，16）。

B 型：卷沿。可分两亚型。

Ba 型：厚圆唇。可分两式。

Ⅰ式：甲 T3④A：18（图三十五，17）。

Ⅱ式：丙 H4：21（图三十五，18）。

演变趋势：颈部逐渐加长。

Bb 型：薄圆唇。可分三式。

Ⅰ式：甲 H1 上：1（图三十五，19）、官 H5：2。

Ⅱ式：官 T4②：2、官 H2 下：6（图三十五，20）。

演变趋势：沿面逐渐下压。

C 型：平沿尖唇。甲 H1 下：10（图三十五，21）。

罐 可分两型。

A 型：小口高领。甲 T2④A：12（图三十五，22）、丙 T2③：5、丙 T4③：9、丙 H4：11。

B 型：小口矮领。甲 T2④A：13（图三十五，23）。

罍 可分三式。

Ⅰ式：丙 T4⑤：5、丙 T4⑤：3（图三十五，24）、甲 T3④B：8（图三十五，25）、丙 H3：1（图三十五，26）。

Ⅱ式：官 H3：1、官 T1②：1（图三十五，27、28）。

Ⅲ式：甲 T2②A：16（图三十五，29）。

演变趋势：肩部由硬折变弧折，最大径上移，颈部变矮。

瓮 据肩部可分两型。

A 型：圆鼓腹。可分两亚型。

Aa 型：最大径在腹部。甲 T3④A：19（图三十五，30）、丙 H1：2。

Ab 型：最大径在肩部。甲 T4②：22（图三十五，31）。

B 型：折鼓腹。可分两亚型。

Ba 型：高领，颈间分界明显。可分两式。

Ⅰ式：丙 T3⑤：1（图三十五，32）。

Ⅱ式：官 H4：1（图三十五，33）。

Ⅲ式：甲 T4②：21（图三十五，34）、官 H2 下：1。

演变趋势：唇部由方唇到圆唇，颈部由凹颈到直颈，口径逐渐变小。

Bb 型：矮领。可分三式。

Ⅰ式：丙 T4⑤：4（图三十五，35）。

Ⅱ式：甲 T4③B：4（图三十五，36）、甲 T5③：8、丙 H2①：2。

Ⅲ式：官 T3②：2（图三十五，37）。

演变趋势：折沿到卷沿，圆唇到尖唇，侈口沿面内凹到敛口。

杯 可分四型。

A 型：长颈凸肩。丙 T2⑥：8、丙 T2⑥：3（图三十五，38、39）。

B 型：深斜直肩平底。甲 T7④B：12（图三十五，40）。

C 型：喇叭口圈足。甲 H2：17（图三十五，41）。

D 型：碗状器身，矮圈足。可分两式。

Ⅰ式：甲 T3④A：26（图三十五，42）。

Ⅱ式：甲 T2③A：8（图三十五，43）。

演变趋势：器身变斜直，口部变敞。

4. 分期与年代

（1）分组与分期

周梁玉桥遗址四个发掘区的遗存根据陶器的排序及各区遗存的比对大致可分为三组，因材料原因，其间的变化程度大小暂时无法完全掌握，故先作为三期处理。各期主要陶器的器类组合和器物形制演变特点如下（图三十五）：

第一期：以丙区Ⅰ组为代表。主要器类组合为 AaⅠ式鼎，AbⅠ式釜，Ⅰ式罍，BaⅠ、BbⅠ式瓮，A 型杯，另有甗、鬲、簋、小鼎等。组合的特点为鼎釜与鬲簋共存。其中，鬲形制为方唇、卷沿、分裆尖锥袋足，属于商式鬲的特征。A 型杯是路家河文化的主要器类之一，器身作敞口长颈凸肩，多见于路家河文化晚期遗存中，在邻近的荆南寺遗址六期遗存中也常见。该期鼎釜的形制为卷沿，鼎足外勾，器身饰方格纹，足上正面拍平，与路家河文化及荆南寺文化均不相同，应该是自身特点。因此，卷沿釜及釜形鼎的出现，应是周梁玉桥文化主体因素的萌芽。

第二期：以甲区Ⅰ组、官堤区Ⅰ组、丙区Ⅱ组为代表。主要器类组合为 AbⅠ式、AcⅠ式、BaⅠ式、BbⅠ、Ⅱ式鼎，AaⅠ、AbⅡ式、Ac 型、BaⅠ、Ⅱ式、BbⅠ、Ⅱ式、Bc 型釜，A、B 型罐，Ⅰ、Ⅱ式罍，Aa、BaⅡ式、BbⅡ式瓮，B 型、DⅠ式杯，另有小鼎、鬲、簋、豆、器盖、簋形器、尊、印纹硬陶器等。本期陶器组合器类丰富，新增器类包括罐、罍、豆、尊、簋形器、器盖、印纹硬陶器等。陶器的主体组合鼎和釜，无论从从数量上还是形制上看都急剧增多，反映出周梁玉桥文化的兴起。从文化面貌上看，相对第一期而言，本期商文化因素进一步减少，路家河文化因素几乎不见，但是澧水遗存的因素却十分常见。此外，还可见长江下游印纹硬陶文化的影响。

第三期：以甲区Ⅱ组、官堤区Ⅱ组为代表。主要器类组合为 AaⅡ式、AbⅡ式、AcⅡ式、BaⅡ式、BbⅢ式鼎，AaⅡ式、BaⅢ式釜，Ⅲ式罍，Ab 型、BaⅢ式、BbⅢ式瓮，C 型、DⅡ式杯，另有小鼎、罐、鬲、簋、豆、甑、缸。本期组合与第二期大体一致，新出现甗和缸。从形制上看，各类陶器形制均变化较大。鼎与釜仍然占据主导地位，反映出周梁玉桥文化的继续发展。

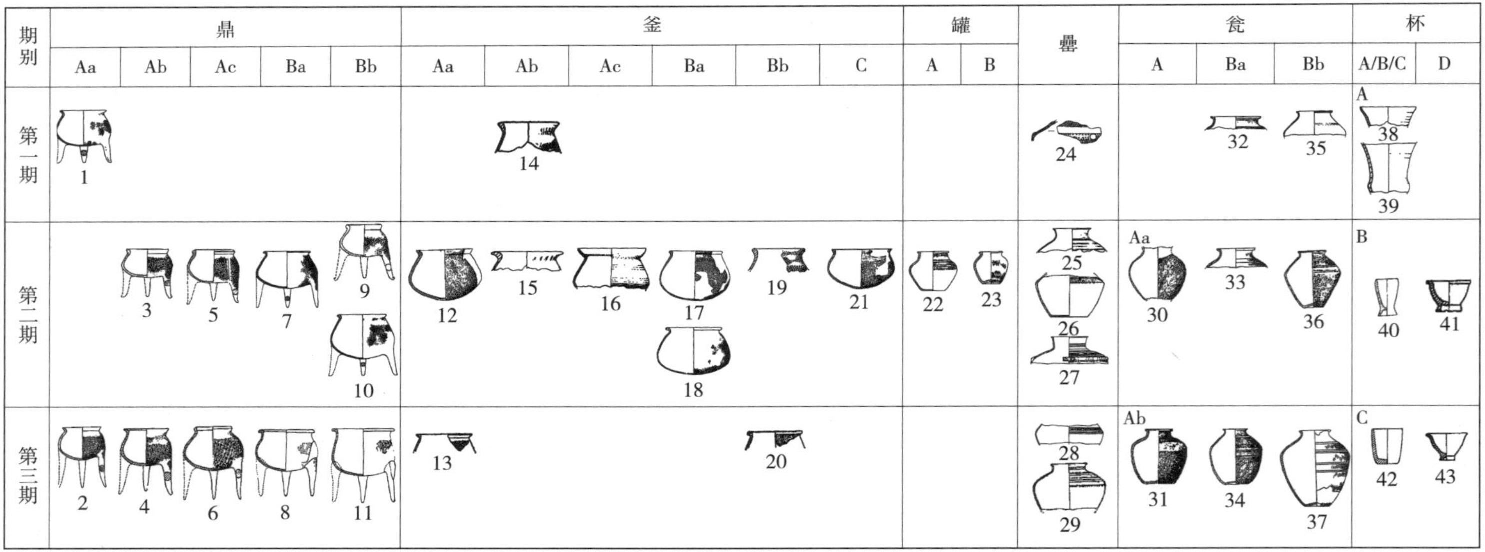

图三十五　周梁玉桥遗址陶器分期图

1. Aa I 式鼎（丙 T2⑥:6）　2. Aa II 式鼎（甲 T1③:1）　3. Ab I 式鼎（甲 T3④A:2）　4. Ab II 式鼎（甲 H3 下:1）　5. Ac I 式鼎（甲 T3④A:1）　6. Ac II 式鼎（甲 H2:9）　7. Ba I 式鼎（丙 H4:9）　8. Ba II 式鼎（甲 T3④A:17）　9. Bb I 式鼎（官 T2③:3）　10. Bb II 式鼎（甲 T2⑥:11）　11. Ba III 式鼎（官 T4②:1）12. Aa I 式釜（官 T2③:3）　13. II 式釜（官 T2④:1）　14. Ab I 式釜（丙 T1⑥:1）　15. Ab II 式釜（丙 T2④:1）　16. Ac 型釜（丙 H1:3）　17. Ba II 式釜（甲 T3④A:18）　18. Ba II 式釜（丙 H4:21）　19. Bb I 式釜（甲 H1 上:1）　20. Bb II 式釜（官 H2 下:6）　21. C 型釜（甲 H1 下:10）　22. A 型罐（甲 T2④:12）　23. B 型罐（甲 T2④A:13）　24. I 式罍（甲 T4⑤:3）　25. I 式罍（丙 T2④A:19）　26. II 式罍（甲 T3④B:8）　27. II 式罍（官 H3:1）　28. II 式罍（官 T2①:1）　29. III 式罍（甲 T2②A:16）　30. Aa 型瓮（甲 T3④A:19）　31. Ab 型瓮（甲 T4②:22）　32. Bb II 式瓮（官 T3⑤:1）　33. Ba II 式瓮（官 T3②:2）34. Ba III 式瓮（甲 T4②:21）　35. Bb I 式瓮（丙 T4⑤:4）　36. Bb II 式瓮（甲 T4③B:4）　37. Bb III 式瓮（甲 T3④A:26）　38～39. A 型杯（官 T2③A:8）40. B 型杯（甲 H4:1）　41. C 型杯（丙 T2⑥:8，丙 H4:1）　42. D I 式杯（甲 T7④B:12）　43. D II 式杯（甲 H2:17）

（2）年代推断

第一期：从丙Ⅰ组出土的鬲 H6：1（图四十一，30）看，器身圆鼓腹、分裆袋足、尖锥足等特点与中商三期陶鬲（如藁城台西 F6：49）接近，卷沿方唇的特点似较之稍晚。从出土的凸肩杯 T2⑥：3（图三十五，39）看，与荆南寺遗址六期遗存 T18④B：70（图三十七－1，5）风格接近，而荆南寺遗址六期遗存年代约在二里岗上层二期和殷墟一期之间。故丙Ⅰ组代表的第一期的年代应不晚于殷墟一期。

第二期：甲Ⅰ组出土的鬲 T3④B：13（图四十一，31），从器腹、裆及足部看，与蕲春毛家咀鬲Ⅱ7/1：3：27（图二十四，2）接近，但肩部以上至口沿风格较之更早，约在殷墟后期。报告认为该件鬲约在殷墟二期。出土的罍 T2④A：12（图四十一，14），与澧县斑竹遗址出土的高领罐 T3 下：1（图四十六，2）形制相似，唯颈部较之略短；而与临澧何家庙遗址的罐（采：4）上部几乎一致①。出土的釜丙 H1：3（图三十五，16）与皂市遗址晚商时期 T5③：11 盘口釜形制接近，唯折腹更明显；出土的豆 T2④：4 与皂市遗址殷墟时期豆 H4：3 相似。另外，该期出土的卜骨和卜甲明显具有安阳殷墟的风格。由此推测，Ⅱ组年代约在殷墟时期。另丙Ⅱ组出土的簋 T1③：14（图四十一，34）与蕲春毛家咀遗址出土的西周早期簋Ⅲ9/1：3：33（图二十四，8）基本一致，唯腹部较之更斜直，年代与之相当或稍早。

第三期：甲Ⅱ组出土有截锥状鬲足 T3③：24（图四十一，32），表明年代已经入西周时期。出土的簋 T6③：9（原简报图六，14），与张家坡西周早期陶簋 M80：1（原报告图 85，3）形态接近，唯腹部较之稍浅。另从大口缸、瓮、豆盘的形制看，年代至少在西周早期。

（二）其他典型遗存分析

1. 梅槐桥遗址（1987）

（1）遗址简介

梅槐桥遗址地处平原②，东距荆州城区约 15 千米处，西距沮漳河约 3.2 千米。该遗址于 1984 年湖北省荆州地区博物馆进行文物普查时发现。1987 年春，对梅槐遗址进行了小规模的试掘，共开 5×5 平方米的探方 7

---

① 王文建：《商时期澧水流域青铜文化的序列和文化因素分析》，《考古类型学理论与实践》，文物出版社，1989 年。

② 湖北荆州地区博物馆、北京大学考古系：《湖北江陵梅槐桥遗址发掘简报》，《考古》1990 年第 9 期。

个，连同扩方，发掘总面积为 190 平方米。其中 T1、2、3、6、7 因地下水位过高而未能清理到生土。遗址总面积约 1.5 万平方米，北端和西部被现代建筑所压。

（2）分期

据简报该遗存可分两期，第一期以⑥、⑤为代表；第二期以④B、④A、H2、H3、G2 为代表。两期的陶器从陶质、陶色和纹饰看变化不大，陶质以夹砂或泥质红褐陶为主，纹饰以篮纹、绳纹为主，另有方格纹。器类组合上，两期均见鼎、釜、瓮、罐、豆、矗，但大多器类形制有变化，且第二期新出簋、大口缸、瓶形器等（图三十六）。

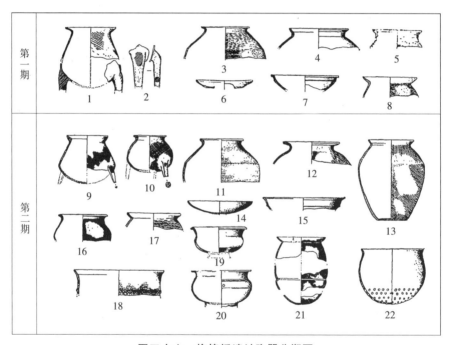

图三十六　梅槐桥遗址陶器分期图

1. 鼎 T3⑥：8　2. 鼎 T3⑥：6　3. 瓮 T3⑥：1　4. 矗 T3⑥：33　5. 罐 T3⑥：4　6. 豆 T3⑥：15　7. 豆 T3⑥：16　8. 釜 T3⑥：14　9. 鼎 T5①：2　10. 鼎 T2④A：5　11. 瓮 T3④B：8　12. 矗 T3④A：35　13. 罐 T4④A：6　14. 豆 T2④B：8　15. 豆 T4④B：10　16. 鼎 H2①：18　17. 釜 T4④B：12　18. 缸 H2③：11　19. 簋 T4④B：11　20. 簋 G2：1　21. 瓶形器 T3④B：28　22. 甑 T3④A：29

（3）年代与文化性质的讨论

关于遗存的年代，简报推测第一期为殷墟一期，而第二期为殷墟三期或略早，延续到殷墟四期。关于文化性质，简报认为与周梁玉桥遗址共性大于差异，可统称为"梅槐桥类型"，其文化源头为澧水流域以石门皂市为代表的早商时期青铜文化。

我们认为，遗存的年代简报似乎推测过早。简报将 B Ⅰ 式釜 T3⑥：14（图三十六，8）与石门宝塔遗址釜 H2：3（原简报图三，7）对比，认为形制接近年代相当，同为殷墟一期。澧水流域的鼎釜流行沿面内凹作风，似从殷墟一期开始一直到西周早中期均有发现，如斑竹遗址 T2（上）：1（图四十六，24）也应进入西周。从遗存的整体风格看，二期遗存与官堤区 Ⅱ 组存在较多共性，如鼎口沿颈部加厚、鼎身深腹、鼎足圆柱足等特点、大口缸的使用等，故推测年代至少在西周前期。从二期出土的簋 Ⅰ 式 T4④B：11（图三十六，19）与黄陂鲁台山采：7（图十七，13）相似看，其年代也相当。但 Ⅱ 式 G2：1（图三十六，20）似稍晚，与荆南寺西周晚期簋 G2：12（图三十八，3）相比，沿面平而不外斜，颈部更短，肩部更圆鼓，为更早一期的特征。

关于遗存的性质，从年代看与周梁玉桥文化前后相继，陶器组合上看有一定的延续性，均以鼎、釜、罍、瓮、豆、甑为组合特点，从目前的材料情况看，似可归作周梁玉桥文化。不过，梅槐桥遗存的鼎釜形制与周梁玉桥遗址是存在区别的，流行沿面内凹、深垂腹与卷沿、矮领圆鼓腹两类，鼎足以锥足取代细高圆柱足，纹饰以绳纹取代方格纹。这可能是年代较晚的缘故。

2. 荆南寺遗址相关遗存分析（1984～1988）

荆南寺遗址位于荆州市荆州古城西 1.5 千米处，南距长江 4 千米，北距楚都纪南城 15 千米。前文已提及该遗址商时期遗存为荆南寺文化，为一种年代与盘龙城类型相当但面貌以土著特色为主的文化遗存，分布范围大体北近荆山、西靠沮漳河、东界可能与盘龙城类型商文化接壤。报告将夏商时期遗存分为早晚八期，而属于荆南寺文化的年代约自早商时期至殷墟一期以前（图三十七）。

（1）T18④B 为代表的遗存（图三十七–1）

T18④B 出土有一组器物，包括鬲、斝、盆、鼎足、釜、凸肩杯等。

鬲：T18④B：206，折沿方唇，唇下缘内勾，夹砂灰陶，沿面有一道凹弦纹，颈部压印双圆圈纹。斝：T18④B：179，敛口，夹细砂灰陶，颈部饰凹弦纹。

盆：T18④B：170，宽折沿，斜弧腹。

釜：T18④B：182，卷沿束颈，夹砂灰陶，绳纹。鼎足：T18④B：19，残足外撇，足根外侧较平，足尖向外勾，夹砂红陶。T18④B：78，足外撇，断面呈圆柱状，外侧较平，足尖向外勾，夹砂红陶。

凸肩杯：T18④B：70，敞口长颈，折凸肩，浅弧腹，小平底。泥质红陶，颈部和腹部饰凹弦纹。

　　这组器物中，商式的鬲、斝、盆与路家河文化晚期的长颈凸肩杯共出，这在更早一期的遗存中也是可见的。但是需要特别指出的是，这两群器物开始与周梁玉桥文化的鼎、釜共出。这组器物中，凸肩杯的形态与周梁玉桥文化一期遗存出土的同类器一致，而鬲的形态较之更早。从这种文化面貌看，T18④B 似可归入周梁玉桥文化一期遗存，因材料有限再加上为地层的共出组合，此处暂存疑。但周梁玉桥文化因素可能出现较早。

　　T18④B 的年代，据原报告 T18④A 属于荆南寺遗址夏商遗存第六期，即二里岗上层二期至殷墟一期之间，从鬲、斝的形态看也确是如此。再加上④A→④B 的层位依据，可推断 T18④B 年代应不晚于殷墟一期，这正好与周梁玉桥文化一期遗存年代相当。如此，对周梁玉桥一期遗存的上限或是旁证[1]。

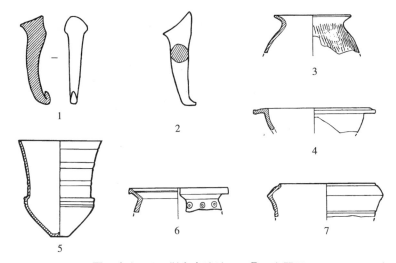

图三十七 –1　荆南寺遗址 T18④B 陶器图

　　1. 鼎足 T18④B：19　2. 鼎足 T18④B：78　3. 釜 T18④B：182　4. 盆 T18④B：170
5. 杯 T18④B：70　6. 鬲 T18④B：206　7. 斝 T18④B：179

　　（2）第八期遗存（图三十七 –2）

　　荆南寺遗址夏商时期第八期遗存，原报告认为属于周梁玉桥文化，年代在殷墟后期到西周早期。该期遗存没有遗迹单位，仅在上部地层发现有陶鼎两件，器身均为釜形，夹砂红褐陶，腹及足外侧拍大方格纹，足根外侧拍平。鼎 T2④A：5（图三十七 –2，1），卷沿矮束颈，溜肩，

―――――――――

[1]　如果这种推测成立，则周梁玉桥文化的年代与荆南寺文化晚期确有一段时间的重叠。

鼓垂腹，长锥足外撇，足尖残。鼎 T5④：1（图三十七－2，5），盘口，折沿，斜直肩，垂腹，大圜底，扁锥足外撇。从整体形态及足部特征看，与周梁玉桥遗址有一定的差别。周梁玉桥遗址鼎的排序为扁圆腹到圆鼓腹，多为卷沿无领，鼎足为足尖外勾的圆柱状足。而荆南寺遗址该期遗存的鼎均为锥足，且鼎 T2④A：5 与梅槐桥遗存的鼎 T2④A：5（图三十六，10）一致，同为卷沿矮领；T5④：1 与梅槐桥 T5①：2（图三十六，9）一致，同为盘口，深垂腹。由此推断，第八期遗存的年代应与梅槐桥遗存相当。

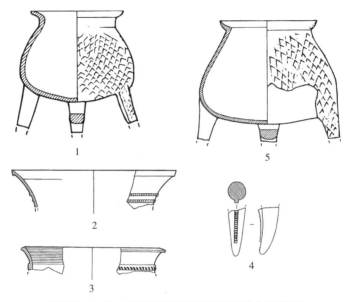

图三十七－2 荆南寺遗址"第八期遗存"陶器图

1. 鼎 T2④A：5 2. 大口尊 T2④A：21 3. 大口尊 T2④A：23 4. 鼎足 T2④A：23 5. 鼎 T5④：1

综上，周梁玉桥文化以周梁玉桥遗址为代表，分为三期各典型遗址的分期对应表（如表八），各期陶器特点如分期图（图四十一，上）。

表八 周梁玉桥文化典型遗址分期对应表

	周梁玉桥遗址	梅槐桥遗址	荆南寺遗址
第一期	丙Ⅰ组	／	T18④B？
第二期	甲Ⅰ组、官Ⅰ组、丙Ⅱ组	一期	T2④A、T5④
第三期	甲Ⅱ组、官Ⅱ组	二期	

二 荆南寺 G2 为代表的遗存

该类遗存以鬲、盆、豆、簋、罐为主体组合，属于典型周文化体系。

已发掘的遗址以荆南寺为代表，另包括梅槐桥遗址、六合遗址[①]等。

（一）荆南寺西周遗存的分期与年代

1. 遗迹介绍

据报告，西周时期的地层为③层，而遗迹主要有灰坑和灰沟，其中灰坑 11 个，灰沟 1 条，即 H1、H60、H73、H75、H76、H120[②]、H137、H154、H182、H187、H191、G2。发表了陶器资料的遗迹单位包括：G2[③]、H1、H73、H75、H121、H137、H176、H191，其中有两组层位关系可供排序，即 T62②→H73、③→G2、H75；T73②→H120。

2. 陶器的分类与排序

出土的陶器以夹砂红陶和褐陶为主，泥质灰陶、黑皮红陶、红陶次之，少量的夹砂灰、黑陶。纹饰大多为中、粗绳纹，少量的凹弦纹和附加堆纹。器类以鬲最多，另有豆、簋、盆。其中鬲可作排序。

鬲　据口部和裆部特点可分四型。

鬲　可分两型。

A 型：大口瘪裆鬲。演变趋势：卷沿到折沿，下腹内收急剧，使得肩部显得越来越鼓突。

Ⅰ式：G2：11，柱足，足部经过刮削（图三十八，2）。

Ⅱ式：T3③：31，柱足，足部经过刮削（图三十八，4）。

Ⅲ式：H1：11（图三十八，5）、H121：1，足残。

B 型：小口瘪裆鬲。演变趋势：颈部变凹长颈，颈肩交接明显。

Ⅰ式：T18③：51，卷沿，方唇，鼓肩，截锥状足（图三十八，1）。

Ⅱ式：H75：1、2，足残。

C 型：小口平裆鬲。H1：1（图三十八，6），卷沿，鼓肩，截锥状足。

D 型：大口平裆鬲。H191：1，方唇，卷沿，凹颈，锥形足，足尖平。T45③A：7，足残。

3. 分期与年代

根据陶器的排序以及层位关系，以上单位可分为三组，但由于出土材料有限，各组的陶器组合不全。具体如下（图三十八）：

---

① 荆州地区博物馆、钟祥县博物馆：《钟祥六合遗址》，《江汉考古》1987 年第 2 期。

② 疑为勘误。报告中介绍遗迹单位时有 H120 而无 H121，后文介绍出土陶器的遗迹单位时又只有 H121 而无 H120，推测这两个灰坑为一个，文中涉及的编号遵从原始报告。

③ G2 出土鬲和簋各一件，报告介绍时将鬲放在西周遗存中，而簋放在夏商遗存中，我们认为有疑，此处已还原。

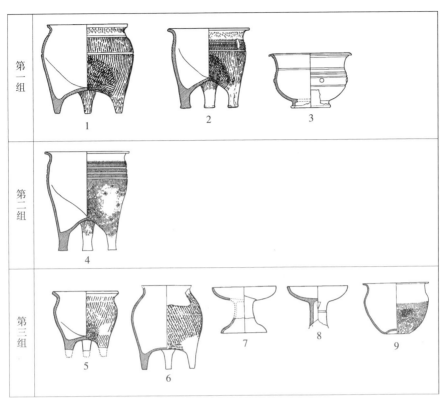

图三十八 荆南寺遗址西周遗存陶器分组图

1. B Ⅰ 式鬲（T18③：51） 2. A Ⅰ 式鬲（G2：11） 3. 簋（G2：12） 4. A Ⅱ 式鬲（T3③：31）
5. A Ⅲ 式鬲（H1：11） 6. C 型鬲（H1：1） 7. 豆（H1：12） 8. 豆（H73：2） 9. 盆
（H73：1）

第一组：包括 T18③、G2，组合见鬲、簋。T18③：51（图三十八，1），从整体形态看，与鄂东北地区如金罗家一期遗存鼓腹瘪裆鬲相似，但器体变方，年代要晚。G2 为鬲簋组合，鬲 G2：11（图三十八，2）的形态与辽瓦 H224：1（图二，26）相比，下部形态一致，而口沿为平沿厚圆唇，颈肩交接处不明显；簋 G2：12（图三十八，3）的形态似可与梅槐桥的簋 G2：1（图三十六，20）排序，均为卷沿鼓腹形态，但平沿矮领的风格较之更晚。由此，本组年代下限可到西周晚期。

第二组：包括 T3③，组合仅见鬲。鬲 T3③：31（图三十八，4），形制与辽瓦店子遗址 H224：1（图二，26）一致，领稍矮，整体更瘦高，年代应相当，与真武山 H81 的鬲相比要早，年代不晚于两周之际。

第三组：包括 H75、H73、H191、T45③A、H1、H121、H137 等，组合见鬲、盆、豆。盆 H73：1（图三十八，9）与朱家台遗址春秋早期

T13③A∶8（图十二，12）一致。盆 H137∶1（原报告图一四五，1）与辽瓦店子遗址春秋早中期的 H757∶10 一致，可见第三组已晚出西周。

（二）其他相关遗存分析

1. 梅槐桥遗址③C 层

梅槐桥遗址③C 层出土有鬲、盆、豆组合三类陶器，据发掘者描述为③c 层混出，具体如下（图三十九）：

鬲：17 件，形制相同。夹砂黑皮陶，饰间断粗绳纹。T3③C∶25（图三十九，1），折沿近平，高直颈，略鼓肩，瘦高裆，柱足经刮削呈兽蹄状。

盆：3 件，形制相同。泥黑皮陶，轮制，素面。T2③C∶7（图三十九，2），折沿近平，沿面凸。上腹直，折后急收，腹浅。

豆：25 件，型式相同。泥黑灰陶，轮制，素面或内饰暗纹。T3③C∶26（图三十九，3），圆盘略深呈半球形，敞口，矮圈足柄，喇叭口外翻。

从器物描述看，出土数量如此多，形制如此趋同，我们认为该遗址应该存在这样的一期遗存，只是③层被扰乱了。从鬲的形态看，与荆南寺 T3③∶31（图三十八，4）几乎一致，年代应该相当，即荆南寺第二组。

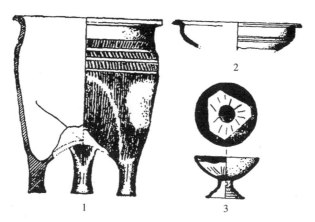

图三十九　梅槐桥遗址③C 层出土陶器图
1. 鬲 T3③C∶25　2. 盆 T2③C∶7　3. 豆 T3③C∶26

2. 六合遗址（1981、1983）

六合遗址位于钟祥皇庄区长城乡高庙一组，西距郢中镇约 2 千米，南临汉钟公路及南湖。遗址位于高出周围十多米的岗地上，面积约 6 万平方米。1981 年和 1983 年，荆州地区博物馆、钟祥县博物馆进行了两次发掘，共开 5×5 平方米探方共 35 个，发掘面积 875 平方米，发现了一批新石器时代和西周的遗存。

西周遗存有零星分布，主要包括 T31～T33、T43、T44 的第②层。没有发现遗迹现象，仅出土了一些陶质生活用具。陶器中夹砂红陶为主，泥质红陶次之，另有少量的夹砂红褐陶。陶器表面几乎都有纹饰，主要为细绳纹，另有圆圈纹、凹弦纹，附加堆纹、乳钉纹等。器形种类有鬲、甗、豆、罐、钵、器盖、缸等（原报告图二十一）。其中，鬲可排序。

鬲均为大口瘪裆鬲，敞口，卷沿，圆唇，微凸肩，深腹，柱足，包制。肩部饰弦纹，腹饰竖绳纹，柱足素面。可分两式，演变趋势：肩部隆起，颈部呈矮束颈。

Ⅰ式：T32②:2，夹细砂红陶，腹正对裆部各饰一乳钉（原报告图二一，3）。

Ⅱ式：T33②B:1。夹砂红陶（原报告图二一，2）。

从鬲的形态看，与辽瓦 Bb 型鬲接近。Ⅰ式为卷沿圆唇的特点较之稍早，与辽瓦 Bb Ⅱ式鬲 H224:5（图二，27）上部特点一致，高柱足又与 Ba Ⅱ式鬲 H224:1（图二，26）特点一致，故年代相当。前文论及荆南寺 G2:11 与辽瓦 H224:1 接近，故可归入荆南寺第一组；Ⅱ式颈部呈矮束颈，与 Ba Ⅱ式鬲 H224:1（图二，26）以及荆南寺 T3③:31（图三十八，4）相似，归入荆南寺第二组。

3. 博宇山遗址（1981）

博宇山遗址[①]，位于松滋县城西南 23 千米的街河市镇苦竹寺乡[②]。1981 年进行试掘，依地势开 7×10、3×8、7×9 平方米探方各一个，发掘面积 160 平方米[③]。

T1②B 出有鬲、盆、瓮、尊等（图二十七）。其中鬲为夹砂红陶，矮柱足；盆为大口双唇，平沿，鼓肩，下腹急剧斜内收，泥质灰陶，上腹饰七道凹弦纹；尊为卷沿，圆唇，凹颈，直腹，下残，腹部饰绳纹，经抹平，另饰四道凹弦纹。鬲足 T1②B:5（图四十七，17）与荆南寺遗址 A 型鬲如 G2:11（图三十八，2）、T3③:31（图三十八，4）一致。从目前该地区的材料看，该类鬲足在荆南寺遗址最早可见，年代至少在西周晚期。

4. 万福垴遗址（2012、2015）

万福垴遗址位于宜昌市白洋工业园区，原隶属于枝江市白洋镇万福

① 荆州地区博物馆：《湖北松滋博宇山遗址试掘简报》，《文物资料丛刊》第 10 辑，1987 年。
② 该遗址即为俞伟超《寻找楚文化渊源的新线索》中提及的苦竹寺遗址。
③ 与澧阳平原文化面貌接近的单位后文再介绍。

墙村六组。地处长江左岸的一级台地上。2012 年 6 月宜昌市政公司在白洋工业园进行厢涵工程施工时挖出一批青铜器。随后宜昌市博物馆对地面暴露的 2 座灰坑进行了清理①。为了深入了解万福垴遗址的堆积年代、文化内涵，湖北省文物考古研究所、武汉大学考古系、宜昌博物馆三家单位组成联合考古队联合考古队于 2015 年 5 月至 9 月对该遗址进行了正式发掘。发掘地点选择在出铜器的北侧，实际发掘面积 605 平方米。

简报认为第一期遗存为西周晚期。以 TN05E20 第 5 层为代表，包括中部发掘区其他探方的第 5 层。主要陶器器类有鬲、鼎、釜、豆、簋、罐、瓮、滤盂等。笔者表示赞同。简报该期遗存公布的陶器组合为鬲、鼎、罐、豆，暂不见釜、簋、瓮、滤盂。所出鬲 TN05E20⑤：1（图四十，4）卷沿，束颈，肩不显，多见于武昌放鹰台遗址，浅腹呈矮扁状与鄂东北地区更接近，另在真武山遗址可见相似器形，如鬲 H39：4（图八，8）。瘪裆高柱足特点还与荆南寺 G4 出土的鬲特点一致，可见该遗址的文化因素较为复杂。据简报，另在宜昌桂溪湖遗址调查也采集有类似的鬲②（图四十）。

同出的铜鼎和编钟将在后文详述，其年代较多学者认为在西周中期或偏晚。李伯谦先生同意简报的分期，但年代判定有别。他认为简报第

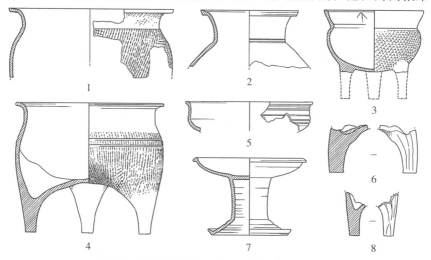

图四十　万福垴遗址 TN05E20⑤层出土陶器图

1. 鬲 TN05E20⑤：2　2. 罐 TN05E20⑤：3　3. 鼎 TN05E20⑤：2　4. 鬲 TN05E20⑤：1　5. 豆 TN05E20⑤：5　6. 鬲足 TN05E20⑤：：1　7. 豆 TN05E20⑤：1　8. 鬲足 TN05E20⑤：8

---

① 宜昌博物馆：《宜昌万福垴编钟出土及遗址初步勘探》，《中国文物报》2012 年 9 月 28 日。

② 湖北省文物考古研究所：《湖北宜昌万福垴遗址调查勘探报告》，《江汉考古》2015 年第 5 期。

一期遗存与铜器群关系密切，应为西周中期偏晚，以 Y1 为代表的第二期遗存在西周晚期，而 G2 为代表的第三期遗存在两周之际①。

我们过去对 2012 年报道公布的与铜器群同出的鬲、簋做过分析。根据它们的形制特点，我们认为是早于荆南寺 G2 的鬲簋组合。鬲的高瘪裆乳钉纹的特点似还早于荆南寺 T18③：51（图三十八，1），但发掘者提到鬲足多为刀削足，从荆南寺与庙坪遗址出土的鬲看，这种特点流行于该区西周晚期的大口高足鬲。而簋的特点似晚于周梁玉桥丙 T1③：14（图四十一，34），而与梅槐桥 T4④B：11（图四十一，35）相当。因此，该遗址应包含与铜器群年代大致相当的陶器遗存。但此次简报中似未见这两件器物。简报第二期和第三期组合比较接近，同为鬲、甗、釜、豆、簋、罐、瓮、滤盉、钵等。陶器的形态变化不大，故年代跨度也应不大。简报认为第三期在春秋中期，与官庄坪②第一组和郭家岗第三组陶器面貌接近，年代相同。我们认为，从器物组合特点看，三期遗存应早于后两者，暂不见后两者中典型楚文化组合如大口鬲、鼓肩盂等，延续的还是二期遗存组合特点，包括高领小口鬲、高领小口甗、带暗纹浅盘镂孔竹节豆、凹直颈暗纹簋、钵形黑陶簋、滤盉等。其文化因素复杂，且特点鲜明。Y1③出土较多小口罐形高瘪裆高柱足鬲，如 Y1③：4（原简报图一七，2），整体形态与庙坪二期鬲 H7②：2（原报告图三五，2）接近，但颈肩交界更明显，长颈特点突出，故年代应更晚。与宜昌上磨垴③⑥层小口高领鬲 T22⑥：（原简报图九，5）7 接近。与庙坪三期如鬲 H20：2（原报告图四○，6）、豆 H20：1（原报告图四○，11）、簋 T4④：3（原报告图九四，4）的整体特点一致，由此，二期遗存约春秋早期。三期遗存稍晚，或在春秋早期偏晚。

关于万福垴遗址的性质，我们有不同的认识。万福垴遗址在地理位置上非常独特。它位于长江与支流清江交汇的一处近乎 90 度的一级台地上。该遗址呈南北向分布，南北长约 980 米，东西宽约 575 米，面积约 56 万平方米（原简报图九）④。经勘探发现，周代文化层一般只有一到两

①　李伯谦：《宜昌万福垴遗址发掘引发的思考》，《黄河·黄土·黄种人》2018 年第 2 期。
②　国务院三峡工程建设委员会办公室、国家文物局编：《秭归官庄坪》，科学出版社，2005 年。
③　湖北省文物考古研究所：《宜昌上磨垴周代遗址的发掘》，《考古》2000 年第 8 期。又见国务院三峡工程建设委员会办公室、国家文物局编：《湖北库区考古报告集（第一卷）》，科学出版社，2003 年，第 737 页。
④　湖北省文物考古研究所等：《湖北宜昌万福垴遗址调查勘探报告》，《江汉考古》2015 年第 5 期。

层，断断续续呈零星分布。遗址地处长江岸边，洪水期间，遗址地表在长江水位线以下，文化层上多叠压较厚的淤积沙土，可能长期受长江河水的冲刷，文化层受到较大的破坏。该遗址分布面积大，以该遗址为中心，周边还分布着向家台、甘家河、桂溪湖遗址、中沙湾遗址、杨家咀遗址等若干小型片区①，遗存的文化面貌复杂显示出似为一处高等级聚落。但从铜器出土的情况来看，其周边文化层分布不连续，主要遗迹现象为数量众多的灰坑，部分灰坑可分层；东南部发现有红烧土层。而其他遗迹现象，如城墙、壕沟、房址和墓地均未有发现，目前仅发现一座陶窑。由此，我们认为该遗址不应是都城，其在铜器群出土的早期阶段作为祭祀遗址的可能性更大。

三　江汉平原区的编年序列

综上所述，江汉平原区的年代序列可分为两大阶段：一为随着荆南寺文化的消失，晚商时期开始兴起的周梁玉桥文化；如果没有年代上的空白，与之相接的为属于周文化体系的以荆南寺 G2 为代表的遗存（图四十一）。

在此编年序列中，周梁玉桥文化一期有鬲丙 H6：1（图四十一，30）为标尺，可确定早于殷墟，但由于该期材料薄弱，故尚需更多材料的印证与支持。第二期有鬲 T3④B：13（图四十一，31）为标尺，大致在殷墟晚期，该期晚段出现簋丙 T1③：14（图四十一，34），年代应进入西周早期；第三期有梅槐桥的簋 T4④B：11 及 G2：1（图四十一，35、36）作为标尺，年代至少在西周早期。荆南寺 G2 类遗存的年代，第三组可确定晚出西周，第一组我们推测在西周中期偏晚到西周晚期；第二组推测在两周之际，后文将统一对比串联。

第五节　西陵峡区

西陵峡区，从行政区划上主要指宜昌市西部地区所辖各市县，如秭归县、长阳等。该地区商时期的地方文化为路家河文化，分布于鄂西以西陵峡为中心的地区。由于峡江地区靠西，故二里岗上层至殷墟一期商文化对该地区是否有直接的介入尚不得而知。从目前的材料看，中原商

---

①　湖北省文物考古研究所等：《湖北宜昌万福垴遗址向家台及甘家河片区发掘简报》，《江汉考古》2019 年第 5 期。

文化对西陵峡区的第一次楔入似为长府沱遗址 97H9①，而该时期的文化面貌属于路家河文化晚期阶段，故该地区序列从此处开始梳理。

一　路家河文化晚期遗存

（一）材料范围界定

1. 分期与年代的相关讨论

路家河文化的分期与年代研究是存在争议的，主要有以下几种观点：①林春先生将路家河文化分为四期，分别为二里岗下层、二里岗上层、殷墟早期、殷墟晚期②。②《中国考古学·夏商卷》中以香炉石⑥、④层和杨家嘴④层作为路家河文化的两个发展阶段，年代约相当于三星堆文化第五期或稍晚，约在晚商文化后期③。③《宜昌路家河》报告中，发掘者将路家河遗址二期文化遗存中，前段归入朝天嘴类型，后段归入路家河文化。路家河文化分为三个年代组，二里岗下层、二里岗上层、殷墟早期。④余西云先生将其分为三组：Ⅰ组年代在殷墟后期，Ⅱ、Ⅲ组年代均进入西周前期④。⑤冰白先生认为路家河遗存跨商周两代，也就是说路家河遗存的下限是进入西周时期的⑤。⑥近来又有细分为四段 6组，其中一、二、三组分作为 1、2、3 段，四至六组作为 4 段⑥。

2. 材料界定

前文已提及，该地区从长府沱遗址开始梳理。长府沱 97H9 出土有假腹豆与釜、凸肩杯、罐、大口缸的组合（图六十一），假腹豆 97H9∶10（图六十一，27）的出现表明其年代在殷墟早期。如此，则早于它的路家河文化遗存在此可不讨论，而晚于它的路家河文化遗存则需进行讨论，因其年代上限至少在殷墟一期，而其年代下限，从香炉石遗址④层看应该进入了西周早期。根据以往的研究，我们发现，长颈凸肩杯的出现和流行是路家河文化晚期遗存的重要特征之一，也是路家河文化分期的重

---

① 冰白：《三峡新石器时代至商周时期考古的新局面和新课题》，《武汉大学学报（人文科学版）》2004 年第 6 期。

② 林春：《长江西陵峡远古文化初探》，载《葛洲坝工程文物考古成果汇编》，武汉大学出版社，1990 年。

③ 此时路家河遗址报告中的材料尚未收录。

④ 余西云：《三峡库区先秦时期的文化变迁》，载湖北省文物事业管理局、湖北省三峡工程移民局编《2003 年三峡文物保护与考古学研究学术论文研讨会论文集》（长江三峡工程文物保护项目报告丁种第二号），科学出版社，2003 年。

⑤ 冰白：《三峡新石器时代至商周时期考古的新局面和新课题》，《武汉大学学报（人文科学版）》2004 年第 6 期。

⑥ 于孟洲：《峡江地区夏商时期考古学文化研究》，吉林大学考古系博士学位论文，2007 年。

要标志，此类杯出现之前的器类组合为小平底罐、釜的共出，而后变为长颈凸肩杯与釜的共出，这在组合上是巨变，可作为分期的主要标志。凸肩杯在长府沱遗址 97H9 中与假腹豆是存在共出的，也就是说，凸肩杯的出现年代至少不晚于 97H9 的年代①，如此，以凸肩杯为标志的路家河文化遗存为本书探讨的范围。

（二）典型遗存分析

路家河文化已经发掘的遗址包括长阳香炉石遗址②、宜昌路家河遗址③、三斗坪遗址④、杨家嘴遗址⑤、秭归何光嘴遗址⑥、何家大沟遗址⑦、长府沱遗址⑧、渡口遗址⑨、巴东鸭子嘴遗址⑩、奉节新浦遗址等⑪。

1. 路家河遗址（1982）

遗址地处庙南宽谷内宜昌县太平溪镇伍相庙村长江北岸的一级台地上。1958 年中国科学院考古研究所长江三峡工作组对西陵峡区长江沿岸的专项考古调查，路家河因只发现遗物而不见文化层被定为采集点。

---

① 凸肩杯在荆南寺遗址中是与二里岗时期的鬲等共出，可见其年代早于殷墟一期，早出的那部分遗存，此处不讨论。

② 湖北清江隔河岩考古队：《湖北清江香炉石遗址的发掘》，《文物》1995 年第 9 期；湖北清江隔河岩考古队、湖北省文物考古研究所：《清江考古》，科学出版社，2004 年。

③ 长江水利委员会：《宜昌路家河——长江三峡考古发掘报告》，科学出版社，2002 年。

④ 湖北省文物考古研究所：《1985～1986 三峡坝区三斗坪遗址发掘简报》，《江汉考古》1999 年第 2 期，又见《三峡考古之发现（1993～1997）》，湖北科学技术出版社，2000 年。

⑤ 三峡考古队第三组：《宜昌杨家嘴遗址发掘简报》，《江汉考古》1994 年第 1 期。

⑥ 张万高主编：《秭归何光嘴》（长江三峡工程文物保护项目报告乙种第三号），科学出版社，2003 年。

⑦ 广东省文物考古研究所：《秭归何家大沟的发掘》，《湖北库区考古报告集·第三卷》，科学出版社，2006 年。

⑧ 宜昌博物馆：《湖北秭归县茅坪镇长府沱商代遗址》，《考古》2004 年第 5 期；宜昌博物馆：《秭归长府沱遗址试掘简报》，《湖北库区考古报告集·第一卷》，科学出版社，2003 年；宜昌博物馆：《秭归长府沱商代遗址发掘报告》，《湖北库区考古报告集·第一卷》，科学出版社，2003 年；宜昌市博物馆：《三峡库区秭归长府沱商代遗址发掘》，《三峡考古之发现（1993～1997）》，湖北科学技术出版社，2000 年。宜昌市博物馆：《三峡库区长府沱遗址试掘简报》，《江汉考古》1995 年第 4 期。

⑨ 宜昌博物馆：《秭归渡口遗址发掘简报》，《湖北库区考古报告集·第一卷》，科学出版社，2003 年。

⑩ 湖北省文物考古研究所：《巴东鸭子嘴遗址（西区）发掘简报》，《湖北库区考古报告集·第二卷》，科学出版社，2005 年。

⑪ 吉林大学考古系：《四川奉节县新浦遗址发掘简报》，《考古》1999 年第 1 期；吉林大学考古系等：《奉节新铺遗址发掘报告》，《重庆库区考古报告集·1997 卷》，科学出版社，2001 年；吉林大学考古系等：《奉节新铺遗址发掘报告》，《重庆库区考古报告集·1998 卷》，科学出版社，2003 年；吉林大学考古系等：《奉节新浦遗址发掘报告》，《重庆库区考古报告集·1999 卷》，科学出版社，2006 年。

1979~1982 年，长江流域规划办公室文物考古队与湖北、四川两省文物考古部门联合进行的全库区文物调查中，路家河遗址终被发现，并于 1982 年冬进行了试掘，试掘面积约 2 平方米。1984 年夏秋两季，长江水利委员会文物考古队对路家河遗址进行了两次科学发掘。两次发掘共布探方 13 个，探沟 2 条，实际发掘面积为 320.8 平方米。

发掘者将该遗址分为七期，将其中的二期前段归入"朝天嘴类型文化"，后段命名为路家河文化。路家河文化遗存分为三个年代组：第一年代组包括 T8④、T9⑦、T7⑤、T6⑤、T10⑤、G2③；第二年代组包括 T3③、T4⑧~⑩；第三年代组包括 T1③、④、T2③、④、T5②~⑤、T8①、②、③。余西云先生[1]重新将其分为三组：第一组 T9⑦、T8⑤；第二组 T8④、T7⑤、T4⑩；第三组 T3③、T5⑤、T5③、H1、H2。属本书探讨范围的典型单位包括 T3③、T5⑤~③、H1。

出土陶器组合为釜、杯、罐、豆、缸、盆等。可供排序的仅有釜、凸肩杯、缸。釜可分折沿釜（A 型）、卷沿釜（B 型）及小口长颈釜（C 型）三类，演变趋势大致为束颈加剧；凸肩杯分小平底（A 型）和尖底（B型），大致演变趋势为颈部加长，肩部突出，器身变瘦高；缸的演变趋势最清楚，为蘑菇状底到下部急剧内收的漏斗状小平底。由此，涉及单位大致可分为两组：Ⅰ组包括 T3③；Ⅱ组包括 T5③~⑤、H1、H2（图四十二）。

2. 长府沱遗址（1993、1997）

遗址地处秭归县茅坪镇徐家冲村四组长江南岸。1982 年发现，1993 年进行了试掘，开 2 米×7 米探沟 1 条，编号 T1。1997 年进行了正式考古发掘，共开探方 23 个，探沟 2 条，发掘面积 601 平方米。该次发掘共发现灰坑 5 个（H5~H9）、灰沟 3 条。典型单位包括 93H2、T1③；97H9、H6、⑥层。

出土陶器组合有鬲、假腹豆、釜、缸、罐、杯、豆、瓮等。从凸肩杯、缸的形态，大致可判断 93H2、T1③、97⑥层属于路家河Ⅱ组，如缸97T0702⑥：5（原报告[2]图一七，10）与路家河 H1：7（图四十二，14）相似，杯 97T0902⑥：5（原报告图一九，2）、93T1③：8（原简报[3]图七，11）折肩明显与路家河 T5③C：1（图四十二，12）相似。97H9 中，尖底杯 H9：12（原报告图一九，10）与路家河 T3③：19（图四十二，5）相

---

① 余西云：《三峡库区先秦时期的文化变迁》，载湖北省文物事业管理局、湖北省三峡工程移民局编《2003 年三峡文物保护与考古学研究学术论文研讨会论文集》（长江三峡工程文物保护项目报告丁种第二号），科学出版社，2003 年。

② 宜昌博物馆：《秭归长府沱商代遗址发掘报告》，《湖北库区考古报告集·第一卷》，科学出版社，2003 年。下同。

③ 宜昌市博物馆：《三峡库区长府沱遗址试掘简报》，《江汉考古》1995 年第 4 期。

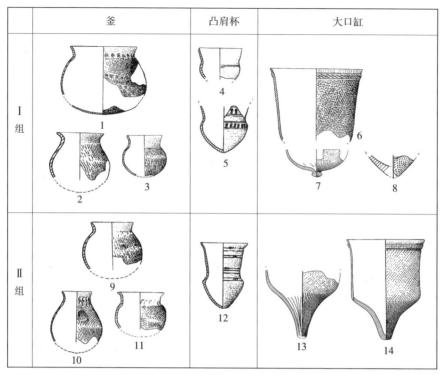

釜	凸肩杯	大口缸
I 组		
II 组		

图四十二　路家河遗址陶器分组图

1. A I 式釜 T3③:18　2. B I 式釜 T3③:3　3. C I 式釜 T3③:5　4. A I 式凸肩杯 T3③:61
5. B I 式凸肩杯 T3③:19　6. 大口缸 T3③:73　7. 大口缸 T3③:78　8. 大口缸 T3③:80
9. A II 式釜 T5⑤:49　10. B II 式釜 T5⑤:31　11. C II 式釜 T5③C:38　12. A II 式凸肩杯
T5③C:1　13. 大口缸 T5⑤:26　14. 大口缸 H1:7

似，而大口缸 H9:99（原报告图一七，7）与路家河 T3③:73（图四十二，6）、T3③:78（图四十二，7）相似，可见属路家河 I 组。

3. 香炉石遗址（1988、1989、1995）

遗址位于长阳土家族自治县渔峡口镇东南 0.5 千米的清江北岸。该遗址于 1983 年发现，1985 年调查，1988、1989 和 1995 年先后三次对该遗址进行发掘①。香炉石遗址的堆积分七层，其中的④~⑥层为该时期的单位。发掘者曾根据该遗址的发掘材料于 1994 年提出"香炉石文化"的命名，并认为属于早期巴文化。⑥层出土陶器组合为釜、盆、豆、钵、凸肩杯；⑤层出土陶器组合为釜、罐、豆、钵、凸肩杯；④层陶器组合为釜、罐、豆、钵、罍、凸肩杯。从组合看，大体与路家河遗址基本是一致的。⑥层出土的凸肩杯与路家河 T5⑤、④出土的形制相当；④层出土的凸肩杯 T24④:58（原报告图一八四，5）与路家河 T5③:7 形制一

① 湖北清江隔河岩考古队、湖北省文物考古研究所：《清江考古》，科学出版社，2004 年。

致，"S"形纹路家河遗址也Ⅱ组也相当流行。可见，从釜、杯等主体组合看，大致与路家河Ⅱ组相当。

但是，香炉石遗址与路家河遗址并不完全相同，主要表现在香炉石遗址的文化因素更为复杂：

（1）香炉石遗址⑥层所出钵、豆数量较多，这在路家河遗址是少见的。钵多为敛口圆唇平底，口沿下饰凹弦纹一道。豆把大多矮粗，座上多带圆形镂孔。这或可解释为本地早期传统的遗留，检索⑦层出土资料，似属如此。出土的盆T25⑥：72（原报告图一五九，1），平沿，厚圆唇，深腹，饰浅粗绳纹；瓮如T24⑥：65（原报告图一五九，8），小口矮直领，圆唇，广肩折腹，这在路家河遗址均不见。这种平沿厚圆唇矮直颈的作风，似已晚出路家河文化的年代。

（2）香炉石遗址⑤层，出土的罐的形态如T24⑤：64（原报告图一七一，1），与路家河遗址三期遗存晚段的罐特点接近，如T7④：3；出现带暗纹的豆、罐，豆如T9⑤：165、163（原报告图一七一，6、2），而罐T9⑤：163平沿厚圆唇且带暗纹的作风，与东周时期流行的盂接近。

（3）香炉石遗址④层继续出现带暗纹的器类，如盆T9④：167（原报告图一八四，2）等，这在后来更晚的遗存中，如庙坪遗址、官庄坪遗址等常见。而豆T26④：29（原报告图一八三，6）、盆T9④：167（原报告图一八四，2）、盆T10④：235（原报告图一八四，3），不管形态还是纹饰，与辽瓦店子遗址三期遗存中H453同类器特点一致。

对于⑤、④层的这种较长年代跨度的共出，我们认为有几种可能性：

（1）或为早期文化传统的较长延续。即釜、杯的形态特点早，而其生存年代已晚。检索③层出土的材料，釜、凸肩杯仍然延续发展，共出的鬲、盂、豆、罐组合却已晚至东周。可见，这种现象确实存在。若然如此，则⑤、④层年代也已晚至东周前后。故分析其遗存时，似不可单用釜和凸肩杯的组合进行检验，联系⑥层共出的早期传统的豆、钵组合也可推测，该区域可能由于地理位置偏僻的缘故，旧有的文化传统往往延续时间较长，且与新的文化传统有较长的融合时间。

（2）或为晚期文化因素在此处属早期存在，即暗纹的特点出现较早。如此则辽瓦三期遗存等年代要往前提。但从器类组合看，盆盂似不属香炉石遗址的本地因素。

（3）二者并不共出，即T9、T10等④层的文化内涵与T24④层不同。我们检索⑥层情况，T9、T10未见出土物。从简报的地层堆积介绍看，为东南向西北倾斜的堆积，由此，可能存在不同探方间地层对应的不一致的问题。

但从探方分布图看，这几个探方相邻，是否属于这种情况，尚无法断言。

此处我们认为，带暗纹的盆、盂等可能为晚期混入。由此，香炉石遗址年代与路家河遗址Ⅱ组相当或略晚。

4. 三斗坪遗址（1984、1986）

遗址位于长江西陵峡南岸，原三斗坪镇东侧，西北距二峡人坝坝址中堡岛约1千米，东距黄陵庙约10千米。1960年中国科学院考古研究所长江队三峡工作组就进行过一次发掘，70年代曾多次进行复查。1984年夏对坝区北岸的遗址进行较大规模发掘，同时对坝区南岸的遗址进行了调查。1986年湖北省文物考古研究所对三斗坪遗址连续进行了三次发掘，发掘点选于遗址东南部，共布方21个，发掘面积525平方米。发现商周时期的残房1座、灰坑6个。其中④A层为该时期遗存，典型单位为T5④A、T2④A、T6④A。出土陶器包括釜、罐、豆、凸肩杯、缸、器盖等。从凸肩杯T5④A：14、缸T2④A：14的形态看，与路家河遗址Ⅱ组相当。

5. 杨家嘴遗址（1985）

遗址位于宜昌县莲沱区乐天溪西口，长江北岸二级阶地上，距长江约15米。1985年，进行了调查和抢救性发掘。共布方5×5平方米探方5个（T1~T5），5米×2米探沟一条（T6），发掘面积共122平方米。属于该时期遗存为④、⑤层，典型单位有T1④、T2⑤。出土陶器以釜最多，另有豆、高领罐、盆、瓮、凸肩杯、簋、圈足罐、器盖等。从凸肩杯T1④：120（原报告图十八，12）形制看，与路家河Ⅱ组相当。

6. 鸭子嘴遗址（2001）

遗址位于长江北岸的二级阶地上，隶属于巴东县官渡口镇五里堆村三组，与巴东新县城隔江相望。2000年，武汉大学等单位发掘了遗址东部，共布探方56个。2001年，湖北省文物考古研究所发掘了该遗址的西部，定名为"鸭子嘴遗址西区"，共发掘探方33个，面积825平方米。简报发表的材料中，属于该时期的遗存为Ⅳ区的第④、⑤层及H3。出土陶器主要有釜、罐、缸、杯、器盖、鼎足等。⑤层出土的杯T24④：1、缸T3③：73与路家河遗址T3③基本相似，可见与路家河遗址Ⅰ组相当。

7. 新铺（浦）遗址（1993~2000）

新铺遗址位于重庆市奉节县安坪乡新铺村，地处长江南岸的二级阶地上。遗址东西长约350米，南北宽约150米，总面积约5万平方米。1993年由吉林大学考古学系在对奉节县三峡库区进行地下文物的全面调查时发现该遗址。而后于1994、1997、1998、2000年先后四次对该遗址进行了发掘，发掘面积近2500平方米。属于该时期的典型单位有：94Ⅲ

H2、94Ⅲ G1、97T329⑤、98H20 等。出土的陶器组合主要有釜、罐、杯、豆、器盖、钵等，与路家河等遗址大体一致。从陶器对比情况看，与 T5③~⑤相似，相当于路家河遗址Ⅱ组。

（三）分期与年代

1. 各段陶器特点

通过以上典型遗存的分析，路家河文化晚期遗存大致分为早晚两段。

早段：以路家河遗址Ⅰ组为代表，另包括长府沱 97H9，鸭子嘴⑤、④层、H3 等。本段陶器以夹砂褐红陶居多，泥质灰黑陶次之，还有少量夹砂红陶。长颈凸肩杯大量流行，颈部继续加长，以小平底居多，新出现少量尖底。圜底釜也仍大量流行，缸腹部有变浅的趋势。

晚段：以路家河遗址Ⅱ组为代表，另包括长府沱 97⑥，三斗坪④A，杨家嘴⑤、④层，新浦遗址 94ⅢG1 等。本段陶器夹砂褐红陶继续增多，泥质灰黑陶次之，夹砂红陶较早段比例更小。长颈凸肩杯形体均变得瘦高，流行尖底。釜束颈更明显，腹部更圆鼓，出现部分颈部近直的小口釜，方格纹也开始装饰在釜上。缸腹部变得近竖直，蘑菇状底变为漏斗形小平底。

2. 年代推断

前文已提及路家河文化的年代存在争议，或认为二里岗下层至殷墟早期；或认为殷墟晚期至西周前期。争议较大。本书对于路家河文化晚期遗存的分析，可大致看出路家河文化的年代范围。

首先，早段的年代可据长府沱 97H9 的假腹豆推测为殷墟早期。如此，则之前的两种观点都过于极端，前种观点下限定得过早，而后种观点上限则定得过晚。晚段年代据杨家嘴遗址出土的簋 T1④:143，推断可至西周早期。在江汉平原的荆南寺遗址也可见圜底釜与小平底凸肩杯的组合，最早可见与二里岗上层的鬲、斝等共出，如 T18④B，稍晚的如 H221。因此，路家河文化早期遗存必早于殷墟早期，而晚段遗存在殷墟早期之后至西周前期。

路家河遗址公布有两个 ¹⁴C 测年数据，属于路家河文化早期遗存的 T7⑤B，出土木炭的绝对年代是 1878-1639B. C.（ZK-2648，经树轮校正）；属于路家河文化晚期遗存晚段的 T1H1，出土木炭的绝对年代是 1428-1114B. C.（ZK-2646，经树轮校正）。第二个数据与此处推断接近。

（四）路家河遗址 H4 类遗存

路家河遗址 H4，其地层关系为 T9⑥→H4→T9⑦。H4 出土有鼎、釜及罐口沿残片，以鼎为特色的陶器组合，路家河文化中不见。因此，H4

类遗存研究者往往认为其性质与路家河文化不同①。

报告就将 H4 归入路家河遗址第三期遗存，并认为属于"周梁玉桥类型文化"。第三期分为两段 H4、T9⑥归入第一段。余西云先生认为，第二段的材料组合为鬲、甗、罐、盂、盆，与鼎釜共出，其组合与 H4 有明显差别，年代也有差距，故不可看作同类遗存，而第一段遗存与梅槐桥类遗存特点更为接近。

我们认为，从 H4 鼎釜组合看，与路家河文化遗存确有区别，但由于目前发现的材料太少，组合中仅有鼎、釜两类，尚不能确定是否为文化性质的变化。若认为与梅槐桥类遗存密切相关，也可理解为文化因素的传入。单从鼎 H4∶1（图四十三，4）的形态看，与周梁玉桥文化官堤区鼎 T4②∶1（图四十三，9）接近，同为圆唇，深垂腹，仅前者为折沿而后者为卷沿稍不同（图四十三）。

H4 的年代报告认为在殷墟晚段到西周前期；余文中根据层位关系认为其晚于路家河文化，故认为其年代在西周中期前后。我们认为，H4 的层位关系仅能表示晚于 T9⑦时期的路家河文化，而 T9⑦是早于前文所述路家河文化晚期遗存单位的。故 H4 与路家河文化晚期遗存单位的早晚关系是不能确定的。不过从二者共出的釜的排序看，卷沿带指甲纹及折

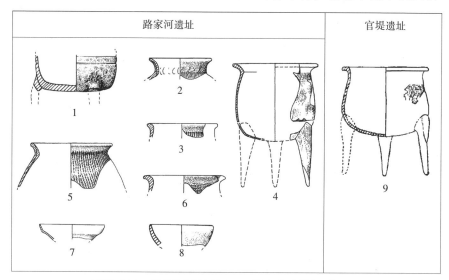

图四十三　路家河遗址 H4、T9⑥出土陶器及对比图

1. 鼎 H4∶7　2. 釜 H4∶2　3. 釜 H4∶4　4. 鼎 H4∶1　5. 釜 T9⑥∶1　6. 釜 T9⑥∶2
7. 豆 T9⑥∶4　8. 豆 T9⑥∶5　9. 官堤釜形鼎 T4②∶1

---

① 如发掘者《宜昌路家河》及余西云先生《三峡库区先秦时期的文化变迁》等。

沿釜在路家河文化晚期遗存Ⅱ组可见流行，而唇部加厚或颈部加厚的卷沿外侈釜，似比前者更晚。若然如此，则年代在西周前期之后。

二　庙坪类遗存

该类遗存以庙坪遗址为代表①。

1. 遗址简介

庙坪遗址位于秭归县境内，与归州镇隔长江相望。遗址地势西高东低，西南倚牛角山，北隔一条东西向的大冲沟与何家坪遗址相对，南部为山坳，东临长江。遗址部分被覆盖或破坏，保存面积约 1.87 万平方米。该遗址于 1994 年配合三峡工程淹没区文物保护规划工作调查时发现，1995 年进行复查。而后该遗址经过先后四次发掘，共发掘探方 47个，探沟 365 条，面积达 1.4 万平方米，基本上整体揭露了庙坪遗址。

2. 分期与年代

报告据层位关系及陶器演变序列将周代的遗存分为五期，其中第一至三期认为属于两周之际之前。具体而言，第一期包括 H11、H14、H21、H23、H24，组合以釜、罐、盆、钵、缸为主体，年代在西周早期；第二期包括 H7～H9、H29～H31，组合以鬲、豆、簋、罐、钵、釜为主体，年代在西周中期；第三期包括 H4～H6、H19、H20、F2、G1，组合与第二期相同，年代为西周晚期到两周之际。周代遗址中出土物最为丰富的 H7，报告定在第二期，此类风格的鬲已有学者指出年代应为西周晚期②或西周后期③。我们赞同，第三期年代已晚出西周（图四十四）。

H7 出土陶器组合为鬲、釜、豆、罐，纹饰流行方格纹。出土的鬲特点较为一致，夹砂褐陶，平沿，方唇，弧颈，弧腹，微瘪裆，截锥柱足。②层两件稍早，颈部为束颈，纹饰加饰乳钉纹；①层两件稍晚，颈部变

---

① 　a. 孟华平、周国平、王成武：《秭归庙坪遗址的主要收获》，《江汉考古》1997 年第 1 期。

　　b. 湖北省文物考古研究所三峡考古队：《秭归庙坪遗址 1995 年试掘简报》，载国务院三峡工程建设委员会办公室、国家文物局编著：《湖北库区考古报告集（第一卷）》（长江三峡工程文物保护项目报告甲种第二号），科学出版社，2003 年。

　　c. 湖北省文物事业管理局、湖北省三峡工程移民局编：《秭归庙坪》（长江三峡工程文物保护项目报告乙种第一号），科学出版社，2003 年。

② 　余西云：《巴史——以三峡考古为证》，科学出版社，2010 年；余西云：《三峡库区先秦时期的文化变迁》，载湖北省文物事业管理局、湖北省三峡工程移民局《2003 年三峡文物保护与考古学研究学术论文研讨会论文集》（长江三峡工程文物保护项目报告丁种第二号），科学出版社，2003 年。

③ 　参见冰白《三峡新石器时代至商周时期考古的新局面和新课题》。

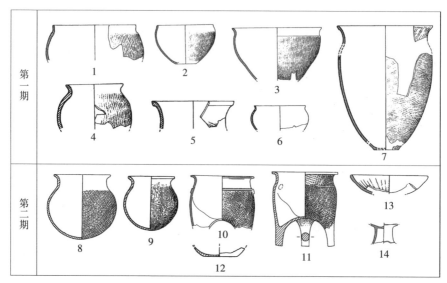

图四十四　庙坪遗址陶器分期图

1. 釜 H23：5　2. 钵 H23：2　3. 盆 H14：1　4. 釜 H21：1　5. 罐 H21：5　6. 罐 H24：1　7. 缸 H11：2　8. 釜 H7②：1　9. 釜 H7②：3　10. 鬲 H7②：4　11. 鬲 H7①：1　12. 罐 H7②：8　13. 豆 H7②：5　14. 豆 H7①：18

为矮领，裆部变低，瘪裆稍甚。H7 鬲的器身特点与武昌放鹰台遗址 65WFT11②：1（图二十，13）似有相似，与辽瓦店子遗址 Ba 型 I 式大口瘪裆截锥足鬲 T1114⑥：1（图二，16）也有相似之处。但 H7 的平沿及矮颈的特点，说明其年代较后二者更晚，确已晚至西周后期。

第一期遗存的年代，陶器上，除釜如 H23 中，大多为大口短折沿，在路家河文化中可见相似形制外，暂无可直接对比的陶器。盆 H14：1（图四十四，3）似留有商的遗风，或许简报依此定为西周早期。从层位看，该期稍早于 H7 为代表的第二期遗存；但从其组合特点看，与路家河文化及 H4 不甚相同。路家河 H4 年代很可能晚于路家河文化晚期遗存，而庙坪一期又应早于庙坪 H7 的西周晚期遗存，二者从地理位置看十分接近，但器物组合除釜外似差异较多，而釜的形制似也不甚相同。从该地区的文化传统看，同一时段不太可能出现两种文化的对立，因此，二者在年代上或有错位。不管路家河 H4 的性质如何，从周梁玉桥文化的推进路线看，确已见其影响，若庙坪一期年代相若，则应能见到鼎类器物在组合中体现。组合中未见，则其年代与路家河 H4 应错开。我们综合考虑认为一期遗存年代应更晚。

3. 文化性质

庙坪类遗存第一期组合为釜、罐、盆、钵、缸，以 H11、H14 等为代表；第二期组合为瘪裆鬲、釜、豆、罐、钵、杯，以 H7 为代表。以庙坪 H7 为代表的第二期遗存已包含典型周文化因素，约在西周晚期。但这种遗存并不是典型的周文化，其间掺入了许多本地的文化因素[1]，如釜等一类等固有的长期存在的文化传统。第一期与第二期之间，从地层关系看，存在一定的年代差别，但从器物组合的釜、罐、钵等看，应为同类遗存。一期到二期出现的瘪裆鬲、豆等新器类的转变，反映出该类遗存正逐渐接收周文化的影响。

三　西陵峡区的编年序列

综上所述，西陵峡区晚商至西周时期遗存可分为两大阶段，一为路家河文化晚期遗存（路家河 H4 类遗存），如果没有年代上的空白，与之相接的为庙坪类遗存，而庙坪 H7 表明周文化开始进入该区域（图四十五）。

该编年序列中，路家河晚期遗存早段，以长府沱 97H9 为代表，可确定在殷墟早期，其文化至 H4 阶段发生变化，即鼎类出现，与周梁玉桥文化有关，年代推断在西周前期之后。到庙坪类遗存二期 H7 阶段，可确定进入西周晚期，而晚于 H7 的单位则确定进入春秋。路家河 H4 与庙坪一期的关系后文也会再讨论。

第六节　澧、沅水下游区

前文已提及澧阳平原地区商时期文化遗存可称为"宝塔文化"，其后为斑竹遗址 T3 下为代表的遗存[2]。该区西周时期遗存发现较少，除斑竹遗址外[3]，还包括宝宁桥、文家山遗址等，仅限于调查和小面积试掘。

一　典型遗存分析

1. 斑竹遗址（1982）

遗址位于澧县澧东乡斑竹村，滨临泹水北岸，大部分被河堤覆压。从河边断层观察，遗址东西长近 200 米，文化层厚 1～1.5 米。1982 年试掘，在河岸开 3 条 2 米×4 米探沟，编号为 T1～T3。据简报，T1 分六

---

[1]　参见冰白《三峡新石器时代至商周时期考古的新局面和新课题》一文。

[2]　《中国考古学·夏商卷》中"宝塔文化"第四期即为斑竹 T3 下为代表的遗存，此处的斑竹类遗存其实是宝塔文化中典型商文化因素退去后地方文化因素的延续发展。

[3]　何介钧、曹传松：《湖南澧县商周时期古遗址调查与勘探》，《湖南考古辑刊》第 4 集，岳麓书社，1987 年。

层，第①层为东周层，第②~⑤层为同一时期遗存，第⑥层遗物少，面貌不清。T2分上、下两层，上层较T1②~⑤略早。T3分上、中、下三层，上层为东周文化，中层与T2下层接近，下层为所有单位中最早的遗存。

2. 宝宁桥遗址（1982）

遗址位于车溪乡宝宁桥村，滨临沮水北岸，遗址现为高出于河面约4米的台地，探明范围东西长200米，南北宽100米，总面积约2万平方米。开2米×4米的探沟1条，陶片十分丰富。文化层厚度为1~1.5米，有上下两个层次。下层陶器组合为鼎、罐、豆、盆、钵；上层为豆、罐。

3. 文家山遗址（1982）

遗址位于澧东乡新渡村，西南距斑竹遗址约4千米，距沮水北岸近1千米。从人工渠道两侧可见遗址东西长约100米，宽度不明。试掘了1条2米×4米的探沟，文化层厚度约1米，无明显层次，出土物与斑T2上层十分接近。另外在据探沟10多米的渠道另外一侧，清理2个灰坑，均出一鬲一豆。所出的豆与斑T1②~⑤层所出的一样。灰坑地层关系不明，时代应该晚于探沟，分别编号为文T1和文H1、H2。

二 分期与年代

根据地层关系及器物组合和形制特点演变，简报将这些典型遗存分为四期：

第一期：以斑竹T3下为代表。器物组合包括鬲、簋、豆、盆、甑、鼎、盆、大口缸。陶质上看，以泥质红胎黑皮陶为主，占39.5%；泥质灰陶占29%；夹砂红褐陶占13%；夹砂灰陶占10.5%；泥质黄白陶占5.2%；灰胎硬陶占2.6%。纹饰上看，最多为弦纹，其次是绳纹、浅刻划纹、方格纹、云雷纹、乳钉、压印簋纹、锯齿状附加堆纹、十字镂孔和扉棱。年代在商代晚期。

第二期：以斑竹T2下、T3中及宝宁桥下层为代表。器物组合为鬲、鼎、盆、盂、罐、钵。从陶质上看，泥质灰陶为主，占45.3%；夹砂红褐陶占23.3%；泥质红胎黑皮陶占19.3%；泥质黄白陶占10.4%；夹砂灰陶和灰胎硬陶占1.4%和0.3%。纹饰上看，最多为弦纹，其次是绳纹和方格纹，另有少量的乳钉、浅刻划纹、凸弦纹和云雷纹。年代在西周初年。

第三期：以斑竹T2上、宝宁桥上层、文家山T1为代表，器物组合为鼎、盆、盂、豆、罐。从陶质上看，仍以泥质灰陶为主，占44.1%；

泥质红胎黑皮陶17.7%；夹砂红褐陶占19%；泥质黄白陶占10.1%；夹砂灰陶9.1%。纹饰特点与第二期一致。年代在西周早期。

第四期：以斑竹T1②～⑤、文家山H1、H2为代表。器物组合为鬲、盆。豆、罐。陶质上看，泥质红胎黑皮陶最多，占45.1%；泥质灰陶占24.7%；泥质黄白陶占17.7%；夹砂红陶占9%；夹砂灰陶3.5%。纹饰上看，最多为方格纹，其次为粗绳纹、弦纹和乳钉纹很少。年代在西周中期。

王文建曾对澧水流域商时期遗存进行分期与年代研究①，此处除文家山遗址外均参与分期，为其第三期遗存。具体分段上有所不同，即斑竹T3下、宝宁桥下层为第一段；斑竹T3中及宝宁桥上层为第二段；斑竹T1②～⑤为第三段；其第三期年代为殷墟三、四期至西周初年。

对于以上分期，前三期我们同于简报，第四期中，斑竹T1⑤组合为罐盆，从陶系、纹饰看，比文家山H1、H2要早。我们倾向于将之单独处理，而斑竹T1②～④风格与周家湾遗址已经十分接近，可与文家山H1等一并归做一期（图四十六）。

对于各期的年代，我们认为简报部分期别定得过早。第一期遗存，可以看出与皂市遗址"宝塔文化"一脉相承，如仍有花边圈足碗、红陶大口缸等，但假腹豆、簋已消失，鼎、豆、盆、罐等器类形制都发生了变化，另新出现了仿大件铜器装饰扉棱的陶器，故年代较之要晚。第二期与第一期相比，原有的豆、盆、罐形制继续演变，如高领罐、盆、颈部变短，折盘豆器座变矮等，新出现了矮足盘口鼎、钵等器类。第三期与第二期相比，组合未变，仅器物形态继续变矮，年代应该相差不远。第四期中，从文家山H1的鬲（图四十六，39）看，卷沿、厚圆唇、长颈，饰粗绳纹，年代已晚出西周。斑竹T1④出土的豆（图四十六，38）以及T1②出土的罐（图四十六，37），与简报中报道的再晚一期的周家湾等遗址典型鬲、盂、豆、罐组合已经十分接近，而后者年代至少为春秋早期。斑竹遗址T1⑤～②可另作一期，若确实与晚段的单位共出，则年代需后推。

具体的年代判定，还可依据周边的材料进行框定。

松滋博宇山遗址位于江汉平原，与澧阳平原邻近，该地区的文化面貌往往出现两组因素共出状态。该遗址西周时期遗存包括三个单位，T1

① 参见王文建《商时期澧水流域青铜文化的序列和文化因素分析》一文，但文家山遗址不在其研究范围内。

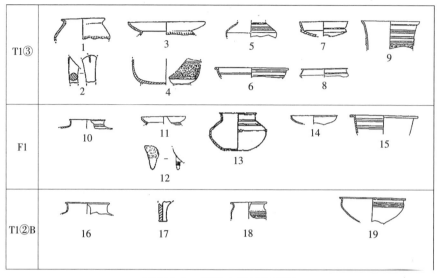

图四十七　博宇山遗址陶器图

1. 鼎 T1③：3　2. 鼎 T1③：6　3. 釜 T1③：4　4. 簋 T1③：5　5. 罐 T1③：8　6. 盘 T1③：29
7. 豆 T1③：10　8. 豆 T1③：9　9. 尊 T1③：7　10. 瓮 F1：3　11. 鼎 F1：4　12. 鼎 F1：5
13. 罐 F1：6　14. 豆 F1：7　15. 盆 F1：11　16. 瓮 T1②B：4　17. 鬲足 T1②B：5　18. 尊
T1②B：3　19. 盆 T1②B：1

③、F1、T1②B（图四十七）。

T1③出有鼎、釜、盘、豆、罐、尊、簋，组合与斑竹 T3 下层一致。从折沿鼎、扁棱鼎足、深腹罐看，与其无异，从尊、簋看也流行仿铜陶器。从折盘豆看，更接近碗形豆口沿，应稍早。另伴出有大盘口釜口沿，似与宝宁桥下层同类鼎（图四十六，12）口沿类似。仿铜陶簋为泥质黑陶，深腹壁直，平底圈足残，上部施凸弦纹，下部施云雷纹，所仿为晚商流行的百乳纹铜簋。有研究者认为其年代稍早，另作更早一期①。综合考虑，其年代与斑竹 T3 下相当或稍早。

F1 出有鼎、豆、罐、盆、瓮，鼎为盘口釜口沿及小乳钉形鼎足，罐为小口矮领扁体等，均与斑竹遗址 T2 上层一致（图四十六，24、25），可归入第三期。简报将 F1 与 H2、H4 归作一期，如此，则年代晚出西周，似不妥。从鼎、豆、罐形态看，与第三期遗存相当。

T1②B 出有鬲、盆、罐、瓮。盆、罐与斑竹 T1⑤同类器相似；鬲足为截锥柱足，在江汉平原出现年代已至少为西周晚期。另 H4 出有鬲、鼎、盂组合，鼎 H4：2（原报告图二，3）的口沿处明显增厚，可作为鼎口沿排

---

① 王文建一文将其与临澧秀峰寺 T2③一并作稍早的一段，但该遗址资料未见单独发表，其文中发表一件罐和一件豆，从豆的折棱风格看，与 T1③：10 类似。

序的依据；从鬲 H4:4（原报告图二，4）的形态看，与文家山 H1:1（图四十六，39）相似，而后者颈部更长，或更晚；盂 H4:1（原报告图二，12）与斑竹 T1⑤:5 也相似，而 H4 年代已晚出西周。可见，斑竹 T1⑤中还有少量西周晚期因素；斑竹 T1②~④的豆、罐组合和形制与春秋早期的周家湾遗址相比稍早；而文家山 H1 鬲已晚出西周。另梅槐桥遗址出土的盆 T2③C:7（图三十九，2）与斑竹 T1⑤:2（图四十六，35）相似，其年代至少为西周晚期，也为旁证。

综上，我们可以得出结论，上述序列中第一至第三期组合一致，型式演变清晰，为宝塔文化的延续发展，年代上限约在殷墟晚期，下限与斑竹 T1⑤或能相接。文化性质可作为一类，以斑竹遗址最具代表，或称"斑竹类遗存"。斑竹 T1⑤等应该也可归入，由于材料太少不好断言，但其年代至少晚至西周晚期。文家山 H1、H2，文化性质与更晚的周家湾遗址等更为接近，属于周文化体系，年代已晚出西周。

三　澧、沅水下游区的编年序列

综上所述，澧、沅水下游区自典型商文化因素退去后，晚商至西周时期为斑竹遗址为代表的遗存，自文家山 H1、周家湾遗址阶段（即分期图中第五期），已归入周文化体系，年代已晚出西周（图四十六）。

第七节　湘、资水下游区

一　费家河文化

费家河文化以费家河遗址为代表①，已发掘的典型遗址还包括岳阳对门山遗址②、老鸦洲遗址③、樟树潭遗址④、温家山遗址⑤、易家山遗址⑥、

---

① 湖南省博物馆等：《湖南岳阳费家河商代遗址和窑址的探掘》，《考古》1985 年第 1 期。
② 岳阳市文物队：《岳阳县对门山商代遗址发掘报告》，《湖南考古辑刊》第 6 集，岳麓书社，1994 年。
③ 湖南省文物考古研究所、岳阳市文物管理处：《湖南岳阳老鸦洲遗址考古发掘报告》，《湖南考古辑刊》第 13 集，科学出版社，2018 年。
④ 罗仁林：《岳阳地区商时期的文化序列及其文化因素分析》，《考古耕耘录——湖南中青年学者论文选集》，岳麓书社，2003 年。
⑤ 岳阳市文物管理处：《湖南岳阳温家山商时期坑状遗迹发掘简报》，《江汉考古》2005 年第 1 期。
⑥ 岳阳市文物队：《岳阳县筻口镇易家山商代与东周墓发掘报告》，《湖南考古集刊》第 7 集，求索杂志社，1999 年。

汨罗玉笥山遗址等①。另岳阳铜鼓山遗址商代遗存二期亦可见该文化的陶器，暂归该文化。

关于文化性质与定名，有几种意见：①罗仁林先生认为这一类遗存的文化性质为晚商文化的一个类型，并以发表材料较丰富的对门山遗址将之命名为"对门山类"遗存②。②郭胜斌先生认为此为单独的地方考古学文化，不属于商文化之地方类型，并以樟树潭遗址文化内涵最丰富为由称之为"樟树潭类型"③文化。③向桃初先生认为"费家河遗址虽然延续时间较短，内涵也不甚丰富，但它发掘时间最早，而且已为学术界所熟知，为避免引起混乱，无论其文化性质如何，应以继续沿用'费家河'这个名称为妥，而不宜用其他遗址名称取而代之"④。其研究表明，以费家河为代表的考古遗存绝非商文化的地方类型而是一个独立的考古学文化，故应该命名为"费家河文化"。此处取意见③，下文所涉及的基础材料中，有部分遗址材料未公开发表简报，我们将引用其著作中的材料进行分析（后文提及该著作简称向文），不同意见之处将特别注出。

（一）典型遗存分析

1. 费家河遗址（1972、1981~1982）

费家河遗址位于岳阳县黄秀桥乡，北距岳阳市区40余千米，遗址所在区域为河边台地。1972年，当地村民新挖鱼塘时出土1件铜铙，省博物馆派人调查发现大量陶窑群，并清理了一座，编号Y1。1981~1982年，又先后对这些陶窑群进行了调查和发掘。在费家河及其支流两岸总计发现陶窑63座，清理32座。此外，还发现并发掘了灰坑1座。

据简报，陶窑排列整齐，往往成组排在一条直线上。如王神庙有19座陶窑分两行排列，相互间距离不超过1米，最近的仅0.2米。陶窑有两种形式：一种为圆形竖穴窑，28座；另一种为有火膛的圆形竖穴窑，平面略呈"8"字形，4座。陶窑的形制不大，口径一般在0.4~0.8米之间、深度不到2米，窑壁一般较直或略内收。壁上敷有草拌泥并有较厚的青灰色或棕红色烧结层。底部有较厚的炭末或草木灰层。窑室结构

① 岳阳市文物考古研究所：《汨罗市玉笥山商代遗址发掘报告》，岳阳市文物管理处编《巴陵古文化探索》，华夏出版社，2003年。

② 罗仁林：《岳阳地区商时期的文化序列及其文化因素分析》，《考古耕耘录——湖南中青年学者论文选集》岳麓书社，2003年。

③ 郭胜斌：《岳阳商代考古述略》，《江汉考古》2005年第3期。

④ 向桃初：《湘江流域商周青铜文化研究》，线装书局，2008年。

简单。除"8"字形窑有火膛外，均无窑箅、火道或烟道等。H1 东距窑群 6 米，为椭圆形锅底状，分上、下两层，出土遗物较多。

费家河遗址出土遗物主要为陶器，陶质有软硬之分。据陶窑出土陶片统计，软陶占 88%，硬陶和带釉硬陶占 12%。软陶主要是夹砂红陶，其次是夹砂红胎黑皮陶。灰坑 H1 陶片统计为：夹砂红陶占 60% 以上，其次为夹砂红胎黑皮陶和硬陶。其中硬陶数量下层为 2.4%、上层为 10%，夹砂灰陶、泥质灰陶、泥质红陶等均极少。陶器的纹饰以方格纹为主，一般均细密规整，印痕较深。此外，还有绳纹、梯格纹、凹凸弦纹、刻划纹、附加堆纹等。主要器类有鼎、釜、罐、大口缸、瓮、豆、盘、钵、器盖以及硬陶盘、瓮等。

从公布的材料来看，陶器主要出土于灰坑 H1，陶窑出土陶器可辨器形者很少。发掘报告和较多研究者均认为费家河遗址的年代跨度较短，而没有对它进行分期。向文中根据灰坑土质土色、出土器物组合及陶窑形制区别等，认为年代有早晚区分。我们赞同。故此处将其分为两段，早期为 I 段，以 H1 下层和 Y1 为代表；晚期为 II 段，以 H1 上层为代表。两段的主要区别在于 I 段出扁足鼎，而 II 段不出，仅出圆柱状鼎足。

2. 铜鼓山遗址二期遗存（1987）

铜鼓山一期遗存已确定为商文化性质遗存，二期主要指以 H6 为代表的单位，其陶器组合与一期已发生质的变化。H6 陶器组合为鼎、釜、鬲、豆、簋、罐及硬陶罐。其中，鼎、釜为新出现的器类组合，鬲、鬶、簋、豆在形制上变化较大，与一期遗存有明显区别。釜 H6∶1（图五十一，22）与费家河文化的主体陶器长颈釜的形态无异。釜形鼎 H6∶17（图五十一，6），为扁平足，或为费家河遗址同类器更早的形态。

3. 对门山遗址（1988）

对门山遗址位于岳阳县麻塘镇，遗址所在区域为洞庭湖东岸的丘陵低山，海拔 32 米，西距洞庭湖仅 3 千米，北距岳阳市区不到 20 千米，遗址保存面积约 1 万平方米。1988 年岳阳市文物队配合基建对遗址进行了发掘，发掘面积 300 余平方米。

据简报可知，遗址堆积较薄且很单纯，耕土层下即为商周时期堆积，下为生土层。发现的遗迹有灰坑 10 个[①]、房基 3 座、灶坑 4 个、陶窑 7 座、墓葬 5 座。房基有椭圆形半地穴式（F2）和长方形地面式（F1、F3）

---

① 10 座灰坑中，原编号为 H1、H2、H7、H8 改为陶料坑 H1~H4；原编号为 H3、H4、H5、H8、H11，分别改为墓葬 M1~M5。其中，原编号 H8 先作陶料坑，废弃后改做墓葬。

两种，均为单室，面积仅数平方米，室内均设有灶坑（F1～Z1；F2～Z2；F3～Z3、Z4）。陶窑有圆形（Y3、Y7）、椭圆形（Y1、Y2）和"8"字形（Y4～Y6）三种，结构与费家河陶窑相同，不同的是此处非成排分布，而是集中分布。在窑群周围发现的4个陶料坑，形状呈圆形或椭圆形，一般口径为2～3米、深1～2米，坑壁经过精加工，光滑平整，有的有脚窝，坑底多见残留泥料，废弃后一般倾倒垃圾，有的还用作墓葬。墓葬集中分布于遗址东北部，形制有圆形和圆角方形两类，口径2米左右，深度在1米以下，均口大底小。墓坑做工较粗糙，均不见葬具，有的见零星人骨残存，其中M5似有两个人头骨，可能为二次葬。多数有随葬陶器，但为下葬前打碎埋入，个体均不完整。

出土陶器的陶质以夹砂红陶为主，次为夹砂红胎黑皮陶和泥质红陶，还有少量夹砂灰陶、褐陶和黄陶，罕见泥质灰陶。硬陶数量据统计为8%左右，与费家河H1上层接近。器类主要包括鬲、釜、鼎、甗形器、豆、罐、大口缸、尊形器、盘、硬陶瓮及器盖等。

可供分期的层位关系有两组：T1②、T6②→H7；T1③、T8③→M5（原编号H8），但M5未见陶器出土。根据层位关系，陶器的组合和演变规律，可将遗存分为早、晚两段[1]：Ⅰ段以H1、F3、H7、T8③、T1③为典型单位；Ⅱ段以H2、F1、T6②等为典型单位。

4. 玉笥山遗址（1992）

玉笥山遗址位于汨罗县楚塘乡屈子祠村汨罗江北岸，为一高出周围平地的山岗，东南距汨罗县城约15千米。该遗址于1985年发现，1992年由岳阳市文物工作队进行抢救发掘，总发掘面积275平方米。商周时期遗迹包括灰坑9个、沟2条、墓葬2座。

出土陶器多夹砂红褐陶和夹砂灰黄陶，泥质灰陶次之。硬陶约占7%左右。纹饰多见方格纹、绳纹、弦纹、另见少量云雷纹、"S"形纹、戳印纹、刻划斜线纹、水波纹和"十"字形镂孔等。陶器组合包括有鼎、釜、鬲、罐、豆、大口缸、尊形器、瓮、甗形器等。发掘者根据地层关系和遗物分析将商周文化遗存分为三段：第Ⅰ段以T7G1、T3②B、T3③、T4②为典型单位；第Ⅱ段以T2H1为典型单位；第Ⅲ段以T3②A、M1、M2为典型单位。

从简报看，各探方的地层编号并未统一，有的探方第②层分出了A、

---

[1]　向文也分早晚两段，但包含的具体单位不同，早段为H1、T6②；晚段为H2、H3、H7、M4、M3。根据T6②→H7，应该H7为早，T6②为晚，故其早晚分组有误。

B小层，而各灰坑的开口层位却没有分开注明，只是笼统指称开口于②层。故分期只能依靠陶器排序及与其他遗存陶器相比较而得，可分三段[①]：第Ⅰ段以T4②A、T4②、T3②B为典型单位，组合为鬲、鼎、釜、豆、鬶；第Ⅱ段以T7G1、H12为代表，组合为鼎、甗形器、大口缸、盆、硬陶瓿；第Ⅲ段以T3②A为代表，组合为罐、豆、釜、仿铜陶鼎。

5. 温家山遗址（1994）

温家山遗址位于岳阳县城西约2千米的孙坞村，位于新墙河流入洞庭湖的出口处。1994年调查发现并发掘，共清理商时期坑形遗迹31座，发掘简报发表了其中6座坑的材料，分别为K12、K14、K18、K21、K23、K27。坑的形制有长方形、圆形、椭圆形、圆角方形和半圆形等。坑壁较直或略斜，底部平坦，坑内堆积往往能够分出多层，每层的结合面上都有成组的陶器分布，且包含有较多的木炭灰烬，但均未发现人骨痕迹。故遗迹性质发掘者认为是祭祀坑，因不见有棺痕和人骨架遗痕的情况；但也有认为是墓葬，因此类葬俗的墓葬在望城县高砂脊遗址曾大量发现，推测应为无棺一类葬具的贫民墓葬。

出土遗物主要为陶器，石器数量不多。陶器以夹砂陶为主，泥质陶次之，硬陶质较少。夹砂陶以红褐陶为主，红胎黑皮陶亦较多，灰陶较少。泥质陶以红胎或灰胎黑皮陶为主，纯红陶或灰陶较少。硬陶以黄白色为主，浅红或灰色硬陶较少。陶器的纹饰多绳纹、方格纹、弦纹、梯格纹，刻划和戳印纹较少。器类以鬲、鼎、釜、甗形器、豆、罐、缸、瓮、盘、簋、尊形器、盆、杯和硬陶瓷、器盖等。石器有刀、杵、砺石、石范等。

发掘简报没有进行分期研究，但已经注意到了它们的组合差别可能代表着年代的早晚，如K12、K18、K27等单位不出扁平足横置的鼎。由此，温家山六座墓葬可分为两组：Ⅰ组以K12为代表，另包括K18、K27；Ⅱ组以K21、K23为代表，另包括K14。两组的组合差别在于，Ⅰ组不见扁足鼎，但伴出漏斗形大口缸、甑；Ⅱ组出扁平足鼎、簋、杯、盆；此外，部分器类形制发生了变化。此处暂从简报。

6. 老鸦洲遗址（1994[②]、2008）

老鸦洲遗址位于岳阳县新墙镇燎原村新墙河南岸，西距岳阳县城8千米，北距岳阳市区不到30千米。1994年由湖南省文物考古研究所发

---

① 向文所分为三期，一期包括T4②、T10③；二期包括T7G1、T3②B、T2H1；三期包括T3②A，并认为一二期之间有较大缺环。

② 1994年发掘资料未见发表，参考向桃初《湘江流域商周青铜文化研究》。

掘，共开探方 10 个，发掘面积 235 平方米。商周时期遗迹发现有陶窑 14 座（仅清理 2 座）、灰坑 21 个、陶灶 2 座、沟 2 条。陶窑均为圆形或椭圆形竖井式，不见费家河遗址所见的"8"字形窑，其中有 10 座并列排成两排，大小相若。陶窑的口径一般为 80 厘米左右，底径略小，深度不到 2 米，窑壁上敷有草拌泥并有烧结层。底部有草木灰层，亦无窑箅、火道或烟道等。灰坑分布在陶窑的两侧。形状多为椭圆形，规格较大，坑中含有大量陶器残片，推测原为陶料坑，后为窑渣堆积场所。陶灶 2 座均为箕形，前窄后宽，前部为火塘。后部为倾斜的灶床，灶床中部有立墙以便放置炊器。

遗物主要出自灰坑，以陶器为主，石器极少。在地层中采集到 1 件铜器残片，似铜戈内部。陶器绝大多数为软陶，硬陶很少。软陶陶系以夹砂陶为主，泥质陶比例较少。夹砂陶多红陶，次为红胎黑皮陶、灰陶、黄陶等，颜色多不纯正。泥质陶多红陶和红胎黑皮陶，灰陶较少。硬陶有红、黄、灰三种颜色，胎质以泥质为绝大多数。陶器组合比较丰富，有鬲、釜、鼎、甗形器、大口缸、豆、罐、坩埚、器盖、纺轮、陶垫等。

向文将老鸦洲商周时期遗存分为三期，此处重新编排后改作三段，具体为：第 I 段以 T4④、H6、H8、H13 为典型单位；第 II 段以第③层及②层下遗迹 H2 ~ H5 等为典型单位；第 III 段以第②层及①层下遗迹 H1 及 T6① 等为典型单位。

2008 年 3 至 4 月，湖南省文物考古研究所又对该遗址进行发掘。共布探方 8 个，探沟 1 条，实际发掘面积 120 平方米。遗迹包括灰坑 14 个，主要出土遗物来自 H1、H2、H5、H8、H11、H12。发掘者认为，除 H5 外，其他灰坑年代大致在费家河文化二、三期，相当于中原殷墟文化二、三期，可对应 1994 年发掘区第 II 段；H5 在炭河里遗址所在的年代，或略早。由此，该遗址此次发掘的重要意义在于，H5 将费家河文化河炭河里文化的时间序列串联起来，使得湘江下游的文化序列更加完整。

7. 樟树潭遗址（1994 ~ 1995）

樟树潭遗址位于岳阳县鹿角镇兴吴村，东、北两面临新墙河，东南距岳阳县城 1 千米，北距岳阳市区 22 千米。1994 ~ 1995 年，岳阳市文物工作队配合基本建设进行了发掘。遗址堆积保存较好，文化层厚 1 ~ 2 米。樟树潭遗址的发掘部分材料仅见罗仁林先生《岳阳地区商时期的文化序列及其文化因素分析》一文。根据罗文，该遗址商时期遗存的年代可分四个阶段，中间并无缺环。第 I 段，以 T17⑧ ~ ⑥层为代表；第 II 段，以 T17⑤层为代表；第 III 段，以 T17④b 层为代表；第 IV 段，以 T17③层为代表。此处将其归纳为早晚两段，以⑥层为界。第Ⅰ段为⑥～⑧层，主要器物组合为鬲、簋、假腹豆、罐、盆、鼎、釜；第Ⅱ段为③～⑤层，主要器物组合为甗形器、长颈釜、豆、扁平足鼎。

8. 易家山遗址（1995）

易家山遗址位于岳阳县筻口镇新墙河上游西北岸，西南距岳阳县城约30千米。1995年文物调查时发现，1996年进行了抢救发掘。本次发掘的商代墓葬有2座，编号分别为M3、M4，因为砖厂取土破坏。M4的情况不清楚，但M3基本保存完整。M3的墓坑形制为椭圆形，斜壁内收，平底，墓壁和墓底均见少量白膏泥，未见葬具。随葬品为陶器，均经有意打碎。墓坑中尚存8件鹅卵石。随葬陶器14件，器类为鬲、硬陶瓮各3件，长颈釜、甗形器各2件及鬶、罐、豆、短颈釜各1件。

（二）分期与年代

由上可知，费家河文化各典型遗存可分为居址类和墓葬类两种。通过各遗址的分组与分段，对其本身的文化面貌、发展的阶段性特征以及大致的时间跨度等已基本清晰。以下主要以器类组合、形制特点及其演变规律为标准对各遗存进行对比与串联，以期建立起费家河文化从早到晚的发展序列。具体操作上，先以居址类遗存建立序列，墓葬类另作分期，再做二者的对应与关联。

1. 居址类遗存分期

（1）最早、最晚遗存确立

樟树潭Ⅱ段可见扁平鼎足与长颈釜、甗形器的共出，可见已进入上述费家河文化阶段，其Ⅰ段遗存T17⑥中，鬲、假腹豆与费家河文化最早形态的长颈釜共出，说明费家河文化因素出现T17⑥所在的年代，约殷墟一期稍后。玉笥山Ⅰ段的陶器组合与樟树潭Ⅰ段有较大的相似性，可视为同期遗存。铜鼓山二期遗存中也可见费家河文化的典型长颈釜，与其共出的簋为典型的中原商文化器物，与殷墟二期所出陶簋形制相近，年代应相当。由此，樟树潭Ⅰ段、玉笥山Ⅰ段和铜鼓山H6，可归为费家河文化第一期。

玉笥山第Ⅲ段遗存以T3②A为代表，所出的立耳鼎在望城高砂脊西周时期文化遗存中数量很多，大盘口釜也多见，可见玉笥山第Ⅲ段年代下限应进入西周时期，为费家河文化往后演变过渡的阶段，为最晚的单位。而从其内耳釜、直口罐与费家河H1上层所出形制相当可确定T3②与费家河H1上层与之相当。

此外，从对门山Ⅱ段遗存大口缸 H2④：37（图五十一，41）形态看，与费家河遗址 H1 上：2（图五十一，39）一致同为下腹急剧内收，整体瘦高形，漏斗状小平底，可见其Ⅱ段与费家河遗址Ⅱ段 H1 上层也相当。另老鸦洲Ⅲ段所出的方格纹宽折沿釜鼎与玉笥山第Ⅲ段遗存一致，故年代也相当。由此，玉笥山Ⅲ段、费家河Ⅱ段、对门山Ⅱ段及老鸦洲Ⅲ段可归做一期。

（2）代表遗存间的相互对应与期别确立

把握了文化的上、下限，文化的主体阶段就可大致框定，即樟树潭Ⅱ段、玉笥山Ⅱ段、费家河Ⅰ段；老鸦洲Ⅰ、Ⅱ段以及对门山Ⅰ段。从陶器整体面貌看，这些遗存均大体一致，可作为一期，另从老鸦洲Ⅰ、Ⅱ段的排序可知，其间或可再分两小段，从老鸦洲的两段遗存的陶器差别看，主要表现在大口缸可辨认由小圆底发展到漏斗状小平底；豆由高座发展到矮座。大口缸的排序在对门山遗址可印证，但豆的排序不见于其他遗址，故此处暂不进行进一步的段别划分。

由此，费家河文化可分为三期，一期为文化因素的萌芽期，二期为文化发展鼎盛期，三期为演变过渡期。

2. 墓葬类遗存

墓葬材料包括对门山 M1、M4，玉笥山 M2、温家山 K12、K14、K21、K23、K27①、易家山遗址 M3。

温家山墓葬前文已做两段，Ⅰ组以 K12 为代表，另包括 K18、K27，不出扁平足鼎；Ⅱ组以 K21、K23 为代表，另包括 K14，出扁平足鼎。此处可将其作为对比的序列标尺。从遗址分期的情况看，温家山Ⅰ组出有漏斗形小平底缸，属于遗址二期稍晚及之后的遗存，Ⅱ组鼎的形制与遗址二期费家河 H1 下一致，从其他器类如釜、瓹等看，与第二期一致，由此可知，温家山墓葬年代主要在遗址第二期。其他墓葬中，易家山 M3 组合为中见鬶，在遗址分期中，鬶出现在第一期，可见该墓葬保留有较早的因素，从其他器类，如鬲、穿孔罐、豆等形态看，均早于温家山墓群。玉笥山 M2 的鼎与费家河 H1 下一致，但瓹形器为直腹圜底，较遗址第二期有较大差别，年代可能晚于第二期，或可归入第三期。对门山 M4 为折沿釜、硬陶瓮、大口缸、折腹豆组合，从漏斗形大口缸，与温家山Ⅰ组墓葬一致；从硬陶瓮侈口、折肩、尖圜底风格看，与温家山Ⅰ组 K12：42 一致。对门山 M1 仅见小折沿釜，与其遗址Ⅰ段 H7③一致。由

---

① 前文已述，温家山遗址的坑类遗迹可能为祭祀坑或墓葬，此处归入墓葬。

此，这些墓葬可大致分为三段：第Ⅰ段为易家山 M3，年代介于遗址一、二期之间；第Ⅱ段为温家山墓群，对门山 M1、M4，年代相当于遗址二期或晚段；第Ⅲ段为玉笥山 M2，年代应晚于遗址第二期，或与第三期相当。

3. 结论

综上，从樟树潭Ⅰ段到玉笥山Ⅲ段，为费家河文化的年代范围，即殷墟早期至西周早期。通过典型遗存的单位串联，可将费家河文化分为三期（表九）：

费家河文化的陶器主体组合可归纳为平裆鬲、扁平足鼎、圆足鼎、长颈釜、卷沿釜、折沿釜、甗形器、大口缸、长颈罐、直颈罐、穿孔罐、豆以及硬陶瓿、瓮、器盖等。各期陶器面貌及主体陶器组合的演变序列详见分期图（墓葬分段图如图四十八，遗址分期图如图五十一，上）。

表九　费家河文化典型遗址、墓葬分期对应表

	费家河	铜鼓山	对门山	玉笥山	老鸦洲	樟树潭	易家山	温家山
第一期	/	H6	/	Ⅰ	/	Ⅰ		/
第二期	H1 下	/	Ⅰ	Ⅱ	Ⅰ、Ⅱ	Ⅱ	M2	Ⅰ Ⅱ
第三期	H1 上	/	Ⅱ	Ⅲ	Ⅲ	/		/

二　炭河里文化

前文已提及费家河文化最晚遗存为玉笥山遗址 T3② 为代表的遗存，高砂脊遗存可与之前后衔接。高砂脊遗存向文中将之归入炭河里文化中。此处先介绍炭河里遗址[①]，再将高砂脊遗址与之进行对比再定性。

（一）炭河里遗址（2001～2005）

1. 遗址介绍及工作概况

炭河里遗址位于湖南省宁乡县黄材镇寨子村（现改名为栗山村），地处湘江支流之沩水上游的黄材盆地西部。黄材盆地是黄材河中段一个不大的山间盆地，略呈椭圆形，东西长，南北窄，面积数百万平方米。盆地中央为冲积平原，地势平坦，周围被高山环抱。炭河里遗址于 1963

---

① 湖南省文物考古研究所、长沙市考古研究所、宁乡县文物管理所：《湖南宁乡炭河里西周城址与墓葬发掘简报》，《文物》2006 年第 6 期。

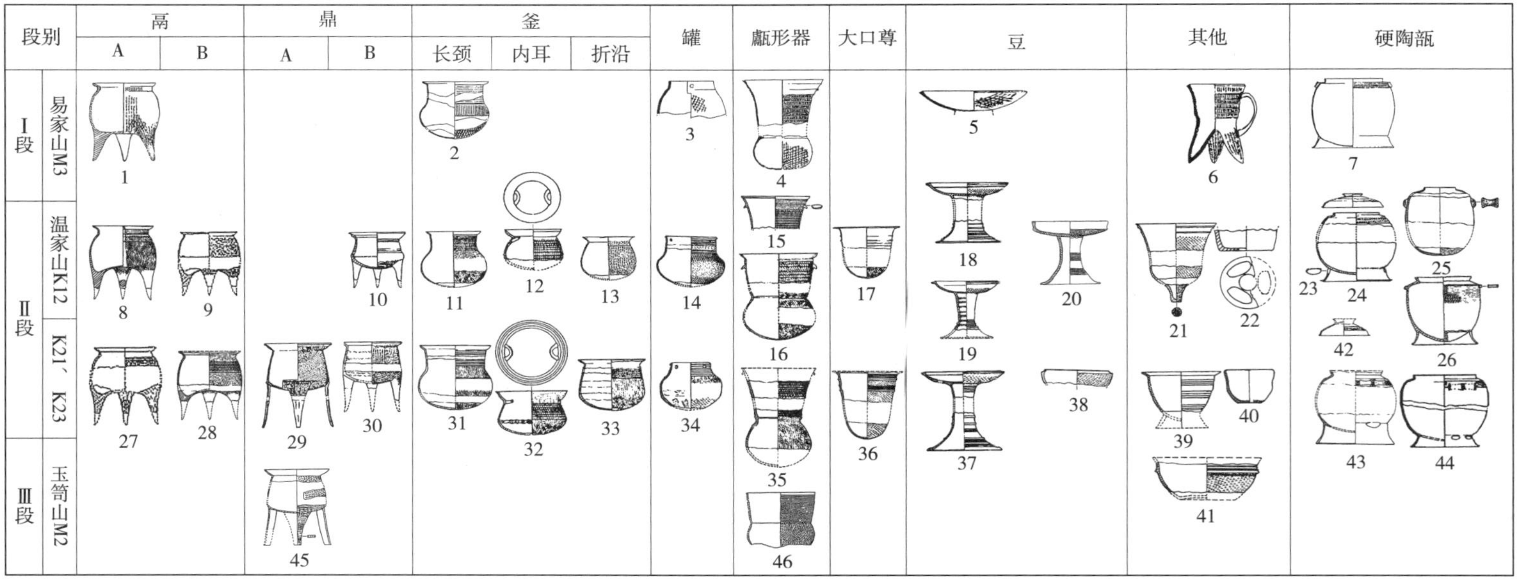

图四十八 费家河文化墓葬分段图

1. 鬲（易家山 M3：5） 2. 盆（易家山 M3：6） 3. 罐（易家山 K12：13） 4. 瓢形器（易家山 M3：3） 5. 豆（易家山 M3：8） 6. 鬶（温家山 K12：1） 7. 硬陶瓿（易家山 M3：2） 8. 鬲（温家山 K12：146） 9. 鼎（温家山 K12：76） 10. 鬲（温家山 K12：87） 11. 盆（温家山 K12：3） 12. 盆（温家山 K12：52） 13. 盆（温家山 K12：26） 14. 直口高领罐（温家山 K12：5） 15. 瓢形器（温家山 K12：15） 16. 瓢形器（温家山 K12：20） 17. 大口尊（温家山 K12：19） 18. 豆（温家山 K12：28） 19. 豆（温家山 K12：24） 20. 豆（温家山 K12：66） 21. 大口缸（对门山 M4：1） 22. 尊形器（温家山 K12：2） 23. 硬陶器盖（温家山 K21：10） 24. 硬陶瓿（温家山 K23：1） 25. 鼎（温家山 K21：83） 26. 硬陶瓿（温家山 K23：7） 27. 鬲（温家山 K23：32） 28. 鬲（温家山 K21：14） 29. 鼎（温家山 K21：143） 30. 鬲（温家山 K21：70） 31. 盆（温家山 K21：158） 32. 盆（温家山 K21：1） 33. 罐（温家山 K21：18） 34. 罐（温家山 K21：17） 35. 瓢形器（温家山 K21：143） 36. 尊形器（温家山 K21：12） 37. 豆（温家山 K21：2） 38. 豆（温家山 K23：56） 39. 盏（温家山 K23：62） 40. 杯（温家山 M2：1） 41. 盆（玉笥山 M2：2） 42. 硬陶瓿（温家山 M2：1） 43. 硬陶瓿（温家山 K21：58） 44. 硬陶器盖（温家山 K23：62） 45. 鼎（玉笥山 M2：1） 46. 瓢形器（玉笥山 M2：2）

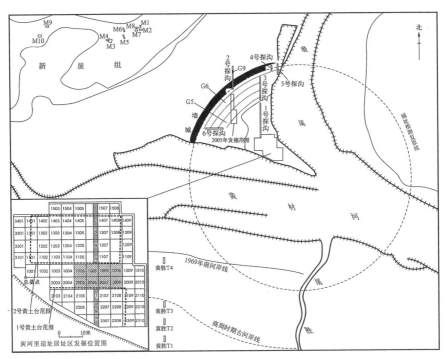

图四十九　炭河里遗址发掘区位置示意图

（采自原简报图四）

年调查发现。1973 年曾进行小规模发掘，但至今未见材料发表。1994 年重新调查，2001 至 2005 年间又先后进行了三次正式发掘，收获很大，共揭露面积 3000 余平方米（图四十九）。

2001 年春，对遗址进行第一次正式发掘时，在遗址保存区南部发现大面积商周时期的人工黄土遗迹，判断可能是大型土台建筑基址。为便于以后整体揭露，遂将其全部掩埋，未继续向下发掘。

2003 年冬至 2004 年春进行第二次大面积发掘，在遗址保存区南部开 5 米×5 米探方 84 个，整体了揭露两座大型黄土台建筑基址，依其规模和规格判断为宫殿建筑。后对遗址西北部现存长 200 余米、宽 10 余米、高出地面 1～2 米的土堤进行解剖，证明土堤确为人工建造，推测为城墙。

2004 年至 2005 年的工作，一是通过在居址区两座黄土台之间 8 个 5 米×5 米探方的继续下挖和对 2 座黄土台进行的探沟解剖，对城内居址区文化堆积的形成过程有了全面的了解。二是在城墙解剖沟南端开 5 米×5 米的探方 16 个，对城内 2 条壕沟进行大面积清理，探明了壕沟的堆积情况，出土了大量陶器，进一步明确了城址的形成过程和年代关系。

2. 重要发现

（1）黄土台建筑基址

建筑基址共发现6座，完整揭露2座，其余4座因大部分压在F1、F2下未作清理。

F1，位于遗址保存区东南部，由1号黄土台和发现的25个柱坑组成，西、南部被破坏，台面亦被大量近现代遗迹打破。开口在第②层下、叠压第③层，残长31.5、残宽15米，方向93°。黄土台主体为他处搬运来的次生黄土，局部有红烧土，夯筑不明显，厚0.1~0.3米。柱坑为圆形或椭圆形，直径多为0.6~1米，最大的直径达1.4米，坑探一般为0.4~0.7米，最深的达1米。柱坑内堆积为褐色黏土夹大量卵石和少量红烧土，结构较紧密，出土遗物甚少。根据规模、柱坑排列和无大量红烧土墙块等情况，推测为有回廊的大型木结构建筑。F2，位于F1北边（原报告图二，一三），相距约10米，由2号黄土台和36个柱坑组成，西、北、东三面被破坏，南面保存稍好，台面亦被大量近现代遗迹打破。开口在第②层下、叠压第③层，残长约36、残宽20米，方向93°。黄土台主体堆积同1号黄土台，保存厚度一般为0.2~0.3米，最厚处达0.5米。柱坑形制与堆积同F1，推测应为与F1同时并存的大型建筑。

根据F1、F2两座黄土台的规模及柱坑规格、排列等情况分析，发掘者初步判断为宫殿性质的建筑遗迹，也是遗址目前保存最晚的宫殿建筑。从两座建筑基址上有些不属于该期建筑的柱坑来看，不排除这里还有更晚时期建筑。

城内居住区文化堆积，根据F1、F2的解剖沟（7、8号探沟）及之间8个探方的发掘材料可大致清楚，以8号探沟为例介绍如下（原报告图五）：

第①层：为晚于商周时期的堆积。此层较厚，最大厚度达1米。包含耕土层、含铁锰结核的黄土层和砂卵石冲积层，年代为明清时期至现代。

第②层：褐色黏土层，含少量红烧土，分布并不普遍，厚5~15厘米。此层下有F1、F2等遗迹，推测该层为F1、F2的废弃堆积。

第③层：砂卵石层，主要分布于F2下，最厚处达30厘米，F1下较薄或局部分布。

第④层：灰褐色黏土，含大量砂、红烧土及炭末等，厚约10厘米，局部分布，遗物较少。此层下有F3、F6等重要遗迹，2座房基亦均为黄色黏土人工筑成，厚约15厘米，位置较F1、F2稍偏北，规模与F1、F2

相若，亦呈东西方向。据目前揭露部分所见，F3 大部分压在 F1 下，残宽约 11 米；F6 南部压在 F2 下，北部与 F2 同被近现代坑打破，残宽近 10 米。

第⑤层：灰黑色黏土层，含红烧土和炭末，厚 10 ~ 20 厘米，局部分布。此层下有遗迹 F4、F5 等，发现于 F1 和 F2 之间的 8 个探方中，各发现排列有序的两排柱坑 8 个。柱坑略呈圆形，直径 60 ~ 100 厘米，柱间跨度约 4 米，整体分布状况不明，但规模应不小于 F1、F2。

第⑥层：褐色黏土，分布普遍，堆积最大厚度为 50 厘米，结构紧密，似经简单夯筑，出土陶片较破碎。F4 和 F5 叠压在此层上，推测此层为 F4、F5 及同时期房屋建筑的基础，其形成时间应较短。此层下有小型房屋柱洞若干及灰坑、灶等，因发掘范围所限，房基形状和结构不明。

第⑦层：黄色黏土，为流水搬运形成的次生堆积，与城墙内外发掘区第④层相同。

第⑧层：自然砂砾层，同城墙内外第⑥层。

（2）城墙与壕沟

城墙　残存城墙位于遗址保存区西北部，呈东北—西南走向，高出现地表 1 ~ 2 米。根据全站仪实测可知，其平面形状呈圆弧形，残长约 225、宽 12 ~ 15 米。城墙两端均靠近遗址边缘断崖，显示其与遗址同时被破坏，已非其原始面貌。东端 20 余米一段城墙因破坏仅存宽度不到 2 米。根据城墙的弧度对城址进行圆形复原，可计算出城内原有面积约为 14.5 万平方米，其中心正处于现在黄材河与溪河的交汇处，现城内保存面积仅约 2 万平方米。根据城墙解剖沟 2 号探沟的发掘结果（原报告图八、一四），可知城墙主要由两个部分构成。下部墙为基础部分，厚约 1 米，为较纯净的黄色黏土堆夯结合筑成。上部墙为主体部分，厚约 2 米。为砂卵石堆积。

城墙的设计和建造是比较讲究的，有专门的加固和防护处理。如基础部分建在原生的砂砾层上，并有意使墙体中部下凹，以防移位；灰褐色黏土夯筑层，位于墙体外侧，起防坍塌作用；墙体外侧叠压成三角形，起防墙体移位作用；在主体部分下外侧有加固槽 G1，城墙墙体建于有意形成的砂卵石基体凹槽中，并在墙体中间部位留有土榫以防移位；基础部分外侧加筑护坡等。

壕沟　在城墙内外共发现 3 条壕沟，城外壕沟 1 条，编号为 G9；城内壕沟 2 条，编号为 G5、G6。

城外壕沟 G9，南距城墙北墙垂直距离约 12 米，开口在商周文化堆积层下，打破次生黄土层，南北宽6、深约1米，斜壁平底，沟内堆积为灰褐色淤泥夹河卵石，不见任何人工遗物（原报告图十二）。据探其与城墙的走向一致，但尚有待发掘证实。发掘者认为其形成年代应与城墙同时，从被其打破的次生黄土层与城墙基础部分黄色黏土的土色及结构完全一致分析，其形成与城墙基础部分的取土有直接关系。

城内壕沟 G6，南距城墙基部 2~3 米，发掘证明其走向与城墙一致，遗址东面断崖上亦见其断面。G6 开口在清代至民国时期堆积层下，打破次生黄土层，垂直宽度 14.5 米、深 2.5 米。沟内堆积共分 9 层，其中第①~④层均出土秦汉以后遗物；第⑤、⑥层不见遗物；第⑦层为青灰色淤泥层，出土少量商周时期陶片，不见晚期遗物；第⑧层为红烧土层，仅分布于沟底南侧，出土少量陶片；第⑨层为砂砾层，不见遗物（原报告图九）。

G5，位于城内，南距城墙基部 30 余米，发掘证明其走向与城墙一致。G5 开口在清代至民国时期堆积层下，打破次生黄土层，垂直宽度 14.2、深 2.5 米。沟内堆积共分 8 层，其中第①~③层为秦汉以后堆积，厚约 1 米；第④~⑦层为商周时期堆积，厚 1.3 米，出土大量陶片，尤以第⑥层出土的陶片最为丰富；第⑧层为灰色砂砾层，厚约 20 厘米，含少量淤泥，不见遗物。

（3）遗物

出土遗物主要为陶器，以城内壕沟 G5 中出土的最多，居址区及城墙相关地层单位也出土了部分陶器，但较破碎，均不能复原。另有少量铜器和石器。

陶器有软陶和硬陶之分，软陶占绝大多数，硬陶数量较少。据对 2005 年壕沟发掘区四个探方 G5⑥出土陶器的统计（原报告表一至四），夹砂陶占 84.95%，泥质陶仅占 13.4%，硬陶占 1.65%。夹砂陶以灰陶和褐陶为主，其次为红陶和灰白陶，还有少量黄陶。泥质陶以灰陶为主，红陶和黑皮陶次之，黄陶最少，黑皮陶多为红胎和灰胎。陶器纹饰以各种规格的方格纹最为流行，占全部陶片的 59%，其次为弦纹、篮纹和绳纹，另见少量云雷纹、席纹、瓦纹、刻划纹、戳印纹和乳钉、镂孔、扉棱装饰等。陶器以轮制为主，也有少量手制陶器。陶器的器类比较丰富，以各种形制的罐、鼎、釜、钵为最多，其次为盆、簋、盂、豆、器盖等，鬲、尊、瓮、碗等较少。各器类的型式分析简报介绍较为详细，我们大多赞同，仅简报所分的 G、H 型罐以及盂，其陶质、形制与釜几乎一致，仅釜口沿为沿面内凹的宽沿盘口，而后者为宽折沿，我们认为似可归作一类（如图五十一中相关部分）。

（4）城外的墓葬

2003 年底炭河里城址发现后，湖南省文物考古研究所组织专门队伍在城址周围进行墓葬区的调查和勘探。经过半年的密集钻探，仍未发现成片的墓葬区。仅于城址西北 200～500 米的寨子村新屋组二级台地上发现 7 座西周时期墓葬，与城址可能有关。此处不妨简要介绍。7 座西周墓分布零散，除 1 号墓略呈南北向，其余呈东西向。形制均为长方形竖穴土坑墓，但墓口保存完好的两座墓（M2、M10）的口部呈椭圆形。墓口长 2.4～4、宽 0.95～2.8、深 2 米。墓内葬具及人骨均未保存，但据墓底残痕推测均应有棺。随葬器物以铜器和玉器为主，除 8 号墓的 1 件硬陶罐可复原外，其余均只见零散陶片。其中，M4 和 M8 随葬器较多。

M4，墓口被破坏，现存墓口为长方形，壁较直。墓口长 3.5、宽 1.75、墓底长 3.4、宽 1.7 米，残深 1 米，墓口距地表深 0.2 米，方向 95°。墓南壁底部有一弧形龛，宽 1.4、高 0.5、进深 0.3 米。随葬器物大部分为铜器，另有玉管和残陶片。铜器中除 1 件卣盖较完整外，余均为残片，且分布无规律。壁龛内无随葬器物（原报告图五十四）。

M8，墓口被破坏，现存墓口为长方形，壁较直。墓口长 3.1、宽 1.35、墓底长 3、宽 1.3 米，残深 1.1 米，墓口距地表深 0.4 米，方向 95°。随葬器物以铜器为主，其中铜铲 3 件、铜锸 1 件较完整，均刃朝下立于墓西端两角和北壁下，另有 3 件玉器、1 件硬陶罐和少量残陶片，分布于墓室中部（原报告图五十五）。

7 座西周墓葬出土铜器近百件，但绝大多数为残片和部件，分别属于不同的个体，不可复原。器类有鼎、卣、尊、爵、锸、铲、刮刀、矛等，其中鼎的数量最多。玉器 200 余件，主要为管、珠类，另有少量、鱼形器等，玉质较软，均白化。陶器的数量极少，且多为残片，仅 1 件硬陶罐可复原。

（5）遗址周围区域考古调查与探掘

据向文，2001 年炭河里遗址第一次发掘的同时，考古队组织专门力量在遗址周围地特别是以往出土过青铜器的地点附近进行了详细的调查，大多未发现明显的地层堆积，仅胜溪村新屋湾分布有很小面积的文化堆积层，随即进行了发掘。此次发掘布面积不等探方 3 个，发掘总面积 132 平方米，仅发现 1 条残沟遗迹，从出土物情况看，与炭河里遗址基本一致，故此条沟应是炭河里城址同时期城外较大居民点外围沟的一部分。该遗址位于炭河里遗址西南部 1 千米处的台地上，"人面方鼎"即出土于此。通过调查发现，炭河里遗址周围的地貌已遭到严重破坏，古代文化堆积几乎不见。

炭河里遗址现存范围仅 2 万平方米，城墙仅存一段。在确认城墙之后，发掘者对城址现状的成因及过程进行调查、钻探和发掘。结果表明，炭河里遗址现存状况是东、南两条河流改道形成。据现存城墙的弧度进行复原，可估算出原来炭河里城址的直径约 220 米，总面积 15 万平方米。而城址的性质很有可能与防御洪水有关。

3. 分期与年代

（1）城址内主要遗迹的对应

从出土物看，居址、城墙出土陶器非常少，可辨器形和复原器更少，因而无法判断年代。从简报发表的陶器看，除一件缸 T1206④：3①（原报告图一七，15）、一件盆 03F1：2（原报告图一七，9）外，其余均为城内壕沟 G5 出土。G5 出土陶器虽然很多，但由于近现代地层的破坏，其开口层位与城墙、居址区无法对应，故城墙、居址和壕沟的对应关系已不能从层位学上直接找到依据，故仅能从城外壕沟 G5 的堆积及出土物对年代作大致分析。

向文认为 G6 与 G5 的堆积存在区别。G6 靠近城墙，底部淤泥层很厚，包含物极少，淤泥层以上的堆积也少见商周时期遗存，土质细腻堆积较平整，应是城址废弃后自然形成的。G6 外的原生地层为砂卵石层，与城墙主体部分土质相同，土方量也相当，故可断定其形成与城墙修建有关，故形成年代与城墙同时。而 G5 底部淤泥层较薄，主要堆积为包含大量陶器的灰褐土层（④~⑦层），厚度接近 2 米，这些陶器的堆积不可能是城址废弃后形成的，而应该式城址使用时期形成的，因为当时绝不可能专为倾倒开挖此沟。故 G5 的形成应早于城墙，其最初的功能应该是居址区外的环壕，可能因为要在更外围处修建城墙，此沟被废弃不用从而沦为城内倾倒垃圾的场所。而 G6 为修建城墙时形成，并在城址使用时期发挥着城内排水的功能，故沟内没有同时期的堆积。所以，G5 的形成年代应早于城墙，而沟内的堆积为其废弃后的堆积，故堆积的年代与城墙的使用年代应相当。这种分析似有道理，若然如此，则城墙的年代可通过 G5 出土陶器进行判定。

关于居住址的文化堆积，向文将其分为两大阶段：一为⑥层以下的小型建筑基址阶段，为普通居民生活遗迹；二为⑥层及以上的大型建筑基址阶段，此时该区域划为宫殿区，即为宫殿建筑分布区及其废弃堆积。根据陶系的特点对比，认为居址区⑥层年代早于 G5⑥，与 G5⑦相当或

---

① T1206 位于 F2 范围之内，8 号解剖探沟穿过该探方，层位关系为 F2→T1206④→F6→⑤。

更早。由于未能见及居址区陶器，此处不好妄下结论。

（2）城址的年代

G5 的陶器见于④～⑦层，以⑥层最为丰富。从陶器的面貌看，大致以⑥层为界分为两段，早段包括⑥、⑦层；晚段包括④、⑤层。通过 G5 内陶器与其他地区的对比，可大致推断其年代，进而推出城址的大致年代。

C 型分档鬲 05G5⑥∶38（图五十一，63），为侈口圆唇，长颈深腹，档部微瘪，三矮柱足，足根平。分档残留商文化遗风，但瘪档截锥足为周鬲的特点，可见年代进入西周。仿铜陶鼎 05G5⑥∶36（图五十一，64），深圆腹，高柱足，长方形立耳较厚，口沿下有纹饰带，与中原地区西周早期流行的铜鼎相似，在不远的高砂脊遗址即可见同类型的铜鼎出土，这类铜鼎的年代一般不晚于西周中期。A 型陶簋 05G5⑦∶6（图五十一，76）为典型殷式簋，这种簋在中原地区十分流行，如张家坡遗址等，多在西周早期。B 型簋 05G5⑤∶3（图五十一，77）为典型周式簋，这种簋形制在沣西地区周文化陶簋排序中约属于西周第三期，如 67SCCM1∶3（图二十六，5），唯鼓腹的特点多见于南方地区，如黄陂鲁台山遗址采∶7（图五十二，16）、蕲春毛家咀遗址Ⅲ9/1∶3∶3（图二十四，8）、江陵梅槐桥遗址 T4④B∶11（图三十六，19）等，年代略有差别，应不晚于西周中期。由此，G5 主体年代在西周早中期，则城址的始建年代应在西周早期。另据简报，从最晚的堆积居住区④层看，城址的废弃年代不早于西周晚期。

（3）文化性质

该类遗存的主体陶器组合为：折腹釜形鼎、宽折沿釜、小口矮领、高领罐、豆及硬陶釜、罐等。从文化因素看，可见中原商、周文化因素，周边如鄂东南、赣西北、澧水流域等地区的影响，但地方特色为其文化主体，有学者如向文中已命名为"炭河里文化"，并认为不属于周文化系统，此处赞同。由于炭河里遗址发现有城址，宫殿基址等，故而为该文化的高等级聚落中心。从遗存的整体面貌看，炭河里文化应是一支独立于周文化之外的地方青铜文化，而炭河里城址即为其政治中心或都邑。

（4）城外墓葬的年代和性质

简报认为这 7 座墓葬为西周时期，主要依据未详述，向文中有相关讨论。主要依据为：①墓葬的形制及长宽比例与高砂脊铜器墓相近，不同于本地区的春秋墓形制，且 M4 被春秋墓打破。②陶器墓出土的残片与炭河里遗址内出土的陶器面貌一致。③随葬的铜器如铜卣、铜盂、鼎足等形制与周边地区比较可确定为西周时期。④墓葬随葬铜器碎片且分布无规律，与高砂脊墓葬葬俗完全相同。而墓葬的性质，根据形制和随葬品推断为炭河里城址内的中下层贵族。

（5）关于陶器群的讨论

近年来，有学者对华中地区两周时期的陶鬲进行排序后，认为炭河里遗址出土的部分陶鬲年代偏晚，如陶鬲 05G5⑦：3（图五十一，61）为西周末期，而 05G5⑥：46（图五十一，62）更晚至战国早期①。而从发展序列上看，从庙坪的鬲发展到双堰塘的鬲，至西周晚期才有炭河里的鬲。也有学者提出完全相反的意见②，认为炭河里陶器的年代在商末周初至西周早期，并进一步认为"炭河里—双堰塘—庙坪"构成一个西周早、中及中期偏晚的发展序列。在笔者看来，由庙坪发展到双堰塘是确定的，至于炭河里陶器群的年代，笔者认同发掘者的观点，其主体年代在西周早中期。

4. 钟家湾地点③

钟家湾位于炭河里城址的东面，两者最短直线距离约 600 米，隶属湖南宁乡市黄材镇黄材村四组。2015 年底至 2016 年初，为配合炭河里国家考古遗址公园配套设施项目建设，在项目用地范围内调查发现。2016 年 4～7月，湖南省文物考古研究所、湖南大学岳麓书院、宁乡市文物局等单位组成联合考古队对其开展了抢救性考古发掘。本次发掘布设 10 米×10 米的探方 36 个，实际揭露面积近 4000 平方米。共清理商周时期灰坑 69 个，沟 1 条，陶窑 4 座，柱洞 39 个。从出土的遗物看，该地点年代和炭河里城址 05G5 相当。遗存可分两组，第一组包括 H20、H30、H71 等，年代在商末或西周早期；第二组包括 H66、H71 等，年代在西周早期。

（二）高砂脊遗址（1999）

1. 遗址介绍

高砂脊遗址④位于望城县高塘岭镇，南距望城县城 4 千米，为湘江下游西岸、沩水入湘江河口处的一长条形砂洲，总面积约 18 万平方米。20世纪 70 年代，当地村民在烧砖取土时曾发现商周时期青铜甗 1 件。1996年，进行专题调查时，在高砂脊防洪大堤维修取土区发现商周时期的古文

---

① 余西云：《华中地区两周时期的陶鬲》，载故宫博物院编，孙晶主编：《中国陶鬲谱系研究》，故宫出版社，2014 年。

② 刘俊男、易桂花：《湖南宁乡炭河里古城出土陶鬲研究》，《四川文物》2020 年第 5 期。

③ 湖南省文物考古研究所等：《湖南宁乡市炭河里遗址钟家湾地点商周遗存发掘简报》，《考古》2021 年第 4 期。

④ 湖南省文物考古研究所等：《湖南望城县高砂脊商周遗址的发掘》，《考古》2001 年第 4 期。

化堆积和出土青铜器的墓葬，随即进行了抢救性发掘。1999 年又进行了第二次发掘。两次发掘共开探方 17 个，揭露面积约 350 平方米。因遗址的主要分布区已遭到严重破坏，仅清理了墓葬 19 座、灰坑 5 个和窑址 1 座。

2. 遗迹与遗物

（1）遗迹

灰坑　共 5 座，AH1 ~ AH5，其中形制明确的仅 AH5（原编号 AM2），近圆形，斜壁平底，口径约 4 米，底径 3.6 米，残深 2 米，用途为制陶用的拌泥坑。

陶窑　仅一座（AY1），存有两个火膛，破坏较甚。中间有隔墙，窑室保存较好，窑室平面从后向前大幅倾斜。窑室残长 1.2、宽 1.1 米，窑壁厚 0.15 ~ 0.2 米。

墓葬　均不见人骨架和葬具，有的开口遭到破坏。按墓口形状可分长方形 9 座（AM1/5/6/9 – 13/17），圆形 5 座（AM3/4/7/16/18），圆角长方形 3 座（AM8/14/15）和圆角方形深坑 2 座（AM19/20）[1]。从随葬品看，有铜器墓 2 座（AM1、AM5），方向东西向，形制为长方形平底，设熟土二层台，上置随葬品。陶器墓个别设有腰坑，随葬陶器大多打碎后分层铺垫，有的多达 4 层，各层间有纯净的黏土间隔。

（2）遗物

高砂脊遗址出土的遗物以墓葬随葬品为主，包括陶器、铜器、石器三类。其中陶器数量最多，铜器次之，石器最少。铜器[2]以鼎为主，另有尊、戈、矛等，埋葬时多已打碎，部分器形难以辨认。陶器可分为软陶和硬陶两类，其中软陶占 95% 以上，硬陶数量不足 5%。软陶以夹砂陶为主，泥质次之。夹砂陶以红陶和红褐陶为主，灰陶或灰褐陶数量也较多，还有少量红胎黑皮陶和褐陶；泥质陶以灰陶为主，红陶次之，黄陶和红胎黑皮陶数量较少。陶器纹饰以方格纹和弦纹最为流行，还有少量篮纹、绳纹、刻划的网格纹、水波纹、梯格纹、乳钉等。陶器的制法绝大多数为轮制，大型器物的口部都经过修整，鼎足和部分小件器物为手制。陶器种类丰富，以釜、鼎数量最多，其次为罐、盆、瓮、簋、罍形器、钵、碗、器盖等，尊、鬲等数量很少（图五十）。

3. 分期与年代

简报据地层关系及陶器形制的比较[3]，认为 AM10、AT4 ~ T14 第 4

---

① 简报在统计时有勘误，M14 出现两次，此处更正。

② 铜器详见第四章。

③ AM7 开口于第 3 层下，打破第 4 层，应晚于其他第 4 层下的大批墓葬。

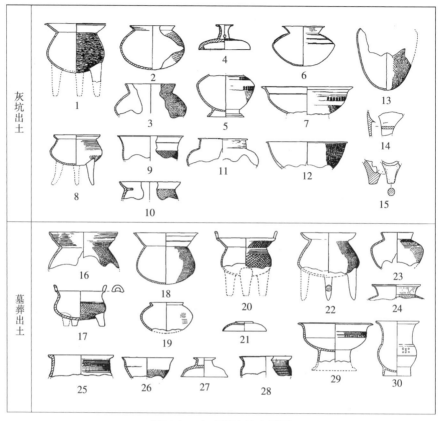

图五十 高砂脊遗址陶器图

1. 鼎 AH5∶15 2. 罐 AH5∶6 3. 罐 AH5∶23 4. 器盖 AH5∶5 5. 曇型器 AH5∶12 6. 硬陶釜
AM1∶24 7. 盆 AH5∶11 8. 鼎 AG3∶2 9. 簋 AG3∶5 10. 釜 AH3∶1 11. 罐 AG1∶27 12. 盆
AG1∶2 13. 尊 AG1∶1 14. 鼎足 AG1∶21 15. 鬲足 AH1∶3 16. 釜 AM19∶12 17. 鼎 AM19∶30
18. 釜 AM19∶14 19. 罐 AM19∶25 20. 鼎 AM19∶1 21. 器盖 AM19∶5 22. 鼎 AM16∶2 23. 罐
AM16∶1 24. 罐 AM16∶5 25. 釜 AM20∶21 26. 钵 AM20∶26 27. 器盖 AM20∶2 28. 鬲口沿
AM12∶12 29. 簋 AM6∶4 30. 尊 AM7∶3

层、AH1 等单位年代也相对较晚。因此，高砂脊遗址的陶器墓和其他遗
迹的年代大体可以分为两期。第一期年代主要在西周早期，上限可到商
末周初，第二期年代在西周中期。两座铜器墓的年代 AM1 在西周早期后
段至西周中期前段；而 AM5 暂定为西周中期前段。

　据向文，高砂脊遗址的碳十四测年数据已有 13 个①，分别由中国地
震局地质研究所碳十四实验室和北京大学考古系年代学实验室测试。其
中，前者测试最早的为 1570 ± 90B. C.，最晚的为 440 ± 100B. C.，误差

———————

① 简报介绍为 12 个。

较大，但大部分数据集中在西周纪年范围内。后者测试的数据，其标本均取自 AM5 中采集的木炭，年代数据十分接近，为 2650±60B.C. 与 2700±60B.C.，在西周晚期。如此，则 AM5 的年代有待讨论，据向文，AM5 虽仅发表了铜鼎一件，但从尚未发表的与之共出的大量越式鼎足看，其年代至少晚到西周中期以后。根据 AM5 标本测试的多个年代数据均显示在西周晚期到春秋早期，故定为西周晚期较为合适。

4. 与炭河里遗址的对比

地层、灰坑和窑址中出有少量遗物，以 AH5 最多。从器物组合看包括鼎、釜、鬲、簋、罐、罍、尊、钵、盆、硬陶瓷、器盖等。将这些器物与炭河里遗址 G5 相比，有同有异。相同之处在于从器物组合看，后者基本囊括前者。但从器物形态看，二者似存在一些差别：如①内耳釜、扁平鼎是前者出而后者不出，壶形器、侈口平底尊和鱼篓罐后者出而前者不出，这或为地域的差别；②炭河里遗址中多见各类鬲、簋、假腹豆等器类，而高砂脊少见，这或为聚落等级的差别。

高砂脊墓葬和炭河里墓葬的相似点主要表现在墓葬的形制和葬俗上，二者均为长方形有棺墓，均为随葬陶器或铜器碎片。不同之处表现在玉器的随葬上，前者随葬大量完整的铜器却无玉器，而后者仅随葬铜器碎片却共出玉器，或是等级的差别。从随葬铜器如鼎的形制可看出其年代的一致性，同为西周时期。不过，若确实存在 AM5 这种早期铜器随葬在晚期墓葬的情况，则相关的墓葬年代均需另作考虑。

此外，高砂脊陶器与费家河文化之间也有联系（图五十），出有费家河文化中常见的长颈釜、内耳釜、扁足鼎以及矮领鬲、圆鼓腹仿铜陶鼎等，可见二者存在一定联系。

高砂脊遗址，从地理位置看，位于洞庭湖东岸费家河文化与沩水下游炭河里文化之间，即沩水入湘水处，处湘江下游区，属于地理区间的过渡；从时间上看，又与殷墟至西周早期的费家河文化及西周早期的炭河里文化存在时间的重合，因此，其文化面貌显得较为复杂。由于洞庭湖东岸区费家河文化之后的西周遗存尚无资料发表，其文化面貌不清，故在目前资料甚少情况下，可暂将高砂脊归入炭河里文化，二者均以鼎釜为主体组合，且宽折沿为其共同流行的风格。

综上，炭河里文化应为西周时期湘江下游的一支地方青铜文化，以炭河里城址为其聚邑中心。该文化的年代从 G5 的陶器看主要在西周早期，但高砂脊铜器墓的材料显示，其年代下限可至西周晚期，而城址的废弃年代也大致在此。

三 毛家堰—阎家山遗址一期遗存

毛家堰、阎家山遗址①位于岳阳市北郊梅溪乡延寿村，南距市区 2.5 千米，北距城陵矶 2 千米。1989 年 5 月发现并进行了抢救性发掘。

该类遗存为典型鬲、甗、豆、罐、盆组合，属于典型周文化系统。简报将该两个发掘区的单位分为五期六组，其中第一期（1、2 组）认为其年代为西周晚期，第二期（3 组）年代在两周之际。确定第一期年代时，发掘者将其与秭归官庄坪、当阳磨盘山、澧县文家山、湘阴晒网场遗址②的同类器进行比对，认为器形近似或相同。前文已述文家山等均晚出西周时期，可见该类遗存也已晚出西周进入春秋。从陶器的整体面貌看也确实如此，以最早一组的单位毛 T3③为例，出土有鬲口沿、鬲足、甗口沿、甗腰、豆盘和豆柄残片，从鬲、甗口沿的特点看，均为方唇，唇外侧加厚，斜颈，这种特征确已晚出西周（图五十一）。

四 湘、资水下游区的编年序列

综上所述，从目前公布的材料看，湘、资水下游区在铜鼓山一期遗存之后，晚商至西周时期遗存为费家河文化和炭河里文化，如果没有年代上的空白，与之相接为属于周文化体系的毛家堰——阎家山一期遗存，年代已晚出西周（图五十一）。

此编年序列中，费家河文化上限从铜鼓山一期 H6 出土的簋以及樟树潭一期出土的假腹豆可确定在殷墟早期，其下限，从目前最晚的单位玉笥山Ⅲ组看，应与高砂脊遗址相接。高砂脊遗址与炭河里遗址中均有陶鬲、簋作为标尺，年代在西周早期，而高砂脊陶器又可作为串联费家河文化晚期与炭河里 G5⑥的中介，由此，其费家河文化年代下限在西周早期。

第八节 长江中游地区西周时期文化遗存的时空框架

通过第一章与第二章前七节的分析与讨论，长江中游地区各区域内商周时期（自二里岗上层开始）的编年序列已大致确立，此处先对各区的文化序列进行回顾与综述，再根据各序列间相关遗存的关系及年代关键点对

---

① 岳阳市考古队：《湖南省岳阳市郊毛家堰—阎家山周代遗址发掘简报》，《文物》1993 年第 1 期。

② 湘阴晒网场遗址，何文曾报道说"与澧县周家湾遗址有高度一致"，澧县周家湾遗址与文家山遗址相当或稍晚，年代已至少在春秋早期。故此处不另作讨论。

各区序列进行关联，最后归纳并整合出整个长江中游地区的时空框架。

一　各区文化序列综述

以下各区文化序列将以商、周文化为主线划分为几大主要发展阶段，便于看出各区文化发展阶段的异同（由北向南，由东向西顺次介绍）。

（一）鄂西北区（分鄂西北山地区和襄随地区）

1. 鄂西北山地区

以辽瓦店子遗址商周时期遗存为序列标尺，分为三大阶段：

（1）典型商文化阶段，代表单位包括 H591、H112、H24、H549、H572、H139 等，年代在二里岗上层至殷墟一期；

（2）典型商文化退去至周文化进入之前的地方文化阶段，以辽瓦西周一期遗存为代表，包括 H120、H328、H350 等，年代主要在商周之际到西周早期；

（3）周文化体系阶段，以辽瓦西周二、三期遗存为代表，年代在西周中期及之后（需串联）。

2. 襄随地区

（1）典型商文化阶段，以庙台子商时期遗存为代表，年代在中商二期；

（2）典型商文化退去至周文化进入之前的地方文化阶段，以毛狗洞 H1 类遗存为代表，年代主要在西周早期；

（3）周文化体系阶段，以黄家村 H5、真武山 H81 等为代表，年代在西周晚期及之后（需串联）。

（二）鄂东北区

1. 典型商文化阶段，为盘龙城类型，年代在二里岗上层至殷墟二期；

2. 典型商文化退去至周文化进入之前的地方文化阶段，以鲁台山 H1 类遗存为代表，年代在西周早期；

3. 周文化体系阶段，以金罗家类型为代表，年代在西周中期及之后（需串联）。

（三）鄂东南区

1. 受典型商文化影响阶段，为意生寺类遗存，年代主要在二里岗上层；

2. 典型商文化因素退去后地方文化阶段，以毛家咀遗存与大路铺文化为代表，毛家咀遗存主要在西周早期，大路铺文化年代上限或可到商周之际，但其下限暂时不定，但从大冶五里界春秋城址出土陶器已可见组合和形制发生了一定的变化，但该阶段遗存的性质尚不好确定，是属于大路铺文化的另一阶段，还是已不再属于大路铺文化。

（四）湘、资水下游区

1. 受典型商文化影响阶段，为铜鼓山一期遗存，年代在二里岗上层及偏晚；

2. 典型商文化组合退去后地方文化阶段，包括费家河文化和炭河里文化，年代在殷墟晚期至西周早中期。

3. 周文化体系阶段，以毛家堰—阎家山一期为代表，年代已进入春秋。

（五）澧、沅水下游区

1. 受典型商文化影响阶段，为宝塔文化，年代在二里岗上层至中商时期；

2. 典型商文化组合退去后地方文化阶段，为宝塔文化中地方因素的延续发展，包括斑竹类遗存一、二、三期，年代下限未定，若无年代空白，可延续至斑竹 T3⑤的西周晚期（需串联）。

3. 周文化体系阶段，以文家山 H1、周家湾遗址等为代表，年代已进入春秋。

（六）江汉平原区

1. 受典型商文化影响阶段，为荆南寺文化，年代在二里岗上层至殷墟一期。

2. 典型商文化组合退去后地方文化阶段，为周梁玉桥文化，年代上限在殷墟早期，下限至少到西周前期。

3. 周文化体系阶段，以荆南寺 G2 类遗存为代表，年代上限可至 T18③所在的西周中期偏晚，延续至西周晚期及之后（需串联）。

（七）西陵峡区

1. 周文化进入前的地方文化阶段，为路家河文化晚期遗存及路家河遗址 H4 为代表，年代从殷墟一期之前至西周前期（下限需串联）。

2. 周文化进入之后的阶段，以庙坪 H7 类遗存为代表，年代进入西周晚期。

二　各区序列间的关联

前文对各区文化序列的年代已进行过大致推测，推测的依据分为两类，一为中原王朝文化的序列标尺，二为相关遗存或周边地区的同形制陶器的比对，由此大致确立了各文化遗存在框架中的位置。以上各区的序列中，部分年代上下限在前文推断时靠其本身序列尚不能解决（前文综述时已做标记），故此处有必要进行重新综合串联并校验。以下将对各区文化序列进行横向编联，一方面可将相关遗存进行对比与串联，以进一步精确其在框架中的位置；另一方面也对之前所做的年代序列进行再次的验证与补充。

（一）第一阶段

各区第一阶段遗存，第一章已有详述，主要通过中原商文化的标尺确立其年代，可见主体年代均在二里岗上层，但下限并不完全一致，具体而言：

鄂西北区，以辽瓦店子遗址 H139 为代表，不晚于殷墟一期。

鄂东北区，以小王家山遗址 H80 为代表，在殷墟二期仍可见商文化遗存。

鄂东南区，以意生寺类遗存④层为代表，年代似不出二里岗上层。

湘、资水下游区，以铜鼓山一期遗存 T13③等为代表，年代应不晚于中商时期。

江汉平原区，以荆南寺遗址 H10 为代表，年代在殷墟一期。

澧、沅水下游区，以皂市遗址 TB3②等为代表，约在殷墟一期。

（二）第二、三阶段

各区文化遗存间的年代关系，可通过王朝文化的标尺，以及文化遗存间的相关联的陶器进行确立，以下试举几例。

1. 晚商至西周早期

（1）簋的排序。该阶段的簋可分为 A 型、B 型。A 型一般称为殷式簋，斜腹碗状器身，矮圈足。B 型一般称为周式簋，侈口斜腹，高圈足。A 型簋在殷墟遗址一期至四期可见，在沣西地区多出于西周二期之前；B 型簋多出于沣西西周第二期。

A、B 型簋在长江中游地区可同时见于鲁台山遗址、周梁玉桥遗址丙区 T1③、炭河里 G5；A 型簋见于樟树潭 T22⑥，铜鼓山 H6，杨家嘴 T1④；B 型簋见于毛家咀遗址，梅槐桥 T4④B、G2，高砂脊 ATM6。通过簋的排序以及与殷墟、沣西地区的排序对应[1]，可对所涉及单位进行串联

---

[1]　图中殷墟一至四期的陶簋排序，左边一至四期引自《中国考古学·夏商卷》，右边二至四期引自邹衡《试论殷墟文化的分期》，西周早期的沣西地区材料引自梁星彭《岐周、丰镐周文化遗址、墓葬分期研究》。

（图五十二）。

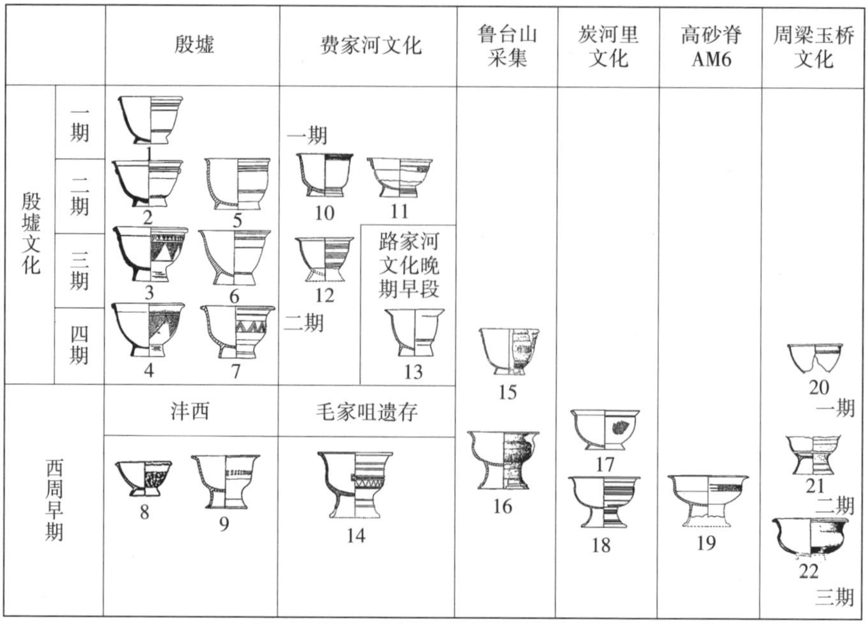

		殷墟	费家河文化	鲁台山采集	炭河里文化	高砂脊AM6	周梁玉桥文化
殷墟文化	一期		一期				
	二期	2　5	10　11				
	三期	3　6	12 路家河文化晚期早段				
	四期	4　7	二期　13	15			20 一期
		沣西	毛家咀遗存		17		21 二期
西周早期		8　9	14	16	18	19	22 三期

图五十二　晚商至西周早期簋的排序

1. A 型簋（62 大司空 H15：36）　2. A 型簋（小屯西北地 H136：3）　3. A 型簋（苗圃北地 T250④：42）　4. A 型簋（苗圃北地 H113：2）　5. A 型簋（小屯 YH005W）　6. A 型簋（小屯 YH036：225M）　7. A 型簋（小屯 YH073：238D）　8. A 型簋（97SCMH16：2）　9. B 型簋（张家坡 M403：1）　10. A 型簋（铜鼓山 H6：4）　11. A 型簋（樟树湾 T26⑥）　12. A 型簋（温家山 K21：17）　13. A 型簋（杨家湾 T1④：143）　14. B 型簋（毛家咀Ⅲ9－1：3：33）　15. A 型簋（鲁台山采：17）　16. A 型簋（鲁台山采：7）　17. A 型簋（炭河里 05G5⑦：6）　18. B 型簋（炭河里 05G5⑤：3）　19. B 型簋（高砂脊 AM6：4）　20. A 型簋（周梁玉桥丙 T2⑥：4）　21. B 型簋（周梁玉桥丙 T1③：14）　22. B 型簋（梅槐桥 T4④B：11）

（2）缸的排序。缸的形制主要分为四型：

A 型：侈口，斜直腹，蘑菇状底。

B 型：侈口，斜直腹，漏斗状小平底。

C 型：侈口，圆鼓腹，圜底。

D 型：敞口，微弧腹，平底。

其间的早晚关系为：A 型早于 B 型早于 C、D 型。

根据四种类型的缸的分布可确定相关遗存的年代关系，如：

A 型缸，见于路家河文化晚期遗存早段长府沱 97H9 以及路家河 T3③；又见于费家河文化一期遗存樟树潭 T22⑥、二期遗存老鸦洲Ⅰ段，可见 A 型缸在费家河文化延续时间较长，从长府沱 97H9 与樟树潭 T22⑥另伴出假腹豆可知二者年代一致。

B 型缸，见于路家河文化晚期遗存晚段 T5⑤～③、H1 等；又见于费家河文化二、三期遗存中，可见年代有相合之处。

C 型缸见于周梁玉桥文化三期遗存官堤遗址及梅槐桥遗址；D 型缸见于黄陂鲁台山 H1，而 C、D 型缸又同出于枣阳毛狗洞 H1，由此可将这几个单位串联，年代相当（图五十三）。

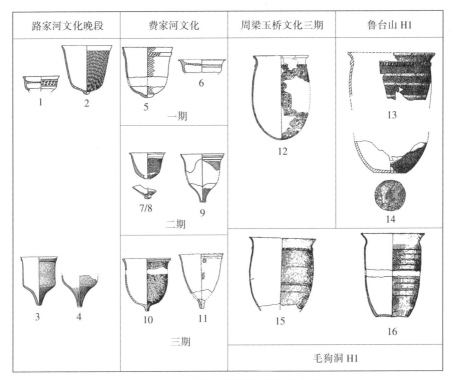

图五十三　晚商至西周早期缸的排序

1. 假腹豆（长府沱 97H9：10）　2. A 型大口缸（长府沱 97H9：99）　3. B 型大口缸（路家河 H1：7）　4. B 型大口缸（路家河 T5⑤：26）　5. A 型大口缸（樟树潭 T22⑥）　6. 假腹豆（樟树潭 T22⑥）　7. A 型大口缸（老鸦洲 H6：32）　8. A 型大口缸（老鸦洲 T4④：4）　9. B 型大口缸（玉笥山 H1：2）　10. B 型大口缸（费家河 H1 上：2）　11. B 型大口缸（对门山 T2H2④：37）　12. C 型大口缸（周梁玉桥官堤 T4②·7）　13. D 型大口缸（鲁台山 H1③：14）　14. D 型大口缸（鲁台山采：14）　15. C 型大口缸（毛狗洞 ZMH1：27）　16. D 型大口缸（毛狗洞 ZMH1：18）

（3）豆的排序

豆分三型：A 型，折盘豆；B 型，弧盘豆；C 型，豆盘口沿下微内凹。

折盘豆在澧水遗存[①]中的演变序列为：Ⅰ式，直口箍棱弧盘（二期 1～4 段）；Ⅱ式，直口箍棱折盘（二期 5～6 段）；Ⅲ式，方唇折盘

---

① 此处表述是根据王文建《商时期澧水流域青铜文化的序列和文化因素分析》一文的三期九段分期方案总结而成。

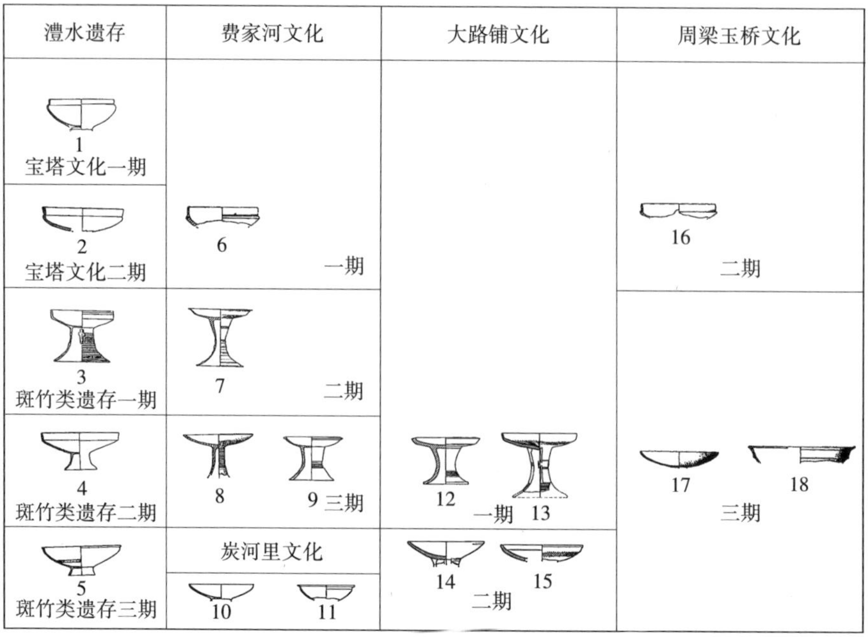

澧水遗存	费家河文化	大路铺文化	周梁玉桥文化
1 宝塔文化一期			
2 宝塔文化二期	6　　　　　　一期		16　　　　　　二期
3 斑竹类遗存一期	7　　　二期		
4 斑竹类遗存二期	8　　　9 三期	12　　　13 一期	17　　　18 三期
5 斑竹类遗存三期	炭河里文化 10　　　11 二期	14　　　15 二期	

图五十四　晚商至西周早中期豆的排序

1. A 型豆（皂市 H13：23）　　2. A 型豆（皂市 H6：3）　　3. A 型豆（斑竹 T3 下：6）　　4. A 型豆
（宝宁桥下：8）　　5. C 型豆（宝宁桥上：2）　　6. A 型豆（铜鼓山 T7H6：6）　　7. B 型豆（老鸦洲
H6：102）　　8. B 型豆（费家河 H1 上：10）　　9. B 型豆（对门山 T8②a：4）　　10. B 型豆（炭河里
05G5⑥：71）　　11. C 型豆（炭河里 05G5⑥：329）　　12. B 型豆（大路铺 84NT1③：4）　　13. A 型豆
（蟹子地 T3025③：1）　　14. B 型豆（大路铺 03EH163：5）　　15. A 型豆（大路铺 03EH163：7）
16. A 型豆（周梁玉桥丙 T2④：3）　　17. B 型豆（梅槐桥 T4④B：10）　　18. C 型豆（梅槐桥 T2④B：8）

（三期 7 段即斑竹 T3 下及之后）。

　　弧盘豆在费家河文化的最早形态为老鸦洲 I 段的斜唇浅盘细高足豆，其演变趋势有二：圆唇浅弧盘（费家河 II 段）或斜唇折盘（对门山 I 段）。

　　根据三类豆及其演变关系可确定相关遗存的年代关系（图五十四）：

　　A 型，通过铜鼓山 H6、周梁玉桥甲 H1 下、皂市 H4 直口箍盘豆的同时存在，可知其年代相当，故费家河文化第一期、周梁玉桥文化第二期及宝塔文化二期 5 组相当，而早于斑竹遗址 T3 下为代表的遗存。

　　B 型，从焦墩遗址及蟹子地遗址的镂孔豆看，与费家河文化二期老鸦洲遗址 I 段所出的豆接近，从演变序列看，大路铺文化一期应晚于费家河文化二期，与其高足豆有承继关系。此外，费家河 II 段的圆唇浅弧盘豆还见于周梁玉桥文化三期梅槐桥遗址。另炭河里遗址出土有与大路铺文化二期接近的陶豆，以及与周梁玉桥文化三期梅槐桥遗址一致的钵形豆。综上，所涉及的炭河里文化、费家河文化三期、周梁玉桥文化三期以及大路铺文化二期遗存，年代相当。

　　C 型，主要见于斑竹类遗存三期、炭河里文化以及周梁玉桥文化三期，其年代应相当。

　　（4）其他关联陶器

　　①毛家咀遗存陶器（图二十四，5）见于炭河里文化（图五十一），可见二者年代相当。大路铺文化二期（图二十九、图三十）与费家河文化三期（图五十一）共出直腹瓹，应有联系，年代应该相当。

　　②斑竹 T3 下的矮领罐（图四十六，2）见于周梁玉桥文化二期稍晚单位甲④A 层（图三十五，22），可见年代相当。

　　③辽瓦一期早段 H120 出鬲、大口尊（图二），之前推断年代早于 H328 所在的西周早期，或在商周之际。从大路铺文化鬲、大口尊（图三十）共出情况看，西周早期二者仍然共出，可见辽瓦一期年代主体或也在西周早期。

　　通过以上分析，晚商至西周早期各区序列的年代关系可得出（表十）。

表十　晚商至西周早期各区序列年代关系表

	鄂西北	鄂东北	鄂东南	湘、资下游	沅、澧下游	江汉平原	西陵峡
殷墟早期				费家河一期 樟树潭 T22⑥ 铜鼓山 H6		周梁玉桥 二期早 （甲 H1 下）	路家河文化晚期早段长府沱 97H9
							……
				费家河二期	斑竹一期 T1③下	周梁玉桥 二期晚	……
				……	……	……	……
			人路铺文化一期	……	……	……	……
西周早期	辽瓦一期	鲁台山 H1	大路铺文化二期、毛家咀	炭河里、费家河三期	斑竹二期	周梁玉桥三期	路家河文化二期

2. 西周中晚期

　　此处拟以形制变化点最多最敏感的鬲进行排序，以在时空上串联各文化遗存，各类鬲的演变序列如图所示（图五十五）。

　　通过该图可看出，长江中游地区的西周中晚期陶鬲有这样一些发展脉络：①鄂东北地区以折沿或卷沿扁体瘪裆鬲为特点，且出现最早，除在本地区继续延续发展之外，在江汉平原可以看到其变为鼓肩、下腹斜收、方体，如荆南寺 T18③：51（图五十五，21）以及颈部明显增高，如宜昌万福垴 TN05E20⑤：1（图五十五，23）两条发展轨迹；在襄随地区也可以看到凹颈逐渐明显，如真武山 H39：4（图五十五，7）发展到郭家岗 H109：11（图五十五，10）以及足部增高，如黄家村 H5：4（图五十五，8）的两条发展轨迹；②鄂西北山地区以卷沿方体瘪裆鬲为特点，且出现最早，在本地区看到由卷沿方体→溜肩、三足内聚、纵方体→凹颈、下腹弧收，如辽瓦店子 H224：1（图五十五，17）发展到荆南寺 T3③：31（图三十八，4）和梅槐桥 T3③C：25（图五十五，24）；③鄂西北山地区的扁足鬲如辽瓦店子 H2：6（图五十五，12）到 H224：1（图五十五，17）依然在延续发展，到西周中期偏晚之后不见。这四个阶段的年代涵盖西周中期到两周之际，最后形制进一步变为凹长颈，三足直立的楚文化遗存中常见的大口鬲如郭家岗 H187：1（图五十五，26）。

需要指出的是，以上所概括的是鬲演变发展的大趋势，实际上其演变序列并非单一进程，在其发展过程中各型式间互相影响和融合并派生出新的形态，新的形态的出现并不意味着旧形态的消失。如西周中期的扁体鬲演变出鼓肩、下腹斜收、方体鬲，而其直系传统的扁体鬲仍在继续传播和发展。

各区之间遗存年代的串联可以鬲作为主要标准，其演变序列可串联各区相关需论证的西周中晚期遗存。将鬲进行串联时，同时需兼顾组合中其他陶器的总体特征。如辽瓦店子遗址 H4：1（图五十五，19）和 H267：1（图五十五，20），在鬲的排序上，分属第三、四阶段，但从整体组合上看均更晚。除鬲以外，还能从别的器类如甗、罐等看到各区之间的联系，如鄂东北区放鹰台 T11②出土两型甗，鄂西北襄随地区黄家村 H5 及真武山 H81 出有同类型的，可做排序。

通过以上的分析，西周中晚期各区序列相关遗存的年代关系可得出（表十一）。

表十一　西周中晚期各区序列年代关系表

	鄂西北	襄随	鄂东北	江汉平原	西陵峡
西周中期	辽瓦 H2	／	金罗家一期	／	／
西周晚期	辽瓦 H4 等	一期（黄 H5）	金罗家二期	荆南寺Ⅰ组	
两周之际		二期（真 H81）	√	荆南寺Ⅱ组	庙坪三期 F2

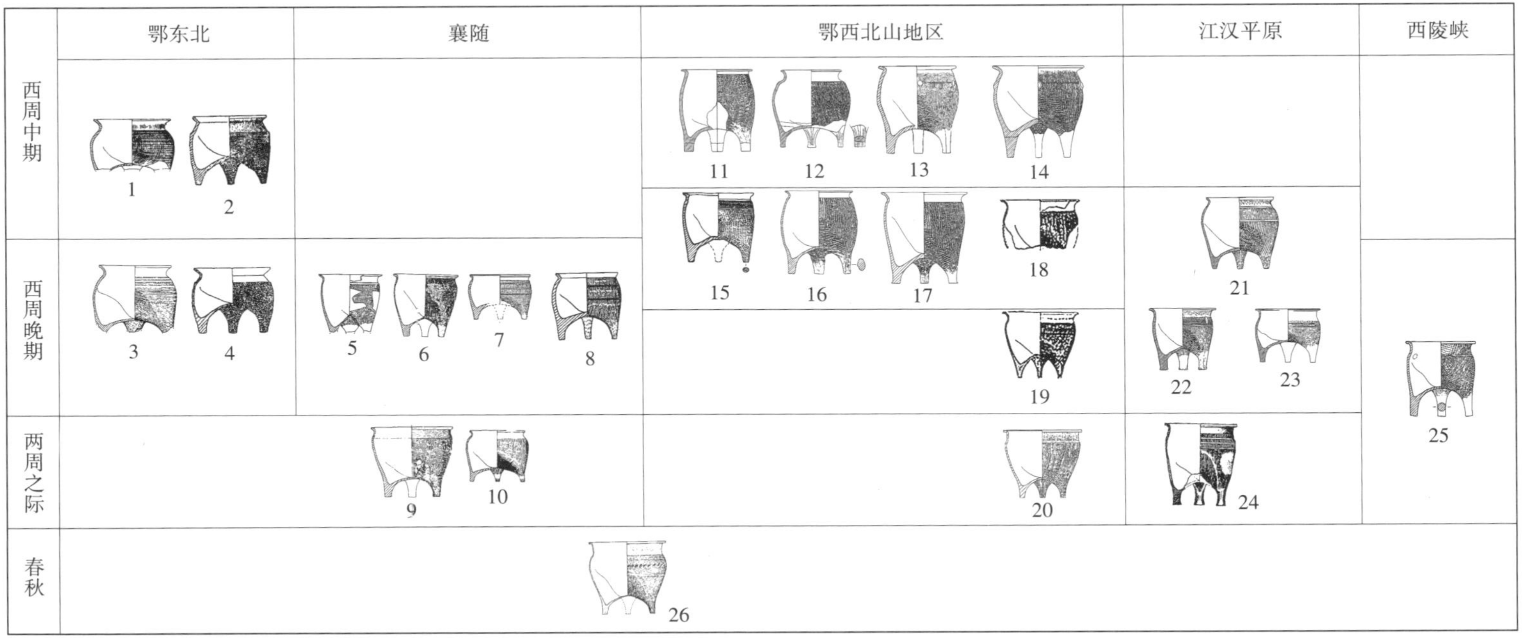

图五十五　西周中晚期鬲的排序

1. 乌龟山 T1④:12　2. 吕王城 T2⑥:134　3. 吊尖 H31:19　4. 吕王城 T5⑤B:121　5. 小马家 H3:1　6. 真武山 H36:4　7. 真武山 H39:4　8. 黄家村 H5:4
9. 真武山 H81:15　10. 郭家岗 H109:11　11. 辽瓦店子 H2:40　12. 辽瓦店子 H2:6　13. 辽瓦店子 T1114⑥:1　14. 孙家坪 H6:9　15. 辽瓦店子 H2:4　22. 荆南寺 G2:11
16. 辽瓦店子 H224:2　17. 辽瓦店子 H224:1　18. 辽瓦店子 H224:5　19. 辽瓦店子 H4:1　20. 辽瓦店子 H267:1　21. 荆南寺 T18③:51
23. 万福垴 TN05E20⑤:1　24. 梅槐桥 T3③C:25　25. 庙坪 H7①:1　26. 郭家岗 H187:1

三　时空框架的建立

综上，长江中游地区商周时期时空框架表可相应得出（表十二）。

表十二　长江中游地区商周时期时空框架表

	鄂西北		鄂东北	鄂东南	湘资下游	澧沅下游	江汉平原	西陵峡
	山地	襄随						
二里岗上层	辽瓦典型商文化遗存	盘龙城类型	盘龙城类型	意生寺类遗存	铜鼓山一期遗存	宝塔文化	荆南寺文化	路家河文化及路家河H4
殷墟							周梁玉桥文化	
西周早期	辽瓦一期	毛狗洞H1类遗存	鲁台山H1类遗存	毛家咀遗存和大路铺文化	费家河文化	宝塔文化斑竹类遗存一至四期		
西周中期	辽瓦二期				炭河里文化			
西周晚期	辽瓦三期	黄家村H5、真武山H81等	金罗家类型				荆南寺G2类遗存	庙坪H7类遗存
春秋早期					毛家堰—阎家山一期	文家山H1、周家湾遗址		

图例：▨ 典型商文化；▨ 有商文化规范的地方文化；□ 地方文化遗存；⧄ 周文化体系。

从表中可看出，各区之间的文化发展阶段有同有异，以王朝文化即典型商文化和周文化为主线，各区大多都可相应分为三个发展阶段，即商文化体系阶段、地方文化发展阶段和周文化体系阶段。但这三个阶段开始和结束的时间在各区并不相同，反映出王朝文化规范到达的不同时间和地域，从而体现出中央王朝对地方各区的不同的进入时间和控制方式。以上得出的时空框架体系是我们探讨深层次问题的必要基础，在本章之后，所有讨论以及得出的结论都源于该框架体系。另需说明两点，一、有些地区的序列中年代推断方面，因材料过少的客观原因论证不够充分，需待今后更多材料的检验；二、部分区域的序列还不甚完整，而我们可以通过相邻区域的相关遗存看出一定的线索①。

① 部分具体推测见第三章。

第三章 西周时期各文化遗存间的关系探讨

通过第二章的研究，整个西周时期的考古学文化的构架已大致建立。从文化发展阶段看，典型商文化的进退可作为第一阶段，商文化退去到典型周文化的进入之间可作为第二阶段，典型周文化的整合可作为第三阶段。从整个长江中游地区的发展看，这种变动的时间节点在各区并不相同。若以周文化为主线，我们可以看到，在典型周文化进入之前，整个长江中游地区均还不属于周文化系统，而在典型周文化进入以后，在整合区外的考古学文化也不属于周文化系统，由此，我们以周文化为主线可将所有涉及的文化遗存划分为两大类别，即周文化与非周文化。具体而言，非周文化主要存在于两大阶段，一，晚商至西周早期整个长江中游均可归属；二，西周中期以后，随着周文化的扩张，分布于周文化区之外。两个阶段中，部分非周类别的地方文化仍然持续发展，部分或被整合或流变或消失。

第一节 非周文化及其分布

属于非周文化类别的考古学文化的分布由北向南、由东向西依次为：辽瓦店子一期遗存、毛狗洞 H1 类遗存、鲁台山 H1 类遗存、毛家咀类遗存、大路铺文化、费家河文化、炭河里文化、斑竹类遗存、周梁玉桥文化、路家河文化晚期遗存①。以下将归纳各文化（遗存）的主体特征②、分布范围，并探讨其间的关系③。

一 辽瓦店子一期遗存

（一）陶器的主体组合

前文所述，辽瓦店子一期遗存可分两段，早段主体组合为扁足鬲 I

---

① 庙坪 H7 类遗存其年代为西周晚期，已出现周文化组合，但又保留自身特点，此处单独处理，具体见后文详述。

② 所谓主体特征，主要表现为该文化的陶器中存在的"特征结构"，即文化中若干种常见、伴出的陶器能循一定规律演进。参见冰白：《陶器谱系研究的问题与前景》，《中国考古学跨世纪的回顾与前瞻》，科学出版社，2000 年，第 162 页。

③ 由于部分遗存的年代下限不好把握，此处以探讨遗存的空间分布及文化传统关系为主。

式、大口尊、瓮、高领罐；晚段为扁足鬲Ⅱ式、Ⅲ式，截锥足鬲、罐、缸，AⅠ式豆。可见，其最有特色的器类为扁足鬲，该类炊器十分有特点，陶系为夹细砂夹云母的黑或红陶；纹饰为极细绳纹，间饰弦纹、戳点纹或者刻划纹；口沿特点多为卷沿薄圆唇或薄方唇，早段为袋状扁足，晚段为圆裆、长方体或椭圆柱体扁足。早段共出大口尊、晚段共出截锥足鬲、豆，可见其存在的时间为晚商至西周早期。

从目前的资料看，本地区扁足鬲虽发现不多，除本遗址外主要还包括大东湾遗址和大寺遗址，之前已有过介绍。其他与辽瓦店子一期遗存关系密切的主要有陕东南的过风楼遗存以及豫西南的下王岗遗存。

（二）　与陕东南过风楼遗存的对比

过风楼遗址位于商南县丹江干流北岸二级台地上。遗址分为Ⅰ区、Ⅱ区。西周遗存主要分布在遗址Ⅱ区，发掘面积共 1100 平方米。遗迹单位仅有 F1、F2、H1。F1 为单体房屋，F2 为五联间房屋，均为近方形地面建筑，发现有柱洞、红烧土灶遗迹，并出土了较多陶器。H1 发掘时先分为两层，后发现为 2 个灰坑，但编号未改。H1①为圆形灰坑；H1②为椭圆形灰坑。所有遗迹均开口于现代层下，除 H1①→H1②外，无其他相互叠压打破关系。出土陶器以夹砂夹云母红陶为主，泥质灰陶为次；纹饰以极细绳纹为主，另有附加堆纹，弦纹、戳点纹、刻划纹及少量方格纹、扉棱装饰等。F1 出土有卷沿、圆裆、扁足鬲和截锥足鬲，敛口扁足甗，敛口深腹罐及高领圆底尊。F2 出土卷沿、截锥足、圆裆鬲和瘪裆鬲，敞口截锥足甗，仿铜陶觯，高领圜底尊及三足瓮。H1①出土卷沿、截锥足、瘪裆鬲，敞口甗，矮直领瓮等。H1②出土卷沿截锥足瘪裆鬲和敞口甗等。由上可知，过风楼遗址的典型器物组合，除大量地方特色的圆裆鬲、扁足鬲、甗外，还包括圜底尊、三足瓮等器类，这群器物组合及风格独特，已有学者将之称为"过风楼类型"[1]。

在商州市西周晚期陈源遗址[2]也发现有方形联间房屋，残存 3 间，方向坐西面东。该遗址位于丹江西岸二级台地上，文化面貌除典型周文化的瘪裆鬲、甗、折腹盆、罐外，共出的就有圆裆鬲、圜底尊和三足瓮这种组合，不过在型式上有变化，如瓮的器身变鼓，尊的圜底变为平底内凹等。该遗址年代为西周晚期，尽管与过风楼遗址存在年代的

---

① 何晓琳、高崇文：《试论"过风楼类型"考古学文化》，《江汉考古》2011 年第 1 期。

② 陕西省文物考古研究所发掘材料。

空缺，但抛开典型周文化因素看，可以确定二者在文化传统上有明显的传承与延续。

通过以上的分析，辽瓦店子一期遗存与过风楼遗存间的异同已较为清晰。二者的炊器，主要是从鬲的陶系、纹饰、器形看有较大的一致性；从组合上看，辽瓦遗址发现的小口高领罐与过风楼的圜底尊器形接近，但过风楼的仿铜陶觯、三足瓮在辽瓦遗址并没有发现（也可能是由于该期遗迹单位较少暂未发现）。辽瓦遗址出土的釜、大口缸、豆、大口尊等在过风楼遗址中也没有发现。由此，这两种遗存的关系有待进一步讨论。

（三）与豫西南下王岗遗存的对比

前文提及大东湾遗址、大寺遗址与辽瓦一期遗存也有区别，表现前二者出有尖锥足鬲、高足杯两类器物，并提出这两类器物是见于淅川下王岗遗址的，故此处有必要对下王岗遗址所代表的遗存作一介绍。

1. 下王岗遗址

下王岗遗址位于河南省南阳市淅川县盛湾镇河扒村东北，东北距淅川县城 35 千米。该遗址现处于丹江水库库区内，东、北、西三面为丹江环绕，因四周受丹江侵蚀，保存面积仅 6000 平方米。1971 年曾进行试掘①，1972～1974 年第一次正式发掘②，2008 至 2010 年，为配合南水北调中线文物保护项目又先后进行了三次发掘③。

20 世纪 70 年代的发掘工作，西周时期遗存包括有房基 2 座，灰坑 16 个，墓葬 3 座及地层堆积①层。①层西周文化层接近地表，长期受到自然与人为破坏，文化堆积厚薄不均，难以做进一步分层。房基 F9 打破 F10，复原为圆形地面建筑，另 F9 发现椭圆形红烧土硬面的灶遗迹。墓葬发现三座，零星分布在遗址的中南部，包括 M24、M120 以及 M163。报告中发表的材料有限，整体看来，出土的陶器以夹砂、泥质灰陶居多，泥质黑陶、红砂陶很少。纹饰以绳纹为主，少量的弦纹、附加堆纹、压印纹等。陶器组合包括鬲、甗、鼎、盆、豆、罐、瓮、高柄杯等。居址类出土陶器可见除高柄杯外的器类，墓葬类出土陶器包括 M24 的鬲、

---

① 长江流域规划办公室考古队河南分队、河南省博物馆文物工作队：《河南淅川下王岗遗址的试掘》，《文物》1972 年第 10 期。

② 河南省文物研究所、长江流域规划办公室考古队河南分队：《淅川下王岗》，文物出版社，1989 年。

③ 中国社会科学院考古研究所山西队、河南省文物局南水北调办公室：《河南淅川县下王岗遗址西周遗存发掘简报》，《考古》2010 年第 7 期；中国社会科学院考古研究所：《淅川下王岗：2008～2010 年考古发掘报告》，科学出版社，2020 年。

高柄杯、瓮组合等 8 件以及 M120 的瓮 1 件。发掘者据陶器形制特点认为属于西周早期，与张家坡早期居址与墓葬的陶器对比看，这种推断大致无误。

2008 至 2010 年的发掘，选择在 20 世纪 70 年代发掘区的南北两侧，西周时期遗存主要分布于遗址北部，据报告包括灰坑 57 个、灰沟 2 条、灶 1 处，其中典型灰坑 13 个，另有地层堆积④A、④B 层①。

发掘者根据遗迹单位叠压打破关系和典型陶器演变特征初步可分为三期五段：第一期第Ⅰ段典型单位为 H135；第Ⅱ段典型单位包括 H89、H115、H129、H133；第二期第Ⅲ段典型单位包括 H16、H121、H150 等；Ⅳ段典型单位为 H137、H117；第三期第Ⅴ段典型单位包括 H17、H90。其中，Ⅰ、Ⅱ段属西周早期偏晚；Ⅲ、Ⅳ段属西周中期；Ⅴ段为西周晚期偏早。报告所见器物主要为鬲，另有瓿、盆、豆、罐、瓮。鬲发表最多，各期均有，大多为夹砂灰陶，且型式可排序，而其余器类发表较少。组合较好的仅有三个单位：H135 为鬲、高领罐、豆；H16 为鬲、瓮、高领罐；H137 为鬲、盆、豆、瓿。

我们通过对简报发表的层位关系，典型单位的陶器组合及型式的演变特征的综合分析，将这 11 个灰坑重新进行分期与排序（图五十六）。

首先，从层位关系看，这些灰坑由晚到早主要存在三个年代组，即打破④A 的单位，如 H90、H17；④A 下开口并打破④B 的单位，如 H150、H121；④B 下开口单位，如 H89、H115、H129。而其他几个典型单位，包括 H133、H135、H16 以及 H137，我们必须通过陶器组合特点以及型式排序来确定组别。

从器物组合看，我们可以将这些单位分为两大组：第一组单位为鬲、豆、瓿、高领罐、瓮、深腹盆、高足杯组合，年代较早，包括 H16、H89、H115、H129、H133、H135，该组陶器还未见典型周文化的瘪裆鬲、折腹盆、折盘豆、折肩罐组合，而保留更多商文化遗风，如尖锥足分裆鬲、深腹盆等；而另一组单位为鬲、盆、豆、罐、瓿组合，年代较晚，包括 H17、H90、H121、H137、H150 等，这些单位已出现典型的鬲、折腹盆、豆、罐，文化性质上已是典型周文化。当然，这两大组中包含的单位还可见年代差别，比如在较晚的一组中就可再细分早晚，而 H90 和 H137 分别是其代表单位。

---

① 据层位关系表，T11②也属西周层，我们存疑，原因在于开口 T11②下的 H137 年代晚出西周，详见后文。

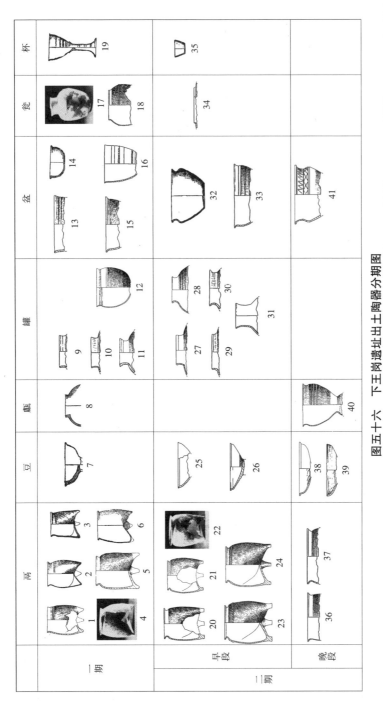

图五十六　下王岗遗址出土陶器分期图

1. 鬲 H135:2　2. 鬲 T4①:35　3. 鬲 M24:5　4. 鬲 T4①:45　5. 鬲 H16:1　6. 鬲 M24:11　7. 豆 T4①:69　8. 瓶 T4①:46　9. 高领罐 H135:4　10. 高领罐 H115:3　11. 小口罐 H129:7
12. 圆腹罐 H16:9　13. 盆 H135:1　14. 盆 T6①:41　15. 盆 H115:2　16. 直腹盆 H16:7　17. 瓮 M24:6　18. 瓮 M24:6　19. 高足杯 T4①:4　20. 鬲 H150:1　21. 鬲 H121:1
22. 鬲 T16①:108　23. 鬲 H90:1　24. 鬲 H17:1　25. 豆 H90:3　26. 豆 H90:2　27. 高领罐 H150:2　28. 高领罐 H17:6　29. 小口罐 H121:4　30. 高领罐 H17:8　31. 小口长颈罐 H121:6
32. 盆 T19①:124　33. 盆 H121:5　34. 杯 T16①:274　35. 杯 T16①:5　36. 鬲 H121:5　37. 鬲 H137:7　38. 豆 H137:3　39. 鬲 H137:7　40. 瓶 H137:5　41. 折腹盆 H137:2

从陶器的型式排序看，也支持上述分期方案。陶器中因鬲的出土最为丰富，演变轨迹清晰，可作为排序的主要依据。鬲的口沿主要包括卷沿和折沿两类，卷沿鬲的演变规律为侈口变敛口，整体器形有由瘦高变矮胖的趋势。如 H135：2（图五十六，1），为侈口，折沿，方唇，瘪裆，尖锥足，下腹斜收，三足内聚，整体器形瘦高。而 H16：1（图五十六，5），明显整体器形变方正。折沿鬲的演变规律为逐渐出现颈部，由颈部不明显到矮束颈再到颈肩交界明显，此外，肩部的绳纹由无到有再到多道，如 H16：1，H121：1（图五十六，21），H17：1（图五十六，24）发展到 H137：7（图五十六，37）。鬲足主要分尖锥足和柱足，尖锥足和柱足曾在早期单位共出，后发展到尖锥足少见，柱足向两个方向发展，部分逐渐变为矮疙瘩状足，部分却逐渐变高。

通过以上的分析，我们将下王岗西周遗存分为两大期，其中第二期可再细分为早晚两段，另 70 年代的发掘资料可根据陶器的组合和形制特点分别对应到各期别中，重新整理后分述如下。

第一期：包括 H16、H89、H115、H129、H133、H135，另 70 年代的 M24、M120、T4①、T6①、T11① 等单位部分陶器也属于该期。这组单位的年代我们赞同报告及简报所言，在西周早期。其中，H135 是属于偏早的，出土的陶鬲 H135：2（图五十六，1）为侈口圆唇，直腹，尖锥足，足部特点带有较浓的商文化遗风，但整体呈纵方体而瘦高很具地方特色。70 年代出土的鬲 T4①：35（图五十六，2）延续了整体形态瘦高的特色，从大口折沿看，和丰镐地区周式鬲如 97SCMT1H18：49 一致（原简报图一一，10）。鬲 T4①：45（图五十六，4），深袋状锥足还是商风遗留，而连裆已显周风，与张家坡出土的鬲 M77：3（原报告图 81，12）下部特点一致。这些都显示了从商文化向周文化过渡的西周早期的特点。

第二期：鬲、折腹盆、豆、罐的典型周文化组合已经出现。

早段：以 H150、H17、H90、H121 为代表，另包括 70 年代发掘的 T19①、T16①。从这组单位中 H90 出土的两件豆，如 H90：3（图五十六，26）看，形制与黄家村遗址出土的豆 H5：5（图九，7）一致，年代应相当，在西周晚期。小口长颈罐（壶）H121：6（图五十六，31）与辽瓦店子 H2：12（图二，21）以及小马家 H2：19（图十三，7）同为小口长颈，辽瓦店子 H2 年代在西周中期，颈部较直，而小马家 H2 年代约在两周之际，其口沿外侈，圆唇较厚，为较晚的风格。下王岗壶的颈部微凹，更像后者。从鬲普遍的大口翻沿风格看，与丰镐地区西周晚期鬲一致；而颈部逐渐明显加高的风格，又与鄂西北地区西周晚期陶器演变特征一致。综上，这组单位主体年代约在西周晚期。此外，H150 在这组单位中属于偏早的，这从陶鬲的排序以及层位关系（H121→H150）可推出。鬲 H150：1（图五十六，20），侈口，卷沿，方唇，束颈，特点已是西周晚期，但从残存的档部看，似乎为高瘪档，仍保留有稍早的风格。我们在沣西地区出土的鬲如 97SCMM16：2（原简报图四〇，5）以及周边辽瓦店子遗址的鬲 T1114⑥：1（图二，16）可见这种相类似的高瘪档以及卷沿凹颈的特点。70 年代资料中的折腹盆 T19①：124（图五十六，32），方唇，折沿，斜凹颈，与鄂西北出土的陶盆可进行排序，如黄家村H5：1（图九，6），真武山 H81：15（图八，11）等。从纹饰看，细绳纹的风格在该地区从西周早期开始流行，从形制看，它早于后两者。以上两件器物可以大致为我们提供西周中期陶器面貌的线索。

晚段：以 H137 为代表。据报告，H137 位于 T11 西北部，开口于第2 层下，被 H136 打破。平面形状不规则，底部不平。东西最长 2.9、南北最宽 1.75、最深约 0.98 米。坑内填土呈黄褐色，土质较硬，内含木炭屑、烧土粒。坑内出土陶片较多，可辨器形有鬲、甗、折腹盆、豆等。我们将 H137 所出的陶器与周边地区相关单位进行对比发现，H137 的年代简报推断过早，不应为西周中期偏晚，或已晚出西周到春秋初年。根据发表的陶器，H137 出土陶器组合包括鬲口沿 2 件，鬲足 2 个，甗甑部 1件，盆上部 1 件以及豆盘 2 件。我们通过仔细分析其形态特点，发现有几个典型单位可作为其年代推断的依据，包括真武山遗址 H79、朱家台遗址④层、陈坡遗址 H12 等，这些单位年代已在两周之际，或为春秋早期。具体而言，鬲口沿 H137：3（图五十六，36），为卷沿方唇，唇上部外凸，唇面有一道凹槽；甗甑部 H137：1（图五十六，40）为方唇、卷沿、鼓肩、下腹斜收、束腰，与真武山 H79：9（原简报图一〇，1）接近；盆为大敞口长凹颈折肩盆，与朱家台 T92④A：4（图十二，6）接近；豆盘 H137：5（图五十六，39）为平沿、方唇、浅折腹，与陈坡遗址 H12：7（原报告图四三，6）一致。故 H137 年代应在两周之际或春秋初年。

总之，下王岗西周一期遗存的陶器以夹砂和泥质灰陶为主，泥质黑灰陶和夹砂红陶较少；器表多为细绳纹。器物组合包括瘪档尖锥袋足鬲、深腹盆、高足杯、高领罐、矮领瓮等。文化性质上，我们认为是一支具有地方特色的文化。分档、尖锥袋足是典型商鬲的特点，而瘪档是周鬲的特点，这两种特点可以同时在该遗存中见到，有些陶鬲甚至是瘪档尖锥足，可见，一期遗存属于商文化向周文化过渡的阶段。另磨光黑陶高足杯 M24：10（图五十六，19）很有特色。高柄器可见于汉水上游的宝山文化、峡江地区的路家河文化及成都平原的十二桥文化，这表示与这几种文化之间存在某种关联。在邻近的湖北郧县大寺遗址、十堰大东湾遗址也能见到类似的器物，这表明该类器物是沿着汉水流传至此。

下王岗二期遗存器物组合为鬲、甗、豆、罐、盆，从文化性质上看，已属于周文化体系，但陶器形制特别是鬲颇具地方特点，属于周文化的地方类型，即"下王岗类型"。陶器仍以夹砂灰陶为主，泥质陶少见，纹饰除绳纹外，另多见附加堆纹及多道弦纹施于器肩。早段陶器组合仍以鬲为大宗，矮柱足瘪裆鬲、折腹盆、折盘豆为典型周文化特点，但鬲的小折沿束颈加三矮足内聚的整体形态很有自身特色，如鬲 H121∶1（图五十六，21）。而鬲 H90∶1（图五十六，23），三矮足外张，整体形态端正挺拔，与三足内聚风格完全相反，颇有鄂西北春秋早期楚式大口鬲的韵味。晚段组合中的陶器已常见于同时期鄂西北地区遗存，自身特点基本消失。

2. 其他相关遗址

（1）淅川下寨遗址[①]

下寨遗址位于河南省南阳市淅川县滔河乡下寨村东北，正北临丹江，东面和南面被源于湖北的丹江支流——滔河围绕。仅发现灰坑 11 个、残陶窑 1 座。灰坑的形状有近圆形、椭圆形和长方形、不规则形等。出土遗物主要是鬲，另有豆、盂、罐、瓮等残片。发掘者认为遗存大概有早晚两组。H124、H166、H214 约在西周中期；H320 为代表的遗存约在西周晚期。文化性质属于"过风楼类型"。

简报公布的三件鬲很有特点。H124∶1（图五十七，1）鬲为大口，卷沿，圆唇，圆鼓腹，瘪裆，二次包足，三足内聚，夹砂黑陶，通体细绳纹，足根素面。整体形态与黄陂鲁台山 H1 出土的鬲接近，如鬲 H1③∶1（图十七，10）。H166∶1（图五十七，2）为卷沿，平方唇，弧肩，直腹，圆裆，截锥足，夹砂夹云母红陶，通体细绳纹，肩部加饰戳点纹，足根素面。这与辽瓦和过风楼遗址的圆裆鬲陶系、纹饰一致，形制也类似。此外，鬲 H166∶1 整体瘦高的特点与下王岗遗址鬲的风格若有相似（图五十六）。鬲 H166∶7（图五十七，4），平沿圆唇，凹颈，其鼓肩圆腹的特点与辽瓦店子遗址 H2 出土的 Aa、Ab 型鬲接近，肩部贴一乳钉泥饼的装饰特点与辽瓦店子 BaⅠ式鬲 T1114⑥∶1（图二，16）一致，到真武山鬲

---

① 河南省文物考古研究院：《河南淅川县下寨遗址西周遗存发掘简报》，《华夏考古》2017 年第 2 期。

H36：22（图八，5）仍可见。H214：1（图五十七，3）大口，卷沿，圆唇，筒直深腹，瘪裆，截锥足，夹砂红陶，通体细绳纹至足根。毛狗洞H1类遗存中有出过筒直腹鬲 ZMH1：？（图五，2），应属较早的风格。综上，我们倾向于将这三个单位归入下王岗一期遗存，但由于缺乏器物组合依据，其年代可大致框定在西周早中期。H320为代表的遗存，我们同意简报定为西周晚期，可归入下王岗二期遗存早段。至于文化性质，据发掘者介绍 H214 有共出扁足鬲，说明与辽瓦店子、过风楼遗址之间关系密切，但是否归入"过风楼类型"，由于依据较少，此处暂存疑（图五十七）。

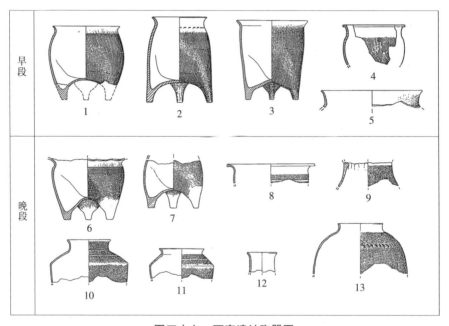

图五十七　下寨遗址陶器图

1. 鬲 H124：1　2. 鬲 H166：1　3. 鬲 H214：1　4. 鬲 H166：7　5. 罐 H214：2　6. 鬲 H320：1
7. 鬲 H320：18　8. 甗 H320：13　9. 甑 H320：9 `10. 罐 H320：2　11. 罐 H320：3　12. 瓮 H320：4
13. 瓮 H320：8

（2）淅川龙山岗遗址[①]

龙山岗遗址位于豫西南丹江下游。河南省文物考古研究院配合南水北调中线工程建设，于2008年5月至2012年10月，对遗址进行了抢救性考古发掘。西周遗迹主要有灰坑、沟、墓葬等；出土的典型器物主要为陶鬲。发掘者认为，从器物的特征来看，遗存的年代涵盖了西周早期、

① 河南省文物考古研究院：《河南淅川龙山岗遗址西周遗存发掘简报》，《中国国家博物馆馆刊》2015年第7期。

中期和晚期。西周早期的陶鬲 H1：1（图五十八，1），颇具商文化特征；西周早中期之际的陶鬲 M8：1（图五十八，2），表现出了强烈的地域文化特征，如陶系为夹砂红陶，鬲足为柱状等；鬲 H338：1（图五十八，3）为西周中期后段特点。其后，鬲 H528：1（图五十八，4）出现了明显为"二次包制"的柱形鬲足，属"楚式鬲"的典型特征，年代在西周晚期。

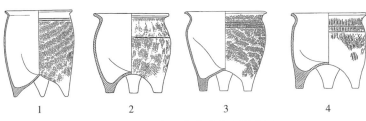

图五十八　龙山岗遗址出土的陶鬲
1. H1：1　2. M8：1　3. H338：1　4. H528：1

我们认为，该遗址由于缺乏组合的依据，仅就陶鬲进行比对分析。鬲 H1：1 与下王岗出土的鬲 H135：2（图五十六，1）风格相似，同为整体呈纵方体而瘦高的特点，较具地方特色，同为西周早期。而鬲 H338：1 与辽瓦店子遗址二期晚段遗存出土的鬲 H224：1（图二，26）整体特征更为接近，同为侈口，方唇，卷沿，束颈，鼓肩，腹微鼓，瘪裆高柱足。纹饰同为斜细绳纹。与真武山 H36：4（图八，1）相比，其口沿薄、纹饰细腻都表现出稍早的特征。

（3）申明铺东遗址文坎沟东地点①

申明铺东遗址位于河南省淅川县滔河乡申明铺村东北，"文坎沟东地点"指的是其西北约 1500 米处的文坎村下河路沟东部。2012 年 11 月至 2013 年 1 月，郑州大学历史学院考古系对该地点进行抢救性发掘，发掘面积 4000 平方米。西周时期遗存包括灰坑 29 座、陶窑 2 座、房基 1 座。由于遗址遭到严重破坏，出土器物不算丰富。发掘者认为西周时期遗存和下王岗 H150、H17 等单位为代表的第二期早段特点接近，年代在西周中期偏早。鬲 H38：1② 与下王岗 H16：3 接近，H28：7 与下王岗 70 年代出土的 T4①：69（图五十六，7）接近，盆 H22：4 与下王岗 70 年代出土的 T19①：124（图五十六，32）相似，可见存在下王岗一期及二期偏早的遗存。

① 郑州大学历史学院等：《河南淅川申明铺东遗址文坎沟东地点龙山与西周遗存发掘简报》，《文物》2017 年第 3 期。

② 简报中发表的线图和图版似有和鬲 H22：5 混淆，此处以线图的编号为准。

（4）淅川单岗遗址

单岗遗址隶属河南省淅川县盛湾镇单岗村，北临丹江，西南距单岗村约250米，面积约2万平方米。2011年7月至2012年1月，郑州大学历史文化遗产保护研究中心对该遗址进行第一次抢救性发掘，出土了比较丰富的周代遗存和遗物①。发掘者认为第一期遗存以2011F3和2011H301等为代表，年代大致相当于西周晚期或两周之际。该期遗存出土的典型器类有鬲和豆等。鬲多卷沿而无领，折肩或圆肩，高瘪裆，见有扁圆形足根和泥饼贴饰。豆矮柄且有箍棱，与丰镐地区西周晚期陶豆柄部特征比较一致。该遗址西周时期出土遗物很少，组合不全，较难看出完整的文化面貌，故此处不做过多讨论。

2013年3～6月，对单岗遗址进行了第二次抢救性发掘。发掘者认为第一期遗存以H391、H353、H478、H452、H418为代表，年代在西周晚期，有些器形可能沿用至春秋早期。鬲H353：2（原简报图五，1）整体横扁，豆柄H353：4（原简报图五，4）中间有为箍棱。H452出土鬲豆残片（原简报图一〇），豆的形制为浅盘折腹豆盘，箍棱豆柄。这与西周晚期黄家村H5出土的器物如豆H5：5（图九，7）特点一致，年代应相当。

（5）焦皮凹遗址②

焦皮凹遗址隶属河南省淅川县盛湾镇焦皮凹村。2013年3～5月，为配合南水北调中线工程丹江口水库淹没区建设及保护地下文物，郑州大学历史学院对该遗址进行了考古勘探及抢救性发掘。实际发掘面积共3400平方米。简报将西周时期遗存分为三期，第一期以G4为代表，年代相当于西周早期。第二期分早晚两段，早段以H26代表，年代在西周中期偏早；晚段以H27为代表，年代在西周中期偏晚。第三期以H18、H19、H100、H102、H38等为代表，年代在西周晚期。由于西周时期遗存遭到严重破坏，出土器物几乎都残破严重，组合也不甚完整，因此也不做过多讨论。

综上，通过辽瓦一期遗存与陕东南和豫西南地区同时期遗存进行比较发现，三省交界地区的遗存是存在关联的。西周早期，辽瓦一期遗存和过风楼遗存之间关系更紧密，即以扁足鬲为共同特征，在下王岗遗存

① 郑州大学历史文化遗产保护研究中心等：《河南淅川单岗遗址2011年度周代遗存发掘简报》，《江汉考古》2015年第4期。

② 郑州大学历史学院等：《河南淅川县焦皮凹遗址西周遗存发掘简报》，《南方文物》2020年第3期。

中下寨遗址也能看见这类器物。而下王岗遗存中的高足杯、分裆尖锥足鬲等特点在辽瓦一期遗存中也能见到，也反映出它们之间的文化交流。因此，目前材料尚不能断言它属于同一文化区，但以夹砂夹云母红陶、细绳纹、卷沿圆裆鬲为代表炊器的现象可在三省交界地区范围内大致同时存在，或表示该地区内部存在这样一支地方文化，或是以此为代表的较强的文化因素。在西周晚期及之后，下王岗二期遗存与辽瓦三期遗存之间组合特点相同，文化面貌趋近，逐渐成为同一文化区。

二 毛狗洞 H1 类遗存与鲁台山 H1 类遗存

毛狗洞 H1 类遗存的陶器主体组合为鬲、甗、罐、钵、簋、缸。其中，最有特色的为夹砂红陶，大敞口，长束颈，瘦裆甚，截锥足鬲，整体瘦高。鲁台山 H1 类遗存的陶器主体组合以鬲为最多，另有甗、罐、钵、簋、缸。鬲皆为大口瘦裆，整器较矮胖。

这两类遗存之间存在较多的一致性，从陶系、纹饰以及陶器的主体组合看均大体一致，最典型的器类鬲的特征也有很多相似，如大口、瘦裆甚、三足内聚、截锥足等。此外，二者均保留较多商的遗风，又都受到周文化的影响，体现的文化内涵可能也具有某种相似性，即与商与周都有密切关系。从毛狗洞到庙台子再到鲁台山，均体现了这种相似性，可见这种现象大致可覆盖鄂东北区至随枣走廊一线。

另毛狗洞 Ba Ⅲ 式鬲 ZMH1：10（图五，8）与前文提及的淅川下寨遗址出土的鬲 H214：1（图五十七，3）整体器形相似，唯后者敞口和瘦裆不如前者甚，或有联系。

三 大路铺文化与毛家咀类遗存

（一）大路铺文化

1. 陶器主体组合

如前文所述，大路铺文化的陶器主体组合特色为平裆鬲、护耳甗、镂孔豆，这类组合贯穿大路铺文化的整个发展阶段。在其他器类组合方面，另有罐、瓮、钵、滤盉等，各个时期形制不同。此外，护耳鼎、三足钵暂仅见于第一期；第二期新出缸；第三期新出带耳罐、三足盆等；晚段不见缸、滤盉等。组合中还多见仿铜陶器，另可见硬陶器。

大路铺文化主体陶器组合是很有特点的，仅有少量的弧裆鬲、簋为中原因素，带把器和印纹硬陶为赣西北等长江下游的因素，另蟹子地遗址的折腹鼎为炭河里文化因素，方格纹为炭河里文化或西陵峡区文化因素，斜直腹甗和菱形网格纹豆为洞庭湖东岸地区文化因素等，其余大多器类和器形具有自己的特点。

2. 分布范围

大路铺文化的分布范围，目前可确定的为黄梅、阳新、大冶一带，即鄂东南的南部地区，由于发掘材料有限，其余地区现仅能从调查、试掘材料大致圈定，以下以北向南、以东至西的顺序依次介绍。

（1）北部的黄冈地区（以蕲水、浠水、巴水顺次介绍）

黄梅：焦墩遗址已确定为大路铺文化分布范围；张山遗址发现有甗护耳、柯塘遗址发现有甗腰、护耳①；意生寺遗址②发现有刻槽鬲足等。

武穴：据 1982 年至 1989 年的调查③，武穴境内商周时期遗址达 60 多处，几乎都为鼎式鬲、护耳甗、豆、鸟形器为代表的遗存。

蕲春：易家山遗址④，位于蕲水干流左岸约 50 米处，隶属蕲春县横车镇西河驿村，遗址保存面积约 1400 米，1955 年局部发掘，1982 年复查。商周时期遗物包括：鬲足，刻槽柱足，夹砂褐陶；器流，椭圆形管状，夹细砂灰陶；豆，豆把 2 件，一为喇叭形圈足，上饰长方形镂孔和凹弦纹，夹砂灰陶；一为高直柄，中空细，夹细砂灰陶；甗，带护耳，折沿圆唇，内壁一孔，鼓腹，上饰交错间断绳纹，夹砂褐陶。

浠水：龟金山遗址⑤，位于蕲水支流右岸，隶属于浠水县堰桥乡沿圈河村，在阎家河村东约 200 米小山岗上。遗址平面呈不规则椭圆形，保存面积约 1000 平方米，1983 年调查发现，1989 年进行复查。商周时期陶器发现有钵，敛口圆唇鼓腹，腹饰凹弦纹、"S"纹，泥质灰陶；瓮，侈口尖唇，有领广肩，饰间断绳纹，肩上加饰乳钉纹，泥质灰陶；甗，折沿圆唇，内壁一孔，牛鼻形护耳，夹砂米黄陶。

英山：锥子铺遗址⑥，发现护耳甗的护耳；白石坳遗址⑦，位于英山县城关桥南端，属浠水上游支流东河入白莲河水库的南岸台地上，遗址

① 中国社会科学院考古研究所湖北发掘队等：《湖北黄梅县考古调查简报》，《考古》1994 年第 6 期。
② 湖北省黄黄公路考古队：《黄黄公路考古调查》，《江汉考古》1996 年第 2 期。
③ 武穴市博物馆：《武穴市新石器及商周遗址调查》，《江汉考古》1995 年第 1 期。
④ 黄冈地区博物馆：《黄冈蕲水流域古遗址调查》，《江汉考古》1994 年第 3 期。
⑤ 黄冈地区博物馆：《黄冈蕲水流域古遗址调查》，《江汉考古》1994 年第 3 期。
⑥ 王善才：《湖北英山、浠水东周遗址的调查》，《考古》1963 年第 12 期。
⑦ 黄冈地区博物馆：《黄冈蕲水流域古遗址调查》，《江汉考古》1994 年第 3 期。

在 20 世纪 90 年代调查中发现护耳甗、刻槽鬲足；大旗畈遗址①发现有刻槽鬲、护耳甗。

黄州：霸城山遗址②，位于巴水左岸岗地上，属黄州市陶店乡霸城山村。遗址高出巴水河床 10 余米。该遗址于 1991 年发现，保存面积约 7500 平方米。陶器发现有大口束颈圆肩刻槽绳纹鬲，肩部饰一至两道弦纹；护耳甗；敛口圆肩钵；簋折壁豆等。陈家墩遗址发现刻槽鬲足、长方形镂孔豆③。

综上，黄冈地区也为大路铺文化的主要分布区域。

（2）东南的赣北地区

神墩遗址④，位于江西省九江县新合乡境内，遗址呈土墩状，面积共 2.5 万平方千米。1984、1985 两次进行抢救性发掘，揭露面积 900 平方米。地层堆积分为三层，③层为新石器时期文化，商周时期遗存包括 85J2、②A、B、C，②B 层下 85J1。简报认为 85J2 在商代，②C 层、85J1 为商末周初，②B 层为西周中期，②A 层为西周晚期至春秋早期。

从出土陶器看，J2 出有分裆鬲、意生寺遗存的穿孔圜底罐、硬陶圜底罐、鬶，年代约在殷代。J1 出土有折沿连裆尖锥足鬲；②C 层出有毛家咀遗址类似的平行弦纹鬲以及大路铺遗址类似的甗、鬲、豆、钵，②B 层出有毛家咀遗址的小口折沿平底罐，年代约西周早期。②A 层出有滤盂、三足钵、盆形鼎，小口折肩平底罐，内耳甗、三足钵、器耳、仿铜鼎耳等，与大路铺遗址第Ⅱ组相当。

此外，在德安陈家墩遗址周代地层中出土了护耳甗、刻槽鬲足、侈口折肩罐等⑤；在九江县沙河街遗址出土有刻槽尖锥状鬲、附耳甗⑥。可见赣北地区为此类遗存的影响区域。

（3）西南的洞庭湖东岸区

洞庭湖东岸区殷墟至西周早期为费家河文化，西周时期未见资料发表。据向文提及汨罗螺丝山遗址发掘一批西周时期材料，从陶器面貌看，

①　黄冈地区博物馆：《湖北黄冈浠水流域古文化遗址调查》，《江汉考古》1995 年第 1 期。

②　黄冈地区博物馆：《湖北黄冈巴水流域部分古文化遗址》，《考古》1995 年第 10 期。

③　黄冈地区博物馆：《湖北黄冈巴水流域部分古文化遗址》，《考古》1995 年第 10 期。

④　江西省文物工作队等：《江西九江神墩遗址发掘简报》，《江汉考古》1987 年第 4 期。

⑤　江西省文物考古研究所：《江西德安县陈家墩遗址发掘简报》，《南方文物》1995 年第 2 期；江西省文物考古研究所等：《陈家墩遗址第二次发掘简报》，《南方文物》2000 年第 3 期。

⑥　江西省博物馆等：《江西九江县沙河街遗址发掘简报》，《考古学集刊》第 2 集，中国社会科学出版社，1982 年。

一组为小口卷沿罐为主，鬲、盆组合，陶系多泥质灰陶或黄陶，有不少硬陶，纹饰主要为菱形纹或菱形凸块纹，另有少量绳纹等。另一类为费家河文化的器类，如长颈釜、甗形器等，数量较少。向文认为，前一组很有可能为西周时期遗物，与大路铺主体遗存似有相似，后一组可能为费家河文化遗物，也很可能为费家河文化因素在西周时期的遗留。因此，洞庭湖东岸地区西周时期很有可能为独立的考古学文化。因未见实物材料，此处不敢断言。但可以肯定的是，洞庭湖东岸地区的西周时期遗存与大路铺文化必有很多的联系，如此，我们能在大路铺文化中看到费家河文化残留的文化因素则有了文化归属。如果这类文化因素不是通过洞庭湖东岸辗转而来，则洞庭湖东岸地区西周时期也可能为大路铺文化系统。

（4）西北的武汉地区

前文已介绍放鹰台遗址②层以及②层下的遗迹属于西周遗存。从文化面貌看，除典型周文化陶器外，还可见大路铺文化的代表组合，即"鼎式鬲"、镂孔豆、刻槽鬲足、护耳甗。前文已介绍遗址的年代为西周中晚期，两组因素共出的单位较少，仅有残片，不便推断。若仅从出土的典型陶器看，与大路铺遗址第Ⅱ、Ⅲ组早段大致相当。

此外，该地区新洲香炉山遗址也发现有长方形镂孔豆和长三角形镂孔豆；武昌县豹澥、湖泗发现刻槽鬲足、间断条纹陶片；在汉南纱帽山遗址发现有长三角形镂孔豆，器物纹饰也有采用间断绳纹的，这些遗存的文化性质属于周文化，说明此时以大路铺遗址为代表的文化对此地的周文化有一定影响。

（5）更远的区域

越过鄂东北地区到达随枣走廊，在西周晚期的周台遗址 G4 和春秋早期郭家庙墓葬 GM17 中，我们也能看到一些镂空的豆柄，如周台 G4：3（图十四，7）与 GM17：40（原报告图六九，12）。沿长江溯流往上到达江汉平原区，我们在宜昌万福垴遗址的二三期遗存中仍发现有镂孔豆 Y1③：6（原简报图一七，6）、带把器 H1：14（原简报图七，12）和滤盉 G2①：2（原简报图一一，6）。洞庭湖东岸区再往南，炭河里遗址可以见到刻槽鼎足，如 G5⑥：67（原简报图一五，7）。往东方向的安徽南陵千峰山 16 号墩随葬有护耳甗（原简报图五，9）。这些应是大路铺文化到达的更远的辐射区。

综上，大路铺文化的分布范围大致可定，主要为以巴河、大别山为界的鄂东南地区，而其文化影响可至赣北、洞庭湖东岸、鄂东北区，并经这些区域辐射至更远的随枣走廊、江汉平原等区域。进入西周中期后，大路铺与周文化之间的影响应是互动的，一方面在周文化分布区可见大路铺文化因素的延续，另一方面，周文化的影响也反馈至大路铺文化中，其三期遗存风格的转换或与周文化的扩张有关。西周中期及之后，大路铺文化的西北界武昌放鹰台、江夏商家坝；北界罗田庙山岗、红安金盆；甚至曾经的核心区域如黄冈果儿山遗址①，均以周文化组合为主，可见周文化已到达该地区。但从之后的大路铺文化三期遗存的发展看，最终仍未被周文化整合。

（二）文化来源与内涵

由于鄂东南地区相当于殷墟时期的考古学文化面貌还不清晰，故大路铺文化的来源暂不清楚，但存在一定的线索。鼎式鬲其来源应为本地区殷墟时期的鼎，由鼎改造而来；护耳甗及镂孔豆的来源，抛开甗耳及镂孔的特殊装饰作风，这两类器物在费家河文化和吴城文化均有大量存在并流行，尽管具体形制有差别，但其中的关联必定存在。因此，大路铺文化与它们之间应有一定的源流关系。若它们的年代确早于大路铺文化，则可推测该地区与其相当的殷墟时期可能也已出现这些器类的雏形或已流行。也有学者指出它们的形成更多地接受了南方湘赣地区史前至夏商时期文化传统的影响，同时也融合了鄂东地区的本土传统如鼎式鬲。而这些土著因素的对外传播多以单一因素的点状分布呈现，年代多集中在西周中晚期至春秋早期，其文化辐射影响力整体并不突出②。如前文所述，宜昌万福垴遗址似稍显例外。该遗址二三期遗存中还能较多见到镂孔豆、带把器和滤盉的组合，反映出大路铺文化因素对此地有较为强烈的影响。这种现象是因聚落等级较高而致的文化因素包含丰富，抑或是族群的迁徙？有待进一步讨论。

大路铺文化的陶器的器类丰富，制作工艺多样，装饰风格盛行应与青铜冶炼有关。大冶、阳新一带是我国长江中下游铜矿带的最西端，在大路铺遗址地层中出土了一些矿石、炼渣和一些与冶炼金属有关的生产工具，蟹子地、眠羊地、古塘墩等遗址也有发现。因此，大路铺文化主体组合陶器应与实用的青铜冶炼技术息息相关，故而能保持文化的主体经久不衰，且不易整合。大冶铜绿山遗址西周时期应属于大路铺文化，

---

① 黄冈地区博物馆：《黄冈地区几处古文化遗址》，《江汉考古》1989 年第 1 期。
② 罗运兵等：《大路铺文化土著因素的形成与传播》，《江汉考古》2014 年第 6 期。

由于青铜器是制造礼器和兵器的原料，因此大路铺文化代表的族群或集团应占有着铜矿资源，掌握着开采技术，由此而发展壮大。

（三）毛家咀类遗存与大路铺文化的关系探讨

毛家咀类遗存陶器主体组合为鬲、罐、鼎、盘、器盖。从陶系和纹饰看，其特点为泥质黑陶，轮制，器形规整，器表磨光者近半数；平行弦纹十分多见。特色器类为除 1 式外的其余 4 式鬲，其中 3 式为磨光黑陶，4、5 式饰平行弦纹，直腹、平裆。从遗存的整体面貌观察，可以看出包含两组因素，一组为中原文化因素，一组为土著文化因素。中原文化因素包括：铜礼器组合方鼎、圆鼎、爵、斗；陶器中的 1 式鬲、簋、爵、尊的仿铜器组合以及卜骨等。土著文化因素包括：干阑式建筑、陶器中的 2~4 式鬲、鼎、钵、盘、罐等。结合遗址的大型木构建筑以及铜器窖藏分析，该遗存应是西周早期一处高等级聚落中心。

前文已述大路铺文化的分布范围可覆盖整个鄂东南区域，铜绿山矿冶遗址也曾包含在内，因此，如此发达的地方考古学文化应有与之相匹配的高等级聚落中心的存在。确属大路铺文化的典型遗址中所发现的居址规模都不大，仅见大路铺遗址发现 6 座，前文已述及包括 84NF1；90EF1、F2；03EF1、F2、F3，形制分属半地穴式和地面式建筑两类。因此，其高等级聚落不在此。

而从整个鄂东南地区的情况看，无论从时间还是空间上能与之相对应相吻合的仅有毛家咀类遗存这一高等级聚落中心。但两类遗在陶器面貌上差异较大如何解释，以下罗列几条作为举证：

1. 高等级聚落的陶器文化面貌一般而言文化因素更为复杂，因此，毛家咀类遗存发现不同于或不见于大路铺文化主体组合的陶器是可以理解的。

2. 毛家咀遗址发掘面积有限，暂未发现大路铺文化的主体组合也可理解，而发掘者在调查时于该遗址是发现过刻槽鬲的鬲足的。

3. 鄂东南区毛家咀遗址之外全为大路铺文化的分布范围，若二者为两类遗存，毛家咀类遗存则成为孤岛，可能性似小。

4. 从毛家咀的陶器面貌看，以泥质黑陶居多，轮制，器形规整，器表磨光者半数以上，可见其制作精细，器类中有不少为仿铜陶礼器，那这组特色的磨光黑陶器是否也是礼器或是与其聚落等级相匹配的陶器，为等级低的居址所不常见？此外，前文述及大路铺文化陶器与青铜冶炼关系密切，实用功能性较强，而这群陶器或许在毛家咀高等级聚落中不易见及。

5. 毛家咀出土的陶器较少，但二者在陶器上能看到一定的联系，如毛家咀鼎Ⅱ9/5∶3∶7（图五十九，1）与大路铺鼎84NT5④∶1（图五十九，4）形制特点一致。此外，在不远的九江神墩遗址上层，也发现有大路铺文化和毛家咀类遗存的陶器共出，也表明与二者关系密切（图五十九）。

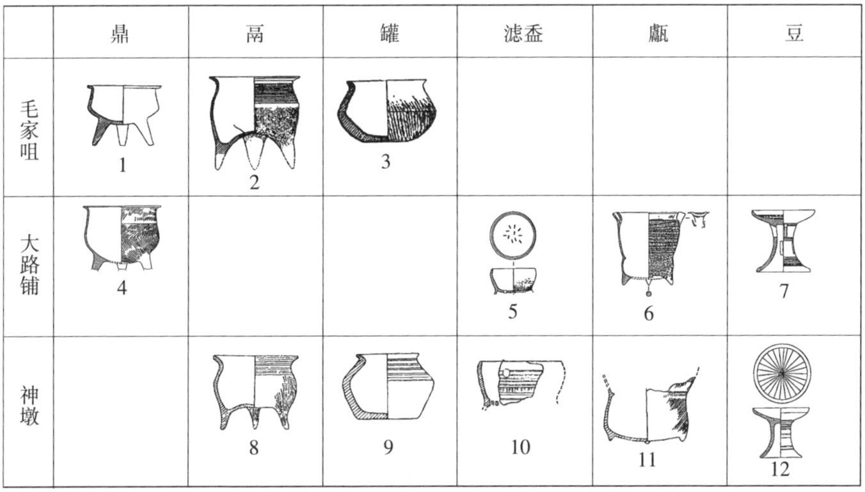

	鼎	鬲	罐	滤盉	甗	豆
毛家咀	1	2	3			
大路铺	4			5	6	7
神墩		8	9	10	11	12

图五十九　毛家咀、大路铺与神墩遗址陶器对比图

1. 鼎（毛家咀Ⅱ9/5∶3∶7）　2. 鬲（毛家咀Ⅰ24/3∶3∶28）　3. 罐（毛家咀Ⅰ23/2∶2F∶3）
4. 鼎（大路铺84NT5④∶1）　5. 滤盉（大路铺03EH36∶3）　6. 护耳甗（大路铺03ET2409⑥∶9）
7. 豆（大路铺03ET2409⑥∶4）　8. 鬲（神墩84T1②C∶1）　9. 罐（神墩84T1②B∶6）
10. 滤盉（神墩85T2②A∶37）　11. 甗（神墩85T2∶55）　12. 豆（神墩84T2②∶4）

综上所述，我们倾向将二者综合考虑，大路铺文化在鄂东南地区的聚落中心很可能是毛家咀遗址。

四　费家河文化与炭河里文化

（一）费家河文化

如前文所述，费家河文化的主体陶器组合种类丰富，包括平裆鬲、鼎（扁平足鼎和截锥足鼎）、釜（折沿釜、卷沿釜、内耳釜、短颈釜、长颈釜）、甗形器、大口缸、豆、盘、硬陶瓿、器盖等。

费家河文化所发现的遗迹中，最有特点的为陶窑，如费家河遗址发现32座、老鸦洲遗址发现14座、对门山遗址发现7座等。这些陶窑的分布很有规律，形制有圆形竖井式和“8”字形。据向文，醴陵陶瓷研究所和岳阳瓷厂对其进行测定发现，前者窑内温度大致在600℃～700℃，后者可达1200℃。费家河文化的陶器种类丰富，造型和纹饰风格具有较强的一致性，规范性很强，说明其陶器制作在一定程度上规模化和专门化。此外，在窑址周边还有灰坑、房屋基址和墓葬分布。可见陶器制作为费家河文化的重要经济产业。

该文化还可见青铜冶铸工艺，如樟树潭遗址出土的大口缸底部发现有多层残铜渣痕迹和小颗粒孔雀石，并出土了石范残件；老鸦洲遗址出土了铜器残片，并出土了大量长把的将军盔，应为冶炼铜矿或溶铜的器具等。有学者将费家河遗址附近出土的铜尊、铙以及岳阳鲂鱼山铜罍、华荣东山铜尊等费家河文化地域内出土的商代铜器归属为费家河文化的内涵，而向文认为除地域相同外无其他证据，后文将详述。

费家河文化的分布范围，从目前的材料看，主要在洞庭湖东岸区。

（二）炭河里文化

炭河里遗址由于聚落等级较高，遗存中能见到较多的文化因素的存在，这些文化因素中，除中原商周文化因素外，其他因素均有不同程度的融合，不易区分。炭河里文化的主体陶器组合为：折腹釜形鼎、宽折沿釜、小口矮领、高领罐、豆及硬陶釜、罐等。向文中把炭河里文化中的商文化因素似乎看得过重，认为它与本地文化因素可平分秋色且存在融合，并把这种关系对应为商末周初殷遗民与土著文化的结合。

炭河里文化由于发现有城址，宫殿基址等，故而为该时期的高等级聚落中心，与沩水流域同时期的青铜器群可以对应，这种观点现已趋同。不少学者如向文中，也将这种对应的关系指示为殷遗民的南迁问题[1]，认为这种方国遗存为殷遗民与土著文化融合的区域性方国文化。此处不赞同[2]。不管如何，可以确定的是炭河里文化是一支独立于周文化之外的地方青铜文化，而炭河里城址即为其政治中心或都邑。

炭河里文化的分布范围，据向文推测为："以沩水流域为中心，北抵洞庭湖南岸，南至衡山北麓，西屏雪峰山脉、东以湘江为界，包括湘江下游西岸涟水、沩水流域和资水下游地区。"

（三）二者的关系

据前文分析，费家河文化和炭河里文化的年代有一定的重合，而二者文化面貌上存在的联系，从目前的材料看，主要是高砂脊遗址，即费

---

① 向桃初：《炭河里城址的发现与宁乡铜器群再研究》，《文物》2006 年第 8 期。
② 详细论述见铜器相关章节。

家河文化的长颈釜、内耳釜、折沿釜可见于该遗址。此外，向文认为，炭河里文化中的本地因素的相当部分为费家河文化后期形成的本地传统的继承，其依据为釜鼎为主要炊器，陶器普遍饰方格纹等。

　　我们认为，两支文化在时间存在一定的前后交错，空间上又分属两个小区块，即洞庭湖东岸区与湘江下游区，而高砂脊遗址正位于这种时空的交集中，因此，其文化面貌存在与两支文化均有关联还不足以解决两支文化间是否具有源流关系的问题（图五十）。

　　要弄清二者的关系仍必须依据洞庭湖东岸地区与炭河里文化同时期考古学文化的陶器面貌。前文提及洞庭湖东岸地区西周时期遗存，仅见汨罗螺丝山遗址，其陶器面貌，一组为小口卷沿罐为主，鬲、盆组合，陶系多泥质灰陶或黄陶，有不少硬陶，纹饰主要为菱形纹或菱形凸块纹，另有少量绳纹等；另一组为费家河文化的器类，如长颈釜、甗形器等，数量较少。根据其描述，我们认为，第一组陶器组合中，小口卷沿罐与同时期的毛家咀、神墩遗址所出的同类器应关系密切（图五十九）。此外，在大路铺遗址中出土有一件完整的浅弧盘喇叭形圈足豆84NT1③：4（图六十，3），其豆座正饰有菱形纹，应该就是该遗址的代表器类，而该件豆的形态，很明显与费家河文化有承继关系。因此，西周时期该地区的陶器，与鄂东南区仍有较多联系，且存在费家河文化因素的残留。但这种因素的残留是文化传统的延续，抑或是同一文化的另一阶段，因材料的局限，不好断言。因此，该地区西周时期是否为独立的考古学文化仍需进一步的证明。

图六十　大路铺遗址出土菱形纹豆及对比图

1. 豆（老鸦洲 H6：102）　2. 豆（对门山 T8②a：4）　3. 豆（大路铺 84NT1③：4）

综上，费家河文化和炭河里文化间的关系，不一定为前后相继的两种文化，费家河文化晚期所形成的特点与炭河里文化之间不一定为文化传统上的承继关系，或有可能为时间上存在一定重合并行发展的两支文化，其区别主要是空间差异。因此，若今后有更多证据证明高砂脊遗址并不属于炭河里文化，则它与两支文化之间的共性则须理解为地域上的过渡。

不过，尽管这两种文化在主体组合上存在较多差别，但仍是以釜鼎为主体组合的体系，在文化影响上，由于地理上的相近，能看到的也都是与中原地区、澧水流域、鄂东南、赣西北等地区之间的互动。

五 斑竹类遗存、路家河文化晚期遗存与周梁玉桥文化

（一）斑竹类遗存

斑竹类遗存为典型商文化组合退去后宝塔文化的延续发展阶段，其一期仍延续宝塔文化的陶器主体组合，即釜鼎、小口高领罐、豆、簋、甗、盘、大口缸等，而后发展出釜形鼎（高足、矮足）、小口矮领罐、折腹豆、折肩盉、折腹盆、扁体盘的组合。三期以后组合仅见罐、盆，形制发生较大变化，罐变为折沿或圆鼓腹罐，盆口部变外侈。

宝塔文化的对外影响已较为清楚，在路家河文化、荆南寺文化和费家河文化中均能看见较强的影响力，如釜鼎、碗形豆等。从现有资料看，斑竹类遗存在第一至三期对外仍有较大的影响，主要表现为大量弦纹、乳钉的使用以及宽折沿釜鼎、折盘豆与罐等，可见于周梁玉桥文化、费家河文化及炭河里文化中。另该遗存组合中，盆较为重要，前文提到洞庭湖东岸区的陶器组合中的一组为鬲、盆、小口卷沿罐，其中盆的较多使用，或与其相关。

（二）路家河文化晚期遗存、路家河 H4

路家河文化晚期遗存的陶器主体组合为釜和凸肩杯，还可见十二桥文化因素的灯座形器、鼓腹罐，商文化因素的鬲、簋、大口尊、假腹豆等，宝塔文化因素的碗形豆，另有大口缸和硬陶折肩罐。

路家河文化的分布区域主要以西陵峡区为中心，包括清江下游，东与荆南寺遗址相接，西可远至巫峡以西的奉节地区。

路家河 H4 前文已述，其组合目前仅见鼎、釜，与周梁玉桥文化有联系，具体而言其鼎的形态特点与官堤及梅槐桥阶段相关。

（三）周梁玉桥文化

周梁玉桥文化的陶器主体组合包括：下腹鼓胀的圜底陶釜、釜形高足鼎、釜形小孔甑、圆肩凹圜底罐、侈口圜底缸等，另见鬲、簋、尊为中原文化因素，凸肩杯为路家河文化因素，直口豆、高领罐、扉棱鼎足为澧水遗存因素，另见甗形器、浅弧盘豆、印纹硬陶器可能来自费家河文化。

周梁玉桥文化前文已分三期，第一期以丙Ⅰ组、荆南寺 T18④B 为代表，为文化因素萌芽期，年代上限可不晚于殷墟一期。该期材料有限，主要是通过周梁玉桥的鼎与凸肩杯、殷墟一期之前的鬲、斝的共出串联而得。需要指出，这种串联依赖于可信的共出关系，若这种地层组合共出存在问题，则推论将不成立。第二期为其文化的鼎盛期，基本组合已形成。该期的釜为下腹鼓胀特点，鼎有两类，一类器身与釜相似，一类为折沿圜底釜，应是与荆南寺文化或路家河文化的釜相关，但所配鼎足很有特色，为高柱足，大多为足尖外勾。瓮、罐、罍应该与澧水流域宝塔文化的小口高领罐有关，变化趋势同为圆鼓肩到折肩。稍早的单位周梁玉桥甲 H1 下中可见宝塔文化特色的箍棱折盘豆；稍晚的 T2④A 中可见斑竹 T3 下的小口矮领罐，另丙 H4 等可见皂市遗址的圆隆器盖。第三期的鼎釜口沿多为卷沿、颈部加厚或唇部加厚，方格纹减少，绳纹增多，鼎身变深，鼎足、足尖外勾消失，并出现方形锥足。可见该期的鼎釜已形成自身的演变轨迹。瓮、罐、罍几乎全为折肩，另新出有大口缸。

（四）三个区域的关系（澧水流域、江汉平原、西陵峡）

荆南寺遗址年代应跨夏商，年代下限约在殷墟一期，故峡区的三星堆文化朝天嘴类型及路家河文化在其遗存中均有不同程度的体现。与此同时，宝塔文化组合也与之共出。另宝塔文化中可见路家河文化的凸肩杯，路家河文化中也可见宝塔文化的碗形豆等，可见三个区域之间有着强烈的互动关系。

至周梁玉桥文化阶段，从其主体组合看，很明显与荆南寺文化、宝塔文化和路家河文化相关，或在其基础上融合形成，但这种脱胎是何时完成的，尚需更多的材料支持，主要是其第一期遗存材料过少。从荆南寺遗址的陶器面貌看，圜底釜、鼎、凸肩杯有着不同程度的共出，那周梁玉桥文化是何时开始有自己的传统的？从周梁玉桥的陶器组合看，鼎、釜、罐、甑为其主体组合，罐罍应来源于宝塔文化发达的小口高领罐，而鼎类不见于路家河文化，应与荆南寺文化或宝塔文化有关。而釜类的来源，最不好定论，因三支文化均出釜。因此，这里有一点需要首先讨论，即荆南寺、路家河、宝塔文化的釜是否同类？若属同类，则在周梁玉桥文化兴起过程中不需区分，若分属三类，那周梁玉桥文化吸收的是哪类？又是多大程度的吸收？在什么阶段的吸收？因此，荆南寺遗址的鼎、釜与路家河文化、宝塔文化之间的关系似需进一步讨论才能理清周梁玉桥文化的来源。

从目前的材料看，荆南寺文化的釜以米粒纹的卷沿圜底鼓腹为其特色，且一直延续使用，至殷墟一期阶段 H10 仍可见。路家河文化的釜形态较多，但从殷墟一期长府沱 97H9 及之后看，以绳纹、方格纹及颈部带指甲纹的圜底鼓腹釜居多，与荆南寺文化有关的米粒纹圜底釜仅少量地出现在其文化早期阶段，如 T19⑦与 T18④，为学者们所分的路家河文化一、二或一至三期阶段，早于殷墟一期。而在其晚期遗存的釜多在颈部饰指甲纹，且为颈部束颈加剧的演变规律。澧水遗存的釜在宝塔文化阶段特征为小折沿或小平沿斜直肩圜底垂腹，后发展为宽折沿及沿面内凹风格，此外还同出鼎，鼎足为圆柱足，常饰扉棱装饰。可见这三个区的釜确有区别（图六十一）。

而至周梁玉桥文化阶段，从一期的釜鼎看，其鼎足的自身特色因素已出现，三足外张，与澧水遗存的扉棱装饰不同，而器身扁垂腹的特点与澧水流域的应有源流关系；到二期，则出现圜底与扁垂腹共出的情况，表明开始受到荆南寺或路家河文化的影响；到三期，鼎身变深，且颈部加厚或唇部加厚，另鼎足新出现锥足的变化，表明其釜鼎已为自身的演变特点，并逐渐向外传播，如周梁玉桥文化因素可见于路家河 H4 的现象。

前文提及与第一期遗存相关的荆南寺 T18④B 的陶器情况，因这种共出目前仅此一例，且出于地层，其材料的支撑度有限，故周梁玉桥文化的上限尚不敢确定是否能早出殷墟。如果这种共出不支持，则周梁玉桥的上限早不出殷墟，那前文分析其釜鼎因素最早与澧水遗存相关则不成立，但从其二期遗存甲 H1 下看，其文化的源头仍与澧水遗存相关，且演变规律也与之相对应。

六　各文化区的互动关系

以上各文化间是可以看到比较强烈的互动，部分文化间的关系前文已述，下面通过陶器的比对进行补充说明（详见下文陶器对比图）。需要强调的是，这些陶器之间的关联性又正好是这些遗存年代定位的依据。

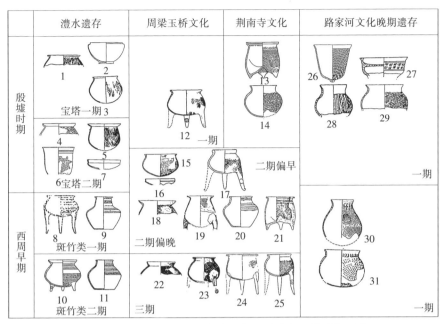

**图六十一　澧水遗存、荆南寺文化、路家河文化晚期遗存
及周梁玉桥文化釜鼎及其他关联陶器对比图**

1. 釜（皂市 T17③：31）　2. 碗（皂市 T17③：52）　3. 釜（皂市 T17③：11）　4. 釜（宝塔 H2：3）
5. 大口缸（宝塔 H2：1）　6. 釜（皂市 T5③：11）　7. 豆（皂市 T5③：39）　8. 鼎（斑竹
T3 下：13）　9. 罐（斑竹 T3 下：1）　10. 鼎（宝宁桥下：2）　11. 罐（宝宁桥下：2）
12. 鼎（周梁玉桥丙 T2⑥：6）　13. 鬲（荆南寺 H10：1）　14. 釜（荆南寺 H10：5）
15. 釜（周梁玉桥甲 H1 下：10）　16. 釜（周梁玉桥甲 H1 下：10）　17. 鼎（周梁玉桥甲
T2⑥：11）　18. 釜（梅槐桥 T3⑥：14）　19. 鼎（梅槐桥 T3⑥：8）　20. 罐（周梁玉桥甲
T2④A：12）　21. 鬲（周梁玉桥甲 T3④B：13）　22. 釜（梅槐桥 T5H2①：16）　23. 鼎（梅槐桥
T2④A：5）　24. 鼎（周梁玉桥官堤 T4②：1）　25. 鼎（周梁玉桥甲 H3 下：1）　26. 大口缸
（长府沱 H9：99）　27. 假腹豆（长府沱 H9：10）　28. 釜（长府沱 H9：160）　29. 釜（长府沱
H9：31）　30. 釜（路家河 T3③：18）　31. 釜（路家河 T5⑤：31）

　　两湖平原以北的区域前文已介绍较为详细，此处做一总结，不再详述。
具体包括辽瓦一期遗存、毛狗洞 H1 类遗存以及鲁台山 H1 类遗存，其间的
共同点为：各自所属区域同为典型商义化的分布区，在典型商文化退去后，
鬲系仍然发达，故此处统归为北区。而其中，辽瓦一期的扁足鬲最有特色，
与陕东南关系更近，而与后二者共有的大口瘪裆鬲特点并不相同。

　　以下主要对两湖平原西、南部进行进一步的补充。前文讨论文化遗
存间关系时，已将关联性较强的遗存归在一起，此处再将其分为西区
（澧、沅水下游、江汉平原、西陵峡）、南区（湘、资下游）及东区（鄂
东南），以便进一步探讨。

　　（一）东区与南区

　　鄂东南的毛家咀遗址的陶鬲及大路铺的刻槽风格可见于炭河里遗址；

炭河里遗址的折腹鼎可见于大路铺文化蟹子地遗址；费家河文化陶器可见于大路铺遗址；费家河文化因素可见于毛家咀遗址等。豆的关联与排序前文已述（如图五四及图六十），此处再以其他陶器对比图给予说明。费家河文化与大路铺文化在地理位置上相邻，从陶器组合上看，二者存在较多共性，除釜、鼎外，二者的陶器主体组合中还共出平裆鬲、瓿、弧盘豆等，而它们又都可以与赣西北吴城文化等相关陶器进行比较和对应，可见其间关系密切（图六十二）。

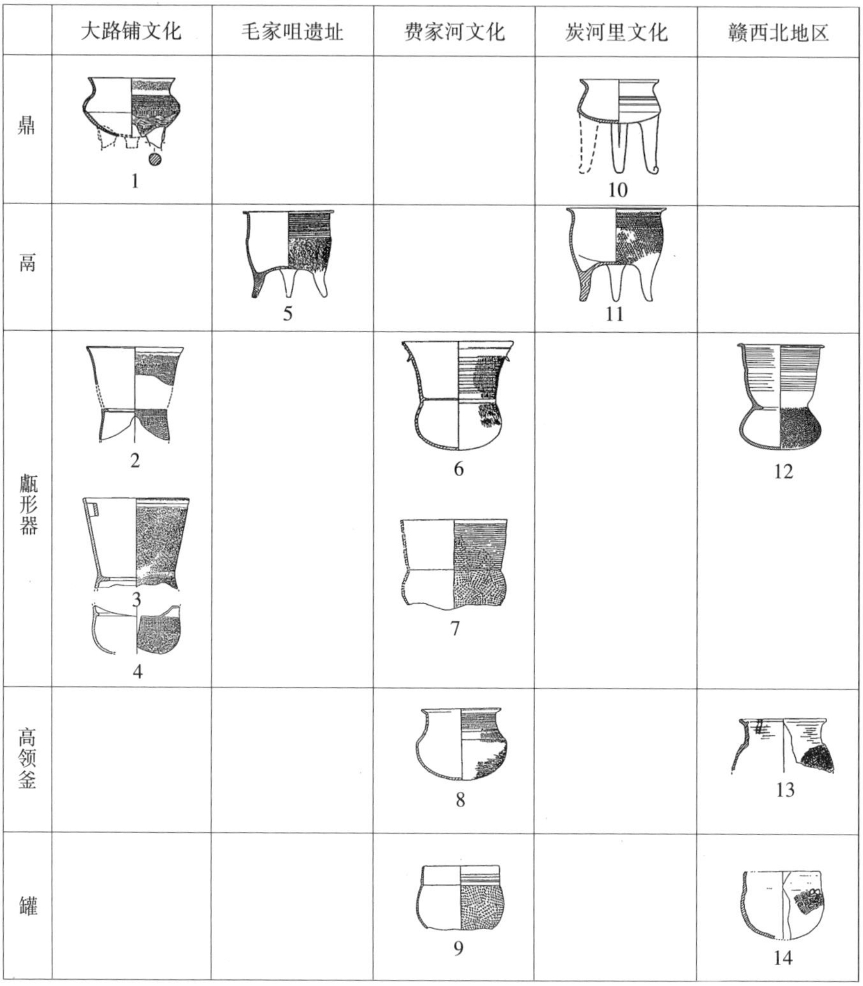

	大路铺文化	毛家咀遗址	费家河文化	炭河里文化	赣西北地区
鼎	1			10	
鬲		5		11	
瓿形器	2 3 4		6 7		12
高领釜			8		13
罐			9		14

图六十二　东区与南区的陶器关联图

1. 鼎（蟹子地 T1930③:11）　2. 瓿形器（蟹子地 T3020③:16）　3. 瓿形器（大路铺 84NT5③:3）　4. 瓿形器（大路铺 03EH96:1）　5. 鬲（毛家咀II2－2:3:10）　6. 瓿形器（老鸦洲 H13:50）　7. 瓿形器（玉笥山 M2:2）　8. 高领釜（老鸦洲 H8:1）　9. 罐（玉笥山 T3②A:5）　10. 罐（玉笥山 T3）　11. 鬲（炭河里 05G5⑥:46）②A:5）　12. 鬲（炭河里 05G5⑥:46）　13. 高领釜（万年斋山:52）　14. 罐（万年斋山:35）

东区和南区的序列可以相互比照，南区费家河文化与东区大路铺文化在一定程度上存在重合，由此可推测其间各自应存在年代缺环。具体而言指的是东区早于大路铺文化以及南区晚于费家河文化的文化面貌。

东区：从该地区黄梅意生寺遗存与大路铺文化第一期对比，二者之间应有缺环。从意生寺遗址鼎足的出现，神墩遗址的穿孔圜底罐以及大路铺遗址84WT2③斜颈圜底鼎的沿用，再加上大路铺文化大量鼎式鬲的存在，我们有理由相信，意生寺遗存与大路铺文化之间尚存在一支以斜颈圜底圆足鼎为代表的遗存，而目前仅另在观音垱遗址可见该器类。而这种线索在洞庭湖东岸地区铜鼓山一期到二期的转变中也可见到，时间应相当（图六十三）。

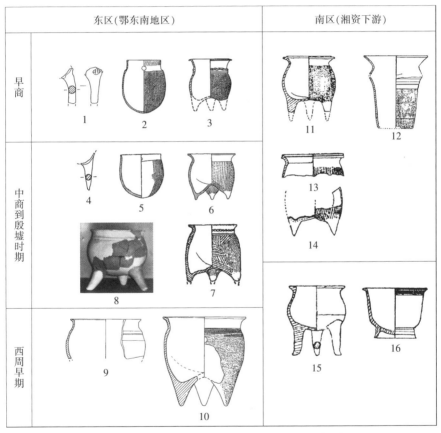

图六十三　鄂东南区殷墟时期陶器组合图（推测）

1. 鼎足（意生寺 H2：5）　2. 穿孔圜底罐（意生寺 H1：5）　3. 鬲（意生寺 H1：1）　4. 鼎足（意生寺 T7③：1）　5. 穿孔圜底罐（神墩 85J2：4）　6. 鬲（神墩 85J2：1）　7. 鬲（神墩 85J2：3）　8. 鼎（观音垱）　9. 鼎（大路铺 84WT2③：2）　10. 鬲（大路铺 84WT2③：1）　11. 鬲（铜鼓山 T13④：17）　12. 大口缸（铜鼓山 T13④：22）　13. 鬲（铜鼓山 T13③：24）　14. 鬲（铜鼓山 T6H8：1）　15. 鼎（铜鼓山 H6：15）　16. 鼎（铜鼓山 H6：15）

南区：晚于费家河文化的遗存前文已提及为汨罗螺丝山遗址，由于资料未发表，尚不能确定其性质是属于费家河文化的较晚阶段还是另一考古学文化。但东、南两个区域从费家河文化二、三期开始就可见其间的互动，这种密切联系可延续至毛家堰—阎家山遗存阶段。如毛家堰—阎家山遗址中，简报归为第二期3组的G1③，出土残鬲、豆各1件（原报告图二，10；图十四，7），敛口沿从线图看，为卷沿、薄方唇、束颈，风格可见于大路铺遗址第Ⅲ组，但柱足、绳纹粗而浅晚于后者；豆柄为细长柄，中空小，这在大路铺遗址84WT11③可见到类似风格，而后者刚好为硬陶瓮与细长柄豆的共出。此外，该遗址还发现有刻槽柱足。可见其与大路铺遗址间存在一定的联系。由此可推断，处于西周时期的汨罗螺丝山遗址，与大路铺文化也应有密切的联系。

此外，这两区在文化内涵方面还有共同特点，即其文化均与手工业制作与生产相关，具体而言，东区大路铺文化与铜矿冶炼有关，而南区费家河文化与陶器制作有关，这种与生产技术的紧密关联性应该是两区在文化面貌上存在某些共性的深层原因之一。

（二）南区与西区

西区对南区的影响，如宝塔文化的碗形豆、折盘豆、高领罐多见于费家河文化；斑竹类遗存的大盘口釜作风也流行于炭河里文化，装饰弦纹及乳钉纹的小口有领罐也应由之而来等。豆的关联前文已述（图五四），此处再列出其他陶器的关联图（图六十四）。此外，前文提到西周时期洞庭湖东岸的陶器组合为鬲、盆、小口卷沿罐，其中的盆也可能是受到澧水遗存的影响。

从这种影响关系看，费家河文化对澧水流域及更西北的影响似有限，这种原因是可以探讨的。从铜鼓山一期到二期的转变，费家河文化在其基础上萌芽并发展；铜鼓山一期的文化性质较多学者将之定性为盘龙城类型，可见其有极强的商文化烙印。而澧水流域的宝塔文化从二里岗上层直至殷墟一期始终有地方因素并行并延续发展，到商文化退去之后，其地方文化能迅速崛起并向外传播，故澧水流域的文化因素能在湘水流域、江汉平原甚至武汉地区①都能看到较多的影响。费家河文化则不然，

---

① 武汉地区的新洲香炉山遗址出土了一组极具特色的深褐色陶罐，侈口，鼓腹，斜溜肩，小平底，器身上部分别饰凹弦纹、水波纹、锯齿纹、圆圈纹、戳印圆点纹或其中两至三种构成的组合图案，这种特殊纹饰的陶罐与湘西北澧水上游的桑植朱家台遗址的陶罐如出一辙。

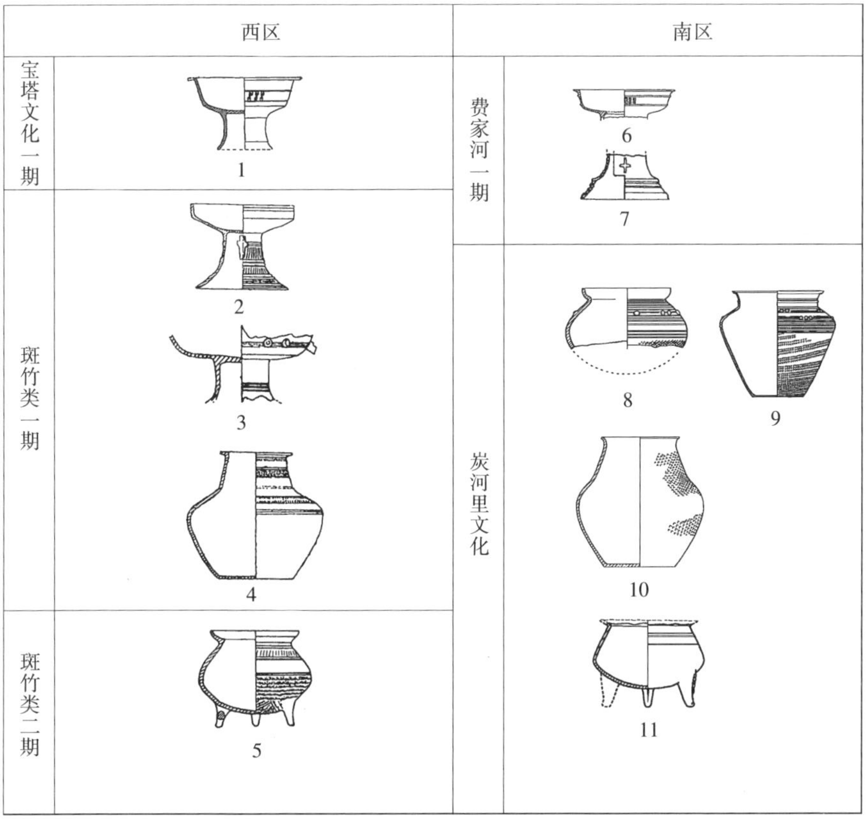

图六十四　西区与南区的陶器关联图

1. 皂市 T21③　2. 豆（斑竹 T3 下：6）　3. 簋（斑竹 T3 下：10）　4. 罐（斑竹 T3 下：1）
5. 鼎（宝宁桥下：2）　6. 豆（樟树潭 T17⑥）　7. 豆座（樟树潭 T17⑦）　8. 釜（炭河里
05G5⑥：65）　9. 罐（炭河里 05G5⑥：30）　10. 罐（炭河里 05G5⑥：81）　11. 鼎（炭河里
05G5⑥：74）

由于铜鼓山一期文化的存在，地方文化因素较少，故商文化退去后，需要一段时间的发展才可兴盛起来，再向外传播。从费家河文化的影响看，主要在东边的鄂东南区和南部的湘江下游区，从梅槐桥遗址可见改造的甗形器 T3④B：28（图三十六，21）及相似的浅弧盘豆 T2④B：8（图三十六，14），或说明其对西边也有影响。

（三）西、南、东区

从前文的阐述已可得知，西、南、东区之间互动强烈，在宏观上存在一定的共性，即各文化的面貌在商文化退去后相继进入了釜鼎体系，这是三个区域的共同特征，应是原有文化传统的再生发展。

但这种共有的釜的传统从何追溯？通过之前的梳理，荆南寺文化、宝塔文化以及路家河文化的釜各有其自身特点，部分文化遗存中釜的年代可确定至二里岗上层。那再之前呢？在西陵峡区之外，普遍存在商周时代文化层直接叠压新石器时代晚期地层的情况，如大路铺文化、费家河文化、宝塔文化等，即二里岗上层文化到来之前与新石器时代晚期之间的文化面貌不甚清楚。再往后，部分地区与周、楚文化之间似又存在一定的空白。为何如此，是其间确实存在年代缺环，抑或是本地文化传统的延续性确实较强而导致年代跨度较长？因此，在进行讨论时，始终得抓住王朝文化规范的准则，在宏观上把握遗存的特性，才能更准确的对其性质与年代进行判断。由此，或许与该时期最具亲缘的关系的釜确要追至后石家河时期文化格局的重新建立。

综上所述，从整个长江中游地区晚商之后的陶器面貌看，北区为鄂西北山地区的圆裆鬲系、襄随地区与鄂东北区为瘪裆鬲系；东区鄂东南为釜鼎系到平裆鬲、甗、豆、鼎系；南区洞庭湖东岸为釜鼎系到平裆鬲、甗、釜、鼎系；西区澧水、江汉平原、西陵峡为釜鼎系或釜系。我们知道，商、周王朝文化均属于鬲系，以上各区的特点即反映出各自与王朝文化间的亲疏关系以及其间的内在联系。由此，我们可以将长江中游地区的非周文化类别大致以两湖平原为界划分为两大文化圈，即鬲系与釜鼎系；其内又可根据各类文化遗存的相似特点再分别划分为若干小文化圈，具体而言，北区可细分为两个：鄂西北山地区的圆裆鬲系文化圈，鄂东北及襄随地区的瘪裆鬲系文化圈；东区与南区可关联为一个小文化圈，除釜鼎外，重甗系，它们与赣西北关系更近；西区可为一个小文化圈，除釜鼎外，重罐或杯等水器，与峡区以西及成都平原等更西部存在关联。以上的讨论正是各区文化遗存间关系的体现。

第二节　周文化及其分布

通过第一章的分析，西周中期以后，各地区陆续进入了"鬲、盆、豆、罐"为主体组合的周文化的大体系中，这种组合特点我们认为是周文化规范。西周中晚期主要可见鄂东北区、鄂西北区和江汉平原区，但各区进入的时间和陶器内部的特点还是不尽相同，故先需进行周文化区内的类型划分，这种区分有利于把握周文化在各区的整合的特点和不同意义。由于部分地区材料有限，完全从组合上来划分周文化的类型存在一定的困难，故此处除组合外另通过器类的形制特征来加以辨别。以下进行详细分析。

一　周文化的类型划分

（一）鄂东北区

1. 分组

鄂东北区的周文化陶器的主体组合为鬲、甗、豆、盆、罐、钵。从共出的组合特点可分两组：甲组以小王家山遗址为代表，主体组合中可见统一的硬折风格陶器，口沿均为折沿、折肩、直腹或斜直腹；底均为平底或内凹；鬲或甗鬲部为高瘪裆、截锥足；豆盘也为折盘，矮座。乙组以吊尖遗址为代表，主体组合特点一般为弧折，口沿为卷沿、弧折肩、斜直腹；鬲或甗鬲部同为高瘪裆、截锥足；豆盘为折盘，高圈足；另伴出有护耳甗、滤盉、带把器等器类。

甲组遗存除小王家山遗址之外，还包括吕王城遗址、香炉山遗址、纱帽山遗址、花石桥遗址等。乙组遗存除吊尖遗址外，还包括金盆遗址、庙山岗遗址、放鹰台遗址、商家坝遗址、果儿山遗址等。

金罗家遗址则需另作分析，因其出土的陶器组合包括上述两类，应该是遗址发现有城址，其等级较高而导致文化因素更为复杂（图六十五）。

2. 内涵

小王家山甲组遗存年代为西周中期，其分布反映了规范周文化最先到达的地域范围，主要在今孝感市及武汉市北部。陶器面貌与西周中期宗周文化十分接近，同为统一的硬折风格。

吊尖乙组遗存中的护耳甗、滤盉、带把器等为大路铺文化的特点，该类遗存的年代西周中晚期均有，表明了周文化次到达的区域以及边界区，反映了与大路铺文化的争夺与进退。前文已述，进入西周中期后，规范周文化曾至于这些遗址，其包含的规范周文化组合表明该地区已为周人所控制，而这些区域与大路铺文化关系密切，或相邻，或曾经隶属。

3. 文化来源

该地区的周文化与宗周地区最为接近，其来源可从河南信阳发现的相关遗址的陶器面貌对比进行推测（图六十六）。

三里店遗址位于淮河支流浉河的南岸。在贤山和马鞍山中间范围内分布有若干大小不同的土丘，鲍家山为其中最大的一个，且文化堆积最厚。1953 年对其进行抢救性发掘，共开探沟 3 条。简报将鲍家山②、③层统称为上层，属于西周时期遗存。出土陶器以夹砂红、灰陶为主，泥质灰、红陶次之，泥质黑陶最少。纹饰以绳纹为主，附加堆纹、弦纹次

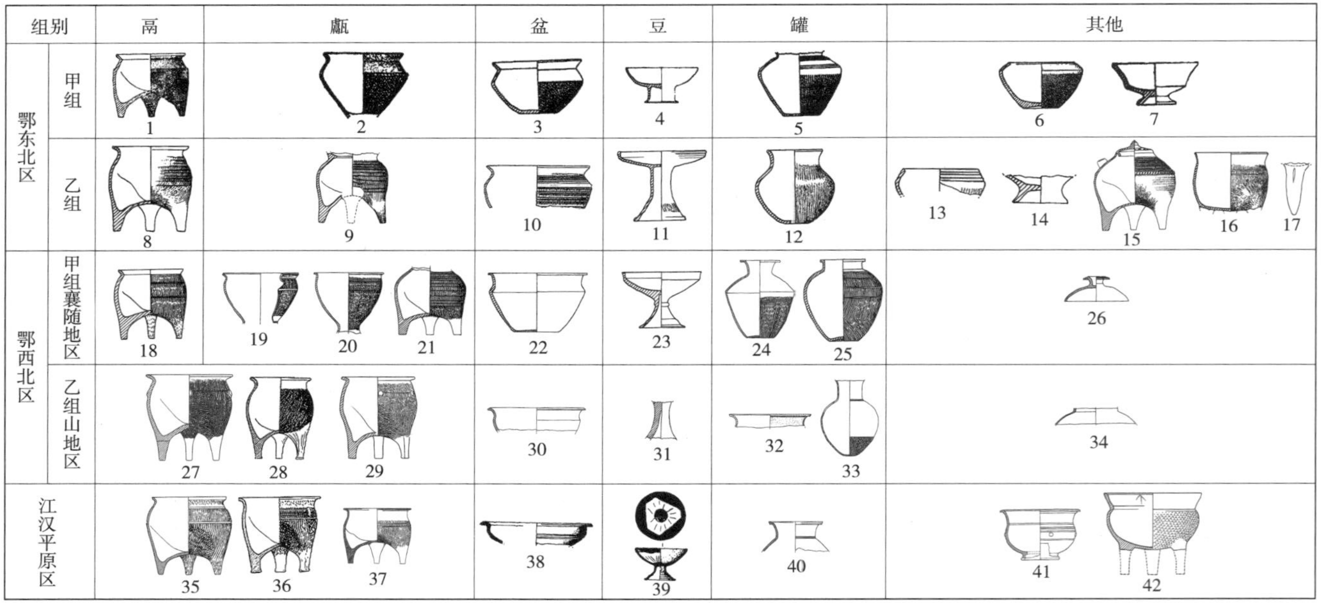

图六十五　周文化各类型陶器组合图

1. 鬲（吕王城 T2⑥:133）　2. 甗甑部（吕王城 T2⑥:147）　3. 盂（吕王城 T2⑥:150）　4. 豆（吕王城 T2⑥:156）　5. 罐（吕王城 T2⑥:127）　6. 钵（吕王城 T2⑥:152）　7. 碗（吕王城 T2⑥:157）　8. 鬲（放鹰台 65WFT11②:1）　9. 甗鬲部（放鹰台 65WFT11②:40）　10. 盆（放鹰台 65WFH2:8）　11. 豆（放鹰台 65WFH2:12）　12. 罐（放鹰台 65WFH2:35）　13. 钵（放鹰台 65WFH2:24）　14. 圈足碗（放鹰台 65WFT23②:23）　15. 带流鬲（放鹰台 65WFT3②:1）　16. 鼎（放鹰台 65WFK2:33）　17. 鼎足（放鹰台 65WFH2:9）　18. 鬲（黄家村 H5:4）　19. 甗（黄家村 H5:24）　20. 甗（黄家村 H5:7）　21. 甗（黄家村 H5:8）　22. 盆（黄家村 H5:1）　23. 豆（黄家村 H5:5）　24. 罐（黄家村 H5:2）　25. 罐（黄家村 H5:3）　26. 器盖（黄家村 H5:42）　27. 鬲（辽瓦店子 H2:4）　28. 鬲（辽瓦店子 H2:2）　29. 鬲（辽瓦店子 T1114⑥:1）　30. 盆（辽瓦店子 H2:6）　31. 豆柄（辽瓦店子 H2:7）　32. 罐口（辽瓦店子 H2:20）　33. 高颈罐（辽瓦店子 H2:12）　34. 瓮（辽瓦店子 H2:11）　35. 鬲（荆南寺 T18③:51）　36. 鬲（荆南寺 G2:11）　37. 鬲（万福垴 TN05E20⑤:1）　38. 盆（梅槐桥 T2③C:7）　39.（梅槐桥豆 T3③C:26）　40. 罐（万福垴 TN05E20⑤:3）　41. 簋（荆南寺 G2:12）　42. 鼎（万福垴 TN05E20⑤:5）

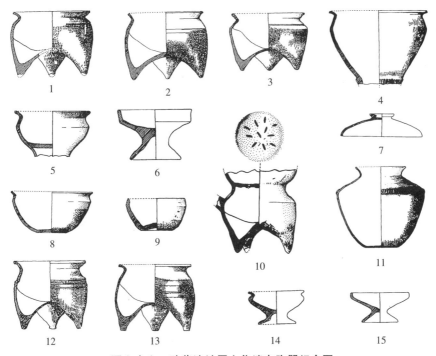

图六十六　孙砦遗址周文化遗存陶器组合图

1. 鬲（T1∶33）　2. 鬲（H2∶5）　3. 鬲（T1∶31）　4. 甗（T10∶76）　5. 簋（坑8∶44）
6. 豆（T11∶1）　7. 器盖（T4∶18）　8. 盆（T1∶36）　9. 碗（坑4∶2）　10. 滤盉（T4∶12）
11. 瓮（T1∶32）　12. 鬲（T1∶20）　13. 鬲（T1∶46）　14. 豆（T4∶8）　15. 豆（T12∶28）

之。陶器组合包括鬲、甗、簋、豆、盆、瓮、钵，其中以鬲和豆的数量
最多。组合中可见类似形制的鬲、簋、豆、盆等，其年代应在西周中期。

孙砦遗址位于信阳市北约 20 千米的淮河北岸，为一高出附近地面约
2 米的台地，台面呈椭圆形，东西长 277、南北宽约 205 米。1959～1960
年对其进行了两次发掘，共开探方 23 个，探沟 6 条，发掘总面积为 2335
平方米。文化堆积一般厚 1 米左右，最厚 3 米以上。该遗址最为重要的
发现是长方形大坑等与养殖业相关的遗迹，位于遗址堆积最为丰富的西
南部。出土的陶器以夹砂灰陶、红陶为主，泥质灰陶、红陶次之，泥质
黑陶最少。纹饰以绳纹为主，附加堆纹、弦纹次之，另有少量鸡冠纹和
十字纹。陶器组合有鬲、甗、簋、盆、豆、瓮、罐、钵、滤盉、器盖等，
其中以鬲和豆的数量最多。简报认为遗存的年代从西周早期延续到西周
晚期。由于没有公布层位关系，给分期带来一定的困难。从陶器整体面
貌看，组合中可见与鄂东北地区形制一致的鬲、簋、豆、盆、钵等，且
较多为硬着风格，其主体年代应在西周中期（图六十六，1～11）。还有
部分陶器可到西周晚期（图六十六，12～15）。

从鄂东北区与信阳地区同时期的陶器对比可看出，二者文化面貌一致，应属于同一文化类型。

（二）鄂西北区

1. 分组

鄂西北地区周文化陶器主体组合为鬲、甗、豆、盆、罐。该地区内文化面貌较为复杂，大致可分两组：甲组包含瘪裆鬲、折盘箍棱豆、小口有领折肩罐、折腹盆组合，以黄家村 H5 为代表，汉水中游的襄随地区大多遗存可包括在内；乙组包含圆裆柱足鬲，以辽瓦店子遗址二期遗存为代表，暂称"辽瓦店子类型"，另包括瞿家湾 H49、H73 等，由此，大致包括汉水中游以上十堰地区的同时期遗存（图六十五）。

2. 内涵及相关联的遗存分析

（1）甲组

以黄家村 H5 为例，箍棱豆、小口有领折肩罐、折腹盆在宗周地区直接可见，主要见于其西周四、五期遗存[1]，可见，这部分文化因素与宗周文化的关系极为密切，应由之而来；鬲 H5：4，折沿，鼓腹，高瘪裆，与金罗家类型相似，应为鄂东北地区的影响；甗鬲部见两类，H5：8 为鼓肩，真武山 H81：1 为溜肩，在放鹰台遗址 T11②中也可见相同形制器类，可见与鄂东北区关系密切。

部分单位仍需做进一步讨论。

①真武山 H36 出土陶器极具特色，除少量缸、甗、罐外，全为夹砂红陶瘪裆鬲。H36 出土的鬲大多为侈口，圆唇，圆肩，下腹斜收，裆内瘪较甚，这种陶器特征及组合与枣阳毛狗洞遗址 H1 类似，但年代更晚。可见，H36 与毛狗洞 H1 有密切联系。

②小马家 H3 为鬲、盆、瓮组合，鬲为夹细砂黑陶，大口，微束颈，溜肩，分裆袋足。从下王岗遗址等靠近中原地区的遗址看，尖锥袋足与截锥柱足共出现象持续到较晚时期，直至东周时期仍流行尖锥足鬲，小马家 H3 等包含尖锥足的遗存应该与这种文化传统相关。

（2）乙组

乙组遗存组合为鬲、盆、豆、罐。鬲可见瘪裆、圆裆截锥足及扁足鬲的共出，可见西周早期遗存因素仍见延续，这种特征反映出本地文化与周文化的融合。具体如 H2 及 H224 中的鬲，陶系、纹饰及形制特征仍

---

① 中国社会科学院考古研究所：《张家坡西周墓地》，中国大百科全书出版社，1999 年。

为西周早期的延续，但高瘪裆、折沿、乳钉纹等表明周文化因素的进入。

乙组遗存以鬲最为丰富，其发展过程中，瘪裆截锥足、圆裆截锥足及圆裆扁足三类鬲相继共出。西周中期之前不见瘪裆鬲，从西周中期开始，瘪裆截锥足鬲占据重要地位，扁足鬲逐渐退出，而圆裆截锥足鬲仍一度共出并发展。从整个西周至春秋早期看，鬲的演变清晰，序列完整。

（三）江汉平原区

江汉平原地区周文化陶器主体组合为：鬲、簋、豆、盆、罐（图六十五）。该地区的组合特点在于簋的存在，簋似乎在本地有沿用的传统。从周梁玉桥遗址丙 T1③：14、梅槐桥遗址 T4④B：11 及 G2：1、荆南寺遗址 G2：2 可看出，簋似按照一定的演变规律在发展变化，如颈部变长，腹部变鼓（图四十一）。

该地区西周时期的鬲可见两种因素，一类从鄂东北来，如 T18③：51（图三十八，1）比汉川乌龟山的鼓腹鬲晚出一段，整器变高呈方体，下腹直收；另一类从鄂西北来，六合遗址鬲 T32②：2（原简报图二一，3），与辽瓦店子遗址 T1114⑥：1（图二，16）形制相似，但晚出一期；荆南寺遗址鬲 T3③：31（图三十八，4），比辽瓦 H224：1（图二，26）晚出一段，整器变高，纵方体，颈部变长，肩部变鼓，下腹弧收。

从更晚的单位看，如鬲 H191：1（原报告一四四，6），与澧水流域同时期如黄泥岗遗址出土的锥足鬲形制一致；如盆 H73：1（图三十八，9），与朱家台 T13③A：8（图十二，12）相似；如盆 H137：1（原报告一四五，1）器身施方格纹，颈部施波折暗纹。可见，该地区的文化因素也较为复杂，因材料有限，不便进一步讨论。

二　各区周文化的整合

探讨该问题需要回归到之前所做的框架体系，如此，我们才能准确地把握各区的整合时间和特点。通过时间框架表（表十二），我们可以看出，周文化在长江中游各地区的整合时间与方式各不相同，按时间顺序首先西周中期的鄂东北区和鄂西北区，其次为西周中期偏晚的江汉平原区，最后为西周晚期的襄随地区。

1. 鄂东北区（图二十二）

鄂东北地区规范周文化进入的时间从框架体系看在西周中期，即金罗家类型一期。在之前的西周早期，该地区为鲁台山 H1 类遗存。鲁台山 H1 类遗存的陶器组合为瘪裆鬲、甗、罐、簋、鼎、缸、带把鬲等，文化性质为与商与周关系均密切的地方文化。到西周中期时，该地区内部分区域一律出现前文所提的甲组遗存，其特点鲜明，与宗周文化风格一致，这种变化我们认为是组合和风格的突然转换，并推断其原因为周文化的直接进入。乙组遗存连裆鬲、弧盘豆、长颈罐、罐形鼎、带流鬲、滤盂等器物，可明显看出有地方文化器物被改造成周文化规范器物的情况，可看作是地方文化因素被周文化规范同化的结果。

那么，金罗家类型的周文化组合是从哪个方向进入？从地理位置看，一般有两条通道，一为南阳盆地经随枣走廊，二为淮河流域经桐柏山与大别山之间的山关。从前文提到，金罗家类型与河南信阳地区共属同一文化类型，而西周中期在随枣走廊又暂未发现西周中期的周文化遗存，故我们认为，其进入的通道应为后者，即规范周文化是从河南信阳通过桐柏山和大别山间的山关进入孝感地区，而后进一步整合。

2. 鄂西北山地区（图二）

鄂西北山地区规范周文化的进入时间同样为西周中期，即辽瓦二期遗存。在其之前的西周早期，该地区为辽瓦一期遗存。辽瓦一期遗存组合为圆裆扁足鬲、圆裆圆足鬲、缸、折棱豆、大口尊、瓮等。其中，最有特色的为炊器，陶质为夹细砂夹云母，纹饰为极细绳纹加饰戳点纹、细弦纹等。辽瓦二期阶段，截锥足瘪裆鬲、折腹盂（盆）、豆、罐等代表周文化规范的丙群器物出现，该期遗存纳入周文化体系，而一期的特色炊器到该阶段依然沿用。该群器物随后明显有一个逐步与辽瓦店子甲群、乙群器物相融合的过程，如其中截锥足瘪裆鬲逐步与地方因素的圆裆鬲等融合，形成了大口高足卷沿方唇鬲，并最终发展成为了春秋时期流行于襄宜平原的楚式鬲。该区域内这种融合式的文化整合方式，与鄂东北地区的同化式的文化整合方式有着明显的不同。

3. 江汉平原区（图四十一）

万福垴遗址的报道中公布的鬲簋组合为典型的周文化特点，说明此时周文化势力已经扩张到该地区，约在西周中期偏晚，这从荆南寺第一组遗存中鬲 T18③∶51（图三十八，1）的出现也可以推断出来。前文已述，该形制的鬲为鄂东北而来，比汉川乌龟山等金罗家类型一期的鼓腹鬲晚出一段。到 G2 的西周晚期，鬲、簋组合中簋的沿用，体现出该地区周文化类型的特点。到两周之际，即鬲 T3③∶31（图三十八，4）出现阶段，反映出鄂西北乙组遗存风格的进入，这是由该件鬲与鄂西北辽瓦二期的瘪裆鬲 H224∶1（图二，26）有着承继关系推断而来。因此，周文化在西周时期对江汉平原的扩张大致有两条线路，一条由鄂东北区沿着长江传播而来；另一条由鄂西北区沿汉江辗转而至。从鬲的特点以及陶簋在湖北地区的发现脉络看，两条线路中前者的影响或应早于后者。

江汉平原纳入周文化体系后，一方面其本地文化因素还在延续发展，如万福垴 TN05E20⑤出土的鼎（图四十，3）；另一方面，作为中介通道向外围传播周文化，包括西陵峡区和澧水流域。西陵峡区路家河 H4 组合中出现周梁玉桥文化的鼎（图四十三），以及后来庙坪遗存（图四十四）的出现，再及澧水遗存四期到五期的转变（图四十六）都可以看出。

4. 襄随地区（图十六）

襄随地区纳入周文化体系在西周晚期。从襄随地区西周晚期文化类型组合看，折肩罐、箍棱豆等在宗周地区四、五期可直接见及，此为其文化来源之一；从黄家村 H5 出土的鬲 H5∶4 的形态可看出，除足部高柱足特点外，器身折沿下压，鼓腹，高瘪裆的特点与鄂东北的 Ca 型鬲一致，而年代晚出一期，此为其文化来源之二；此外，其足部为鄂西北地区的特点，表现出一种文化因素的融合。

前文提及真武山 H36 的特性。与同时期黄家村 H5 相比较而言，其组合中保留了一些本地区的原有的文化传统，即毛狗洞 H1 类遗存风格的延续。到真武山 H81 阶段，该类传统而后消失，完全纳入周文化体系。

综上所述，我们可以总结如下：西周中期开始，规范周文化到达鄂东北地区和鄂西北地区并继续整合，其时间相似，但从文化面貌看，反映的具体背景并不相同。鄂东北地区甲组为同化的方式，而鄂西北乙组周文化为融合方式。鄂东北地区的周文化在占领孝感、武汉地区后继续南进，与大路铺文化进行争夺，将控制区往外扩张，大约从西周中期偏晚开始其到达江汉平原。西周晚期开始，襄随地区纳入周文化体系，其文化面貌与宗周地区极为相似，关系密切。此时，江汉平原的周文化因素也西进到达峡区，同时鄂西北乙组因素开始见于江汉平原区，并以此为跳板继续向外传播和发展。整个西周时期，三大区域以不同的时间和方式各自完成了周文化的整合。

第三节　非周文化与周文化间的关系

非周文化与周文化之间的关系无外乎两种，一种为整合与被整合，另一种为并行发展与相互影响。

第一种关系主要发生在西周中期及之后，随着周文化的不断扩张，部分非周文化陆续纳入其体系中完成整合，具体而言包括：鄂东北区鲁台山 H1 到金罗家类型的转变；鄂西北地区辽瓦店子一期到二期遗存的过渡；襄随地区的毛狗洞 H1 到鄂西北甲组遗存的变化；江汉平原地区周梁玉桥文化被荆南寺 G2 类遗存替代①。这种被整合的方式和程度并不相同，或为完全的替代或为缓慢的融合，或为典型周文化的进入或为周文化亚型文化因素的影响等等。

第二种关系主要发生在西周中期之后，在三大周文化区之外，地方文化仍然在发展。前文已述及大路铺文化可能覆盖了整个西周时期，故与周文化之间存在相互影响的关系，具体的进退与争夺前文已作介绍。除此之外，炭河里文化、周梁玉桥文化、路家河 H4 类遗存、斑竹类遗存的下限可确定在春秋早期之前，但由于具体下限尚不明，故与周文化之间是否有直接的碰撞，暂时没有更多的依据。但西周中期偏晚周文化向江汉平原的推进，对周边文化产生了相应的变动效应，如前文提及的路家河 H4 中鼎的因素以及庙坪类遗存的出现，"也许江汉平原的文化西渐正是周文化向江汉平原推进的结果"；另澧水遗存中豆由折到弧的风格转变等。

庙坪类遗存需要另作讨论。庙坪类遗存第一期以 H11、H14 等为代表，组合为釜、罐、盆、钵、缸；第二期以 H7 为代表，主体组合为瘪裆鬲、釜、豆、罐。

1. 以庙坪 H7 为代表的包含典型周文化因素的遗存的出现，约在西周晚期。这种遗存并不是典型的周文化，其间掺入了许多本地的文化因素②，如釜等一类固有的长期存在的文化传统。而 H7 阶段出现的典型周文化组合，其周文化因素的来源应是江汉平原，但具体是江汉平原中来自鄂东北还是鄂西北的因素？从鬲的形态以及周文化的传播时间看，似应从鄂东北方向而来。但从更晚一期遗存 F2 出土的陶鬲 F2W1：1（图五十五，26）看，口沿报告复原为平沿圆唇，肩部残，夹砂红陶，细绳纹加弦纹，下部特点为瘪裆，截锥柱足。其下部形态，与辽瓦店子遗址二期遗存出土的瘪裆鬲有相似之处，口沿特点更晚。这或许表明二者间也存在一定的联系。

2. 以庙坪 H11、H14 为代表的一期，从年代上看，晚于路家河文化晚期遗存，又早于 H7 为代表的二期，从组合上看，最大的特点为釜的

---

① 此处的替代仅表示该区域内文化面貌的变更，并不一定不代表周梁玉桥文化的彻底消失，前文提及该文化可能西渐。

② 参见冰白《三峡新石器时代至商周时期考古的新局面和新课题》一文。

沿用，可见属于同一文化体系。前文已述，路家河 H4 也晚于路家河文化晚期遗存，而庙坪第一期遗存的组合特点，与路家河文化及 H4 不甚相同。一期遗存与路家河 H4 从地理位置看十分接近，加上同一时段不太可能出现两种文化的对立，因此，二者在年代上或有错位。更有可能，一期遗存晚于路家河 H4，与二期之间年代差距不大。

此外，路家河文化香炉石遗址出有釜、盆、豆、钵、凸肩杯组合，其间的钵或和庙坪一期存在联系；从⑤、④层出土有暗纹的豆、盆、与庙坪遗址更晚的遗存也有联系[1]。大口缸形制变化但也仍有沿用。而庙坪三期遗存的圜底瓮 F2W1：2（原报告图三二，2），与路家河文化晚期遗存瓮 T5⑤：21（原报告图五〇，4）或也有承继关系。

3. 若一期遗存与二期遗存的年代差距确实不大，则庙坪类遗存的组合为鬲、盆、豆、罐、釜、钵、大口缸；其盆的形态有商的遗风，组合上带有自身文化传统特点，周文化的因素又已经出现，这种现象与枣阳毛狗洞 H1 的情况十分类似，属于商文化退去后受周文化影响的状态，但其发生的年代却已晚至西周晚期。这更反映出文化整合的非平衡性现象。庙坪类遗存我们认为属于被周文化完全整合前的状态，至第三期及春秋早期以宜昌上磨垴遗址⑥层、秭归渡口遗址②④层、H3 等为代表的阶段，已完全纳入周文化体系（图四十五）。

---

[1]　前文已述及香炉石遗址的材料可能存在文化传统延续性较长的问题，因此，从目前资料看，这种关系还不能定性，可能性有多种：如带暗纹的盆豆年代晚，则香炉石⑤、④层年代已晚至庙坪 H7 之后；或其年代早于 H7，此类器物特点为早晚的承继关系等，前提是这种地层组合共出确实存在且可信。

[2]　宜昌博物馆：《秭归渡口遗址发掘简报》，《湖北库区考古报告集·第一卷》，科学出版社，2003 年。

第四章　西周时期青铜器群研究

长江中游地区西周青铜器已出土不少，科学出土的主要来自墓葬和窖藏，而其他较多非科学发掘品，因埋藏性质不清，给研究带来困难。本章节对铜器的研究以科学出土的铜器群作为典型单位，对其器物的组合、形制及纹饰进行分析，并抛开铜器铭文进行分群分组研究，以建立铜器的年代与组群的体系。在此基础上，再与陶器体系下的各考古学文化进行对应，以进一步完善考古学文化的内涵以及整体的框架体系。

第一节　青铜器的出土与发现概况

一　襄随地区

（一）襄樊市

1. 大爵[1]，出土地不详，现藏襄樊市博物馆。二立柱外面各铸一"大"字，年代为西周初期。

2. 邓公牧簋[2]，1979 年从废品公司拣选，一式两件，其中一件缺盖。盖内有铭 2 行 6 字，年代为西周晚期。

3. 侯氏簋[3]，2 件。一件为 1979 年从废品公司拣选，经修复，器内底有铭 3 行 12 字；一件为 1981 年在蔡坡土岗取土时发现，铭文全同。两器应是一组，年代为西周晚期。

（二）枣阳市

1. 1972 年 8 月，枣阳县熊集区茶庵公社段营大队第五生产队"岗上"清理墓葬 1 座[4]，出土随葬器物 289 件，均为铜器。其中礼器有鼎 3、簋 4、壶 2。

---

[1]　襄樊市博物馆等：《襄樊市、谷城县馆藏青铜器》，《文物》1986 年第 4 期。
[2]　襄樊市文物管理处：《湖北襄樊拣选的商周青铜器》，《文物》1982 年第 9 期。
[3]　襄樊市文物管理处：《湖北襄樊拣选的商周青铜器》，《文物》1982 年第 9 期。
[4]　湖北省博物馆：《湖北枣阳县发现曾国墓葬》，《考古》1975 年第 4 期。

2.1977 年枣阳资山王城废品收购站收购铜器 4 件①，均为西周晚期，现藏襄樊市博物馆，包括簋 2、簋盖 1、匜 1。

3.1982 年出于吴店赵湖出土曾侯戈一件②，内尾有铭文 2 行 6 字，年代为两周之际。

4.1983 年，枣阳郭家庙曾国墓地曹门湾墓区东发掘两座墓葬均出土有铜器③，其中 CM01 出土鼎 2、簋 2，CM02 出土鼎 1、簋 2、圆壶 1。另传世的曾白陭壶与其相关。

5.1983 年 4 月中旬，在枣阳吴店公社东赵湖大队一长方形土坑竖穴墓中出土一组铜器，为鼎 1、罐 2 的组合④。

6.1983 年元月，枣阳吴店公社东赵湖大队村东侧的水塘堤下，清理长方形土坑竖穴墓一座，出土鼎 1、簋 2、壶 1⑤。

7.1994 年枣阳市博物馆发征集铜器 3 件，为鼎 2、簋 1⑥。

（三）随州市

1. 随县羊子山鄂国墓葬

（1）1975 年羊子山

出土青铜礼器鼎、簋，爵、尊各 1 件。其中爵，鋬下有铸铭 3 字；鄂侯尊⑦，器内底有铸铭 2 行 8 字。此外，上海博物馆藏有 1 件卣，洛阳博物馆藏有 1 件簋，三器为一人所作，均为鄂国之器。

（2）1980 年羊子山 M1

出土铜器 18 件，其中礼器鼎、簋、爵、尊、觯各 1 件，卣 2 件⑧。其中，戈父辛爵，腹部鋬间有铭文 3 字；觯圈足内壁有铭文 3 字。墓之年代，原报告定为西周早期或中期偏早，刘启益先生定为西周康王⑨。

（3）2007 年羊子山 M4

出土铜礼器爵 3、尊 2、卣 2、罍、觯、盉、方彝、罍、盘各 1⑩，年

① 襄樊市博物馆等：《襄樊市、谷城县馆藏青铜器》，《文物》1986 年第 4 期。
② 徐正国：《枣阳东赵湖再次出土青铜器》，《江汉考古》1984 年第 1 期。
③ 襄樊市考古队：《枣阳郭家庙曾国墓地》，科学出版社，2005 年。
④ 徐正国：《枣阳东赵湖再次出土青铜器》，《江汉考古》1984 年第 1 期。
⑤ 田海峰：《湖北枣阳县又发现曾国青铜器》，《江汉考古》1983 年第 3 期；李学勤：《曾侯戈小考》，《江汉考古》1984 年第 4 期。
⑥ 徐正国：《枣阳市博物馆收藏的几件青铜器》，《文物》1994 年第 4 期。
⑦ 王少泉：《随县出土西周青铜单鋬尊》，《江汉考古》1981 年总第 3 期。
⑧ 随州市博物馆：《湖北随县安居出土青铜器》，《文物》1982 年第 12 期。
⑨ 刘启益：《黄陂鲁台山 M30 与西周康王时期铜器》，《江汉考古》1984 年第 1 期。
⑩ 随州市博物馆：《随州出土文物精粹》，文物出版社，2009 年。

代为西周早期。

2. 1970、1972 年均川熊家老湾①。

（1）1970 年出土铜器 6 件，有簋 4、罐 1、方彝 1，簋、罐有铭。

（2）1972 年，同地又一墓葬中出土青铜礼器 9 件，计鼎 3、簋 2、甗 1、壶 1、盘 1、匜 1，其中 1 鼎 2 簋上铸有铭文。鼎 1 件，腹内有铸铭 3 行 16 字，为目前已见曾国铜器中铭文最长者。

3. 1974 年于随县三里岗尚店均水北岸山包上发现铜鼎 1 件、铜簋 2 件。鼎腹内壁有铭文 6 行 30 字；簋两件形制、花纹和大小完全相同，内底均有铭文 4 行 22 字②，属西周晚期。

4. 1978 年于随县何店公社河沙中发现青铜器 18 件③，计有鼎 2、簋 2、甗 4、甗 1、壶 2、盘 1、匜 1 以及锛、车马器等，同出的还有小件车马器、玉器等，可能为墓葬中冲出，属于西周晚期。

5. 1979 年随县安居桃花坡发现墓葬 2 座④，M1 出土礼器有鼎、簋 4、甗 4、壶 1、盘 1、匜 1，M2 出土鼎 4、甗 2、簋 1，为西周晚期墓葬。

6. 1983 年随县旭光砖瓦厂墓葬，出土簋 2、铲 1、矛 1、镞 12，为西周晚期墓葬⑤。

7. 1993 年义地岗 M83 出土铜甗、盘、匜各 1 件，年代在西周晚期⑥。

8. 1995 年 10 月，于三里岗镇毛家冲村发现铜镈钟 1 件⑦。

9. 2000 年，黄土坡墓地 M1 出土铜鼎，戈以及铜钺各 1 件，伴出陶甗、壶等，为两周之际墓葬⑧。

10. 随州淅河叶家山西周曾国墓地⑨

（1）随州叶家山西周墓地于 2010 年底发现，2011 年 1 月至 6 月，进行了第一次大规模的勘探和发掘⑩，揭露面积 3700 平方米，共发现墓

① 鄂兵：《湖北随县发现曾国铜器》，《文物》1973 年第 5 期。
② 随州市博物馆：《湖北随县新发现古代青铜器》，《考古》1982 年第 2 期。
③ 随州市博物馆：《湖北随县新发现古代青铜器》，《考古》1982 年第 2 期。
④ 随州市博物馆：《湖北随县安居出土青铜器》，《文物》1982 年第 12 期。
⑤ 左得田：《随州旭光砖瓦厂出土青铜器》，《江汉考古》1985 年第 1 期。
⑥ 随州市考古队：《随州义地岗又出青铜器》，《江汉考古》1994 年第 2 期。
⑦ 随州市博物馆：《湖北随州出土西周青铜镈》，《文物》1998 年第 10 期。
⑧ 拓古、熊燕：《湖北随州市黄土坡周代墓的发掘》，《考古》2007 年第 8 期。
⑨ 湖北省博物馆、湖北省文物考古研究所、随州市博物馆：《随州叶家山——西周早期曾国墓地》，文物出版社，2013 年。
⑩ 湖北省文物考古研究所、随州市博物馆：《湖北随州叶家山 M65 发掘简报》，《江汉考古》2011 年第 3 期；《湖北随州叶家山西周墓地发掘简报》，《文物》2011 年第 11 期；湖北省文物考古研究所、随州市博物馆：《湖北随州市叶家山西周墓地》，《考古》2012 年第 7 期。

葬 65 座和 1 座马坑，除 2 座大墓未掘外，其余墓葬都已发掘完毕，出土青铜器多达 325 件，器类包括鼎、簋、鬲、甗、卣、壶、爵、觯、盘等，更为重要的是，绝大多数青铜器上都有铭文"曾侯""曾侯谏"等。资料公布后，引起了学术界的极大兴趣和高度关注，被评为 2011 年中国考古学论坛六大新发现和 2011 年中国十大考古新发现。

（2）2013 年 3 月 26 日至 7 月 26 日，湖北省文物考古研究所对叶家山西周墓地进行了第二次发掘①。此次揭露面积约 5000 平方米，发掘 77 座墓葬和 6 座马坑，出土铜、陶、原始瓷、玉、骨等质地的文物约 1300 余件（套）。其中，有 2 座大墓 M28② 和 M111③ 带有墓道。另 M107 的发掘情况及出土器物已发表简报④。

（四）京山县

1. 1966 年京山苏家垅墓葬⑤，出土青铜器 97 件，其中礼器 33 件，计有鼎 9、鬲 9、甗 1、簋 7、豆 2、壶 2、盂 1、盘 1、匜 1、圜底器 3、车马器 61。该墓是目前我国发现的西周时期唯一的九鼎墓，在出土的铜礼器中有 10 件铜器上（包括 2 鼎、2 鬲、2 簋、2 豆、2 壶）铸有铭文。其中，2 鼎、2 豆和 2 壶皆为曾侯中子斿父自乍之器，器底内与盖内均有铭文 6 行 37 字。该墓出土铜礼器的规格以及铭文内容表明该墓墓主应为曾国国君，简报认为其年代为西周晚期到春秋早期。其中，黾乎簋为西周中期⑥。2008 年又清理残墓一座，编号 M2⑦，出土车辖 1 件，马镳 1 件，残陶鬲 1 件，另追缴铜簋 4 件，戈 2 件。时代在西周末年。

2. 1980 年京山西北台出土鼎 2、卣 1、盘 1，属西周晚期⑧。

3. 尊爵 1 件，出土于京山河晏店团山，年代属西周晚期，仅有一"尊"字。现藏京山县文化馆。

---

① 湖北省文物考古研究所、随州市博物馆：《随州叶家山西周墓地第二次考古发掘的主要收获》，《江汉考古》2013 年第 3 期。
② 湖北省文物考古研究所、随州市博物馆：《湖北随州叶家山 M28 发掘报告》，《江汉考古》2013 年第 4 期。
③ 湖北省文物考古研究所、随州市博物馆：《湖北随州叶家山 M111 发掘简报》，《江汉考古》2020 年第 2 期。
④ 湖北省文物考古研究所等：《湖北随州叶家山 M107 发掘简报》，《江汉考古》2016 年第 3 期。
⑤ 湖北省博物馆：《湖北京山发现曾国青铜器》，《文物》1972 年第 2 期。
⑥ 孙启康：《黾乎簋浅议》，《江汉考古》1982 年第 1 期。
⑦ 湖北省文物考古研究所：《湖北京山苏家垄墓地 M2 发掘简报》，《江汉考古》2011 年第 2 期。
⑧ 熊学兵：《京山县发现一批西周青铜器》，《江汉考古》1983 年第 1 期。

4. 曾太师鼎，1件，出土于坪坝檁梨树岗，有铭文3行8字，属西周晚期。

5. 曾子单鬲，1件，1975年出土于坪坝樟梨树岗，口沿有铭文1行10字，属西周晚期。

二 鄂东北区

（一）孝感市

1. 安州六器

"安州六器"，据宋人王黼等著《博古图录》记载，重和戊戌（公元1118年）出土于安陆之孝感县，凡方鼎3、圆鼎2、甗1。这六器，在薛尚功《历代钟鼎彝器款识法帖》中，称为南宫中鼎（卷十，方鼎1-3）、中鼎（卷九）、召公尊（卷十一，即中觯）、父乙甗（卷十六，即中甗）。另外，薛书中所谓圆宝鼎二（卷九）、方宝甗一（卷十六），也"同出于安陆之孝感"。由此，得之安陆之孝感者实有9器。上述六器，都是"中"所作用以铭功报先的祭器。铭文涉及很重要的历史、地理、甚至《周易》等问题，尤其是昭王南征这一重大历史事件[1]。

2. 1987年2月，应山吴店发掘墓葬一座，出土鼎、鬲、簋、壶各2件，甗、盘、匜各1件，另出土有玉器等小件。为两周之际墓葬。

3. 1991年8月，在应城市北8千米的孙堰村砖瓦厂取土时发现青铜器，墓葬破坏严重，出土铜器共8件，为鼎2、圆壶1、鬲1、豆2及铜剑、铜戈残片。从铜器的纹饰看，年代在两周之际[2]。

4. 1970年后，安陆城西金泉寨出土铜鼎2件，藏于安陆博物馆。

（二）武汉市黄陂区

1. 1977年黄陂鲁台山西周墓地[3]，位于鲁台山西南、滠水左岸一带，清理了5座为西周墓，共出土青铜器约47件，包括礼器圆鼎3、方鼎4、甗2、簋2、爵9、尊1、觯5、瓿1、卣2；兵器戈3、镞11；工具锛1；

---

① 主要参考书目包括：郭沫若：《两周金文辞大系》，科学出版社，2003年；唐兰：《西周青铜器铭文分代史征》，中华书局，1986年；李学勤：《中方甗与周易》，《文物研究》第六辑；宋焕文：《安周六器辩证》，《江汉考古》1986年第2期；黄锡全：《湖北出土商周文字辑证》，武汉大学出版社，1992年。铭文参见《湖北考古发现与研究》。

② 李怡南、汪艳明：《应城市孙堰村发现一座两周之际墓葬》，《鄂东北考古报告集》，湖北科学技术出版社，1996年。

③ 黄陂县文化馆等：《湖北黄陂鲁台山两周遗址与墓葬》，《江汉考古》1982年第2期。

车马器铜泡 6、甲泡 5、圆牌 1、马首饰 1 以及镜 1。在 1 圆鼎、4 方鼎、2 簋、1 爵、1 觯、1 卣等 10 件铜器上铸有铭文。从出土铜器的器形、纹饰的特点看，年代大都属西周早期。另外采集有西周有铭铜器 1 件。

2. 父丁爵，采集 1 件，鋬内有铭文"父丁"二字。

3. 1979 年黄陂县泡桐官家寨出土爵 1、瓿 3①。

4. 1979 年黄陂县罗汉夏店出土爵 2②。

5. 1998 年，黄陂鲁台山采集爵 1、罍 1、鼎 1③。

（三）武汉市

1. 武汉市文物商店收藏、收购有不少有铭铜器，其中属于西周者有下列几件：

叨孳簋：铭文在内底，2 行 13 字④，年代为西周早中期之际。

卫尊，仅存下腹圈底及圈足的部分。铭在底内，4 行 24 字。此铭风格较早，当为西周早期之器。或以为此器有可能出自黄陂鲁台山或者其附近地区⑤。

杞伯每亡簋⑥，器、盖内铭文相同。3 行 17 字，年代为西周晚期。

曾伯从宠鼎，腹内壁上有铸铭 3 行 15 字，年代为西周晚期⑦。

2. 1981 年 6 月下旬，武昌县湖牺公社木头岭砖瓦厂做砖坯时，发现大中小甬钟 3 件⑧。

3. 1982 年 6 月，1995 年 2 月先后两次在江夏区湖泗镇祝祠村东北约 800 米处的陈月基商周古文化遗址上出土五件青铜甬钟⑨。

4. 1986 年，新洲县阳逻镇界埠砖瓦厂在距香炉山古文化遗址北侧约二百米的架子山取土时发现一批商周时期的青铜器。出土青铜器共 5 件，其中青铜鼎 2 件，矛、卣、锛各一件，另有少量铜渣，可能为铜器窖藏⑩。

① 熊卜发、鲍方铎：《黄陂出土的商代晚期青铜器》，《江汉考古》1986 年第 4 期。
② 熊卜发、鲍方铎：《黄陂出土的商代晚期青铜器》，《江汉考古》1986 年第 4 期。
③ 黄锂、况红梅：《近年黄陂出土的几件商周青铜器》，《江汉考古》1998 年第 4 期。
④ 刘彬徽：《湖北出土商周金文的目别与年代朴记》，1986 年油印本。
⑤ 徐鉴梅：《西周卫尊》，《江汉考古》1985 年第 1 期；宾晖：《金文试释二则》，《江汉考古》1985 年第 1 期。
⑥ 兰蔚：《杞伯簋》，《文物》1962 年第 10 期；郭沫若：《两周金文辞大系》，科学出版社，2003 年。
⑦ 湖北省博物馆：《湖北京山发现曾国铜器》，《文物》1972 年第 2 期。
⑧ 杨锦新：《武昌县发现西周甬钟》，《江汉考古》1982 年第 2 期。
⑨ 杨锦新：《武昌县发现西周甬钟》，《江汉考古》1982 年第 2 期。
⑩ 罗洪斌、黄传馨：《新洲县阳逻架子山铜器》，《江汉考古》1998 年第 3 期。

三 鄂东南区

（一）罗田县

1. 1955 年，罗田县李家楼出土人面纹有枚青铜铙 1 件，现藏于黄冈市博物馆①。

（二）浠水县

1. 1961 年 4 月，浠水县十月区白石人民公社星光大队第十二生产队李家坡村西南 200 米的一个山冲里，出土甗 1、罍 1，年代为西周早期②。

2. 1975 年在浠水朱店东方红大队四小队一放水沟处挖出铜盘 2 件③，两盘相距仅 30 厘米左右，年代为西周中晚期之际④。

（三）蕲春县

1. 1958 年在毛家咀西周木构建筑内出土 1 件铜爵⑤，鋬内有铭文一字"酉"，年代属西周早期。

2. 1996 年 4 月，在蕲春毛家咀西周木结构建筑遗址西 600 米新屋湾发现一铜器窖藏，内出土方鼎 5、圆鼎 1、斗 1⑥。

（四）大冶市

1. 1972 年大冶市罗桥区两塘大队走马山出土编钟 2 件⑦。

2. 1974 年大冶市罗桥区港湖大队出土提梁卣 1 件⑧。

（五）阳新县

1. 1981 年，阳新县白沙乡刘荣山出土铜铙 2 件⑨。

---

① 湖北省博物馆编：《湖北出土文物精粹》，文物出版社，2006 年，第 82 页，图 46。
② 刘长莶、陈恒树：《湖北浠水发现两件铜器》，《考古》1965 年第 7 期。
③ 叶向荣：《浠水县出土西周有铭铜盘》，《江汉考古》1985 年第 1 期。
④ 刘彬徽：《湖北出土两周金文的国别与年代补记》，1986 年油印本。
⑤ 张云鹏：《湖北蕲春毛家咀西周木结构建筑》，《考古》1962 年第 1 期。
⑥ 黄冈市博物馆等：《湖北蕲春达城新屋湾西周铜器窖藏》，《文物》1997 年第 12 期。
⑦ 梅正国、余为民：《湖北大冶罗桥出土商周铜器》，《文物资料丛刊》1981 年第 5 期。
⑧ 梅正国、余为民：《湖北大冶罗桥出土商周铜器》，《文物资料丛刊》1981 年第 5 期。
⑨ 咸宁地区博物馆：《湖北省阳新县出土两件青铜铙》，《文物》1981 年第 1 期。

（六）崇阳县

1. 1977 年 6 月，崇阳县白霓公社新堰四队汪家咀发现铜鼓 1 件①。

2. 1996 年 7 月，崇阳医疗卫生用品材料厂在大桥乡自泉村飞组下家咀山丘上平地基时，推土机推出 1 件青铜甬钟②。

3. 1997 年 8 月 20 日，崇阳县肖岭乡大连村大连山采石场取土施工中于地下约 1 米深处发现了 2 件铜甬钟③。

（七）嘉鱼县

楚公逆镈钟，此器失传，年代为西周晚期。赵明诚云：宋"政和三年获于鄂州嘉鱼县以献。"④ 石公弼云："政和三年武昌太平湖所进古钟。"⑤ 顾祖禹《读史方舆纪要》卷76 载，"'太平湖'在嘉鱼县。县南三十里"。⑥ 宋代的武昌在今湖北鄂州市。此镈当出自嘉鱼县太平湖，后转输武昌，传闻致误。根据有关记载，此镈高约今之60～70 厘米，铭文可能在钲间。孙诒让考证楚公逆即楚公熊鄂⑦。

四　鄂西南区

（一）荆州市江陵县

1961 年 12 月，在江陵万城一西周墓葬中出土青铜器 17 件⑧，计有鼎 2、甗 2、簋 2、爵 3、罍 2、瓿 2、尊 1、卣 1、觯 1、勺 1，1962 年又征集得爵、矛各 1 件。该墓应为西周早期墓葬。

（二）石首市

先后出土铜镈 1 件、瓿 2 件⑨。

---

① 鄂博、崇文：《湖北崇阳出土一件铜鼓》，《文物》1978 年第 4 期。

② 崇阳县博物馆：《湖北崇阳县出土一件西周铜甬钟》，《江汉考古》1997 年第 1 期。

③ 刘三宝：《崇阳县大连山出土两件西周铜甬钟》，《江汉考古》1998 年第 1 期。

④ 赵明诚：《金石录》卷 11《古器物铭》第五。

⑤ 王厚之：《钟鼎款识》33 页，石氏藏本自题器名。

⑥ 〔清〕顾祖禹《读史方舆纪要》，中华书局，2005 年。

⑦ 孙诒让：《古籀拾遗》中 7～9。

⑧ 王毓彤：《江陵发现西周铜器》，《文物》1963 年第 2 期；李健：《湖北江陵万城出土西周铜器》，《考古》1963 年第 4 期。

⑨ 戴修政：《湖北石首出土商代铜器》，《文物》2000 年第 11 期。

（三）宜都市

父戊鼎 1 件，据闻出自宜都沙湾，为西周前期凤纹鼎。原器未见。铭文 6 字，另有一族氏文字①。

（四）枝江市

1. 1975 年问安镇关庙山遗址西南部出土圈足盘 1 件，年代为两周之际②。

2. 1987 年百里洲赫家洼遗址出土柱足鼎 1 件，为两周之际至春秋早期器③。

（五）宜昌市

2012 年 6 月，宜昌白洋工业园沙湾路万福垴遗址发现灰坑 3 个，出土了一批青铜器文物，包括青铜器 12 件（编钟 11 件，鼎 1 件）。

（六）秭归县

1985 年元月，秭归县周坪乡怀抱石村西北羊地方农民搬石造田时，发现铜甬钟 3 个④。

五　湘、资水下游区⑤

（一）岳阳市

1. 新中国成立初年在湘阴县出土西周铜罍 1 件⑥；上海博物馆藏 2 件铜磬，据说出土于湘阴县城关镇⑦。

2. 1966 年在华容县东山出土兽面纹大口尊 1 件⑧，现藏湖南省博物馆。

① 周懋琦、刘瀚：《荆南萃古编》。
② 枝江博物馆：《枝江近年出土的周代铜器》，《江汉考古》1991 年第 1 期。
③ 枝江博物馆：《枝江近年出土的周代铜器》，《江汉考古》1991 年第 1 期。
④ 张新明：《湖北秭归县发现周代甬钟》，《江汉考古》1988 年第 4 期。
⑤ 湖南省博物馆：《湖南出土殷商西周青铜器》，岳麓书社，2007 年。
⑥ 湖南省博物馆编：《湖南省博物馆》图版 32，文物出版社、日本讲谈社，1983 年。
⑦ 陈佩芬：《夏商周青铜器研究·东周篇》上，266～267 页图五四三，上海古籍出版社，2005 年。
⑧ 湖南省博物馆编《湖南省博物馆》图版 17，文物出版社、日本讲谈社，1983 年；另见湖南省博物馆：《湖南省工农兵群众热爱祖国文化遗产》，《文物》1972 年第 1 期。

3. 1971 年在岳阳县新开乡兴隆村出土兽面纹尊 1 件①；在黄秀桥乡滨湖村费家河出土兽面纹铙 1 件②。

4. 1982 年在岳阳市荣湾乡鲂鱼山山腰上出土商代铜罍 1 件③；在黄秀桥乡坪中村象形山出土西周铜鼎 1 件④，附近 200 米有一处商周遗址。

5. 1992 年汨罗市楚塘乡屈子祠村玉笥山遗址 H2、H9 分别出土铜戈、矛、盉各 1 件⑤。

6. 1997 年，岳阳市云浜区铜鼓山遗址附近出土商代铜器，仅征集到铜鼎、瓿各 1 件，据推测应为墓葬出土⑥。

7. 1998 年在平江县浯口镇出土商代铜罍 1 件⑦，与岳阳鲂鱼山罍很相似，现藏平江县文管所。

（二）益阳市

1. 益阳县谢林港曾出土兽面纹角 1 件⑧；益阳市博物馆藏两周越式鼎数件⑨。

2. 1982 年桃江县连河冲出土四马方座簋 1 件⑩，此外还出土过 1 件盉⑪。

3. 2000 年益阳县千家洲出土兽面纹铙 1 件⑫。

4. 2002 年，与桃江县交界的汉寿县宝塔乡三和村（地点正处在资水与沅水的分水岭上）出土西周铜铙 2 件⑬。

---

① 熊传新：《湖南新发现的青铜器》，《文物资料丛刊》，文物出版社，1981 年。
② 熊传新：《湖南新发现的青铜器》，《文物资料丛刊》，文物出版社，1981 年。
③ 岳阳市文物管理所：《岳阳市新出土的商周青铜器》，《湖南考古辑刊》第 2 集，岳麓书社，1984 年。
④ 岳阳市文物管理所：《岳阳市新出土的商周青铜器》，《湖南考古辑刊》第 2 集，岳麓书社，1984 年。
⑤ 岳阳市文物考古研究所：《汨罗市玉笥山商代遗址发掘简报》，岳阳市文物管理处编《巴陵古文化探索》，华夏出版社，2003 年。
⑥ 岳阳市云溪区文管所：《岳阳市市郊铜鼓山遗址新出土的青铜器》，《湖南考古 2002》，岳麓书社，2004 年。
⑦ 吴承：《平江县浯口镇出土商代铜罍》，《湖南省博物馆馆刊》，第二期彩版二十，岳麓书社，2005 年。
⑧ 高至喜：《论中国南方出土的商代青铜器》，《中国考古学会第七次年会论文集》，文物出版社，1992 年。
⑨ 向桃初：《"越式鼎"研究初步》附表，《古代文明》第四卷，文物出版社，2005 年。
⑩ 陈国安：《湖南桃江县出土四马方座铜簋》，《考古》1983 年第 9 期。
⑪ 高至喜：《论中国南方出土的商代青铜器》，《中国考古学会第七次年会论文集》，文物出版社，2002 年。
⑫ 益阳市文物管理处：《湖南益阳出土商代铜铙》，《文物》2001 年第 8 期。
⑬ 汉寿县文管所：《汉寿县三和出土青铜钟》，《湖南考古 2002》，岳麓书社，2004 年。

（三）长沙市

1. 长沙市、县。1966 年长沙市郊宝堤垸东山出土鸮卣 1 件[①]；1979 年长沙县望新乡板桥村出土西周铙 1 件[②]。

2. 宁乡县境内多次出土铜器，具体如下：

1959 年，黄材镇胜溪村新屋湾山前台地和寨子村寨子山山腰分别出土商代人面方鼎[③]、兽面纹铜瓿各 1 件，其中铜瓿内装有小铜斧 224 件[④]。

1959 年，老粮仓镇杏村湾师古寨山顶上一坑出土兽面纹大铜铙 5 件，其中 2 件隧部两侧浮雕象纹、2 件浮雕虎纹[⑤]。

1962 年，黄材镇栗山村水塘湾出土商代分档鼎 1 件。其口内壁铸铭"己"二字。

1963 年，黄材镇寨子村炭河里遗址附近河滩上大水冲出商代提梁卣 1 件[⑥]，有铭文二字，内藏玉器 1172 件。

1970 年，黄材镇寨子村王家坟山出土商代提梁卣 1 件，铸铭文"戈"字，是为"戈"卣，内藏玉器 330 余件[⑦]。

1973 年，黄材镇寨子村三亩地出土商代"云纹"铜铙 1 件，伴出有环、玦、虎、鱼等玉器 70 余件[⑧]。

1974 年，老粮仓镇唐市陈家湾出土兽面纹大铜铙 1 件[⑨]。

1975 年，黄材镇五里堆乡出土西周铜钟 1 件[⑩]。同年，湖南省博物馆在黄材镇栗山村宋家冲石仑收集商代铜戈 1 件[⑪]，出土情况不明。

1976 年，黄材镇葛藤村木梆子山出土商代铜瓴 1 件[⑫]。伴出戈、矛、镞等铜器数件已散失。

---

① 出土文物展工作组：《"文化大革命"期间出土文物》第 1 辑 32 页，文物出版社，1972 年。
② 熊传新：《湖南发现的青铜器》图二，《文物资料丛刊》（5），文物出版社，1981 年。
③ 高至喜：《商代人面方鼎》，《文物》1960 年第 10 期。2001 年湖南省文物考古研究所在黄材一带进行考古调查，确定了人面方鼎的出土地点为胜溪村新屋湾山前台地。
④ 高至喜：《湖南宁乡黄材发现商代铜器和遗址》《考古》1963 年第 12 期，图版肆，3。另见《中国青铜器全集·商》文物出版社，1998 年，图版 102～104。
⑤ 湖南省博物馆《湖南省博物馆新发现的几件铜器》，《文物》1966 年第 4 期。
⑥ 高至喜：《湖南宁乡黄材发现商代铜器和遗址》，《考古》1963 年第 12 期。
⑦ 湖南省博物馆：《湖南省工农兵群众热爱祖国文化遗产》，《文物》1972 年第 1 期。另见湖南省博物馆编《湖南省博物馆》，文物出版社、日本讲谈社，1983 年，图版 40。
⑧ 湖南省博物馆编：《湖南省博物馆》图版 29，文物出版社、日本讲谈社，1983 年。
⑨ 高至喜：《中国南方出土商周铜铙概论》图版陆，3，《湖南考古辑刊》第 2 集，岳麓书社，1984 年。
⑩ 熊传新：《湖南宁乡新发现一批商周青铜器》，《文物》1983 年第 10 期。
⑪ 熊传新：《湖南宁乡新发现一批商周青铜器》，《文物》1983 年第 10 期。
⑫ 熊传新：《湖南宁乡新发现一批商周青铜器》，《文物》1983 年第 10 期。

1978 年，老粮仓镇北峰滩出土兽面纹大铙 2 件①，其中 1 件内壁铸有四只卧虎②。同年，迥龙铺乡出土商代提梁卣 1 件③。

1983 年，黄材镇月山乡转耳仓出土象纹大铙 1 件，重 221.5 公斤，是目前所见最大的铜铙④。

1987 年，老粮仓镇毛公桥乡出土西周甬钟 1 件⑤。

1989 年，益阳市博物馆收集 1 件西周铜罍⑥，有铭文 3 字，可确定为黄材镇寨子村出土。

1993 年，老粮仓镇师古寨两次共出土铜铙 12 件，其中 9 件乳钉铙被称为"编铙"，另 3 件为兽面纹铙⑦。

1996 年，横市镇滩山村出土商代提梁卣 1 件⑧。

1997 年，回龙铺乡出土西周甬钟 1 件⑨。

2001 年，黄材镇黄材村沩水河中发现商代兽面纹大铜瓿 1 件⑩，是目前所见最大的铜瓿。

2002 年，黄材镇月山铺乡龙泉村出土西周铜盉 1 件⑪。

2003 年，黄材镇栗山村王家凼出土西周时期越式鼎 1 件⑫。

2003 年冬至 2004 年春，湖南省文物考古研究所发掘炭河里西周城址期间，在城外寨子村新屋组台地上发现并清理了西周墓葬 7 座，出土铜器数十件（含残片），可辨器形者有提梁卣盖、鼎、矛、刮刀、甋、铲等，同出管、珠、玦等玉器近 200 件，并见少量陶器。炭河里城址内也出土有铜矛、斧、鼎口沿等⑬。

另外 60 年代湖南省博物馆收集一批黄材附近出的西周至春秋时期铜

① 熊传新：《湖南宁乡新发现一批商周青铜器》，《文物》1983 年第 10 期。
② 故宫博物院：《记各省市自治区征集文物汇报展览》，《文物》1978 年第 6 期。
③ 熊传新：《湖南宁乡新发现一批商周青铜器》，《文物》1983 年第 10 期。
④ 益阳地区博物馆：《宁乡月山铺发现商代大铜铙》，《文物》1986 年第 2 期。
⑤ 宁乡县文物管理所藏。
⑥ 益阳地区博物馆：《益阳黄材出土周初青铜罍》，《湖南省博物馆文集》，岳麓书社，1991 年。
⑦ 长沙市博物馆等：《湖南宁乡老粮仓出土商代铜编铙》，《文物》1997 年第 12 期；宁乡县文物管理所：《湖南宁乡出土商代大铜铙》，《文物》1997 年第 12 期。
⑧ 宁乡县文物管理所：《湖南宁乡横市镇出土一件商代提梁卣》，《考古》1999 年第 11 期。
⑨ 李乔生：《宁乡出土西周编钟》，《中国文物报》1994 年 11 月 13 日第 1 版。
⑩ 宁乡县文物管理所藏品。
⑪ 出土于宁乡县黄材镇月山铺乡龙泉村，2002 年湖南省博物馆收集。见湖南省博物馆：《湖南商周青铜器陈列》13 页下图。
⑫ 向桃初：《越式鼎初步研究》附表，《古代文明》第四卷，文物出版社，2005 年。
⑬ 湖南省文物考古研究所：《湖南宁乡炭河里西周城址与墓葬发掘简报》，《文物》2006 年第 6 期。

器 57 件。其中有西周铜钟 1 件，余为戈、矛、剑、斧、铲、刮刀等①。宁乡县文物管理所藏铜戈 3 件②、斧戟龙纹刀 1 件③。另朱良桥乡侯家嘴出土龙纹铜刀 1 件④，现藏长沙市博物馆。

3. 望城县。1975 年高塘岭乡高砂脊村出土西周铜甗 1 件⑤。1977 年高塘岭乡高冲村出土兽面纹铜铙 1 件⑥。1996 年和 1999 年，湖南省文物考古研究所等单位在高砂脊进行了两次发掘，清理了西周时期墓葬 20 座，其中两座主要随葬铜器，除已经修复发表的 9 件铜鼎、1 件铜尊和 11 件矛、戈、刀、斧、刮刀、削、凿型器、车辖型器、构件等外，尚有近百件铜器残片。从残片观察，主要有鼎、圈足尊等⑦。发掘期间还在当地村民家中收集铜爵足 2 个。

4. 浏阳县。1971 年秀山保塘村出土商代提梁卣 1 件，同时收集青铜羊头饰 1 件⑧。1979 年澄潭乡出土西周甬钟 1 件⑨，淳口乡出土西周铜镈 1 件⑩。1985 年柏嘉镇河边台地一东周至西汉灰坑中出土兽面纹铙 1 件⑪。

（四）湘潭市

1. 1954 年和 1973 年湘潭县先后出土西周铜钟 2 件⑫；1965 年湘潭县花石镇洪家峭西周墓葬又出土甬钟 2 件⑬，现均藏于湖南省博物馆。

2. 1955 年湘乡市出土铜爵 1 件⑭。

---

① 湖南省博物馆：《湖南省博物馆新发现的几件铜器》，《文物》1966 年第 4 期。
② 宁乡县文物管理所藏品。
③ 湖南省博物馆：《湖南商周青铜器陈列》18 页下图。
④ 长沙市文物工作队等《宁乡出土青铜龙纹刀》，《湖南文物》第三辑，1988 年 12 月。
⑤ 高至喜：《论湖南出土的西周铜器》，《江汉考古》1984 年第 3 期。
⑥ 高至喜：《中国南方出土商周铜铙概论》，图版五：2，《湖南考古辑刊》第二集，岳麓书社，1984 年。
⑦ 湖南省文物考古研究所：《湖南望城高沙脊商周遗址的发掘》，《考古》2001 年第 4 期。
⑧ 湖南省博物馆：《新邵、浏阳、株洲、资兴出土商周青铜器》，《湖南考古辑刊》第三集，岳麓书社，1986 年。
⑨ 高至喜：《湖南省博物馆藏西周青铜乐器》，《湖南考古辑刊》第二集，岳麓书社，1984 年。
⑩ 高至喜：《湖南省博物馆藏西周青铜乐器》，《湖南考古辑刊》第二集，岳麓书社，1984 年。
⑪ 吴铭生：《湖南出土的商周青铜器》，《中国文物报》1986 年 6 月 13 日。
⑫ 高至喜：《湖南省博物馆馆藏西周青铜乐器》图版拾：4，拾壹：1，《湖南考古辑刊》第二集，岳麓书社，1984 年。
⑬ 湖南省博物馆：《湖南省博物馆新发现的几件青铜器》，《文物》1966 年第 4 期。
⑭ 湖南省博物馆：《湖南省博物馆》图版 26，文物出版社、日本讲谈社，1983 年。

3. 1964 年在湘乡市狗头坝遗址出土商代兽面纹铙 1 件①。

4. 1968 年湘乡市马龙乡出土西周铜钟 1 件②。

5. 1975 年湘乡市金石乡黄马塞出土商代铜铙 1 件③。

6. 1976 年在青山桥镇小托出土西周铜钟 1 件，1981 年又于该地发现 1 座铜器窖藏，出土西周时期铜器 11 件，计有鼎 3、尊 1、爵 3、觯 2、卣 2 件④。同年，在湘潭县湘江河边的九华船形山山坳中出土商代豕尊 1 件⑤。

7. 1982 年湘乡市金石乡如坪村出土西周铜钟 1 件⑥。

8. 1986 年在荆州乡金棋村出土蛇纹提梁卣 1 件⑦。

（五）株洲市

1. 1957 年从株洲废品收购站拣选到铜鸮卣 2 件⑧。

2. 1972 年在太湖头坝出土西周铜铙 1 件⑨。

3. 1974 年株洲县伞铺出土虎纹铜铙 1 件，现藏湖南省博物馆。

4. 1975 年在醴陵县狮形山出土商代象尊 1 件⑩，盖已失，现藏湖南省博物馆。

5. 1976 年在株洲县南阳桥乡铁西村（又称出土于均坝乡）出土西周方座簋 1 件，1984 年为株洲市博物馆收藏⑪。

6. 1981 年株洲县昭陵乡黄竹村出土西周铜铙 1 件⑫。

---

① 高至喜：《中国南方出土商周铜铙概论》，图版五：3，《湖南考古辑刊》第二集，岳麓书社，1984 年。

② 高至喜：《湖南省博物馆馆藏西周青铜乐器》表一：5，《湖南考古辑刊》第二集，岳麓书社，1984 年。

③ 高至喜：《论中国南方商周时期铜铙的形制、演变及年代》图 6，《南方文物》1993 年第 2 期。

④ 湖南省博物馆：《湘潭青山桥出土窖藏西周青铜器》，《湖南考古辑刊》第一集，岳麓书社，1982 年。

⑤ 湖南省博物馆：《湘潭县出土商代豕尊》，《湖南考古辑刊》第一集，岳麓书社，1982 年。

⑥ 高至喜：《湖南省博物馆馆藏西周青铜乐器》图版十：3，《湖南考古辑刊》第二集，岳麓书社，1984 年。

⑦ 熊建华：《湘潭县出土周代青铜提梁卣》，《湖南考古辑刊》第四集，岳麓书社，1987 年。

⑧ 湖南省博物馆：《介绍几件从废铜中拣选出来的重要文物》，《文物》1960 年第 3 期。

⑨ 熊传新：《湖南发现的西周青铜器》图版捌：3，《文物资料丛刊》（5），文物出版社，1981 年。

⑩ 湖南省博物馆：《湖南澧县发现商代象尊》，《文物》1976 年第 7 期。

⑪ 湖南省博物馆：《新邵、浏阳、株洲、资兴出土商周青铜器》，《湖南考古辑刊》第三集，岳麓书社，1986 年。

⑫ 高至喜：《湖南省博物馆馆藏西周青铜乐器》图版七：3，《湖南考古辑刊》第二集，岳麓书社，1984 年。

7. 1982 年醴陵县樟仙岭林场出土铜镈 1 件，现藏株洲市博物馆①。

8. 1985 年株洲县漂沙井乡油圳村出土西周铜铙 1 件②。

9. 1988 年株洲县淦田村上港新村出土西周铜鼎 1 件③。同年，在朱亭区黄龙乡兴隆村出土齿纹铜铙 1 件④，现藏湖南省博物馆。

10. 1989 年，湖南省博物馆收集西周涡纹铜鼎 2 件，系出土于醴陵县北乡黄达嘴⑤，据考察可能是 1 座墓葬，同时出土有碎陶片。另湖南省博物馆收藏的铜铙 1 件，据称出土于醴陵，出土时间不详⑥。

11. 1990 年，株洲县南阳桥乡城塘村出土商代铜爵 1 件⑦，有铭文"戈""父乙"。

12. 1997 年在株洲县白关镇团山村发现 1 座西周墓葬，出土青铜器共6 件，为鼎、戈、矛、刮刀、斧、锛等⑧。

此外，湖南省博物馆及岳阳、益阳、长沙、株洲、衡阳、湘乡等市、县博物馆收藏了一批铜器，其中部分材料已分布，但多数尚未发表⑨。

第二节　典型单位的分析与青铜器的分群

一　典型单位的铜器分析

（一）随州安居羊子山墓地

1. 羊子山（1975）

出土青铜礼器鼎、簋，爵、尊各 1 件⑩。

饕餮纹圆鼎：敛口，口沿外折，半环状立耳（残一耳），圆腹，底

---

① 曹敬庄主编：《株洲文物明胜志》，中国文史出版社，1991 年。

② 饶泽民：《株洲发现西周青铜器》，《湖南考古辑刊》第四集，岳麓书社，1987 年。

③ 饶泽民：《湖南株洲发现两件商周青铜器》，《考古》1993 年第 10 期。

④ 熊建华：《湖南省博物馆新征集的西周齿纹铜铙》，《湖南省博物馆文集》，岳麓书社，1991 年。

⑤ 熊建华：《湖南省博物馆新征集的西周齿纹铜铙》，《湖南省博物馆文集》，岳麓书社，1991 年。

⑥ 高至喜：《湖南省博物馆馆藏西周青铜乐器》图版七：1，《湖南考古辑刊》第二集，岳麓书社，1984 年。

⑦ 曹敬庄主编：《株洲文物明胜志》，中国文史出版社，1991 年。

⑧ 雷芬：《株洲白关西周晚期越人墓出土的青铜器》，《湖南考古辑刊》第七集，求索杂志社，1999 年。

⑨ 湘资下游区的铜器基础材料参阅—向桃初：《湘江流域商周青铜文化研究》，线装书局，2009 年。

⑩ 随州市博物馆：《湖北随县发现商周青铜器》，《考古》1984 年第 6 期。

近平，柱足内收，中空，内存范土。口沿下饰云雷纹作地的饕餮纹，间以短棱，柱足根部亦饰饕餮纹。

单銴爵：有流，有尾，菌状柱（残一柱）离流折较远，圆腹，圈底，三棱形尖锥实足，足尖外撇，器身一侧有兽首銴。上腹部饰饕餮纹，云雷纹作地。銴下有铸铭。

单銴尊：广口，口沿外侈，长颈，腹下部微鼓，底微突，圈足，器身一侧有一兽首銴，兽尾上卷。腹部饰四道弦纹，足部饰一道弦纹。器内外表面呈黄绿色，有光泽，器外表面有锈蚀斑点。器内底有铸铭。

饕餮纹簋：敛口，口沿外卷，腹下部微鼓，两兽首耳，其下有珥，底近平，圈足较高。腹部饰宽大线条半浮雕饕餮纹，圈足饰夔纹一周。

该次羊子山出土的铜器组合虽不完整，但仍可见应为重尊、爵等酒器的商铜器组合特点，铜器上普遍装饰饕餮纹，也带有较强商的特点。另外，尊、爵上均带有形制相似的龙形单銴，较有自身特点。该墓葬年代应为西周初年。

2. 羊子山 M1（1980）

1980 年 10 月由随州市博物馆清理①，出土铜器 18 件，其中礼器鼎、簋、爵、尊、觯各 1 件，卣 2 件。

鼎：1 件。直耳，柱足，腹略鼓。颈部饰一道饕餮纹。

簋：1 件。敛口，鼓腹，耳下有珥，盖上有纽。器盖口沿及圈足上各饰饕餮纹一道。

爵：1 件。颈部和腹部饰饕餮纹，腹部銴间有铭 3 字。

尊：1 件。广口，口沿外侈，下腹部外鼓，圈足。腹部饰双身龙纹和弦纹。

觯：1 件。口残，束颈，腹下部微鼓，圈足。颈部饰云纹一周，圈足内壁有铭 3 字。

卣：2 件。形制、纹饰相同，大小有别。有盖，体呈椭圆形，腹外鼓，圈足。提梁两端作羊首，梁上饰夔纹。盖顶有圆形捉手。盖上盒腹上部饰双身龙纹和弦纹。

从该墓铜器组合、形制以及纹饰见有双身龙纹、较多的云纹地饕餮图案带状装饰来看，具有明显的西周早期特点。墓之年代，原报告定为

---

① 随州市博物馆：《湖北随县安居出土青铜器》，《文物》1982 年第 12 期。

西周早期或中期偏早。刘启益先生定为西周康王[①]，我们赞同。M1 出土的爵鋬、簋耳及卣的提梁亦全部作龙形。

3. **羊子山 M4（2007）**

羊子山 M4[②]，出土铜礼器方鼎 2、圆鼎 1、簋 3、甗 1、爵 3、尊 2、卣 2、斝、觯、盉、方彝、罍、盘各 1。

M4 出土铜器组合鼎、簋、甗食器组合加上大量的爵、尊、卣、斝、觯、盉、方彝、罍等酒器，尤其是酒器的数量、种类众多，具有很强的商的组合特点。纹饰上，方彝、提梁卣、方鼎、圆鼎、方座簋上大量运用夸张的人面、兽面造型及浮雕加上突出的扉棱作为装饰，甗上部饰垂蝉纹、下部为兽面纹，盉裆部饰双人字纹，其余器物上普遍运用云雷纹组成窄带状装饰，这些都具有较强的商晚期到西周初的铜器特点。综合以上因素，该墓年代应为西周初年。此外，M4 的盉、爵、斝的鋬，提梁卣的梁，以及簋、方彝、罍的耳，均作龙形造型，这点与 M1 和 1975 年墓葬出土器物特点相合，应为羊子山墓地出土铜器的特色。

羊子山三座墓葬从器物组合、形态及纹饰上来看，M4 年代应为最早，在西周初年，1975 年墓葬年代大致与之相当或略晚，M1 的年代最晚，但亦不晚出西周早期。

（二）鲁台山墓地（1977）

5 座西周墓中的 M28 出土有铭铜 1 件，M30 出有铜器 9 件，另外采集有西周有铭铜器 1 件，共 10 件。五座西周墓葬中共出土青铜器约 47 件，这批铜器中计有礼器圆鼎 3、方鼎 4、甗 2、簋 2、爵 9、尊 1、觯 5、觚 1、卣 2，兵器戈 3、镞 11，工具锛 1，车马器铜泡 6、甲泡 5、圆牌 1、马首饰 1 以及镜 1。在 1 圆鼎、4 方鼎、2 簋、1 爵、1 觯、1 卣等 10 件铜器上铸有铭文。具体如下：

1. M28

圆鼎（M28∶1）：1 件。敛口，方唇，圆腹圜底，圆角方状立耳，三圆柱足作垂直状，足与耳均不相对应。颈部饰十三个圆窝纹，通体有烟熏痕。

觯：1 件（M28∶6）。侈口，扁垂腹，高圈足较直，素面。足壁内有铭文。

---

① 刘启益：《黄陂鲁台山 M30 与西周康王时期铜器》，《江汉考古》1984 年第 1 期。
② 随州博物馆编：《随州出土文物精粹》，文物出版社，2009 年。

爵：1件（M28：5）。长卵腹较深，下腹较圆，菌形双柱，柱顶作乳状，兽首錾，三棱锥足外撇度小。腹部饕餮由细云雷纹组成，柱顶上饰云纹。

2. M30

圆鼎：1件（M30：1），M30：1。敛口，圆唇，下腹向外倾垂，纽索状长方立耳，三圆柱足，颈部有两道凸弦纹。器壁内有铭文。

卣：1件（M30：22），器形残，似卣的圈足，腹底铸有铭文。

方鼎：4件（M30：3～6），形制大致相同。长方体，方唇立耳，四圆柱足，四角有扉棱装饰。器身上部饰双尾龙纹，下部饰乳钉纹。均有铭文。

簋：2件（M30：8、M30：7），M30：8残，敞口，方唇，颈内收，鼓腹圈足，圈足近底处作垂直状、兽首双耳残。口沿下饰夔纹，间以圆涡纹，两侧饰铺首各一，圈足饰夔纹一周，腹底有铭文。另一件M30：7仅残存圈足及耳下的珰，圈足上饰夔纹，腹底有铭文，但残缺不清。

甗：2件（M30：2、18），M30：18，仅有下部和口沿残片。侈口方唇，圆角梯状立耳，耳作纽索状，下部分裆，圆柱状款足。束腰，内有一箄，箄上有四个十字形镂孔，中有一箄纽；腰内侧附一环，与箄相扣合。裆部满饰饕餮纹。M30：2，仅有上腹及足部残片。三圆柱状足，足根底内凹。腹上饰饕餮纹。

爵：1件（M30：100）。腹残，菌状双柱相对较高，三棱锥足较矮。腹部饕餮由粗线去雷组成，柱顶饰涡纹。

觚：1件。标本M30：21。仅存口沿及腰部残片，细腰上饰对角夔纹，夔纹眼珠凸起。

提梁卣：2件（M30：9、20）。M30：9仅有盖和提梁。盖作覆锅状，捉手作圆圈形，上饰两个相对称的方形镂孔，提梁作扁圆形，两端饰小羊首各一。M30：20仅有底部残片，外侧有方格铸痕。另外，还有一圈足，标本M30：22器形难辨，似卣的圈足。与圈足相接的腹底外侧有方格铸痕。腹底铸有铭文。

3. M36

圆鼎：1件（M36：5）。仅有底、足及口沿残片。敛口，圆唇，圈底，三圆柱足较高。颈部有一道凸弦纹。

爵：M36：6。形制与同。菌形双柱较高，腹饰饕餮纹。标本M36：7，长卵腹较浅，伞柱外侈度较小。腹部饕餮由方格夔纹组成，有云雷纹衬底，柱顶饰云纹。

觯：标本 M36∶8。口残，扁垂腹，高圈足。颈部有由云雷纹组成的带饰一周足饰斜角雷纹。

4. M31

爵 1，卵形腹较浅，圆腹较鼓，流柱残，三棱锥足，下部较宽作刀状，扁平素面奎。腹部饰三道平行弦纹。

5. M34

爵 1，长卵腹渐变浅，伞柱直立较高，兽首鋬、三棱锥足，上部较宽。柱顶饰云纹，腹部有由细线云雷组成的饕餮纹。

鲁台山墓葬，随葬器物以青铜礼器为主，器类有鼎、甗、簋、爵、觯、觚、尊、卣等。少见殷商盛行的斝、鬲，未见西周晚期流行的簠、盨、盘、匜等。铜器纹饰上，方鼎上饰双尾龙纹、乳钉纹；总体器物较多运用雷纹、云纹地组成的饕餮图案，多作窄带状装饰；簋、觚、爵等中小型器物上多作带状装饰的夔纹；铜器上留白区域较多，有的器物通体素面，仅装饰 1～2 道弦纹。结合器物组合、总体形态及纹饰特点来看，这批墓葬年代大致与羊子山 M1 相当，在西周早期。

（三）蕲春毛家咀（1958）、新屋湾窖藏（1996）

1958 年在毛家咀西周木构建筑内出土一件铜爵[1]。鋬内有铭文一字"酉"。器之年代属西周早期。

新屋湾窖藏出土铜器为 5 方鼎、1 圆鼎、1 铜勺[2]，具体如下：

盂方鼎：2 件（标本 1，2）。形制、纹饰及铭文均相同。鼎身作长方形，平折沿，厚方唇，沿上两对称立耳，直腹略外倾，平底稍下弧，四圆柱形足较高。鼎身四角起长条形扉棱，腹四面的上部分别饰以云雷纹为底纹的双身龙纹一组，龙体曲折处填以圆涡纹，其下为整体呈凹字形分布的乳钉纹带，中部为长方形的素面空地，足根部饰兽面纹。腹内壁一侧铸铭 2 行 8 字。

窊方鼎：2 件（标本 3，4）。形制、纹饰及徽记均相同。鼎身作长方形，平折沿，厚方唇，沿上两对称立耳，直腹稍外倾，平底，四圆柱形足。鼎身四角及足根外侧分别起长条形扉棱，耳外侧饰变形云气纹，身四面上部分别饰以云雷纹为底纹的凤形纹带，凤纹正面两组，每组两凤，两组相对。凤纹带下分别为凹字形分布的乳钉纹带，中部为粗线勾连几

---

① 中国科学院考古研究所湖北发掘队：《湖北蕲春毛家咀西周木构建筑》，《考古》1962 年第 1 期。

② 黄冈市博物馆等：《湖北达城新屋塆西周青铜器窖藏》，《文物》1997 年第 12 期。

何纹套饰细线雷纹，足根部外侧饰以云雷纹为底纹的兽面纹，鼎身及足根的扉棱上分别有横向浅箍数道，足中部分别有凸弦纹两周。角内壁一衡有徽记"宬"。

酉方鼎：1件（标本5），鼎身作长方形，平折沿，方唇，沿上两对称立耳，深直腹稍外倾，平底向下弧鼓，四圆柱形足，略显细短。鼎腹四角及腹中部分别起扉棱。耳外饰变形复线"S"形纹，腹部四面上部饰以云雷纹为底纹的鸟纹带一周，正侧面均为四鸟，探首卷尾，两两相对。角腹中部四面分别饰以云雷纹为底纹的转移兽面，高扉棱作鼻梁，眉目清晰，足上饰蝉具纹，扉棱两侧饰阴线"F"形纹。腹内壁有徽记"酉"字。

圆鼎：1件（标本7）。残损。圆形，平折沿，方唇，敛口，平沿，沿上两对称立耳，深弧腹略垂鼓，最大腹径在中腹偏下，团底，三圆柱形足。鼎上腹饰餮餮兽面纹带一周，共三组，每组间以小扉作鼻梁。因残损未见铭文或徽记。

铜斗1件（标本6）。柄残。斗身作敛口，深鼓腹，团底。腹部上有曲翘的把柄，柄内空。柄末端面部饰兽面纹。斗内底有一徽记。

标本1的形态和鼎身的双头龙纹加乳钉纹组合的纹饰风格和鲁台山M30∶6基本一致，足部上端装饰兽面纹；标本4鼎身饰凤鸟文和乳钉纹的组合，上端饰兽面纹；标本5鼎身以兽面纹为主体，足部装饰蕉叶纹。从整体器物的形态和纹饰来看，该窖藏为西周早期。

（四）江陵万城墓（1961）

该墓葬中出土青铜器17件①，计有鼎2、簋2、瓺2、瓡2、爵3、觯1、尊1、卣1、罍2、勺1，1962年又征集得爵、矛各1件。具体如下：

鼎：形制基本相同。圆角方状立耳，直口，下腹外鼓甚，二圆柱足作垂直状，口外部饰有一圈饕餮纹，腹上部外饰两道弦纹。胎较薄，腹底部有明显的三角形铸口。其中一件口沿内铸有铭文"北子囗"。

簋：形制基本相同，一件完整，一件残破。口部外饰一条以夒纹为主雷纹地的纹带，两耳上前兽首，圈足外饰弦纹两道。腹内底部均铸铭文"寥乍北子乍簋用遗厥祖父日乙其万年子子孙孙永宝"。

瓺：形制基本相同，均残破。一件上下部筹在一起，不能分离。算上

---

① 王毓彤：《江陵发现西周铜器》，《文物》1963年第2期；李健：《湖北江陵万城出土西周铜器》，《考古》1963年第4期。

有半环，可持以开阖，算上有"T"形孔三个。甗上部仅饰突出的绳纹一条及一圆饼纹，下部饰象纹三组，目外突。甗口内有铭文"北子冈"。

觚：似觯，器壁较薄。颈上饰三角纹，纹饰不明显。另一件形制大小和上述的基本相同，素面，仅颈部装饰弦纹两道。

爵：形制基本相同。腹外面有弦纹两道，柱帽上铸阴细线纹饰。

觯：腹下垂，有盖，盖纽作椭圆圈形，盖器仅用一蛙（或为龟）形的单节链，上下有环联起。器壁较薄，腹部胎厚度不足 0.1 厘米。盖及器身上各饰夔纹带一道。盖与腹内各铸同铭"小臣乍父乙宝彝"。

尊：腹外饰饕餮纹、雷纹地，颈及圈足上均饰弦纹两道。胎厚重，花纹清晰。腹底有铭"小臣乍父乙宝彝"。

罍：形制基本相同，均残破。两旁有双耳及环。颈及圈足上各饰弦纹两道，肩上部饰斜角相对的云纹带一条，肩部饰夔纹及涡纹，腹上饰内填双夔纹的三角纹。

卣：有盖，盖纽作方圈状，提梁两端饰兽首。提梁上饰蝉纹及方钉纹、云纹地，盖上及器口和圈足上各饰夔纹带一道，器盖内、腹底均有相同铭文"小臣乍父乙宝彝"。

勺：残断。体圆中空成斗状，旁有细而长的扁平曲柄，末作兽首形。

该墓器物组合为鼎、簋、甗、觚、爵、觯、尊、卣、罍等，属于食酒并重的礼器组合特点，纹饰以夔纹、弦纹运用最多，饕餮纹次之，另较多运用雷纹（也有少量云纹）地与其他纹饰组成纹带装饰。从组合中主要器物的总体形态特征及主体纹饰来看，该墓年代应该属于早中期之际，或西周中期早段。北子鼎腹下外鼓较甚，邹衡先生据其形制定为周穆王时[①]。其余几件年代基本相同，相对年代为西周中期。

（五）随州叶家山墓地（2011、2013）

2011 年第一次发掘共发现墓葬 65 座和 1 座马坑，除 2 座大墓未掘外，其余墓葬都已发掘完毕，出土陶、铜、瓷、漆木、玉石等各类文物达 739 件套，青铜器多达 325 件。绝大多数青铜器上都有铭文，在多座墓葬的青铜器上见有"曾侯""曾侯谏"铭文，比已知的曾侯乙墓要早 500 余年，说明此处墓地应是与早期曾国和曾侯相关的一处墓地。2013 年第二次发掘共清理墓葬 77 座和马坑 6 座，出土铜、陶、原始瓷、玉、

---

① 邹衡：《关于夏商时期北方地区诸邻境文化的初步探讨》，《夏商周考古论文集》（第二版），科学出版社，2001 年。

骨等质地的文物约 1300 余件（套）。目前，大型墓葬中 M65、M1、M2、M27、M28、M107、M111 等的发掘情况及出土器物已发表简报。下面以 M65 为例进行介绍。

青铜礼器包括有鼎、簋、甗、鬲、尊、卣、爵、觯、盉、壶、盘等。11 件铜器上有铭文。

鼎　7 件。分方鼎、圆鼎和分裆鼎三类。

方鼎　1 件。曾侯谏方鼎（M65：47），器无盖，口腹均为长方形，折沿，沿面略内斜，方唇，纵向口沿上有一长方形立耳，耳略外侈，浅腹斜直壁内收。底微外鼓，底四边有斜宽边。

圆鼎　5 件。曾侯谏圆鼎 1 件（M65：44），器口微呈桃圆形，外折沿，沿面中脊起棱，内外略斜，截面呈三角形，方唇，绚索形立耳外侈，敛口，圆鼓腹，圜底，三柱足，足根部略粗。器腹内壁上有铭文二行六字，从右至左释为"侯谏/乍宝彝"。作宝鼎圆鼎 1 件（M65：41），器口微敛，折沿微内倾，方唇，双耳立于口沿上微外斜，弧腹，圜底，腹体呈半球状。夔龙形三扁足。器腹底内有铭文一行三字"作宝鼎"。涡龙纹圆鼎 2 件，M65：45 与 M65：42，形制相同。器口略呈桃圆形，外折沿，沿面中脊起棱，截面呈三角形，方唇，敛口，口立两耳外侈，圆鼓腹，圜底，三柱足，足根部略粗。兽纹圆鼎 1 件（M65：46），器口微呈桃圆形，外折沿，沿面微内倾，方唇，长方形立耳外侈，口微敛，圆鼓腹，圜底，三柱足，足根和足端部略粗，中间稍细，呈亚腰形。

分裆鼎　1 件。束父己鼎（M65：51），器口呈桃圆形，外折沿，沿面略内斜，尖方唇，两长方形立耳微侈，立于相邻两足外对应的折沿上，颈微束，溜肩，鼓腹，浅裆，底微凹，三柱状足较高。鼎内壁有铭文二行三字，释为"束父/己"。

簋　4 件，皆为圈足簋。曾侯谏簋（附匕）1 套（M65：49），簋圆口外侈，方唇，沿面起棱呈内外倾斜状，截面微呈三角形。颈略束，下腹略鼓，圜平底，筒状高圈足略外撇，切地面折成台阶。器颈内壁有铭文二行六字"（曾）侯谏/乍宝彝"。作彝簋 1 件（M65：50），器口外侈，尖方唇，颈略束，下腹微鼓，圜平底，筒状高圈足略外撇，切地面折成台阶。器底内有铭文一行三字"作彝"。亚离父癸簋 1 件（M65：53），器口外侈，尖方唇，颈略束，下腹微鼓，圜底，喇叭状高圈足，切地加厚，器两侧有两个对称的兽首形半环耳，长方形垂珥，耳中空，横截面呈"U"形，内有范泥。器底内铭文模糊，共 4 字"亚离父癸"兽纹簋 1 件（M65：48），器口外侈，尖方唇，颈略束，下腹微鼓，圜底，喇叭状高圈足，切地面折成台阶，器两侧有两个对称的兽首形半环耳，长方形垂珥外勾，耳中空，横截面呈"U"形，内有范泥。

甗 1件。连体甗（M65：43）器为甑、鬲连体。甑敞口外侈，口沿呈桃圆形，两绹索耳直立于侈沿，深圆腹，斜壁内弧收。束腰。甑内底有桃圆形三角箅，箅略小于甑内底，箅上有一半圆形宽扁状提纽，纽的对侧有一圆形穿孔，穿连于腰间半圆环内，洗刷时，不致脱落，箅上有五个"十"字形镂孔，其中一个十字形镂孔略残。腰间有三个大小相同，间距相等的三角状突齿支撑于箅的边沿。鬲口略呈桃圆形，束颈，溜肩，鼓腹分裆，下有三柱状足，足作上下粗、中间略细的亚腰状。

鬲 1件。象首纹铜鬲（M65：52），器口呈桃圆形，侈口，方唇，束颈，溜肩，袋状鼓腹，分裆，三柱状足中部细而上下端略粗，长方形立耳微侈，立于相邻两足外侧对应的口沿上。

尊 1件。作障彝尊（M65：30），器体呈圆筒形，喇叭状大敞口，方唇，中腹外鼓，圜底，高圈足外撇，足切地处下折呈阶状。器内底上有铭文一行三字，从左至右释为"乍障/彝"。

爵 2件。弦纹爵，2件形制相同。M65：33 槽状宽流上扬，三角形尖尾上翘，两蘑菇状柱直立于器口沿近流折处，柱的横截面呈弧三角形，侈口，深腹，圜底，腹侧有一半环形兽首鋬，鋬下对应一足，三尖状刀形足外撇，截面呈三角形。

觯 1件，云雷纹觯（M65：159）器口外侈，尖唇，长颈略束，深弧腹下垂，圜底，喇叭形圈足。

卣 1件。作障彝卣（M65：29）器体呈长椭圆。拱形扁弧提梁，两端有环与器两侧腹上的半环耳套接。长椭圆盖隆起似屋顶，盖顶中心立一菌纽状捉手，盖底内束弧成母口。器口沿斜平，器颈较高斜收成子口，口外底有一周承盖的台面，深腹，腹中部弧鼓，圜底，圈足外撇，切地处加厚并折成矮台阶。器盖内底部阴铸铭文，清晰秀丽，一行"作障彝"。

盉 1件。侯用彝盉（M65：34）盉小口略侈，尖方唇，束颈，深腹外鼓，分裆。两足分裆处对应的腹上部有长管状流，流斜伸高于器口。流对应的一侧为半环形兽首鋬，鋬下对应一足。鋬内对应器腹表有铭文一行三字"侯用彝"。

盘 1件（M65：35）大口微敞，平折沿，沿面略内斜，方唇，弧腹较浅，平圜底，高圈足略外撇，圈足下加厚，切地处折成阶状。

壶 2件。形体较大，其中一件为漆壶心外套铜扣件。漆壶铜套扣1件（M65：27）底部有漆木板朽痕，仅残存漆壶外的铜盖和器体上铜外壳骨架。器盖呈椭圆形，上有圈状捉手，直壁较高，穿盖无顶，盖沿外折呈圈足状，盖内侧有一刻划的"十"字形符号。器口呈椭圆形，平沿内折，长颈，下部两侧各有一贯耳，内侧各有一长方形穿孔，宽带状斜腹壁外撇，溜肩，鼓腹，无底，椭圆形圈足外折呈直壁阶状，两侧各有一方圆形穿孔。曾侯作田壶1件（M65：31）有盖，盖呈椭圆形，盖面隆起，中央有一方圆形圈足状捉手，捉手较高，上有外折沿，两侧有一对称方形穿孔，盖边内折成子口，盖沿与器口扣合。器口亦呈椭圆形，平沿，长颈，溜肩，深腹，椭圆形鼓腹下垂，最大腹径在近底处，圜底。椭圆形矮圈足外撇，切地处下折呈直壁阶状。颈两侧各有一半环形耳，穿连于提梁首端圆环间。扁提梁呈拱形，两端有环与器两侧半环状耳套接。器盖内壁及壶内底各铸有相同铭文一行五字，自上而下读作"曾侯作田壶"。

该墓器物组合为鼎、簋、甗、爵、觯、尊、卣、壶、盉、盘等，属于食酒并重的礼器组合特点，纹饰以饕餮纹及兽头装饰居多，夔纹、鸟纹、弦纹也不少，另较多运用雷纹（也有少量云纹）地与其他纹饰组成纹带装饰。从组合中主要器物的总体形态特征及主体纹饰来看，该墓年代应该属于早中期之际，或西周中期偏早。发掘简报也根据同出的陶鬲和原始瓷的材料对比，认为此墓在西周早期的康昭之际。

另青铜乐器在M111中首次出现，共发现器类有镈钟、甬钟、编铃3种。其中1件镈钟和4件甬钟组成一套五件成套的编钟。

镈钟 1件（M111：5）出土于墓室西二层台南部。钟体截面呈椭圆形，舞顶有一扁平梯形纽，纽间设一横梗。钟体两侧各有两条相同的透雕虎纹，前后中部各有一条钩云状扉棱，扉棱顶部各有一圆雕小鸟。钟体前后中部各饰一大兽面纹，其上下各有一周窄涡纹。

甬钟 4件 其中截锥状枚甬钟2件（M111：7、11）。形制和纹饰完全相同，大小有异。钲部、篆带及枚带均以凸起的小乳钉为界栏，界栏之外有细阳线纹方框。乳钉状枚甬钟2件（M111：8、13）。形制和纹饰完全相同，大小有异。钲部、篆带及枚带均以凸起的细阳线纹方框为界栏，方框界栏内填圆圈纹，圆圈中部有一小圆点。钲的两侧及篆带上下之间各有9个凸起的乳钉枚。

编铃 9件。形制相同，大小略有区别。环纽，平舞，铃体扁圆上窄下宽呈合瓦状，棒形舌，素面。如M111：438。

与乐器同出的礼器有58件。器类有鼎、甗、鬲、簋、罍、尊、卣、壶、漆壶釦、斝、盉、爵、扁觚、觯、盘、匕、斗共17种。根据铭文结合器形分析，发掘者认为 M111 是墓地最晚一座曾侯墓，墓主为曾侯犺，年代在西周早期偏晚。

关于叶家山墓地年代，学界一般认为在西周早期，对于其中个别大墓的年代判定有一定争议。比如 M2，发掘者认为是康昭时期，李学勤先生认为是成康时期[①]；再如 M27，发掘者认为是昭王晚期或昭穆之际，朱凤瀚先生认为不晚于康王晚期[②]，而陈贤一先生认为在康王时期[③]。

（六）随县均川熊家老湾墓地（1970、1972）

1970 年随县均川熊家老湾出土铜器 5 件，簋 4、罍 1。1972 年，同地又一墓葬中出土青铜礼器 9 件，计鼎 3、簋 2、瓹 1、壶 1、盘 1、匜 1，其中 1 件鼎 2 件簋上铸有铭文[④]。

70 年出土：

簋：4 件。器形铭文均相同。子母口，有盖，两耳作双角兽首形，有珥。盖、器腹饰重环纹、瓦纹，三足作扁体兽首纹。盖、腹内各有铭文。

罍：1 件。侈口有盖，盖饰盘龙纹，肩附二环耳，上饰窃曲纹。口沿上有铭文。

72 年出土：

鼎：3 件。形制相同，大小有别。圆腹微鼓，长方立耳，兽蹄足，曲度较大，腹饰二周卷曲云纹和弦纹，腹底有三角凸痕。腹内铸有铭文。

瓹：方体四足，上甗下鬲，上下节可以拆开。甗腹饰重环纹，窃曲纹；鬲不分裆，四足饰目纹。

簋：2 件。器形，铭文一致。弇口有盖，盖及口沿各饰二行平行的重环纹，腹饰瓦纹，器盖及腹内各有铭文。

壶：1 件。侈口细颈鼓腹，肩及腹下部各附两个对称环耳，颈部起棱，器身饰绳纹，上压三角旋纹。

方彝：1 件。方体有盖，盖如屋顶，圈足垂直，腹稍鼓，四角有棱。盖饰云纹，腹饰鳞纹，圈足饰人字纹。

盘：1 件。折沿，浅腹，圈足，附耳，腹饰变体夔纹，圈足饰斜角云纹。

---

① 李学勤等：《湖北随州叶家山西周墓地笔谈》，《文物》2011 年第 11 期。
② 李学勤等：《湖北随州叶家山西周墓地笔谈》，《文物》2011 年第 11 期。
③ 陈贤一：《湖北随州叶家山三座西周墓年代探讨》，《曾国考古发现与研究》，科学出版社，2018 年。
④ 鄂兵：《湖北随县发现曾国青铜器》，《文物》1973 年第 5 期。

匜：1件。瓢形长流，鋬及四足作兽首形，腹饰重环纹、瓦纹。

从该墓地两次墓葬出土情况来看，器物组合为鼎、簋、甗、壶、盘、匜，不见觚、爵、斝、觯、尊、方彝等酒器，为典型的周文化礼器组合。根据出土器物的形制、纹饰，可将上列诸器的年代定为西周晚期。

（七）随县何店墓（1978）

该墓葬发现青铜器18件，计有鼎2、簋2、鬲4、甗1、壶2、盘1、匜1以及锛、车马器等[①]。礼器组合为鼎簋鬲甗壶盘匜，不见觚爵斝觯尊等酒器，为典型周文化铜器组合。

鼎：2件。形制、纹饰和大小完全相同。一件口沿略残缺。立耳，蹄足，平沿外折，口沿下饰窃曲纹。

簋：2件。形制、纹饰和大小完全相同。鼓腹，有盖，盖顶作圆捉手，兽耳，有洱，圈足下有三个兽面足，口沿下饰窃曲纹。腹饰七道弦纹，盖饰窃曲纹，圈足饰重鳞纹。出土时器内各扣放鬲一件。

鬲：4件。一件残缺。有三件形制相同，宽口沿薄唇，腹饰一周重环纹，腹与足之间有弦纹一道，弧形档。一件为宽口沿方唇，腹饰一周重环纹，腹与足之间有弦纹一道，三足饰饼耳。

甗：1件。鬲甑合体，立耳，四蹄足，上体方形，束腰，腰部有附耳，器内有箅，器壁较薄。甑饰窃曲纹和兽带纹，鬲为素面。

壶：2件。纹饰和大小完全相同。长颈，鼓腹，圈足、有盖，盖顶有圆捉手，肩两侧有半环耳，肩饰三道弦纹，腹饰兽带纹，圈足饰三角云纹。

盘：1件。折沿，方唇，附耳，圈足。口沿下饰窃曲纹，圈足饰三角云纹。

匜：1件。宽流，直口，兽耳鋬，四足兽首形，口沿下饰窃曲纹一道。

从器物的形态及纹饰特点来看，应属于西周晚期器。

（八）随县安居桃花坡墓葬（1979）

发现墓葬两座，M1出土礼器有鼎2、簋4、鬲4、壶1、盘1、匜1，M2出土鼎4、鬲2、簋1，为西周晚期墓葬[②]。

---

① 随州市博物馆：《湖北随县新发现古代青铜器》，《考古》1982年第2期。
② 随州市博物馆：《湖北随县安居出土青铜器》，《文物》1982年第12期。

M1

鼎：2件。形制相同，大小有别。立耳，敛口，腹微鼓，三蹄足。上部饰重环纹。

簋：4件。形制、大小、纹饰均相同。弇口有盖，兽耳有珥，圈足下附三足。盖与口沿饰重环纹，盖近上端与器的腹部饰瓦纹，耳与三足附足皆饰兽面纹。圈足饰垂鳞纹。器底有明显的斜格网纹。

壶：1件。侈口，有盖，盖顶有圈形捉手，双兽耳衔环，腹鼓，最大径在下部。盖和器身饰环带纹和窃曲纹，盖顶饰凤鸟纹。

盘：1件。有流及鋬。圈足下附四伏兽。腹部饰窃曲纹，圈足饰垂鳞纹一周。盘内有铭文4行26字。

匜：1件。流呈兽首形，鋬为龙状，四扁足作兽形。口沿与鋬饰重环纹，腹部饰弦纹。

鬲：4件。形制大小与纹饰相同。侈沿，弧肩，裆脚较高。通体饰象首纹。

M2

鼎：4件。有蹄足和柱足两种。蹄足鼎3件，立耳，敛口，腹较深，三蹄足，腹上部与耳部饰重环纹和弦纹一周，腹下部饰垂鳞纹。柱足鼎1件，立耳，敛口，最大腹径在下部，半柱足，口沿下饰3道弦纹。

鬲：2件。形制、大小和纹饰相同。口沿近平，折肩，裆较高。颈部饰环带纹。

簋：1件。弇口有盖，盖有捉手，兽耳有珥，兽面形足。器身与盖饰瓦纹。形制与M1所出簋相近，器底有明显的三角斜线纹。

（九）京山苏家垄墓地（1966）

墓葬中出土青铜器97件，其中礼器33件，计有鼎9、鬲9、甗1、簋7、豆2、壶2、盉1、盘1、匜1、圜底器3、车马器61[①]。在出土的铜礼器中有10件铜器上（2鼎、2鬲、2簋、2豆、2壶）铸有铭文。

该墓出土铜礼器的规格以及铭文内容表明该墓墓主应为曾国国君。墓葬铜礼器组合为鼎、簋、鬲、甗、豆、壶、盘、匜，不见觚、爵、斝等器，为典型的周文化铜器组合。

鼎：9件。9件的器大递减，器形相同，附耳，兽足，腹外饰窃曲纹和弦毂各一道。最大的2件的腹内壁上铸有铭文。

---

① 湖北省博物馆：《湖北京山发现曾国青铜器》，《文物》1972年第2期。

鬲：9 件。分大、小两种形态。大鬲 2 件，宽口沿薄唇，腹饰一周方形纹，腹与足之间有弦纹一道，三足饰耳纹。小鬲 7 件，弧形裆，腹部饰方形纹一周。9 件鬲口沿上均铸有铭文。

甗：1 件。方体四足，由甑、鬲两部分合成。甑口直耳，箅有 24 个长方孔，外壁中间饰窃曲纹组成的环带状装饰和兽面主题图案。鬲附耳，四足饰目纹。

簋：7 件。分二型。第一型 2 件，器盖与身饰瓦纹，三足及两耳作兽首形，有珥，2 件的器底内与盖内均有铭文 6 行 37 字。第二型 5 件。器盖和器身下部作瓦纹，器身口沿有一周窃曲纹，耳作兽首形，有珥，三个兽首形足。

豆：2 件。腹饰窃曲纹，足镂孔作波纹（上下填以眉形及口形纹样）。2 件豆盘内均有铭文。

方壶：2 件。盖饰莲瓣形，两兽耳衔环，口及腹部饰波纹（上下填以眉形及口形纹样）。足饰垂鳞纹。2 件的器盖内与壶口内均有铭。

盉：1 件。鋬及四足作兽首形，器身下部饰波纹（上下填以眉形及口形纹样），器身上部为兽形纹，流上饰云纹。

盘：1 件。附耳，三足作兽首形，腹饰窃曲纹，足饰垂鳞纹。

匜：1 件。腹饰瓦纹，口饰窃曲纹一道，鋬及四足作兽首形。

张昌平先生将其归为曾国墓葬第一阶段第二期，年代定在两周之际或春秋初年[1]。

（十）枣阳郭家庙墓地（1983）

枣阳郭家庙墓地曹门湾墓区东有两座墓葬出土了铜器，其中 CM01 出土鼎 2、簋 2，CM02 出土鼎 1、簋 2、圆壶 1[2]。

1. CM01

立耳鼎：形制、大小及纹饰均相同。敛口，仰折沿，方唇，立耳，鼓腹，圜底，蹄形足。口沿下饰窃曲纹组成的环带，腹部饰曲体龙纹组成的环带，之间饰一道凹弦纹，耳部饰对称龙纹。

簋：形制、大小及纹饰均相同。盖中部隆起，顶部有喇叭形握手。器身子口，垂鼓腹，平底，矮圈足，下附 3 个扁支足腹部对称饰两个半圆形龙首耳，耳下有珥。盖、身饰瓦纹，足跟部做兽面形，足尖部做爪形。

---

[1] 张昌平：《曾国青铜器研究》，文物出版社，2009 年，第 91～92 页。

[2] 襄樊市考古队等编著：《枣阳郭家庙曾国墓地》，科学出版社，2005 年。

2. CM02

立耳鼎：敛口，仰折沿较窄，立耳，深鼓腹，底近平，蹄形足，组内侧有道竖向凹槽裸露范土。沿下饰窃曲纹组成的带状装饰，耳部饰对称龙纹。

簋：形制、大小及纹饰相同。盖中部隆起，顶部有喇叭形握手。器身子口，鼓腹，圜底近平，圈足。器身对称置两半圆形龙首耳，耳下有珥。盖缘、口沿及圈足均饰有珠重环纹，盖面、腹部饰瓦棱纹。

圆壶：盖深，子口，平顶，上设喇叭形盖冠。器身敞口，内折沿、束颈，垂腹，平底，圈足，颈部对称置龙首衔环耳。盖冠与圈足饰垂鳞纹，盖缘与器身饰窃曲纹组成的环带，腹部饰波曲纹。

从鼎的形态及器物上普遍装饰的纹饰来看，CM02 年代略早于 CM01，年代应在西周末期或两周之际。

（十一）广水吴店周代墓葬（1987）

广水（原应山县）吴店一座墓葬中出土铜鼎 2、鬲 2、甗 1、簋 2、壶 2、盘 1、匜 1[①]，年代约为两周之际。具体如下：

甗：1 件。上甑下鬲分铸，以子母口相接合。甑似斗形，敞口，方唇，外折沿，双长方立耳，斜直腹，平底，底部刻曲尺、"一字"、"十"字形箅孔 9 个。立耳外侧饰重环纹。颈部饰窃曲纹和凸弦纹一周，腹部饰变形夔纹一周，下部饰重环纹和凸弦纹一周。鬲口微侈，方唇，外折沿，肩部置双附耳，鼓腹，平裆，四蹄足。腹四面中部均饰一道垂直凹弦纹，足根部饰目纹。

匜：1 件。器身呈瓢形，前端有长流口，后有卷尾兽形鋬，深腹，平底，四扁足。口沿下饰重环纹，腹部饰瓦纹，足饰云气纹。

盘：1 件。平口外折，圆浅腹，出一附耳，平底，圈足。耳外饰窃曲纹和重环纹。腹部饰窃曲纹，足饰斜角云纹。

簋：2 件。形制、大小、纹饰均一样。盖与器身为子母口，可以扣台。盖呈覆豆形，上有圈足形把手。身直口，垂鼓腹，附双角兽首形耳，有垂珥，圈足，下附三个小兽首长方形足。盖口沿和簋口沿均饰窃曲纹，盖以上和簋腹下部均饰瓦纹，圈足饰变形垂鳞纹。

鬲：2 件。形制、大小、纽饰相同。敛口，斜平沿，方唇，束颈，折肩，三袋足，足微呈扁柱状。颈部饰重环纹一周。

---

① 应山县文化馆文物组：《湖北应山吴店古墓葬清理简报》，《文物》1989 年第 3 期。

鼎：2 件。形制基本相同，大小、纹饰小有差别。敛口，方唇，近平沿，长方形立耳，圆腹微鼓，圜底，底部有三角形铸痕，三蹄足曲度较大，足内存范土。标本 M1：8 壁较厚，腹较浅，腹上部饰重环纹和凸弦纹各一周。标本 M1：9 壁较薄，腹较深，鼓腹稍偏下。腹上部饰重环纹一周，下部饰窃曲纹。

壶：2 件。形制、大小、纹饰均相同。盖有子母口，盖顶有圈足形捉手。壶口平唇外敞，细颈，附双兽形耳，垂鼓腹，最大腹径在下部，平底，喇叭状圈足。盖饰重环纹和窃曲纹。颈部饰窃曲纹，腹部饰变形夔纹，圈足饰重环纹。

（十二）宜昌万福垴遗址（2012）

万福垴遗址位于宜昌高新区白洋工业园区沙湾路万福垴村 6 组长江北岸的一级台地之上。2012 年 6 月通过湖北省、宜昌市文物部门组织考古人员对施工线内的遗址进行勘探调查和抢救性发掘，已出土青铜编钟 11 件，其中一件钲部刻有铭文"楚季宝钟厥孙乃献于公公其万年受厥福"；鼎 1 件。发掘灰坑 3 个（编号 H1～H3）。H1 椭圆近方，内分两层，疑似窖藏。出土很多陶器，器形有鬲、尊、豆、罐、瓿等残件。推测铜钟和铜鼎都出土于该坑之内。经专家鉴定，宜昌万福垴遗址出土的青铜鼎、青铜编钟及铭文和陶器，时代属于西周中晚期，是楚文化考古的重大发现和突破，填补了早期楚文化研究的空白[①]。

2015 年 5 月至 9 月对该遗址进行了正式发掘[②]。发掘者认为，施工所出青铜器包含有铜鼎 1 件、甬钟 12 件，因已失去原始埋藏背景，出土单位无法确认，根据其大致出土位置范围将归入 TN03E20 内。

（十三）望城高砂脊墓地（1996、1999）

1975 年，遗址中出土青铜瓿一件[③]。1977 年出土兽面铜铙一件[④]。1996 年和 1999 年，湖南省文物考古研究所等单位在高砂脊进行了两次发掘，清理了西周时期墓葬 20 座[⑤]，其中两座主要随葬铜器，除已经修复

①　宜昌博物馆：《宜昌万福垴编钟出土及遗址初步勘探》，《中国文物报》2012 年 9 月 28 日 8 版。
②　湖北省文物考古研究所：《湖北宜昌万福垴遗址调查勘探报告》，《江汉考古》2015 年第 5 期。
③　高至喜：《论湖南出土的西周青铜器》，《江汉考古》1984 年第 3 期。
④　高至喜：《中国南方出土商周铜铙概论》，《湖南考古辑刊》第二集，岳麓书社，1984 年。
⑤　湖南省文物考古研究所：《湖南望城高沙脊商周遗址的发掘》，《考古》2001 年第 4 期。

发表的9件铜鼎、1件铜尊和11件矛、戈、刀、斧、刮刀、削、凿形器、车辖型器、构件等外，尚有近百件铜器残片。从残片观察，主要有鼎、圈足尊等。发掘期间还在当地村民家中收集铜爵足2个（图六十七）。

铜器主要出土于AM1、AM5两座墓中，另在AH5中出土完整的铜戈和残铜削各1件，AM12出有铜矛1件。器类包括鼎、尊、戈、矛、刀、削、刮刀、斧、构件、车軎、不知名器等，出土时大部分已破碎不堪，而且变形非常严重，有的仅存一部分，很多不可修复。现将AM1和AM5出土铜礼器介绍如下：

1. AM1

圆鼎：8件，可分四型。A型以AM1：18为代表，1件。形体较大，方形立耳，平折沿，方唇，圆腹，圆底较平，三圆柱形足。上腹饰三组兽面加龙纹，下腹是以蝉纹为主体的宽蕉叶纹，全部纹饰主纹均为浮雕，地纹为云雷纹，内壁有一"酉"字铭文。B型以AM1：4为代表，3件。直口，圆腹。上腹饰尾上卷的饕餮纹三组，下腹是以蝉纹为主体的蕉叶纹，足根部兽头张开大口含着鼎足，眼珠突出。C型以AM1：6为代表，3件。侈口，束颈，鼓腹。上腹饰三组尾上卷的饕餮纹，下腹为蝉体蕉叶纹。D型，AM1：7，1件。宽折沿，鼓腹，足近蹄形。上腹饰尾上卷的饕餮纹，下腹为蝉体蕉叶纹，但主体蝉纹已简化。

尊：1件（AM1：28）。侈口，折肩，收腹，高圈足。颈部饰两道、圈足上饰一道凸弦纹，余均素面。

2. AM5

圆鼎：1件（AM5：53）。索状立耳，厚圆唇，垂腹，底外表存有三角形范线，柱形三足内侧为平面，足端部明显粗于中部，出现了向蹄形足变化的迹象。上腹部饰一组规矩四叶与涡纹相间的纹饰带，下腹部素面。

高砂脊墓地出土的铜器特点较鲜明，只见圆鼎和尊。鼎的特色为腹部明显外鼓。纹饰上特征也很明显，基本为在鼎口部下方饰一圈饕餮纹或涡纹，腹部装饰一圈垂蝉纹。

从发表的铜器特征看，年代在西周早中期。关于墓葬的年代，报告将AM1定在西周早期后段至西周中期前段；而AM5暂定为西周中期前段。据向文，AM5仅发表了铜鼎一件，但从尚未发表的与之共出的大量越式鼎足看，其年代至少晚到西周中期以后。此外，AM5标本测试的多个年代数据均显示在西周晚期到春秋早期，故定为西周晚期较为合适。

（十四）炭河里城外西周墓（2003~2004）

2003年冬至2004年春，湖南省文物考古研究所发掘炭河里西周城址期间，在城外寨子村新屋组台地上发现并清理了西周墓葬7座①，出土铜器数十件（含残片），可辨器形者有鼎、卣、爵、盉或斝、矛、刮刀、呑、铲等，同出管、珠、块等玉器近200件，并见少量陶器。炭河里城址内也出土有铜矛、斧、鼎口沿等。具体如下：

1. M2

鼎足：2件。M2:1矮锥足，圆锥形，足尖外撇，足内侧有长条形凹槽，外侧饰二组简化蝉体尖叶纹。M2:6兽形蹄足，足内侧平，足上端为兽而，中腰有两道凸弦纹，足下端外撇。

2. M4

鼎口沿：1件。M4:19宽折沿，器体形状为釜形标本沿上立耳，器表素面地上饰一道凸弦纹。

鼎足：1件。M4:2兽形蹄足，个体很大。足内侧平，足上端为简化兽而纹，以下为素面。报告认为M4:19口沿和M4:2鼎足为同一件器物的两个部分。

卣盖：1件。M4:35椭圆形，口外侈，顶隆起，四瓣形纽，顶部一周四组八体龙凤纹，纽饰四个倒立的蝉纹，盖身素面。

斝足或盉足：1件。M4:25，素面。

3. M8

鼎口沿：1件。M8:11折沿，厚方立耳，方唇，腹微鼓，口下为云雷纹地兽面纹间涡纹，其下饰一周鱼鳞纹，卜腹及底部残。

爵柱：1件。M8:7，顶端饰云雷纹。

爵足：1件。M8:5，三角纹装饰。报告认为M8:7柱和M8:5足为同一件爵的两个部分。

4. M10

鼎足：1件。M10:1，圆柱形足，中空，上端饰勾连石纹，下饰蝉体尖叶纹。

卣残片：1件。M10:4，侈口，束颈，鼓腹，底残，颈部在云雷纹地上饰鸮首和长冠凤鸟纹，腹部两侧饰鸮身、翼部，遍饰鱼鳞纹。

簋耳：1件。M10:7，"C"字形管状，上端置羊角虎头，下端为扁薄扉棱。报告定名为器錾，我们认为从形态上来看是簋耳的可能性较大。

---

① 湖南省文物考古研究所：《湖南宁乡炭河里西周城址与墓葬发掘简报》，《文物》2006年第6期。

墓地出土铜器均为残片，仍可辨认的组合有鼎（分蹄足和舉形足）、簋、斝、爵、卣等，带有较强的商文化组合特点。可见的纹饰有蕉叶纹、变形凤鸟纹组成的带状纹、云雷纹组成的带状纹饰、饕餮纹和涡纹云雷纹地的组合带状纹、盘龙形写实主题纹饰等，具有较强的自身特点。从纹饰上来看，该批铜器主要为西周早期。

（十五）湘潭青山桥西周铜器窖藏（1976）

1976 年在青山桥镇小托出土西周铜钟 1 件，1981 年又于该地发现 1 座铜器窖藏，出土西周时期铜器 11 件，计有鼎 3、尊 1、爵 3、觯 2、卣 2 件①。从鼎的形制看，年代应为西周晚期。具体如下：

鼎：3 件。可分两型。A 型，J:10，立耳，柱形似兽足，足上饰夔纹，口略似桃形，最大腹径接近底部，腹饰一道 2 厘米宽的纹带，由夔纹、圆涡纹相间组成。B 型，立耳，侈沿，浅腹，薄胎，兽足较高，最大腹径偏下。J:11，立耳，浅腹，上腹饰夔纹。夔张口、长冠，卷尾，云雷纹地，足上饰兽面纹。J:12 半筒形蹄足，腹饰简化夔纹，二夔一组，前面夔嘴向下，后面夔长身，嘴向前。

尊：1 件。圆筒形，鼓腹，高圈足。腹部饰一圈纹饰，以云雷纹为地，主体饕餮作裂口巨眉状，其两侧上有夔做倒立状，下有凤鸟举首而立。花纹繁褥瑰丽。器内底部有铭。

觯：2 件。口与圈足均为喇叭形，整体细高，薄胎。颈部一圈纹带，两器主体花纹为凤鸟，形象略异。颈部饰小鸟分尾纹带。

爵：6 件。柱分圆菌柱和伞形柱两种，卵腹，外以云纹和饕餮纹组成的带状纹饰装饰。

以上典型单位出土青铜礼乐器群的组合详见表十三。

表十三　长江中游西周时期典型单位出土青铜礼乐器群组合表

区域		器物/典型单位名称	青铜礼器组合	乐器	年代
襄随地区	随州	1975 年羊子山墓葬	圆鼎 1、簋 1、爵 1、单鋬尊 1	——	西周初年
		1980 年羊子山M1	圆鼎 1、簋 1、爵 1、尊 1、觯 1、卣 2	——	西周早期

---

① 湖南省博物馆袁家荣：《湘潭青山桥出土窖藏西周青铜器》，《湖南考古辑刊》第一集，岳麓书社，1982 年。

区域		器物/典型单位名称	青铜礼器组合	乐器	年代
襄随地区	随州	2007 年羊子山 M4	鼎 3（方鼎 2、圆鼎 1）、簋 3、爵 3、尊 2、觯 1、卣 2、瓶 1、斝 1、盉 1、方彝 1、罍 1、盘 1	——	西周早期
		叶家山墓地 M1	鼎 9（方鼎 4、圆鼎 3、镬鼎 1、小鼎 1）、簋 2、鬲 1、瓶 1、尊 1、卣 1、瓿 2、爵 5、觯 1、方罍 1	——	西周早期
		叶家山墓地 M2	鼎 5（圆鼎 1、分裆鼎 4）、簋 3、兽面纹鬲 1、瓶 1	——	西周早期
		叶家山墓地 M27	鼎 6（方鼎 2、圆鼎 4）、簋 3（方座簋 1、圈足簋 2）、鬲 2、瓶 1、尊 1、卣 1、瓿 1、爵 4、觯 4、罍（悬铃 2）2、盉 1、壶 3、盘 1	悬铃 2	西周早期
		叶家山墓地 M28	鼎 7（方鼎 3、圆鼎 2、分裆鼎 2）；簋 4；鬲 1、瓶 1、匕 1、尊 1、卣 2、盉 1、爵 2、瓿 1、觯 1、棒形器 1、罍 1、盘 1、贯耳壶 1	——	西周早期
		叶家山墓地 M65	鼎 7（方鼎 1、圆鼎 5、分裆鼎 1）、簋 4、鬲 1、瓶 1、尊 1、卣 1、爵 2、觯 1、盉 1、壶 2、盘 1	——	西周早期
		叶家山墓地 M107	圆鼎 2、簋（残纽 1，悬铃缺失）1、鬲 1、瓶 1、爵 2、瓿 1、觯 1、尊 1、卣 1	悬铃 1	西周早期
		叶家山墓地 M111	鼎（大方鼎 1、小方鼎 4、附耳方鼎 1、圆鼎 12、分裆鼎 2）、簋 12（方座簋 1 带悬铃 1、圈足簋 11）、瓶 1、鬲 1、罍 3、尊 2、曾侯卣 2、壶 2（单鋬带流壶 1、贯耳壶 1）漆壶釦 2、斝 1、盉 1、爵 4、扁瓿、觯 2、附斗 1、盘 1、匕 1	镈钟 1 甬钟 4 编铃 9；悬铃 1	西周早期偏晚
		1970 熊家老湾墓葬	簠簋 4、1、方彝 1，簋 1	——	西周晚期
		1972 熊家老湾墓葬	鼎 3、簋 2、瓶、壶、盘（残铃钮）、匜各 1	悬铃 1	西周晚期

区域		器物/典型单位名称	青铜礼器组合	乐器	年代
襄随地区	随州	何店墓	鼎2、簋2、鬲4、甗1、壶2、盘1、匜1	——	西周晚期
		桃花坡 M1	鼎2、簋4、鬲4、壶1、盘1、匜1	——	西周晚期
		桃花坡 M2	鼎4、鬲2、簋1	——	西周晚期
	枣阳	郭家庙墓地 CM01	鼎2、簋2	——	两周之际
		郭家庙墓地 CM02	鼎1、簋2、圆壶1	——	两周之际
	京山	苏家垅 M1	鼎9、鬲9、甗1、簋7（含曾乎簋）、豆2、壶2、盉1、盘1、匜1	——	两周之际
		西北台	鼎2、方卣（带悬铃）1、盘1	悬铃1	西周晚期
鄂东北区	广水	吴店墓葬	鼎2、鬲2、簋2、壶2、甗1、盘1、匜1	——	两周之际
	武汉市黄陂区	鲁台山 M28	圆鼎1、觯1、爵1	——	西周早期
		鲁台山 M30	方鼎4、圆鼎1、簋2、甗1、残卣（圈足）1、提梁卣2、爵1、觚1	——	西周早期
		鲁台山 M31	爵1	——	西周早期
		鲁台山 M34	爵1	——	西周早期
		鲁台山 M36	圆鼎1、觯1、爵1	铃6	西周早期
		鲁台山采集	父丁爵1；爵1、罍1、鼎1；卫尊1	——	西周早期
鄂东南区	蕲春	毛家咀遗址	爵1	——	西周早期
		新屋壪窖藏	方鼎5、圆鼎1、斗1	——	西周早期
鄂西南区	江陵	万城墓葬	鼎2、甗2、簋2、爵3、罍2、觚2、尊1、卣1、觯1、勺1	——	早中期之际
	宜昌	万福垴遗址	鼎1	编钟11	西周中晚期
湘、资水下游区	望城	高砂脊遗址	甗1	铜铙1	西周早中期
		高砂脊墓葬 AM1	圆鼎8、尊1	——	西周早中期
		高砂脊墓葬 AM5	圆鼎1，越式鼎足	——	西周晚期

区域		器物/典型单位名称	青铜礼器组合	乐器	年代
湘、资水下游区	宁乡	炭河里城外墓葬 M2	鼎足 2	——	西周早中期
		炭河里城外墓葬 M4	鼎口沿 1、鼎足 1、卣盖 1、斝足或盉足 1	——	西周早期
		炭河里城外墓葬 M8	鼎口沿 1、爵柱 1、爵足 1	——	西周早期
		炭河里城外墓葬 M10	鼎足 1、簋耳 1、卣残片 1	——	西周早期
	湘潭	青山桥窖藏	鼎 3、尊 1、觯 2、爵 6	铜钟 1	西周晚期

二　青铜器分群研究

通过以上对长江中游出土的西周时期典型单位铜器群的梳理，我们可以看到两组不同的器物组合群，即以鼎、簋、甗、觯、爵、斝、尊、盉、方彝、卣、罍、盘等为组合——尤其是以觚、爵、斝、觯、盉、方彝等礼器为代表的甲组商文化组合特征的青铜器群，和以鼎、瘪裆鬲、簋、甗、豆、壶、盘、匜等礼器为组合的乙组周文化组合特征的青铜器群。在西周中期及以前，我们看到的长江中游青铜器组合基本趋于一致，均为甲组商系青铜器群，而到了西周中期偏晚到西周晚期，乙组周系青铜器群开始在随枣走廊、鄂东北一带出现。

（一）甲组商系青铜器群

该群在西周早、中期分布于整个长江中游区域，到西周晚期在襄宜平原及随枣走廊区域消失，而在湘江流域组合上也发生了细微的变化。根据铜器组合的差别，主要是乐器出土的情况，我们大致可以将甲组铜器群划分为两大亚群，即重礼铜器群和礼乐并重铜器群。

1. 重礼铜器群（A 群）

铜器组合以鼎、簋、甗、觯、爵、斝、尊、盉、方彝、卣、罍、盘等食器和酒器为主，其中酒器的数量和种类均较多，少见或不见铙、钟、鼓等乐器出土。器物上纹饰总体来说相对简单，器身留白多，甚至有不少直接为素面加饰 1~2 道弦纹，主要流行的纹饰为饕餮纹、双头龙纹和云雷纹地的环带装饰。典型代表单位为羊子山墓地、叶家山墓地、江陵万城西周墓、黄陂鲁台山墓地，分布范围主要在襄宜平原、鄂东北、江汉平原区。鄂西北因尚未见西周时期铜器出土，暂不能做判断，但据该群分布规律推测，也应该属于这一亚群范围。

从纹饰及装饰风格上来观察，以上几个典型单位中，羊子山墓地风格较为独特，如组合上酒器数量、种类众多，要远远多于鲁台山、万城和毛家咀；1975 年墓葬和 2007 年 M4 出土器物纹饰上其突出的夸张人目兽面纹①（图六十七，1）、独立饕餮纹主题及突出的扉棱的大量运用，在长江中游其他区域极为少见，仅在叶家山墓地能见到类似的作风（图六十七，2）。尊（图六十七，3）、爵上常带有的形制相似的龙形单錾，很具特点，应是本地标新立异地进行细节处理的结果②。结合其出土器物大量有"鄂侯"的铭文来看，该墓地应为鄂国高等级贵族墓地。

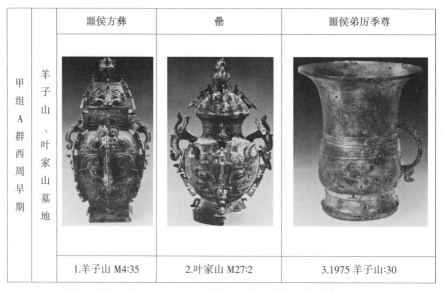

甲组A群西周早期	羊子山、叶家山墓地	噩侯方彝	罍	噩侯弟厉季尊
		1.羊子山 M4:35	2.叶家山 M27:2	3.1975 羊子山:30

图六十七　甲组 A 群西周早期羊子山、叶家山墓地出土铜器

前文已提及，学界基本认可，叶家山铜器群年代在西周早期，为中原周文化特征。张昌平先生曾从青铜器的组合、纹饰种类等方面观察，

---

① 也有称"神面纹"，构图与兽面纹相似，因眼睑结构近似于人目有亲和之感，而无兽面纹的威严与诡异。参考张昌平：《论随州羊子山新出噩国青铜器》，《文物》2011 年第11 期。

② 张昌平：《论随州羊子山新出噩国青铜器》，《文物》2011 年第 11 期。

认为 M1 早于 M65①。他同时认为，叶家山青铜器具有本地生产的可能，在制造技术上细节方面存在特殊性，对同类青铜器的仿制现象较为突出，这些都说明西周早期曾国具有独立生产青铜器的能力②。

黄陂鲁台山墓地和江陵万城西周墓出土铜礼器群的器物纹饰、组合等特征较为接近。从其流行的云雷纹地的饕餮纹环带装饰、大量器物留白和弦纹装饰的特点来看，两者共性较大。从组合上来看，两者均出有圆鼎、簋、甗、爵、尊、觯、瓿、卣，基本一致，区别在于鲁台山另出有方鼎（图六十八，1），万城另出有罍（图六十八，2）。有无方鼎，可能代表的是两处墓地的等级差别。江陵万城的罍较有特点，其肩部饰环带纹，腹部遍饰蕉叶纹，与湘江流域高砂脊遗址③出土铜鼎腹部大量使用蕉叶纹的特点相似，反映出长江中游以南青铜器纹饰的独特风格（图六十八，3）。有学者还认为，万城束颈鼎（图六十八，4）的造型、纹饰和尊（图六十八，5）的纹饰均为长江流域及其邻近地区的土著特征，而卣（图六十八，6）、觯为典型中原风格。从铭文看，这两种风格的铜器是在同一作坊生产的。这反映出周文化和当地文化融合的态势，以及当地上层贵族在制作青铜礼器群时并不排斥带有土著风格的器物④。

铜铃及带悬铃的铜器在该区有所发现。鲁台山 M36 发现有 6 件形制相同的小铜铃；叶家山 M111 出土有 9 件，应为编铃（图六十九，1）。京山西北台出土的方卣（图六十九，3）、叶家山墓地 M27 出土的两件铜罍 M27：2（图六十七，2）、M111 出土的南公方座簋 M111：67（图六十九，2）的圈足内，以及收集而得的鄂叔簋（图六十九，4）的方座内，都带有小悬铃。在叶家山 M107 出土的方座簋 M107：2 圈足内仅剩残存的半环钮，疑墓葬发现的 M107：14 为该簋缺失的悬铃（原简报图版八、九）。另 1972 年熊家老湾墓葬出土的铜盘的圈足内，也还留有悬铃残纽的痕迹。目前学界基本认同，铜铃以及带铃容器源自北方，铜铃主要作为车马器使用，而南方的带铃作风则是受北方影响而来。

①　张昌平：《论随州叶家山墓地 M1 等几座墓葬的年代以及墓地布局》，《中国国家博物馆馆刊》2012 年第 8 期。
②　张昌平：《论随州叶家山西周墓地曾国青铜器的生产背景》，《文物》2013 年第 7 期。
③　湖南省文物考古研究所：《湖南望城高沙脊商周遗址的发掘》，《考古》2001 年第 4 期。
④　陈小三：《西周早期地方生产铜器一例——江陵万城铜器群分析》，《江汉考古》2019 年第 2 期。

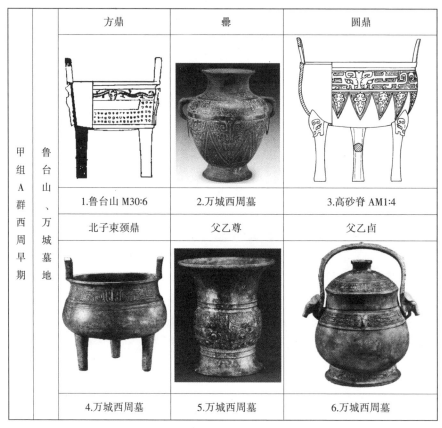

图六十八　甲组 A 群西周早期鲁台山、万城墓出土铜器

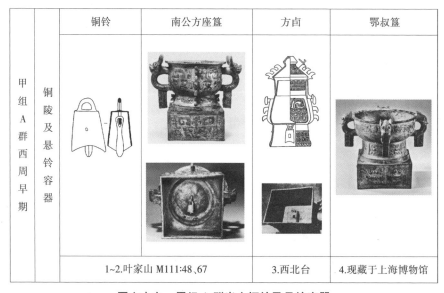

图六十九　甲组 A 群出土铜铃及悬铃容器

2. 礼乐并重铜器群（B 群）

该亚群的特点为大量出土铜铙、钟、鼓等乐器，铜礼器组合以鼎、簋、尊、卣、爵、斝、觯等为主。从铜铙的分布情况看①，在本书的探讨空间范围内，主要分布在湘、资下游区，阳新、崇阳、咸宁等长江以南的鄂东南区也可划入该亚群范围。

该群以学术界所谓的"宁乡铜器群"为代表，代表遗存为炭河里城外墓地②和湘潭青山桥窖藏③，从铜器组合特征看属于 B 群。高砂脊墓地也属于该亚群，然组合上与前两处有明显差异，自身特点较浓。该群西周早、中期出土铜礼器以鼎、尊、卣、爵、斝、觯、罍等为主，周边区域往往在山脚、河边出有铜铙（图七十，1）、镈钟④（图七十，2）等乐器。礼器中尤其以折沿鼓腹圜底形态的圆鼎（图七十，5）最具特色，流行通体繁缛的纹饰，大量运用蕉叶纹和各种动物主题图案。到西周晚期，开始出现"越式鼎"（图七十，6）。出土的乐器绝大部分为铙，除了常见的兽面纹、双目纹及齿纹铙外，年代稍晚的有枚铙基本被认为是甬钟的源头⑤。到西周中晚期，乐器主要演变为镈钟和甬钟（图七十，3）。

鄂东南区以蕲春毛家咀遗址和新屋湾窖藏为典型单位。毛家咀木构建筑遗迹中出土铜爵 1 件，新屋湾窖藏出土 5 方鼎、1 圆鼎、1 斗。从组合上看，明显区别于鲁台山、万城和羊子山，特点为重鼎，轻酒器，未见簋、甗等其他食器。我们发现这点与湘、资水下游区的铜器群有相似之处，如高砂脊 AM1 出有 9 鼎 1 尊。单从鼎的形制看，毛家咀出土的主要为方鼎，与高砂脊主要为立耳折沿束腰圜底圆鼎的情况有明显区别；从共出的直腹圜底鼎看，纹饰上前者为环带兽面纹一周，而后者纹饰繁缛，为兽面纹和垂蝉纹并用（图七十，5）。此外，二者还同出"酉"字的族徽，也说明二者关系密切。新屋湾铜器纹饰主要为双头龙纹、凤鸟纹、乳钉纹、饕餮纹和蕉叶纹。标本 1（图七十一，3）的形态和鼎身的双头龙纹加乳钉纹组合的纹饰风格和鲁台山 M30：6 基本一致（图六十

---

① 张琳：《商周青铜铙研究》，武汉音乐学院硕士学位论文，2007 年，第 64 页。
② 湖南省文物考古研究所：《湖南宁乡炭河里西周城址与墓葬发掘简报》，《文物》2006年第 6 期。
③ 湖南省博物馆：《湘潭青山桥出土窖藏西周青铜器》，《湖南考古辑刊》第一集，岳麓书社，1982 年。
④ 1985 年湖南省邵阳市邵东县毛荷殿乡民安村出土了一件四虎镈钟，据专家考证年代在商末周初，一般认为是本地特色产品。现藏于湖南省博物馆。
⑤ 张琳：《商周青铜铙研究》，武汉音乐学院硕士学位论文，2007 年，第 69 页。

八，1）；标本5（图七十一，4）鼎身以兽面纹为主体，足部装饰蕉叶纹。从铜器通体繁缛的纹饰这一特征和蕉叶纹的使用来看，特征与湘、资下游区铜器有所相似（图六十八，3）。

关于高砂脊的铜鼎，有学者还从分范方式角度认为高砂脊 AM1∶18（图七十，5）与 AM1∶4（图六十八，3）两类可能是不同作坊生产的，从整体造型和足部形态看，还反映出晚商到周代中原风格和长江中游地区青铜鼎风格的差异①。

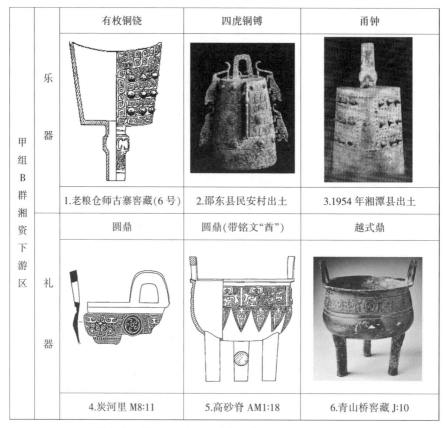

		有枚铜铙	四虎铜镈	甬钟
甲组B群湘资下游区	乐器			
		1.老粮仓师古寨窖藏(6号)	2.邵东县民安村出土	3.1954年湘潭县出土
		圆鼎	圆鼎(带铭文"酉")	越式鼎
	礼器			
		4.炭河里 M8:11	5.高砂脊 AM1:18	6.青山桥窖藏 J:10

图七十　甲组 B 群西周时期湘资水下游区出土铜器

根据先期的陶器遗存研究，我们认为毛家咀遗存与大路铺文化②是属于一类的。在大路铺遗址周边出有铜铙，如 1974 年白沙乡刘荣山窖藏出土 1 件兽面纹青铜铙（图七十一，1）。另在同一文化区的罗田县李家楼，1955 年也出土过一件人面纹有枚铙（图七十一，2），这与老粮仓师

① 陈小三：《宜昌万福垴发现铜鼎的启示》，《江汉考古》2017 年第 4 期。
② 湖北省文物考古研究所：《阳新大路铺遗址东区发掘简报》，《江汉考古》1992 年第 3 期。

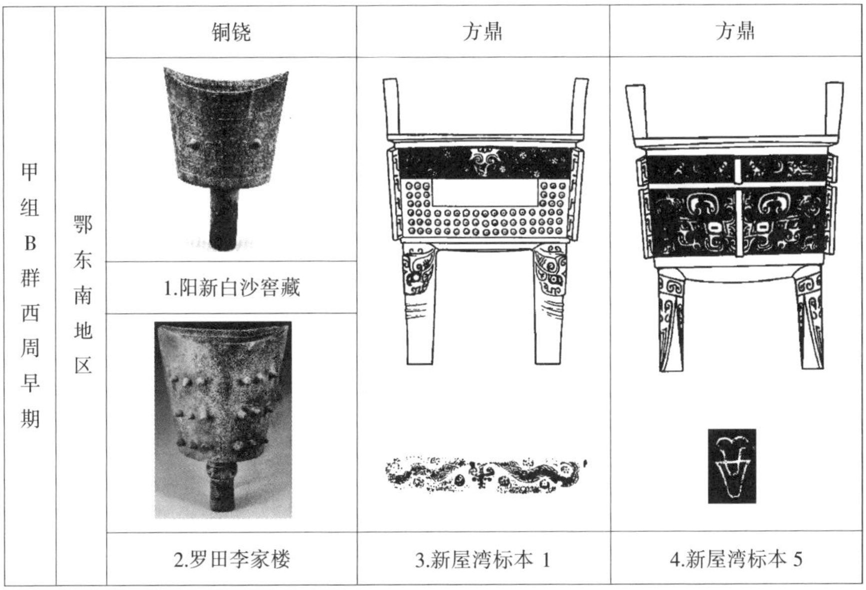

		铜铙	方鼎	方鼎
甲组B群西周早期	鄂东南地区	1.阳新白沙窖藏 2.罗田李家楼	3.新屋湾标本1	4.新屋湾标本5

图七十一　甲组 B 群西周早期鄂东南地区出土铜器

古寨 6 号铜铙形制（图七十，1）十分接近。也就是说，该类遗存是位于 B 群的分布区内的。因此，毛家咀遗存从组合上应归于 B 群。然就其单个器物形态、纹饰上来看，又与 A 群遗存间共性更大，这可看作 B 群中更为独立的一个遗存，或为 A 群与 B 群间的"地域性过渡"。

编钟这类乐器近十年来最重要的发现之一莫过于宜昌万福垴遗址。该遗址出土编钟 11 件，其中一件刻铭 17 字"楚季宝钟厥孙乃献于公公其万年受厥福"青铜钟是首次发现并出土于湖北地区的西周时期楚国公室青铜器（图七十二）。关于万福垴编钟的年代，简报[1]认为刻铭 17 字的这件阴线界格钟 TN03E20：1 为西周中期。刘彬徽先生认为在西周早期偏晚[2]。张昌平先生认为，万福垴 11 件钟并不是一套，有铭钟在右鼓均无标示演奏位置的动物形装饰，篆间纹饰或作细阳线云纹，是近似南方铙的较早特征，年代或可早至西周中晚期之间，而铭文鉴刻的年代要晚于浇铸年代[3]。发掘者似同意这种观点[4]。李伯谦先生也认为"楚季宝钟"

① 湖北省文物考古研究所：《湖北宜昌万福垴遗址发掘简报》，《江汉考古》2016 年第 4 期。

② 刘彬徽：《楚季编钟及其他新见楚铭铜器研究》，《湖南省博物馆馆刊》2012 年第九辑。

③ 张昌平：《吉金类系——楚公豪钟》，《南方文物》2012 年第 3 期。

④ 黄文新等：《湖北宜昌万福垴遗址出土甬钟年代及相关问题研究》，《江汉考古》2016 年第 4 期。

铭刻是到西周晚期①。我们看到，与编钟共出的还有 1 件鼎 TN03E20：13，折沿方唇，大立耳外倾，垂腹高足，腹部饰鸟纹一周，鸟头相对，中间以扉棱间隔，保留较多商代晚期到西周早期的风格。陈小三先生认为铜鼎纹饰具有较强的土著特点，是江淮、皖南及邻近地区见到的西周晚期到春秋早期土著鼎的前身，年代应该在西周中期②。从报道③中共出陶鬲、簋的形制特点，我们认为早于西周晚期荆南寺 G2 的鬲簋组合，而晚于西周早期周梁玉桥文化和西周中期路家河 H4 流行的鼎釜类组合，应在西周中晚期之间。简报中发表的陶器群 TN05E20⑤层前文已分析年代在西周晚期。由此，宜昌万福垴遗址铜器群暂可归入 B 群。与属于 A 群的江陵万城比较而言，它可看作是 A 群与 B 群间的"时间性过渡"。

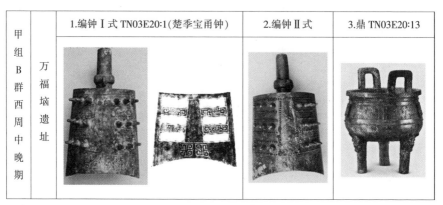

甲组B群西周中晚期	万福垴遗址	1.编钟Ⅰ式 TN03E20:1(楚季宝甬钟)	2.编钟Ⅱ式	3.鼎 TN03E20:13

图七十二　甲组 B 群西周中晚期万福垴遗址出土铜器群

另一处重要的青铜编钟的发现是叶家山 M111，首次出土有 5 件成套的编钟组合（图七十三，1），包括四虎镈钟 1 件 M111：7（图七十三，2），截锥状枚甬钟 2 件和乳钉状枚甬钟 2 件。已有学者进行过研究④，认为叶家山四虎镈钟的出土，几乎可以确定以往出土的那些年代不甚确定的同型镈钟都与南方地区有关，如前文提及邵东县民安村出土的四虎镈钟（图七十，2）。而西周中期之后中原文化的镈钟，则是在南方文化的影响下兴起的。另叶家山 M111 甬钟和竹园沟⑤甬钟相比，年代更早，件数更多，体量更大，与南方的铙更为接近，由此支持甬钟"南来说"。我们基本赞同。因此，此处也可将 M111 归入甲组 B 群，即属于礼乐并

---

① 李伯谦：《宜昌万福垴遗址发掘引发的思考》，《黄河·黄土·黄种人》2018 年第 2 期。
② 陈小三：《宜昌万福垴发现铜鼎的启示》，《江汉考古》2017 年第 4 期。
③ 宜昌博物馆：《宜昌万福垴编钟出土及遗址初步勘探》，《中国文物报》2012 年 9 月 28 日。
④ 方勤：《叶家山 M111 号墓编钟初步研究》，《黄钟》2014 年第 1 期。
⑤ 卢连成、胡智生：《宝鸡𢃮国墓地》，文物出版社，1988 年。

重的特点，这反映出该区域在西周早期偏晚阶段，青铜器群开始逐渐转型。这种转型既在器物组合变化上有所反映，也在器物形态变化上有所表现。如曾侯田壶 M111∶117（图七十三，3），在常见的圆壶形态基础上，加上单銴的设置，与 1975 年羊子山单銴尊（图六十七，3）有异曲同工之妙。带长管状流又体现出本地的一种设计创新。我们还认为，西周中期开始，周文化核心区在青铜乐器上所反映出的文化规范的形成过程中，南方的乐器文化对其产生了重要影响。叶家山由于地处南北交汇的重要区域，加上曾国在周王朝的特殊身份，在这种文化交流和互相影响中又起到了重要的中转作用。与属于 A 群的叶家山墓地其他墓葬出土的青铜器群比较而言，它也可看作是 A 群与 B 群间的"时间性过渡"。

图七十三　甲组 B 群西周早期偏晚叶家山 M111 出土编钟及带流单銴壶

(二) 乙组周系青铜器群

该群的典型组合为鼎、簋、甗、连裆鬲、壶、豆、盘、匜，基本不见尊、觚、爵、斝、觯等酒器。代表性的单位有随州均川熊家老湾墓葬、何店墓、安居桃花坡墓葬、京山苏家垄墓地、西北台墓葬、枣阳郭家庙墓地、广水吴店墓葬等。此外，孝感出土的安州六器、武汉出土的杞伯每亡簋、曾伯从宠鼎、浠水出土的两个铜盘也当属于这一铜器群。

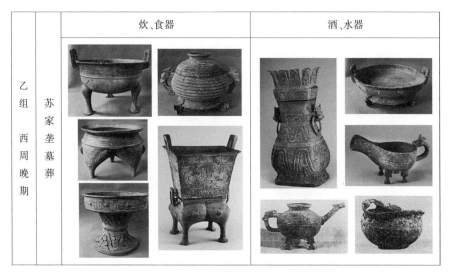

		炊、食器	酒、水器
乙组 西周晚期	苏家垄墓葬		

图七十四　乙组两周之际苏家垄墓葬出土铜器群

1966 年京山苏家垄墓葬是其中最典型的单位之一（图七十四）。墓葬中出土青铜器 97 件，其中礼器 33 件，计有列鼎 9、鬲 9、甗 1、簋 7、豆 2、方壶 2、盂 1、盘 1、匜 1、圜底器 3、车马器 61。在出土的铜礼器中有 10 件铜器（2 鼎、2 鬲，2 簋、2 豆、2 壶）上铸有铭文。纹饰上看，窃曲纹、垂鳞纹、重环纹、瓦纹十分盛行。该墓出土铜礼器的规格以及铭文内容表明该墓墓主应为曾国国君。墓葬铜礼器组合为鼎、簋、鬲、甗、豆、壶、盘、匜，不见觚、爵、斝等器，为典型的周文化铜器组合。

从以上墓地及铜器所属的时段上来看，乙组铜器群集中出现在西周晚期。从分布的区域来看，主要集中于襄宜平原南部、随枣走廊、鄂东北的孝感境内，武汉、浠水应为其边界区域。这些墓葬出土的青铜器，无论从器物组合、形态或是纹饰看，风格一致，与中原地区西周晚期的铜器基本没有差别。由此可以确定，周文化的规范已经形成并推广至此①。然而，若探究铜器铭文，大量带有"曾""息""黄""鄀公""蛮伯""杞伯""中"等国名或君、伯名，显然其间必有国别的差异。已有学者通过铭文和文献进行过相关研究②。但是，如果抛开铜器铭文③的指向性，仅从铜器的组合、器形及纹饰上是无法进一步区分的。

因此，从铜器的组合、形制、纹饰看可分出两大组，即商文化特征的甲组和周文化特征的乙组。甲组流行年代从晚商到西周早、中期，可再分两亚群即重礼群和礼乐并重群，地域分布上大致以长江为界。乙组周文化特征的铜器从西周晚期开始大量见于襄随地区及鄂东北区。

第三节　与考古学文化的关联与对应

铜器群建立的体系与陶器群体系（表十二）并不能直接一一对等。从前文划分的区域看，甲组 A 群大致覆盖长江以北区域，从陶器群体系上看对应为鄂西北、鄂东北区；甲组 B 群大致覆盖鄂东南、鄂西南区，还应包括湖南的湘江流域区。其中，鄂东南区具有地域过渡的特点，而鄂西南区、随枣走廊具有时间过渡的特点。乙组大致对应陶器中周文化鄂西北襄随地区及鄂东北区。可见，铜器群体系与陶器群体系在空间分布上并不完全重合，铜器群可对应多个考古学文化区。部分铜器群与其相应的考古学文化遗存已有明显的联系，如鲁台山铜器群、新屋湾铜器窖藏等，但部分铜器群要做进一步的考古学文化的关联与对应，则必须依靠铜器铭文。

一　羊子山铜器群

羊子山的铜器包括三批次，除 1975 年为零散出土外，1980 及 2006 年均为墓葬出土，尽管均以被盗，但属于科学出土，是重要的研究材料。

---

① 周文化的规范是指在西周王朝的成熟周文化到达的区域内，受其影响的遗存表现出的一种共同的、稳态的特征。在陶器上表现为鬲、盆、豆、罐的组合，铜器上表现为鼎、簋、鬲、豆、壶、盘、匜等组合。我们认为，王朝文化规范的出现，是王朝政治实体对考古学文化作用的结果。详见第五章。

② 刘玉堂、李安清：《西周时期湖北地区的封国和方国》，《襄樊学院学报》2000 年第 4 期。

③ 罗泰先生认为西周铜器铭文的性质是宗教文书，是用在祭祀礼仪场合中用来传达给神灵的信息。严格说来，它们已不是第一手的史料。具体参见罗泰：《西周铜器铭文的性质》，载北京大学考古文博学院编：《考古学研究（六）》，科学出版社，2006 年，第 343 页。

特别是 M4，从铜器的组合和大量"噩侯"铭文可知，其性质为西周早期鄂国高等级墓葬即鄂侯墓。因国君墓葬一般距都城不远，故据羊子山 M4 鄂侯墓的发现，可推测西周早中期的鄂国其都城应在随州安居一带。

从羊子山铜器群的风格看，带有浓厚的商文化色彩，年代属于西周早期，地域范围大致在随枣走廊一带，由此，从时间、空间、器物的风格特点上综合考虑，能与之对应的考古学文化只有毛狗洞 H1 类遗存。由于陶器的材料有限，此处暂备一说。

二　鲁台山铜器群

如前文所述，鲁台山铜器群所对应的考古学文化为鲁台山 H1 类遗存。结合遗址分布范围、墓葬及青铜礼器看，该遗址应是西周早期的一处高等级聚落中心。

鲁台山西周墓的年代，原报告定为成王至昭穆之际，张亚初重新考订后认为，其年代晚不到穆王，下限在昭王时期。关于其族属和国别问题，学术界有不同的意见：①周王朝控制南国和南夷的重要军事据点（张亚初）[1]；②"长子国"，属于"汉阳诸姬"之一（陈贤一）[2]；③荆，并认为是昭王所讨伐之国，楚与荆为两国（王光镐）[3]；④"长子"方国的统治中心，商时臣服于商，周灭商后又降于周（黄锡全）[4]。从遗存的等级和类型看，认为属于方国的统治中心应不为过。前文已提及鲁台山遗存带有较浓厚的商文化风格，与商与周关系都密切，故此，我们赞同第四种观点。

鲁台山 M30 墓主据铜器铭文为"长子狗"，张亚初认为系箕子之后或辛甲之后，黄锡全认为是殷墟甲骨文中向商王贡龟的"长子"方国，周灭商后又臣服于周。铜器铭文显示其夫人姬弄，据张亚初考证系毕公高或召公奭之孙女。因此，西周早期周王室与长子方国存在联姻，目的是为了加强对南方的控制。

河南省鹿邑县太清宫遗址长子口墓[5]堪称关于"长子"国的重大发现。该墓随葬有 32 件铭为"长子口"的有铭铜器。发掘者通过对墓葬形制方面有腰坑、墓底使用朱砂、有大量殉人以及随葬器物的组合与形制特征等综合分析，认为该墓属于殷人墓葬。根据随葬器中有较多的周初

①　张亚初：《论黄陂鲁台山西周墓的年代和族属》，《江汉考古》1984 年第 2 期。
②　陈贤一：《黄陂鲁台山西周文化剖析》，《江汉考古》1982 年第 2 期。
③　王光镐：《黄陂鲁台山西周遗存国属初论》，《江汉考古》1983 年第 4 期。
④　黄锡全：《黄陂鲁台山遗址为"长子"国都蠡测》，《江汉考古》1992 年第 4 期。
⑤　河南省文物考古研究所等：《鹿邑太清宫长子口墓》，中州古籍出版社，2000 年。

特色，认为长子口是活动于商末周初的殷民或殷遗民，其年代约在成王时期。有学者对"长"族及其地望进行研究，认为"长子"族原居在山西，商亡后东迁于此①。笔者认为，不管原居地在何处，从多批"长子"器的出土情况看，其所有者应是商亡国之后南迁的"长子"族首领。

三 新屋湾铜器群

蕲春新屋湾铜器群所对应的考古学文化为毛家咀类遗存。

关于该类文化性质和族属有两种观点：

1. 发掘者认为遗存所在的鄂东南区属于古越族文化区，在遗址中虽未发现典型的"刻槽鬲、护耳甗、长方形镂孔圈足豆"组合的文化遗物，但在调查时发现有刻槽鬲的鬲足，由此判定，毛家咀遗址一带也应属于古越族文化区。发掘者结合遗址的大型木构建筑以及铜器窖藏分析，认为该遗存应是周王朝在越人区域内的军事据点，是政治军事上受周王朝约束，而在文化习俗上保留本地风格的越人聚居区。

2. 殷遗民说，认为毛家咀遗存中的两种文化因素中的中原因素是以商文化（殷墟文化）因素为主体的，青铜器与卜骨是代表器物。它们在整个遗存的性质方面起着主导地位。商文化因素中有青铜器、甲骨、部分陶器等，主要是礼制和占卜方面。土著文化因素中主要是部分陶器、居住和食用习俗。因此，毛家咀西周初期的居民使用殷墟文化遗风的铜器、陶器和占卜，居室和食用方面又多依从当地习俗，即毛家咀遗址的居民的思想是殷人思想之延续，但在生活方面又一定程度的土著化了。再加上出土的青铜礼器为殷王室的重器。因此，毛家咀遗址的性质是殷之遗旧的遗存，是武王克商或商亡后，逃窜于此的殷王室成员的居住遗存②。

我们之前已将毛家咀遗存与大路铺文化一并考虑，认为是大路铺文化在鄂东南的聚落中心，由此，则该文化掌握着铜绿山的铜矿资源，地位极其重要。新屋湾铜器群的特点前文已述，从组合上归于甲B群，但从铜鼎的形制看，与甲A群共性更大，体现出地域的过渡性特点。

四 湘、资水下游区铜器群

湘、资水下游区铜器群主要以宁乡铜器群③为代表，宁乡商周铜器

---

① 林欢：《试论太清宫长子口墓与商周"长"族》，《华夏考古》2003年第2期。

② 程平山：《蕲春毛家咀和新屋塆西周遗存性质略析》，《江汉考古》2000年第4期。

③ 炭河里遗址管理处，宁乡县文物管理局，湖南大学岳麓书院：《宁乡青铜器》，岳麓书社，2014年。

群已确认所对应的考古学文化为炭河里文化，而炭河里城址为其聚落中心或都邑。除宁乡铜器群之外，该地区还出有不少商代晚期的铜器，部分出于费家河文化范围内或周边地区。那这批铜器群是否可对应为费家河文化？前文述及，向文认为除地理位置相关外，暂时没有其他证据，且认为整个湘江流域的青铜器应与炭河里文化有直接或间接的联系。但此处认为，炭河里文化不一定能直接控制如此大的范围，费家河文化与炭河里文化之间的关系也并不一定为完全前后相继的两支文化。故此处倾向认为费家河文化能对应部分铜器群，这种考虑除空间分布相合之外，从时间上看，费家河文化可早至殷墟时期，二者也可大致对应。

2014 年和 2016 年，罗家冲遗址发掘清理了石家河文化时期至商周时期的大型建筑基址 F1，建筑规模较大，建造考究，推测其性质可能为等级较高的聚落中心大型公共建筑①。该遗址发现的马鞍型石刀，反映出商人的南迁是有计划有目的的，而沩水流域青铜礼器是商人携带至此的②。

此处还需提到及殷遗民问题。较多学者倾向认为南方地区的典型晚商铜器系中原地区制造，其来源为商末周初的殷遗民南迁③，主要涉及的铜器为湘、资水下游区及新屋湾铜器群中的礼器群④。也有少数学者持相反的观点⑤。我们通过对前文铜器体系的梳理发现，在西周早期，整个长江中游的铜礼器仍为商文化规范，因此，认为与商文化直接相关的那部分铜器，不管归谁所有，其表征均为一致。假如本地存在地方青铜文化中心，则在当地铸造或地方特色的可能性更大，则无需将这种因素对应为殷遗民。更有可能的是，青铜工艺在二里岗上层开始就已对外传播，在商王朝的势力退去后，这些地方青铜文化纷纷崛起，由于新的文化规范尚未形成，其所铸的仿商式青铜器当然会更接近殷墟地区。更何况，大量看到的铜器现象为融合式，即总体上仿中原而细部为地方特色，更可见其背后的意义并不一定为殷遗民说。殷遗民现象在中原地区

---

① 长沙市文物考古研究所等：《湖南宁乡罗家冲遗址 1 号建筑基址发掘简报》，《中原文物》2020 年第 4 期。

② 孙明：《湖南沩水流域出土商周青铜礼器研究》，《南方文物》2020 年第 2 期。

③ 向桃初：《炭河里城址的发现和宁乡铜器群再研究》，《文物》2006 年第 7 期。

④ 有学者认为炭河里铜器群与新干铜器群在结构上存在巨大差异，二者所含铜器年代跨度不同、主体年代或所属文化存在年代不同、铸造地复杂情况迥异，在时间上不并行，在文化传统上联系很少。参见向桃初：《宁乡铜器群与新干铜器群比较研究》，《江汉考古》2009 年第 1 期。

⑤ 黄川田修：《宁乡炭河里周城考》，《文物春秋》2020 年第 2 期。

确属存在，但我们认为湘水流域及新屋湾铜器群却不可轻易对号入座。

我们还可以看看青铜器群的金相学研究的相关结论。有学者对炭河里铜器群的铅同位素分析结果表明，炭河里青铜器中高放射成因铅器物仍占较大比例，结合器物风格分析，支持了这批青铜器年代较早的观点，至少其中高放射成因铅青铜器在年代上应属于商代青铜制品①。还有学者通过对炭河里和高砂脊出土铜器的分类和铅同位素研究，炭河里和高砂脊铜器文化内涵一致，均可分为中原型、混合型、地方型三类，生产背景复杂，呈现多元化现象，但基本可以明确商末的铜器是商人从中原携带到湘江流域的②。这反映出中原青铜文化对地方青铜文化的深刻影响。另一方面，有学者通过对高砂脊及炭河里铜器群的特征研究，识别了一批中原地区发现的具有长江中下游地区风格的青铜器，反映出中原地区西周青铜器在其发展和演变中也曾受到来自长江中下游地区的影响。这对于我们认识中原地区西周青铜器中的外来因素、长江中下游地区西周铜器断代，以及西周时期中原地区与长江中下游地区的文化交流，都有积极的意义③。

五　曾国铜器群

随枣走廊一带的西周晚期铜器群大多带有"曾"的铭文，而被确认为曾国铜器群。据张昌平先生研究，曾国的青铜器从西周晚期延续至战国中期，其疆域范围在不同阶段有不同体现④。本书探讨的时间范围为西周时期，其研究认为西周晚期至春秋早期的第一阶段，曾国疆域范围在漳河上游地区、滚水中上游地区、涢水中上游及其支流地区，且两周之际前后的统治中心应在枣阳郭家庙墓地为中心的吴店东赵湖一带⑤。如此，能与之相对应的考古学文化，有学者认为是郭家庙墓地附近的周台遗址或"忠义寨城址"⑥。

2011 年发现的叶家山墓地是一处保存完整的西周早期高等级贵族公

①　马江波等：《湖南宁乡县炭河里遗址出土青铜器的科学分析》，《考古》2016 年第 7 期。
②　黎海超等：《湖南宁乡炭河里与望城高砂脊出土铜器的铅同位素分析及相关问题》，《考古》2019 年第 2 期。
③　陈小三：《长江中下游周代前期青铜器对中原地区的影响》，《考古学报》2017 年第 2 期。
④　张昌平：《曾国的疆域及中心区域》，载徐少华主编等：《荆楚历史地理与长江中游的开发——2008 年中国历史地理国际学术研讨会论文集》，湖北人民出版社，2009 年。
⑤　襄樊市考古队等编著：《枣阳郭家庙曾国墓地》，科学出版社，2005 年。
⑥　襄樊市文物考古研究所、襄阳区文物管理处：《襄阳黄集小马家遗址发掘简报》，载襄樊市文物考古研究所编《襄樊考古文集》（第一辑），科学出版社，2007 年。

墓，墓地呈现出西周姬周文化特征，出土铜器丰富完整，多数铜器都有铭文，其国属应为曾。自曾侯乙墓发现后，有关曾国问题的讨论不绝于学界，大多数学者认为曾国是在西周晚期周灭鄂后而立国的，叶家山墓地所见铜器及铭文表明，西周早期不仅有曾国，并已称侯。结合周边的西周时期聚落遗址看，与之相对应的应为庙台子遗址①。据 2011～2013 年以及 2015～2016 年的勘探发现，该遗址面积分布广，且有环壕、城墙等遗迹。经过对遗址的勘探和解剖发掘，断定庙台子为一处"8"字形环壕聚落，并分为南、北两个台子。南北台子周边有壕沟环绕，中间有壕沟连接。南台子发现西周早期夯土基址，为大型排房建筑，这表明该遗址存在高等级建筑。由此推测庙台子遗址应为早期曾都②。另有学者认为叶家山墓地的突然结束可能与昭王南征有关③。

2012 年 1 月至 2013 年 1 月 25 日，在湖北随州文峰塔墓地先后发掘墓葬 66 座，其中土坑墓 54 座、砖室墓 12 座、车马坑 2 座、马坑 1 座。墓地出土了大批带有曾字铭文的铜器，表明这是一处春秋中晚期的曾国墓葬。然而，该墓地还出土了一把带有"随"字铭文的铜戈④。"曾""随"铭文在同一墓葬出现，再一次引起了关注"曾随之谜"学者们的激烈讨论⑤。然而曾、随到底什么关系？我们推测，曾、随或为不同层次的国名，即在大国曾下的小国随，类似于今日设在地级市下的县级市。或许，能为"曾随之谜"的破解提供新的思考角度。

六　江汉平原区铜器群

江汉平原区铜器群主要包括西周早期江陵万城西周墓以及西周中晚期宜昌万福垴窖藏出土的铜器。

江陵万城西周墓因多件铜器铭文有"北子"，一般认为是北（邶）国之器，其疆域在河南汤阴一带⑥。北子鼎、甗上的"囷"为商代常见

① 黄凤春等：《湖北随州叶家山新出西周曾国铜器及相关问题》，《文物》2011 年第 11 期。

② 方勤：《曾国历史与文化研究——以新出考古材料为线索》，武汉大学博士学位论文，2018 年。

③ 方勤：《曾国历史的考古学观察》，《江汉考古》2014 年第 4 期。

④ 湖北省文物考古研究所、随州市博物馆：《随州文峰塔 M1（曾侯與墓）、M2 发掘简报》，《江汉考古》2014 年第 4 期。

⑤ 蔡靖泉：《曾国考古发现与曾随历史问题》，《湖北社会科学》2018 年第 9 期；张昌平：《曾随之谜再检视》，《中国国家博物馆馆刊》2015 年第 11 期；徐少华：《论随州文峰塔一号墓的年代及其学术价值》，《江汉考古》2014 年第 4 期；曹锦炎：《"曾"、"随"二国的证据——论新发现的随仲芈加鼎》，《江汉考古》2011 年第 4 期。

⑥ 郭沫若：《跋江陵与寿县铜器群》，《考古》1963 年第 4 期。

的王族徽记之一，曾见于河南安阳侯家庄、鹤壁，湖北东北部等地出土的器物上。"邶子"器南北均出的现象，说明"邶"族应是商末周初迫于局势迁徙至此①。前文提及，该铜器群面貌体现出周文化与当地土著文化融合的态势，而这种土著文化从陶器上看应为周梁玉桥文化。

关于万福垴遗址及窖藏出土的铜器群，近来相关研究的不少。李伯谦先生认为刻铭保钟主人"楚季"应为熊渠少子执疵熊延或其子熊严之少子季徇即熊徇；还认为万福垴遗址是典型楚文化遗址，除发现有青铜器窖藏，出土有青铜兵器、工具及大量生活堆积、陶片、石器外，还发现有祭祀遗迹、两座陶窑、若干座墓葬，应是一处与都城相当的聚落遗址，或是昭王后楚国新迁的都城②。刘彬徽先生则认为该遗址是楚都"丹阳"在沮漳河流域的有力证据③。也有学者根据该遗址出土的铜器、仿铜陶礼器和磨光黑陶器群，认为这一高等级的楚文化聚落遗址年代在西周晚期到春秋中期④。还有学者通过对青铜器的金属学分析认为，万福垴铜器中基本不含铅以及砷铜等特殊材质器物，显示出早期楚文化与中原地区合金技术传统的较大差异。同时也表明万福垴铜器所用铜料品位差，或者铜器精炼技术不发达⑤。

众所周知，宜昌万福垴遗址中刻铭17字"楚季宝钟厥孙乃献于公公其万年受厥福"青铜钟是首次发现并出土于湖北地区的西周时期楚国公室青铜器，其学术价值不言而喻。楚国公室早期有铭青铜器此前有过几次发现，包括楚公豪戈1件、楚公豪钟5件以及楚公逆钟9件⑥。铜器出土地包括了周文化重要区域的周原、西周晋文化中心区的曲村以及楚文化重要区域的湘鄂地区。由于先秦时期，青铜礼乐器有着祭祀、宗庙、婚嫁、馈

---

① 黄锡全：《湖北出土商周文字辑证》，武汉大学出版社，1992年，第151页。
② 李伯谦：《宜昌万福垴遗址发掘引发的思考》，《黄河·黄土·黄种人》2018年第2期。
③ 刘彬徽：《楚季编钟及其他新见楚铭铜器研究》，湖南省博物馆馆刊，2013。
④ 张欢、杨华：《对宜昌万福垴楚文化遗址考古发掘的几点认识》，《三峡论坛（三峡文学·理论版）》2018年第5期。
⑤ 马仁杰等：《宜昌万福垴遗址青铜器的科技分析及相关考古学问题》，《江汉考古》2019年第5期。
⑥ 楚公豪戈是1959年从湖南省博物馆的废铜仓库中检选出的。楚公豪钟传世4件，有3件藏于日本京都泉屋博古馆，一件钲间铸铭文十二字及两个重文符号，释为："楚公豪自铸锡钟孙（孙）子（子）其永宝"，另两件钲间铭文称"自作宝大林钟"。1998年7月陕西省扶风县召陈村出土楚公豪钟1件，现藏陕西省周原博物馆。1993年在山西曲沃北赵村晋侯墓地64号墓出土有八件一套的编钟，其中一件钲部和左鼓铸铭文六十八字，记述楚公逆为祭祀其先高祖考，向四方首领征求祭品，四方首领贡纳赤铜九万钧，楚公逆用以制作一百套谐和精美的编钟。此外，前文已述在北宋时期，据传在湖北嘉鱼县也出土有一件楚公逆钟，实物已经亡佚，但铭文拓本至今流传。

赠、战利、买卖等多种属性的，因此，此次出土地点的国属到底为何，仍需更多证据。我们倾向认为，万福垴出土的楚国甬钟很可能属于祭祀品，这反映出此地应为楚国重要的势力范围，是其重要祭祀区，而不是楚都所在。

综上，若抛开铜器铭文不看，不管是属于 A 群或是 B 群的鄂东北区及襄随地区的铜器基本上无法区分国别。张昌平先生的文章中也提及这点[①]，即没有直接铭文依据的青铜器群是否属于曾国铜器需具体分析，因其铜器组合与特点均一致，该阶段并不具备自身的特点。如涢水中上游今安居至随州一线地理单元，其内出土的青铜器群经分析可归入曾国，而随州东北的广水吴店两周之际墓出土的铜器，却不能确定是否为曾国铜器。而与 B 群铜器同时空的陶器群上，可区分出鄂东北的"金罗家类型"及鄂西北的襄随区"以黄家村 H5、真武山 H81 等为代表的遗存"，再从陶器面貌上做进一步的国别对应也是很难进行的。联系铜器铭文所反映的曾国铜器群的地域范围，其陶器面貌也只确定包括在鄂西北甲组之内，而无法细分。根据铭文所探讨的曾国西周晚期的地望，将其范围缩小至枣阳一带，才可能在时间、空间及整体风格上综合指向与其对应的考古学文化或以周台遗址为代表。

此处有必要再提一下沈岗 M694，其随葬品组合为簋 4、罐 2、豆 2。该地区尚未有科学出土的西周时期的铜器群，从征集的"邓公穆簋""侯氏簋"看，为典型周文化风格。有学者认为这些都属于邓文化遗存[②]。该墓葬头向北偏东 30°，是带腰坑的墓葬。我们过去也曾讨论过，在汉水中游、至江汉平原一带，或许存在一批随葬品以"簋、罐、豆"为组合特点，墓葬形制以带腰坑殉狗为特点的墓葬，其墓主所代表的族群很可能与商人关系密切，受商文化影响极大，怀疑可能为殷遗民的后裔[③]。不过，关于腰坑与姓族之间的关系，罗泰先生认为比较间接，但腰坑应是具有特殊的宗教意义的[④]。腰坑内随葬的动物，有可能是某种萨满活动中人神沟通所利用的载体[⑤]。

---

① 张昌平：《曾国的疆域及中心区域》，载徐少华主编等：《荆楚历史地理与长江中游的开发——2008 年中国历史地理国际学术研讨会论文集》，湖北人民出版社，2009 年。

② 王先福：《襄樊邓城区域两周遗存文化属性分析》，日本早稻田大学《长江流域文化研究所年报（第 5 号）》，2007 年。

③ 拙文：《关于"早期楚文化"的再思考》，载徐少华等主编：《楚文化与长江中游早期开发国际学术研讨会论文集》，武汉大学出版社，2021 年。

④ 罗泰著、吴长青等译：《宗子维城》，上海古籍出版社，2017 年，第 215 页。

⑤ Kwang‐chih Chang："The Animal in Shang and Chou Bronze Art"，Harvard Journal of Asiatic Studies Vol. 41 NO. 2（1981），pp. 543.

　　综上，通过铜器与陶器体系的关联，我们发现，铜器文化圈与陶器文化圈在空间上并不能完全重合，在大的文化阶段划分上也存在一定的错位，总体看来，陶器的刻度比铜器要精细很多。这其中的原因和内涵可在研究方法上可作进一步的探讨。总之，铜器和陶器在关键点上的对应，为整个考古学文化构架提供了关联和支撑，使得整个体系的结构更为完整，逻辑更为严密，这为更深入的探讨提供了重要的前提与依据。

第五章　相关问题的讨论

由于中国几千年的深厚历史底蕴，中国考古学创立之初便有着较强的历史学取向，以至于到了今天，不少学者在做历史时期考古学研究之时，仍认为"不会说话"的考古材料仅仅只有证经补史的作用①。这往往使得我们在研究遗存之时流于表面，不利于对遗存包含的更深层次信息进行解读，更不利于发掘遗存所蕴含的更深层次的学术价值。

我们在对长江中游地区西周时期考古学文化这一个案进行研究的过程中，发现由商、周王朝的铜器和陶器所代表的考古遗存存在一种可循之规律，为了总结此种规律，并将之用于解读和观察遗存，我们尝试提出王朝"文化规范""文化体系"和"文化整合"三个概念。概念提出后，我们得以从这一新角度来观察王朝、地方文化遗存及其关系，也由此提出了许多新的问题。我们选择了比较商、西周对长江中游控制的差异以及分析商、周王朝文化规范的交叠与更替这样两个方面，试图来了解商到西周两代王朝在长江中游的经略状况。我们希望在理论方法上进行这种创新性的尝试与实践，并通过逻辑体系的构建，使遗存本身所包含的信息从宏观到微观上得到充分的展现，让遗存自己"开口说话"，"告诉"我们一些历史文献中语焉不详或未曾提及的问题。

第一节　概念的总结与体系下问题的观察

一　王朝文化规范

（一）概念的提出

在我们对长江中游商周时期考古学遗存进行框架体系构建的过程中，

---

① 关于这点，我们很赞同冰白先生关于考古学的作用与定位："过去曾有人略带贬义地喻考古研究为证经补史，这当然是一种偏狭的理解。然而就中国的情况而言，即或是证经补史也有着不可低估的价值。如果将传统说法赋以新意，经可理解为关于历史发展的科学理论和规律，史则指史实或历史发展过程，如此，考古学不仅能证经，还能创立经典；不仅补史，还会发现历史。"参冰白：《从龙山晚期的中原态势看二里头文化的形成——兼谈早期夏文化的若干认识》，载《中国考古学的跨世纪反思》（下册），香港商务出版社，2010年。

尤其是在对各区遗存进行分类研究的过程中，我们发现一种跨区域的大的阶段性特点，或者说，各区遗存在不同大阶段中体现出的大面积共性。比如在二里岗上层至殷墟阶段，我们观察到分裆鬲、簋、假腹豆、大口尊、圜底罐、深腹盆等这一组陶器组合①，在鄂西北、鄂东北、鄂东南、湘资下游、澧沅下游、江汉平原这几个区域均不同程度地出现。这种大面积的共性，其实反映出的就是商文化在长江中游的介入。但这种介入，在各地区的程度是不均衡的。其中，在鄂西北的辽瓦店子商文化遗存和鄂东北的盘龙城类型遗存中，这一组合更加完整，器物形态、纹饰更是与中原商文化无异；而在鄂东南意生寺类型、湘资下游铜鼓山一期遗存、澧沅下游宝塔文化、江汉平原荆南寺文化中，这一组合中的器物形态、纹饰便与中原商文化有着一定差异，且均不同程度地出现地方特点的器物组合与它们共存的情况。这一不均衡性，给我们区分商文化类遗存和地方文化类遗存带来了不便，也使我们构建商时期框架体系变得困难。因此，寻找一种好用的区分不同性质遗存的概念，用来作为衡量商文化介入程度的标尺，实为必要。

目前作为区分不同性质遗存运用最普遍的概念是"考古学文化"，它指的是代表同一时代的、集中于一定地域的、有一定地方性特征的古代人类遗存共同体②。作为英国文化历史考古学的奠基者，柴尔德在其1929年的《史前期的多瑙河》一书序言中，将考古学文化定义为"总是反复共生的某些遗存的类型——陶器、工具、装饰品、葬俗、房屋式样"③。他后来在其他著作中又提出了纯标准化的考古学文化概念，将其看作是"反复共生特征的复合体，代表了某个特定人群的生产方式"④。这也是传统考古学认为的：每个考古学文化是某特定人群（people）的物质表现——也就是一个明确定义的族群（ethnic group），能被考古学家根据其所概括的方法进行探知⑤。

① 目前学术界公认的商文化谱系是以河南郑州二里岗为代表的早商文化、以郑州小双桥及河北藁城台西遗址为代表的中商文化和以安阳殷墟为代表的商文化，都是以这一组作为典型陶器组合。在商文化核心区之外，通常会有不见中商文化的情况，长江中游地区即是这样。
② 这个定义是根据夏鼐先生提出的"考古学文化"是"属于同一时代、分布于共同地区、并且具有共同的特征的一群遗存"而得来的。具体参见夏鼐：《中国大百科全书·考古卷》，中国大百科全书出版社，1986年，第366页。
③ Childe V. G. The Danube in Prehistory. Oxford：the Clarendon Press，1929. 转引自〔英〕希安·琼斯著、陈淳、沈辛成译：《族属的考古——构建古今身份》，上海古籍出版社，2017年4月，第22页。
④ 〔英〕柴尔德著、安志敏等译：《考古学导论》，上海三联书店，2008年5月，第145页。
⑤ 〔英〕科林·伦福儒等著、陈淳译：《考古学理论、方法与实践》（第六版），上海古籍出版社，2018年1月，第446页。

　　关于考古学文化的命名，最常见的是以首次发现的典型遗址所在的小地名作为它的名称。在国外还有使用陶器本身命名的情况，如大口杯人群①。而我们这里所说的商周文化，乃至后世的秦汉文化和隋唐文化等，夏鼐先生指出"是一般用语的文化，即指一民族在特定时期中各方面的总成就，包括物质文化以外的一切文字记录所提及的各个方面。严格地讲，这与考古学上的特定意义的文化，是要加以区别的"。商文化、周文化这样的叫法在学术界已经普遍得到认可，尽管并没有对其做出明确的定义。在此基础上，我们认为商、周、秦、汉等作为客观存在的历史时期的王朝，它们创造的文化成就具有特定的代表性，这才有了我们关于"王朝文化"的叫法。这种命名更强调历史时期的特殊性，特别是中央王朝与地方文化间的差异以及中央王朝对地方的控制与经营，指向的其实不仅仅是文化层面，更是由文化表征所蕴含的政治制度与军事战略等更深层次的内容②。

　　国内有少数学者有在研究中提到过"王朝文化"，反映了学界对这种提法的一种共识和认可。最早见到的是徐昭峰《夏商之际王朝文化北向传播的通道及背景探析》③一文中直接使用"王朝文化"的概念，将夏王朝、商王朝的文化称为"夏商王朝文化"或"中原王朝文化"。之后，尚友萍先生在《关于王朝文化滞后于王朝建立理论》④一文中，也有明确提到"王朝文化"的命名，但这篇文章主要是针对王立新先生关于"文化滞后"的问题的讨论，就王朝文化概念本身没有过多的阐述。而文章中提到的王立新先生的研究⑤，其实也是有认同"王朝文化"的概念，尽管王立新先生并没有明确这样定义。几年后，尚友萍先生在另外一篇文章中再次讨论"文化滞后"理论问题时，才明确提出"新王朝建国之后又经过一段开创的时间所产生的新王朝的物质文化可以简称为'王朝文化'"⑥的表述。

---

①　〔英〕科林·伦福儒等著、陈淳译：《考古学理论、方法与实践》（第六版），上海古籍出版社，2018 年 1 月，第 446 页。

②　此处的"地方"，是与"中央"对比的概念，"地方文化"有"区域文化"的意味，但这里更强调和中央"王朝文化"的区别。

③　徐昭峰、李丽娜：《夏商之际王朝文化北向传播的通道及背景探析》，《中原文物》2009 年第 5 期。

④　尚友萍：《关于王朝文化滞后于王朝建立理论的商榷》，《文物春秋》2011 年第 1 期。

⑤　王立新：《也谈文化形成的滞后性——以早商文化和二里头文化的形成为例》，《考古》2009 年第 12 期。

⑥　尚友萍：《"文化滞后"理论再商榷》，《文物春秋》2017 年第 6 期。

国外考古学研究中也有关于文化规范性有关的阐述。如布莱恩·费根[1]认为"文化规范性观点可以被用来描述文化的一段时间或者整个阶段。考古学家的这些观点是基于这样的假设，即残存的人工制品——碎陶片——展现了形式上或者其他方面的变化，而这些变化能够代表整个时间段内人类行为规范的变化"。他还进一步指出"文化史是一种基于归纳研究的方法，是对建立在大量详细观察和文化规范性观点（normative view）基础上的研究问题的发展概括。这便假设了抽象规则制约着一个文化对于常态行为的认识"。

我们认为，分裆鬲、簋、假腹豆、大口尊、圜底罐、深腹盆等这一组陶器组合，是中原地区成熟的商王朝文化的稳态组合。这一组合只要在遗存中出现，尽管其具体器物形制、纹饰或有细微差异，其主体器类往往不会出现严重不全的现象，换言之，这一组合"稳态"的特性在长江中游也是适用的[2]。在西周中晚期材料中，我们又观察到瘪裆鬲、折腹盆、豆、罐这一组陶器组合在鄂西北、鄂东北、江汉平原、西陵峡区先后不同程度地出现，且一旦出现，均会呈稳态的状态发展。因此，将商、周两代王朝的陶器组合作为我们衡量王朝文化介入的标尺，具有相当的可操作性。而由于成熟王朝文化的器物具有组合上、形态上乃至时间上完整而固定的标准，带有较强的规范性，我们就提出了王朝文化规范这一概念，并用之来观察遗存，并进一步研究具体遗存与王朝的关联程度。

（二）概念的定义

我们所提出的王朝文化规范，是指在某个成熟王朝文化到达的区域内，受其影响的遗存表现出的一种共同的、稳态的特征。它的具体表现形式是多样化的，大到遗址布局、墓地布局、房屋结构、墓葬形制，小到器物组合、器物形态，都可以是文化规范的体现。其表征有些直接与权力和礼制相关，如周的列鼎制和墓葬等级制度；有些与王朝主体人群的生活习惯、风俗有关，如固定陶器组合的使用。由于本书研究的对象主要是各类遗存中的出土器物，故文中所提王朝文化规范，指的是典型

---

① 〔美〕布莱恩·费根著、钱益汇等译：《考古学入门》，北京联合出版公司，2020年，第90页。

② 王立新先生有提到"质的稳定性"这种表述，与我们此处"稳态的特性"有着相似的含义。文中还有"整合""文化体系"等表述，与我们后文要提的"王朝文化体系""王朝文化整合"也有一定的相似性。尽管该文没有明确提出这些概念，但同样反映了学界对于这种现象的共识。参见王立新：《也谈文化形成的滞后性——以早商文化和二里头文化的形成为例》，《考古》2009年第12期。

器物组合这一表征，主要研究对象为陶器群和铜器群。如商文化规范在陶器上表现为分裆鬲、簋、假腹豆、大口尊、圜底罐、深腹盆等组合，在铜器上表现为鼎、觚、爵、斝、卣、彝等组合；周文化规范在陶器上表现为鬲、盆、豆、罐的组合，铜器上表现为鼎、簋、鬲、豆、壶、盘、匜等组合。王朝文化规范的出现，是王朝政治实体对考古学文化作用的结果。

（三）运用及讨论

王朝文化规范这一概念的提出，有助于帮助我们确定地方文化是否受到王朝文化的影响，从而将遗存分为具有王朝文化规范和不具有王朝文化规范两大类遗存。这样既可避免我们在对遗存进行谱系研究之时出现混淆不同类型遗存的失误，也有利于我们观察王朝文化对地方文化传统在发展上的影响，明晰两者之间的互动关系。

在第一章商时期文化遗存概况中，我们是从以商文化为主线来进行研究的，即是以商文化的规范来观察遗存。其结果是，我们看到商文化规范在鄂西北的辽瓦店子商文化遗存、鄂东北的盘龙城类型、鄂东南的意生寺类遗存、江汉平原的荆南寺文化、湘资下游铜鼓山一期遗存、澧沅下游的宝塔文化等这几个区域内均有存在①，年代集中在二里岗上层至殷墟早期，其中最晚于殷墟二期在鄂东北区域消失。

在第二章对西周时期遗存的观察时，我们发现周王朝的文化规范仅在鄂西北、鄂东北、江汉平原、西陵峡区域出现，这种现象发生在西周中期及之后。而在湘资下游、澧沅下游等区域，周文化规范出现的时间已经晚出西周纪年。这一现象与我们传统的认识有着较大的差异，其原因我们后续再进行仔细讨论。

以下几点是需要特别注意的：

1. 王朝文化规范的形成往往晚于政治实体的建立。这不仅在周代，在确认有政治实体（国家）存在的夏商时代均如此②。我们对周文化中心

---

① 此处我们并未提及当时西陵峡区的路家河文化，原因即在于我们在路家河文化中并未观察到商文化的规范组合。

② 王立新先生提到"文化形成滞后于王朝建立"的现象。冰白先生认为："自超文化的政治实体出现以来，由其控制力对文化施加的强烈作用是显而易见的，但这种作用往往需要一段时间才能看出结果。也就是说，能代表一政治实体的文化结构的出现，一般要滞后于该实体的形成。这种情况不仅在夏代早期能看到，西周早期、楚早期乃至西汉早期都有类似的现象。"参见王立新：《也谈文化形成的滞后性——以早商文化和二里头文化的形成为例》，《考古》2009年第12期；冰白：《从龙山晚期的中原态势看二里头文化的形成——兼谈早期夏文化的若干认识》，载《中国考古学的跨世纪反思》（下册），香港商务出版社，2010年。

区的观察发现，陶器上体现出来的周文化规范的完全形成并向外推广直至西周中期才真正开始，而铜器更是晚至西周晚期。这与一些学者认为的西周晚期青铜器的用器制度经历了礼制改革①或礼制革命②的观点基本一致。

2. 新旧王朝的变更并不意味着新旧文化规范的取代。旧的王朝的消失，其文化规范并不随之立刻消失，往往在新王朝的新规范完全形成之前，旧王朝的文化规范仍然在发挥作用，这点在铜器上表现得更为明显。我们在观察甲组铜器群时发现，其年代在西周早中期，但所属的文化规范仍为商。而真正的周文化规范开始取代商文化规范，在铜器上的表现即乙组铜器群的出现，其年代在西周晚期。

3. 铜器上体现出的文化规范的形成与变更往往会晚于陶器。如商代陶器规范在二里岗上层已形成并扩张，而铜器晚至殷墟时期；西周陶器规范在西周中期即已形成并扩张，而铜器晚至西周晚期。这种不一致的原因是值得探讨的。我们认为，陶器是直接与生产生活相关，属于下层建筑的表征，铜器一般直接指向礼制，属于上层建筑的表征，下层建筑变化到一定程度才会导致上层建筑的变革，因此，铜器规范往往会滞后于陶器规范的形成。

4. 陶器上体现的王朝文化规范在地方出现，代表的就是王朝政治力量在地方的介入。这种介入可以认为是政治版图的确立，或者说，标志着该区域正式纳入王朝直接控制的范围。反之，王朝文化规范陶器表征的消失，往往也代表着王朝政治力量在该区域的退出。

二　王朝文化体系

（一）概念的提出

我们在用王朝文化规范这一概念对长江中游商到西周时期遗存进行分析之时发现，遗存可以分为两类：一类是具有王朝文化规范的遗存，如商时期的盘龙城类型遗存、意生寺类型遗存等，西周时期的辽瓦二期遗存、黄家村 H5 类遗存、金罗家类型遗存等；另一类是不具有王朝文化规范的遗存，如商代的路家河文化、西周早期的辽瓦一期遗存、毛狗洞 H1 类遗存等。对于具有王朝文化规范的这一类遗存群体，我们需要对它们进行框定并命名，用以观察群体之间的差别，进而探讨这些差别

---

① 〔美〕罗泰著、吴长青等译：《宗子维城》，上海古籍出版社，2017 年，第 104 页。
② 〔英〕杰西卡·罗森著、邓菲等译：《祖先与永恒——杰西卡·罗森中国考古艺术文集》，生活·读书·新知三联书店，2011 年，第 38 页。

背后代表的意义。于是，我们提出了王朝文化体系这一概念。

（二）概念的定义

本书所提的王朝文化体系，是指所有受到王朝文化影响，并已在遗存中出现王朝文化规范的遗存共同体。这些遗存共同体所处的时空位置，可以帮助我们探寻王朝文化扩张与收缩的脉络。关于"文化体系"的阐述，国外的研究中也有涉及，如宾福德先生认为，在考古学家开始进行物质文化研究之前，我们必须能够区分器物组合中的相关的人工制作因素，它们拥有首要的功能性的内容，是整个文化体系（cultural system）中的社会、技术和意识形态的子系统①。

（三）运用及讨论

根据这一标准，鄂西北的辽瓦店子典型商文化遗存、鄂东北的盘龙城类型、鄂东南的意生寺类遗存、江汉平原的荆南寺文化、湘资下游的铜鼓山一期遗存和澧沅下游的宝塔文化可归入商文化体系。通过这些遗存所处的时空位置我们就可以了解到，在二里岗到殷墟一期时期，鄂西北、鄂东北、鄂东南、江汉平原、湘资下游、澧沅下游的广大区域都属于商文化的影响范围。殷墟一期以后，商文化开始在长江中游迅速收缩。最晚到盘龙城类型遗存消失，商文化彻底退出了长江中游区域。

周文化体系②在长江中游囊括了鄂西北的辽瓦店子西周二期和三期遗存、黄家村 H5、真武山 H81 类遗存、鄂东北的金罗家类型、湘资下游的毛家堰——阎家山一期遗存、澧沅下游的文家山 H1 为代表的遗存、江汉平原的荆南寺 G2 类遗存。通过这些遗存所处的时空位置我们可以发现，西周中期，周文化开始在鄂西北山地和鄂东北区域同时出现，并在稍晚进入江汉平原区域。到西周晚期，整个鄂西北、鄂东北以及江汉平原区域，已彻底变成周文化的势力范围。同时，周文化开始进入西陵峡区域。而整个长江中游为周文化所统一的时间，已晚出西周纪年。

三　文化整合

（一）概念的提出

一般意义上的文化整合，是指不同文化相互吸收、融化、调和而趋

---

① Binford，L. R. Archaeology as Anthropology. American Antiquity，Vol. 28，No. 2 1962 pp. 218

② 周文化体系下的各类遗存，我们都倾向定名为周文化类型。

于一体化的过程。我们在这里提出的王朝文化整合这一概念，主要的目的是为了观察王朝文化规范在周边地区发展和推进的过程。通过对王朝文化整合的观察，我们可以探寻王朝对不同区域的经略方式和过程。对不同王朝文化整合方式的比较还可以帮助我们把握新旧王朝对外经略的方式的差异。

（二）概念的定义

本书所提的王朝文化整合，是指地方文化被王朝文化规范改变，最后融入王朝文化体系中的过程。它是由王朝文化主动，地方文化被动。王朝文化整合的方式包括地方文化的主体特征被王朝文化规范所取代、同化或融合。它可以用来观察地方文化被王朝文化所规范化的过程和方式。这个概念与罗伯特·沙雷尔在"文化历史主义"关于"外在文化模式"中提到的"涵化"有相似之处，即"一种文化由这些外来因素造成的改变或变迁，特别是当这种冲击影响广泛而且又是外力强加的，就可以统称为涵化（acculturation）"[①]。这里提到的外来因素包括思想的扩散（传布），通过交换或贸易的物品传播，以及通过迁徙、入侵或征服的人口移动。而我们说说的王朝文化对地方文化的"整合"也含有这种外力强加的意味，由此造成的改变或者变迁。

（三）运用及讨论

我们通过对王朝文化体系下的遗存共同体进行细分类别，并分类比较来研究王朝文化整合的过程。细分的标准，就是观察王朝文化规范在各个遗存中出现的时间，及其所占的地位。研究中我们商、周王朝文化的整合过程在长江中游的不同时期及不同地域有着不同的表现。这些表现有些是王朝文化整合方式的不同造成的，有些是程度造成的。这些都体现的是王朝对地方的经略。

商王朝文化体系下，我们根据各区遗存的特点进行了类型的划分，并在比较研究时观察到了各类遗存的差异。第一类是鄂西北辽瓦店子典型商文化遗存和鄂东北盘龙城类型商文化等遗存，其特点是遗存主体面貌与中原地区典型商文化基本一致，少量见有地方文化因素的器物组合，这类遗存中商文化规范占绝对主导地位，是商文化取代了地方文化的表

[①] 〔美〕罗伯特·沙雷尔等著、余西云等译：《考古学：发现我们的过去》，上海人民出版社，2009年，第434页。

现；第二类包括有江汉平原的荆南寺文化、湘资下游的铜鼓山一期遗存、澧沅下游的宝塔文化等遗存，其特点是中原典型商文化特点的器物组合和本地文化因素器物组合共出，这类遗存中有商文化规范，但与地方文化因素相比看不出有绝对的主导地位，是商文化与地方文化融合的一种体现；第三类是鄂东南的意生寺类型遗存，其特点是组合上具有商文化规范，但具体器物形态表现出一种商文化特点与地方特点相结合的变体，这代表着商文化对地方文化的另一种融合方式。

周王朝文化体系下，遗存间的差异性显著弱于商文化。总体而言，各类型遗存中地方文化因素器物组合虽或多或少有所保留，但周文化规范均居于主导。同时，我们也发现了这些类型间的差异。鄂东北的金罗家类型中，统一硬折风格的折沿折肩瘪裆鬲、折肩罐、折肩盆、折盘豆、折沿钵（为后文表述方便，暂称甲组）等反映出与典型周文化器物极为一致的风格，其连裆鬲、弧盘豆、长颈罐、罐形鼎、带流鬲、滤盉（暂称乙组）等器物又可明显看出有地方文化器物被改造成周文化规范器物的情况，这可看作是地方文化因素已经被周文化规范所同化的结果。鄂西北的辽瓦二期类型，则未见到金罗家类型甲组遗存风格器物，其周文化规范体现在遗存中截锥足瘪裆鬲、折腹盂（盆）、豆、罐等组合上，该群器物随后明显有一个逐步与辽瓦店子本地特色器物相融合的过程，如其中截锥足瘪裆鬲逐步与地方因素的圆裆鬲等融合，形成了大口高足卷沿方唇鬲，并最终发展成为了春秋时期流行于襄宜平原的楚式鬲。这一情况看起来类似于文化融合。但我们认为，这种表征是因为进行文化整合的主体的差异性所导致的。从其整合后器物组合上来看，仍然符合周王朝文化规范，甚至整体形制和典型周文化器物也具有很大的一致性，其区别仅表现在局部特征上。所以这类遗存仍然属于被周文化规范所同化的范畴，只是同化力度弱于第一类。再如庙坪类遗存，我们看到了鬲盆豆罐这一周文化规范的出现，同时饰方格纹的瘪裆鬲，商文化遗风的盆以及釜类仍然延续使用，其具有自身文化特点的组合得到了较多的保留。然而当我们往后看这一类型文化的发展序列，便可以知晓，这仅仅是地方文化开始被周文化规范同化，但又未彻底同化之前的状态。以上三种不同情况，庙坪类遗存和辽瓦店子二期、金罗家类型之间的不同，体现出的是阶段的差异；而辽瓦店子二期与金罗家类型之间的不同，则体现出的不是阶段差异，而是出于主导整合的主体的不同而导致的程度上的差异。总体而言，各类型遗存中周文化规范均居于主导，地方文化因素器物组合虽有所保留，但都处于一种被规范整合，或者即将被整合的状态。

综上，在王朝文化对地方文化进行整合的过程中，商王朝采取的是取代与融合两种方式，而西周王朝采用的是同化的方式。

四 体系下的问题观察

通过对以上三个概念的讨论，我们再来观察长江中游地区的商到西周遗存，会发现各地文化发展的不均衡性，王朝文化退去和进入在时空上也存在不平衡性。由此，我们会产生很多新的疑问：

为什么商文化对鄂西北、鄂东北区域会采取取代的方式进行文化整合？而为什么在鄂东南、江汉平原、湘资下游、澧沅下游等区域却采取融合的方式？为什么鄂东南纳入了商文化体系，而整个西周时期，周王朝文化规范始终未能介入这一区域？为什么陶器上体现的商王朝文化规范延续最晚只在鄂东北地区，且只到殷墟早期？为什么铜器上体现的商王朝文化规范直到西周晚期才开始为周文化规范所代替？为什么具有周王朝文化规范的遗存从西周中期才开始出现？为什么它们最先出现在鄂东北和鄂西北两个区域？为什么鄂东北的周文化整合采取了同化的方式，从而使得遗存表征与宗周地区更加趋同？又为什么鄂西北的周王朝文化整合却采取了融合的方式，因此使得遗存自身特点更强？为什么周王朝文化体系下地方文化组合消于无形或仅有少量因素保留？为什么庙坪 H7 陶器组合和周王朝文化体系内其他遗存相比，与周王朝文化规范的差异更为明显？这种特例意味着什么？我们可以对这些问题进行进一步的深入探讨。

以上问题可从框架体系中直接得出，有了之前三个概念工具的运用，我们可以对它们进行进一步的深入探讨，详见后文。

第二节 文化的震荡与整合——商、西周对
长江中游控制的差异

一 商控制的范围及其体系内部的差异

（一）商王朝的控制范围

根据我们第一章对商时期涉及商文化因素遗存的梳理，我们已经将这些遗存分为了三大类，第一类是鄂西北辽瓦店子典型商文化遗存和鄂东北盘龙城类型商文化等遗存，其特点是遗存主体面貌与中原地区典型商文化基本一致，少量见有地方文化因素的器物组合，这类遗存中商文

化规范占绝对主导地位；第二类包括有江汉平原的荆南寺文化、湘资下游的铜鼓山一期遗存、澧沅下游的宝塔文化等遗存，其特点是中原典型商文化特点的器物组合和本地文化因素器物组合共出，这类遗存中有商文化规范，但与地方文化因素相比看不出有绝对的主导地位；第三类是鄂东南的意生寺类型遗存，其特点是组合上具有商文化规范，但具体器物形态表现出一种商文化特点与地方特点相结合的变体，可以看作是地方文化被商文化整合的表现。这些遗存的主体年代基本集中在二里岗上层到殷墟早期。

我们认为王朝文化体系所展现的时空构架，就是王朝政治力量在各地介入过程的体现。这种介入可以认为是政治版图的确立，或者说，标志着该区域正式纳入王朝的控制范围。通过前文对长江中游商时期商王朝文化体系的研究，我们可以判断，最晚到二里岗上层，鄂西北、鄂东北、鄂东南、湘资下游、澧沅下游以及江汉平原这一广大区域，已经纳入商王朝的控制范围。

（二）商王朝体系下各类型的差异

通过前面的分析，我们已经可以明显看出上述商文化体系下三类遗存之间存在的差异，这代表的是商王朝对长江中游不同区域控制方式的差异。这种差异直接影响商王朝对各区域控制力的强弱。

1. 商王朝规范居于绝对主导地位的遗存

鄂西北和鄂东北区域遗存属于这类。包括辽瓦店子典型商文化遗存、盘龙城类型商文化等遗存。在这类遗存中，我们看到的是基本上与中原商王朝文化面貌基本一致的文化表征。其中，辽瓦店子遗址与小王家山遗址表现出非常明确而单纯的商文化规范，其性质应属于商人的据点；盘龙城遗址由于有城址，聚落等级更高，包含的地方文化因素也就相对复杂，但商文化规范仍占绝对主体，其性质为商王朝的区域政治中心。这一类应为商人直接占领性质的遗存。这说明商王朝对这些区域采取了驱逐本地文化，直接占领的措施。这也就是我们前文所提到的商王朝取代式文化整合模式。商王朝对这些区域的控制力最强。

2. 商王朝文化规范与地方文化特点并存的遗存

湘资下游、江汉平原以及澧沅下游属于这类。遗存包括的铜鼓山一期遗存、荆南寺文化和的宝塔文化等。这类遗存中商文化规范虽然存在，但地方文化因素的器物组合也占有较重要的地位，其性质明显有别于第一类遗存。从商王朝文化规范所居位置仍可看出这些遗存中的细微差别。

湘、资下游的铜鼓山一期遗存中可见器类有鬲、甗、鼎、釜、斝、爵、簋、大口尊、罐、盆、豆、碗、大口缸、器盖等，其中以鬲和大口缸最多，罐、豆、簋、盆次之，陶器组合中明显可看出商文化规范居于较主要位置，地方文化因素组合居次。这一表征与盘龙城遗址有相似之处，多数学者同意将其归为盘龙城类型商文化，认为它是商文化往南伸出最远的据点之一。但若仔细分析，盘龙城类型中，商文化规范居于绝对的主导地位，地方文化因素只在城址这类高等级遗址周边才出现，在等级较低的遗存中，地方文化因素很少或几乎不见。铜鼓山一期遗存体现出的特点与之尚有差距。澧、沅下游的宝塔文化中本地因素如鼎、釜、高领罐和碗形豆一直居于主导地位，但典型商文化因素如分裆鬲、簋、假腹豆、爵等同样占有重要地位，两者在伯仲之间。江汉平原的荆南寺中高足鼎、釜、大口缸等富有地方文化特色的陶器总体上占有绝对优势，商文化规范组合居次。通过以上对比，我们看到这类区域商文化规范在遗存中的表现有着强弱差别，而这种差别与空间距离似乎存在一定的关系，但也不是绝对关联。我们认为这一现象体现表示该区域亦属于商人的直接活动范围，其遗存中商文化规范所占之比重应与该区域内商人居住、生产、生活等活动的密度有关。这一比例也说明了该区域内商人与本地土著居民的融合程度。这也就是我们前文所提到的商王朝第一类融合式文化整合模式，或可比喻为殖民式融合。商王朝对这些区域的控制力弱于前一类区域，且对每个区域控制力之强弱或与本区域内商人数量的多少有较强关联。商王朝和这类区域地方文化之间的关系，或可能类似于宗主国之于番邦的间接控制。

3. 意生寺类遗存

从文化面貌上看，鄂东南的意生寺类遗存中一方面包含了商文化规范的陶器组合，如分裆鬲、甗、斝、假腹豆、簋、大口尊等；另一方面地方文化特色如平裆鬲、鼎、穿孔圜底罐、钵等也非常强烈。从分裆鬲的形态看，与典型商文化有所差异，除裆部外与本地特色的平裆鬲特点一致，这体现出商文化和地方文化因素的融合。这一特点无论是与盘龙城类型，还是与荆南寺文化等，都有着明显区别，或是商文化对鄂东南区域文化渗透的结果。这也就是我们提到过的商王朝第二类融合式文化整合模式。这一模式与西周时期鄂西北区域体现出的文化同化模式有着较大的相似处，或可称之为文化同化式融合。商王朝对这一区域的控制力最弱，甚至可能对这一区域只有着类似于盟友性质的影响力。我们暂且称之为文化影响。

二　西周控制的范围及其体系内部的差异

根据对周文化体系下遗存的观察，我们发现周王朝的文化规范仅在鄂西北、鄂东北、江汉平原、西陵峡区域出现，这种现象发生在西周中期及之后。而在湘资下游、澧沅下游等区域，规范周文化到达的时间已经晚出西周纪年。由此，西周中晚期周王朝在长江中游地区所至区域为鄂西北、鄂东北、江汉平原以及西陵峡区。

从前文对长江中游周文化整合的研究中，我们看到周文化对长江中游的整合，采取了同化的整合方式。明显的同化是以将旧有的地方文化彻底转变成纯粹的周文化为目标的。这其中最早且最具代表的是鄂东北地区的金罗家类型。金罗家类型西周中期的甲组陶器组合和宗周地区的高度一致性即反映了这点。在西周中期以后周文化都到达的长江中游的绝大部分区域，都不同程度地采用了这样的方式。如江汉平原以荆南寺G2 为代表的类型以及鄂西北襄随地区以黄家村 H5 为代表的类型。同化的整合方式是周王朝最想采用的，我们认为这就或是周朝"分封制"在考古学文化上的一种体现。在鄂西北山地区域，则体现出的类似于融合的现象，其同化力度明显弱于上述区域。我们认为这是代表周文化对地方文化进行整合的政治主体之间的差异所造成的。这种差异可能代表的是整合主导者因为族属、实力或者目的不同，而采取了不同的策略和手段。

西陵峡区域的庙坪类遗存情况较为特殊。该类型的文化面貌以本地传统的釜，加上截锥足瘪裆鬲、豆、罐等周文化规范形成的组合。这两者并不是商代的那种两种因素不兼容的情况，而是在逐渐融合，接受周文化规范。到春秋时期，该区域才彻底被周文化整合。所以，此时的庙坪类遗存所展现出的，是一种受周文化影响、正处于被周文化整合中的形态。

三　商、西周文化体系的差异与讨论

（一）差异及其产生原因的思考

通过以上的分析，我们可以总结出商和西周的文化体系与文化整合过程之间存在的几点差异：

1. 商对长江中游其所到区域的文化整合采取了取代和融合两种方式，导致其对长江中游各区域控制存在三种不同的模式——直接占领、间接控制和文化影响；而西周对所到区域则均采取了同化的文化整合方式进行控制。

2. 商文化进入长江中游的主体是单一的典型商文化；而西周进入长江中游的主体呈现多元化——从考古学遗存展现出来的面貌来看，至少鄂东北金罗家类型和鄂西北辽瓦店子类型就分别具有不同的源头主体。

3. 商文化规范进入及退出时间在长江中游各区域高度一致，集中在二里岗上层进入，基本在一个较短的时间内迅速控制了长江中游绝大部分区域，并于殷墟早期突然退出；而周文化规范进入长江中游各区域的时间则参差不齐，最早于西周中期在鄂西北、鄂东北出现，随后是江汉平原，西周晚期至襄随地区和西陵峡，而湘、资和澧、沅下游出现周文化规范，则已晚至春秋早期。

4. 商文化体系下地方文化遗存或多或少保留了各自原有的地方文化传统，并在商文化规范退出后得以继续发展。如宝塔文化中，本地因素如鼎、釜、高领罐和碗形豆一直贯穿始终，在典型商文化退出后，其主体组合的形态虽有所变化，但仍然继续发展。而周文化体系下的各类型遗存，均以周规范为主导，地方因素少有或未有保留，表现出与周王朝文化极大的一致性。

以上四方面的差异，我们认为是商和周对长江中游经营目的的不同造成的。

商对长江中游的控制带有较强的指向性和目的性，即占领铜矿资源。首先，从控制模式上，商对鄂东南区域进行文化上的渗透，以利用当地力量进行铜矿开采；对鄂东北、鄂西北铜矿运输沿线区域进行直接占领，以保证对铜矿交通线的绝对掌握；对湘资下游、澧沅下游、江汉平原等靠近鄂东南铜矿区域进行征服，并对地方文化实行控制，以弭平对铜矿采区和交通线的威胁。其次，从进入主体上，商对铜矿的控制是直接服务于中央王朝的，它不允许其他力量分享鄂东南铜矿资源，这一目的必然使得进入长江中游的唯一主体为典型商王朝文化。第三，兵贵神速，为保证这一战略目的顺利实施，集中力量迅速对鄂东南铜矿区域及沿线进行占领是最好的选择，这也正是商王朝规范在二里岗上层时期迅速出现在长江中游大部分区域的原因。最后，商王朝的战略目的决定了它对长江中游绝大部分区域采用的是军事上的占领或征服的方式，而未着手进行政治和文化上的全面整合和融合，这种方式导致了商文化对长江中游固有文化传统只带来了短暂的冲击和震荡，而未能改变其固有的文化运行模式，当商文化退出后，绝大多数地区固有的文化传统或重生或继续发展壮大。

西周对长江中游的控制，目的是通过分封开拓疆土，是要实现"普天之下，莫非王土；率土之滨，莫非王臣"。首先，在考古学遗存面貌上，这一目的表现在周文化对地方文化不断同化，并最终完成之。其次，由于分封的诸侯国的族属及分封地域的不同，也导致了各地文化整合源头的不一致性，如鄂东北金罗家类型中代表王朝文化规范的金罗家甲组器物所表现出的与宗周地区文化面貌的高度一致性，说明这一类型对应的极可能是与周王朝关系非常密切的封国，比如汉阳诸姬；而鄂西北辽瓦二期类型中代表王朝文化规范的辽瓦店子丙群器物体现出的文化因素，与宗周地区的典型周文化面貌具有一定差异，那么这一类型对应的就可能是与周王朝关系相对较疏的封国，比如说楚。第三，这一战略目的使得周王朝规范在长江中游的扩张体现出一种相对缓慢的、逐步推进的过程，因为封国的建立必须经历一个立国—经营—扩张的过程，对应到考古遗存上体现的就现象是周王朝文化规范到来—整合地方文化—向周边区域拓展这样的过程。从考古学文化的发展特点看，周文化规范的到来其实体现的是地方文化被周文化整合的结果，而这种过程的开始应在规范到来之前。也就是说，我们所看到的西周中期规范周文化到达的区域，王朝对当地必然早有经营。

（二）商、西周对鄂东南铜矿的争取

如前文所述，商对长江中游的战略目标直指鄂东南铜矿，并采取了一系列手段来贯彻这一目标。无论是鄂东北的盘龙城类型的直接占领，还是湘资下游的铜鼓山一期遗存所表现出的商文化规范的强势主导，均体现出商对铜矿运输线和周边区域的极强控制。而意生寺类型遗存所体现出的商文化规范下，商文化因素和地方文化因素在具体器物上的结合，说明了鄂东南区域内商文化与地方文化较好地融合，这或许是因为商对鄂东南铜矿区域采取了更为特殊的控制方式。这一现象与我们在西周时期观察到的辽瓦二期类型所体现的周文化规范与地方文化融合的情况颇有相似之处。

到西周时期，鄂东南地区仍是中原王朝重点经略的区域。有学者认为西周王朝早期继续延用商王朝的统治策略，在清除了殷商遗民势力之后，西周王朝势力获得了较大程度的扩展。但随着地方势力的逐渐增强，宗周王朝对此地的经略逐渐艰难；西周中晚期，王朝统治策略变迁，开始借用地方势力统治地方，从而地方势力有一个较大程度的发展。西周晚期地方势力（鄂政权）最终被灭，代之而起的楚国势力"渔翁得利"，逐渐成了这一地区的主宰[①]。

---

①　赵东升：《论鄂东南地区西周时期的考古学文化格局及政治势力变迁》，《华夏考古》2013 年第 2 期。

我们也看到了周文化向鄂东南区域的扩张，但具体观点稍有不同。通过我们前文的研究，殷墟晚期以后控制着鄂东南铜矿区域的是大路铺文化。到了西周中晚期其北界罗田庙山岗遗址、西北界武昌放鹰台、江夏商家坝遗址，甚至曾经的核心分布区黄冈果儿山遗址，已相继被金罗家类型所占据，可见大路铺文化与周文化之间曾有过争夺。但从后来大路铺文化的发展历程看，整个西周时期，它都没有被周文化所整合。这说明西周一代，周王朝虽几经尝试，都未能实现对鄂东南铜矿的直接控制。

此外，用青铜器的金相学研究铜矿资源的成果日益丰富①，其结论也可以支撑我们的观点。目前学界比较公认的观点是：二里岗上层文化至殷墟一二期，中原地区较为缺乏的铜、锡、铅等矿多来自长江中下游；到殷墟三、四期至西周，商周王朝开始时使用北方燕辽地区、胶东半岛地区的铜矿之后，才逐渐放弃了对南方矿源的依赖。从这个角度来看，长江中游地区商周考古学文化的兴衰，与金属的矿源来源及流向确实有着密切的关系。有学者认为长江中下游地区应是周代重要的铜料和锡料产地。从铅锡多金属矿的角度考察异常铅铜器的矿料来源，并对比了多地异常铅铜器合金数据后，认为这类铜器很有可能是采用铅锡多金属矿冶炼铸造而成，江西和湖南很有可能是商王朝重要的锡料来源；并认为"金道锡行"路线很可能有中条山铜矿区和长江中游地区两条路线②。还有学者通过对长江中下游地区采矿遗址的研究，认为该地区生产的铜料主要供应中原王朝使用以及"南下掠铜论"的观点都值得商榷③。他们通过分析认为，除铜岭遗址在早商、中商时期发现有中原文化因素外，之后长江中下游地区的采矿遗址中基本不见中原文化因素。这表明中原文化人群直接参与铜矿开发的迹象仅见于早

---

① 华觉明、卢本珊：《长江中下游铜矿带的早期开发和中国青铜文明》，《自然科学史研究》1996年第1期；彭子成、刘永刚、刘诗中、华觉明：《赣鄂豫地区商代青铜器和部分铜铅矿料来源的初探》，《自然科学史研究》1999年第3期；陈树祥、冯海潮、席奇峰、张国祥：《大冶铜绿山古铜矿遗址考古新发现与初步研究》，《湖北理工学院学报（人文社会科学版）》2012年第6期；郁永彬、王开、陈建立、梅建军、宫希成：《皖南地区早期冶铜技术研究的新收获》，《考古》2015年第5期；陈建立：《蓬勃发展的冶金考古研究》，《南方文物》2016年第1期；易德生：《从科技考古角度再思考鄂东南地区古铜矿开采的年代》，《社会科学动态》2018年第12期；刘海峰、梅皓天、白国柱、陈建立：《综论长江中下游铜矿带先秦矿冶考古》，《中国国家博物馆馆刊》2020年第7期。

② 易德生：《科技考古视野下的商王朝锡料来源与"金道锡行"》，《中国社会科学》2013年第5期。

③ 黎海超：《长江中下游地区商周时期采矿遗址研究》，《考古》2016年第10期。

商、中商时期的铜岭遗址①。这与我们的观点不谋而合，也是我们为何会认为西周王朝未能实现对鄂东南地区直接控制的原因之一。

第三节　秩序的失控与再建——商到西周王朝文化规范的更替

一　商王朝规范陶器上的收缩和铜器上的失控

1. 相反的表征与背后的问题

我们在观察商王朝文化规范的陶器和铜器表征在长江中游的体现时，发现自殷墟时期开始，商王朝文化规范的陶器表征，开始在长江中游逐渐消失。殷墟一期以后，除在鄂西北和鄂东北的盘龙城类型中尚可见到完整的典型商文化陶器组合以外，其他区域均已不见。随之我们看到的是湘资下游的费家河文化、澧沅下游的宝塔文化、江汉平原的周梁玉桥文化等一大批地方文化的兴起。到了西周早期，各区域基本进入了地方文化大勃兴的阶段。如鄂西北出现了辽瓦一期遗存、毛狗洞 H1 类遗存，鄂东北出现了鲁台山 H1 类遗存，鄂东南出现了大路铺文化，澧、沅下游宝塔文化、江汉平原周梁玉桥文化、西陵峡的路家河文化及 H4 类遗存都在延续发展，而在湘、资下游区域甚至还出现了新兴起的炭河里文化和延续发展的费家河文化一度并存的情况。

但商文化规范的铜器表征却展现出另外一种情形。我们看到鼎簋瓿爵斝尊等商文化规范组合西周早期至中期在鄂西北随枣走廊的羊子山墓地、鄂东北的鲁台山墓地、江汉平原的万城西周墓、湘资下游的望城高砂脊墓地和炭河里城外西周墓葬、鄂东南的新屋湾窖藏等几乎整个长江中游范围内均还有体现。在湘资下游甚至铜礼器数量爆发式增长，在西周晚期的湘潭青山桥窖藏尚可见到这一规范的延续。这一情形似乎和陶器表现出来的情况正好相反。

造成陶器和铜器两方面表征完全相反的原因是什么？这种相悖的现象背后隐藏的是怎样的本质呢？

---

① 铜岭遗址自西周开始改变了以往在早商晚段所采用的碗口内撑式结构，也开始使用榫卯式结构。这种变化可以反映出至西周早期，赣北地区的考古学文化开始受到了来自鄂东南大路铺文化的影响。这种影响不仅体现在井巷支护结构的变化上，在陶器上也有所表现。具体参见和菲菲：《商周时期南北方铜矿开采技术比较研究——以鄂赣交界地带和辽西地区为例》，《江汉考古》2020 年第 1 期。

要回答以上两个问题，我们既需要区分文化规范在陶器和铜器上表征的不一样含义，又需将陶器和铜器结合起来观察。

首先，如前文我们在王朝文化规范概念的运用和讨论中所提，陶器是直接与生产生活相关，属于下层建筑的表征，其变化刻度最敏锐。王朝文化规范陶器表征的消失，往往也代表着王朝政治力量在该区域的退出。通过对商王朝规范陶器表征上的观察，结合各区域地方文化兴起的情况，我们认为，在殷墟早期以后，商王朝对长江中游地区已经失去了直接控制。

其次，铜器一般直接指向礼制，属于上层建筑的表征，其规范的惯性较强，出于统治的需要，在新王朝的新规范完全形成之前，旧王朝的文化规范仍会发挥作用。因此，在商王朝失去对长江中游的控制后，各地区崛起的地方文化的上层统治者，仍需借助商王朝的铜器规范和礼制，来为他们的统治服务。这就使得商王朝的铜器规范得以延续。

第三，在商王朝直接控制长江中游的时段内，各区域是均纳入商王朝文化体系之内的，在这个体系下，商王朝的等级制度和礼制的约束力较强，地方上的统治者或贵族无法越制大造铜器。此外，由于商王朝的强势，地方文化的发展受到压制，它们的统治者也不一定具备大量制造铜器的实力。而殷墟一期以后，随着商王朝的退出，地方文化获得了发展的时间和空间，实力增强，通过铸造铜器来展现实力的需求大增；另一方面，由于王朝对地方的失控，僭越成为可能。因此，在商王朝退出长江中游以后，尤其是在商王朝覆灭、周王朝新建而又尚未形成新规范并在长江中游地区的西周早期阶段加以推行，由此，长江中游涌现出了一大批商文化规范的青铜器。

因此，正是商王朝对长江中游的失控和地方文化的兴起，造成了商王朝规范铜器的兴盛，反映的是商王朝规范"礼崩乐坏"的结果。

2. 再论殷遗民问题

在此，我们可以进一步讨论一下湘资下游宁乡铜器群和蕲春新屋湾窖藏所谓殷遗民的问题。之前我们是将鄂东南的毛家咀类遗存与新屋湾窖藏对应，而毛家咀遗址为大路铺文化的聚落中心；另将湘资下游的费家河文化、炭河里文化与湘资下游铜器群进行了对应。根据我们的研究，鄂东南和湘资下游区域在西周早期同属一个大的文化圈。这个文化圈在殷墟早期商文化退出以后，就开始独立发展，并在周文化规范进入之前达到了其他区域的地方文化所未能达到的高度，这通过炭河里城址、毛家咀高等级聚落可以看出。更重要的是，这一文化圈直接掌握着鄂东南的铜矿资源。该文化圈统治阶层有能力、有条件也有要求，通过大量铸造铜器来展现实力。而在我们前文所论证的大背景下，这些铜器必然带有极强的商王朝文化规范的烙印，以致多数铜器与商王朝的无异。这种现象并不仅仅限于湘资下游和鄂东南，在整个长江中游，甚至更广大的地区都如此。很明显，费家河、炭河里以及大路铺的铜器群使用者，绝对都不会是殷遗民。此外，该区域较为典型的立耳折沿鼓腹圜底鼎，也为中原商文化所不见，极具地方特点。据此，我们认为宁乡铜器群和蕲春新屋湾窖藏应不为殷遗民所铸，更不应是从中原逃带至此的。

二　西周时期周王朝陶器规范的扩张和铜器规范的形成

从陶器上看，西周早期整个长江中游均处于地方文化发展阶段，以"瘪裆鬲、折腹盆、豆、罐"组合为代表的周文化陶器规范，自西周中期开始出现在鄂东北以及鄂西北山地区，西周中期偏晚拓展到江汉平原，西周晚期到达襄随地区以及西陵峡区。这些地区规范周文化的相继出现，表明了新的王朝文化规范对地方文化的整合彻底完成，它们已经逐步纳入了周王朝的版图。

从铜器上看，西周早期整个长江中游均为甲组商系青铜器群。以"鼎、鬲、簋、壶、豆、盘、匜"组合为特点，代表周文化铜器规范的乙组铜器群，自西周晚期才开始出现在鄂东北和随枣走廊，尤其是在随枣走廊区域，大量带有"曾"铭文的铜器群相继被发现。

根据我们对前文的梳理，周王朝陶器规范最先同时到达的有鄂东北及鄂西北山地区两个区域，可为何铜器规范最先出现的区域仅限于鄂东北和随枣走廊，而鄂西北山地区却不见？我们知道，随枣走廊一带西周早期开始为曾国的疆域，而鄂西北很可能是属于楚国的早期疆域。曾国是侯国，楚国是子国，根据周礼，曾国的等级远远高于楚国。曾国国君，甚至是国内高级贵族，可享受的铜礼器规格都要远远高于楚国。在西周晚期周礼森严的历史背景下，随枣走廊区域出土的铜器数量远远大于鄂西北山地区域，正是两国等级差别在考古遗存方面的体现，也是周王朝铜器规范"有序"的一种表现。这与西周早期商文化铜器规范大范围大规模出现的"无序"现象形成鲜明的对比。

第四节　楚、鄂与汉阳诸姬——周王朝对长江中游的经略

一　早期楚的探讨

早期楚文化从时间概念上讲，指的是西周早期熊绎受封为始到春秋初年

武王都郢为止。从春秋早期开始，襄宜地区已成为楚文化的中心区域①，典型楚文化在此地形成，并随时间的推移，逐步影响到周边地区。早期楚文化则是典型楚文化一脉相承的文化遗存的源头。对早期楚文化的探讨，一直是"楚学"中最为热门的课题之一。过去的学者通常是从三个方面进行探索：

1. 从楚式鬲或典型楚文化的陶器组合探寻楚文化的来源②。由于对楚式鬲的认定不一，有认为是大口高足③，也有认为是小口矮足④，往往导致结论莫衷一是。

2. 从楚国早期有铭青铜器的形制、纹饰及组合出发，通过与宗周及周邻地区青铜器的比较，探寻早期楚文化的面貌⑤。由于明确的早期楚器数量极少，较难窥清其全貌。

3. 立足春秋楚文化中心聚落区并进而判定楚早期政治中心及活动地望。文献在这里起到了很好的导向作用，学者们大多通过对文献所涉及区域内的西周至春秋时期的遗存进行分析，由已知推未知地寻找早期楚文化。这种研究方法取得了较大的成效，近来的一些学术成果即是证明⑥。特别是清华简《楚居》⑦ 发表后，在学术界引起了很大的轰动。但如何准确

---

① 王然：《早期楚文化的考古学研究》，《长江流域文化研究年报（第三号）》，早稻田大学，2005 年；张昌平：《早期楚文化中心区域的考古学观察》，《楚文化研究论集》第六集，湖北教育出版社，2005 年；王红星：《楚都探索的考古学观察》，《文物》2006 年第 8 期。

② 郭伟民：《关于早期楚文化和楚人入湘问题的再探讨》，《中原文物》1996 年第 2 期；张昌平：《试论真武山一类遗存》，《江汉考古》1997 年第 1 期；尹弘兵：《早期楚文化初析》，《江汉考古》2011 年第 3 期；何介钧：《楚鬲试析》，《湖南先秦考古学研究》，岳麓书社，1996 年，第 253 页；刘彬徽：《江汉文化与荆楚文明》，江苏教育出版社，2008 年，第 137 页；刘俊男：《长江中游地区文明进程研究》，科学出版社，2014 年，第 249 页。

③ 张昌平：《试论真武山一类遗存》，《江汉考古》1997 年第 1 期。

④ 郭伟民：《关于早期楚文化和楚人入湘问题的再探讨》，《中原文物》1996 年第 2 期。

⑤ 袁艳玲：《楚公豪钟与早期楚文化》，《文物》2007 年第 3 期。

⑥ 相关的论著不少，如王力之：《早期楚文化探索》，《江汉考古》2003 年第 3 期；程平山：《鄂西地区西周春秋楚文化探研》，《夏商周历史与考古》，人民出版社，2005 年；高崇文：《楚文化渊源新思考》，《楚文化研究论集》第六集，湖北教育出版社，2005 年；张昌平：《早期楚文化中心区域的考古学观察》，《楚文化研究论集》第六集，湖北教育出版社，2005 年；王然：《早期楚文化的考古学研究》，《长江流域文化研究年报（第三号）》，早稻田大学，2005 年；王红星：《楚都探索的考古学观察》，《文物》2006 年第 8 期；张正明：《楚文化研究札记两则——关于"早期楚文化"》，载楚文化研究会：《楚文化研究论集》第七集，岳麓书社，2007 年，第 25 页。笪浩波：《由楚文化遗存的分布特点看早期楚文化的中心区域》，载楚文化研究会：《楚文化研究论集》第七集，岳麓书社，2007 年，第 289 页。尹弘兵：《楚国都城与核心区探索》，湖北人民出版社，2009 年。尹弘兵：《早期楚文化初析》，《江汉考古》2011 年第 3 期。张昌平：《三峡地区的早期楚文化研究》，载王巍编：《中国考古学会第十三次年会论文集》，文物出版社，2011 年。尹弘兵：《西陵峡周代考古学文化与早期楚文化》，《考古》2013 年第 4 期。王宏：《早期楚文化探索的几个问题》，《华夏考古》2014 年第 3 期。

⑦ 清华大学出土文献研究与保护中心：《清华大学藏战国竹简（壹）》，中西书局，2010 年。

客观地分析与认知材料是结论是否可靠的关键所在。

以上这些研究使得我们对早期楚文化的面貌有了更加丰富的认识，但实际至今尚未定论。但随着研究的推进，已经有越来越多的学者认识到，倾向于将早期楚文化研究的焦点集中于丹江特别是其中下游区域①。

考古学文化是一个开放的，多元结构的系统，这已基本为学界所公认②，楚文化同样如此。倘若追索其源，早期楚文化同样会是一个复杂的结构系统③。对于陶器和铜器两大研究对象，在现有条件下，我们倾向于利用陶器群进行研究。尽管较多学者认为早期楚最终的一锤定音必须通过有铭铜器来确定，但是，倘若我们对于陶器遗存没有足够的认识，即使有铭铜器幸运出现，也可能会对其指向的认识存在偏差。那考古学通过陶器谱系研究能否抽丝剥茧地对其文化结构与内涵进行科学地分析与探究呢？我们认为，在对陶器群进行研究时，应当将遗址和墓葬区别对待，遗址的材料是我们认识文化结构的复杂性和层次性的关键，而族属问题的认定则更需要依靠墓葬材料④。

在对早期楚文化进行探讨时，我们认为以下几点是为前提：

1. 时间的把握：早期楚文化从时间概念上讲，指的是西周早期熊绎受封为始到春秋初年楚武王都郢⑤为止。但是，我们的研究是不是仅限

---

① 张天恩：《丹江上游西周遗存与早期楚文化关系试析》，载《周秦文化研究论集》，科学出版社，2009 年，第 166 页；高江涛：《河南淅川下王岗遗址西周遗存新发现与早期楚文化问题》，载罗运环主编：《楚简楚文化与先秦历史文化国际学术研讨会论文集》，湖北教育出版社，2013 年；何晓琳、高崇文：《试论"过风楼类型"考古学文化》，《江汉考古》2011 年第 1 期；高崇文：《清华简〈楚居〉所载楚早期居地辨析》，《江汉考古》2011 年第 4 期；王先福：《汉水中游西周考古遗存与早期楚国中心的探索》，《湖北文理学院学报》2015 年第 3 期；尹弘兵：《商代的楚蛮与西周初年的楚国》，《华夏考古》2013 年第 1 期；高崇文：《试论西周时期的周楚关系——兼论楚族居地变迁》，《文物》2014 年第 3 期。《楚文化渊源研究的新进展》，《长江大学学报（社科版）》2016 年第 12 期；徐少华、尹弘兵：《楚都丹阳探索》，科学出版社，2017 年。

② 冰白：《陶器谱系的问题与前景》，载《中国考古学跨世纪的回顾与前瞻》，科学出版社，2000 年。

③ 历史学研究中也逐渐认识到这样的问题，近来的《楚蛮与早期楚文化》、《荆楚关系问题新探》等系列文章，不失为早期楚文化对应多个族属的体系架构。参见：刘玉堂、尹弘兵：《楚蛮与早期楚文化》，《湖北大学学报（哲学社会科学版）》2010 年第 1 期；尹弘兵：《荆楚关系问题新探》，《江汉论坛》2010 年第 3 期。

④ 关于这点，冰白《陶器谱系的问题与前景》一文曾强调按出土基本单位去认识陶器遗存，并区别地看待墓葬单位和遗址上单位的陶器遗存；另张正明《楚文化研究札记两则——"关于早期楚文化"》中提及"为了使早期楚文化的探索工作走上正路，应该在不忽视陶器的器类、器形与组合的同时，更重视葬式即头向与身姿等埋葬习俗"。（参见张正明《楚文化研究札记两则》，《楚文化研究论集》第七集，岳麓书社，2007 年。）

⑤ 也有学者认为是文王。从清华简《楚居》看，应该是武王始都郢。参见清华大学出土文献研究与保护中心：《清华大学藏战国竹简（壹）》，中西书局，2010 年。

于这样的时间段？我们知道，春秋楚文化是西周楚文化的延续，那么，寻找与成熟楚文化一脉相承的文化遗存的源头是研究这一问题的重点和难点。如此，在时间范围上，我们需要往后延至春秋时期。

2. 空间的把握：从文献的导向看，早期楚文化所涉及的区域包括陕豫鄂交汇区（丹淅说[①]与先丹淅后南漳荆山[②]）、先陕东南后鄂西北（先商州后淅川[③]）、鄂西南区（枝江说与秭归说[④]）等。在这些区域内，其西周至春秋时期的文化分布与格局，是研究的前提。

3. 文化遗存的认知与把握：对文化遗存的分期、年代与面貌的认识不同，势必影响对遗存的文化定性。如何科学地分析和认知遗存，我们认为，大的区域跨度，统一的分析标准是很有必要的。倘若研究的区域过小过局限，不同区块之间的逻辑性很难展现，结果很难客观。

针对以上几点分析，我们在对早期楚文化进行考古学探讨时，在研究方法上也采用由已知推未知、由晚及早的溯源方式，并且尝试按照以下的步骤进行：

1. 考古学上"成熟（典型）楚文化"的认定

成熟楚文化是与早期楚文化相对的概念，即楚文化的特征已经完全形成的阶段，也可称典型楚文化。考古学对于楚文化的界定曾有过多种，如楚国、楚地、楚族文化。从楚史角度观察，楚文化是楚立国后，经过数百年的经营，疆域不断扩大发展而来。那么，考古学上的楚文化应该是政治实体上形成的有强烈自身特点的文化，即封国文化。我们也要明确，楚立国不代表楚文化就形成，因此，立国之初应该尚无楚文化可言。顺便指出，从考古学看，并非所有封国都存在文化，所谓"小国无文化"，由于政治实体的非完全独立性，往往在文化上的表现是被纳入某一大封国的文化体系，如战国时期的曾国属于楚系。

---

① 徐少华、尹弘兵先生持这种观点。徐少华、尹弘兵：《楚都丹阳探索》，科学出版社，2017年。

② 张正明先生持这种观点，另程平山与笪浩波等先生在这种观点基础上上有进一步的发展。参见张正明：《楚都辨》，《张正明学术文集》，湖北长江出版集团、湖北人民出版社，2007年；程平山：《鄂西地区西周春秋楚文化探研》，《夏商周历史与考古》，人民出版社，2005年6月；笪浩波：《由楚文化遗存的分布特点看早期楚文化的中心区域》，载《楚文化研究论集》第七集，岳麓书社，2007年。

③ 石泉先生持这种观点，王然与王红星先生有进一步拓展。参见石泉：《楚都丹阳及古荆山在丹淅附近补证》，载《古代荆楚地理新探》，武汉大学出版社，1988年；王然：《早期楚文化的考古学研究》，《长江流域文化研究年报（第三号）》，早稻田大学，2005年；王红星：《楚都探索的考古学观察》，《文物》2006年第8期。

④ 杨权喜：《楚文化渊源探索的回顾与思考——怀念俞伟超先生》，载《楚文化研究论集》第七集，岳麓书社，2007年。

　　我们在做典型楚文化认定时，必须对典型楚文化的形成时间和文化表征有足够的分析，必须从考古学上而不是文献上去认定它。从初步的分析看来，典型楚文化在春秋早中期开始脱离周文化的束缚，逐渐形成自己的文化体系。我们通过分析春秋早中期湖北的襄宜地区、江汉平原以及峡江地区的文化面貌已经逐渐趋于统一即能得出这样的结论。越往后发展，这种趋同性的区域越发扩大，如可至鄂东甚至湘北地区。只有对典型楚文化有了足够的认识，把握了它与周文化之间的异同，分析出它吸收了周文化哪些因素，又发展了自身怎样的特色，我们才能进一步去探讨早期楚文化的面貌与特征。因此，这种研究成果是我们研究早期楚文化的重要基础之一。

2. 对整个长江中游地区西周时期的考古学文化分布格局的整体研究与把握

　　只有大范围的时空框架体系的研究，才能更准确地把握该区域的考古遗存的年代与性质。考古遗存的年代与性质的把握，取决于对发掘遗物的准确解读，而局限在小范围内的研究，往往会因遗物解读失误而造成对该区域内考古遗存的分析产生较大的偏差。早期楚文化所对应的遗存，其具体的文化面貌到底如何，需要我们对整个长江中游地区西周时期的考古学文化分布格局进行全面分析后才能得出。

　　因此，我们探寻早期楚文化可能对应的遗存，是建立在对整个长江中游地区西周遗存的整体研究以及对该地区典型楚文化的充分认识和辨认的基础上。通过前文对整个长江中游地区西周时期的考古学文化分布格局的梳理，我们认为，早期楚文化大致以西周中期为界，其文化面貌与性质前后并不相同。西周中期以后的文化遗存应该属于周文化体系，西周中期之前的表现为地方文化遗存。而约在春秋早中期，早期楚文化逐渐脱去周文化的束缚形成自身特点的典型楚文化体系。因此，寻找一脉相承的由西周早期的地方文化遗存发展到西周中晚期的周文化体系下的带有延续性的地方特色风格的周文化类型遗存的探索思路与方法，才是寻找早期楚文化对应的考古遗存的可行之道。当然，楚文化在形成过程中是不断兼收其他文化因素的，其研究并不是单线条的、非此即彼的结论，而此处的探讨只为寻找最亲缘的主体。

　　（一）周文化体系下的楚（西周中晚期）

　　首先，从周、楚关系及楚的演进历程看，此时的楚其文化性质应属于周文化体系，且应有自身文化特色的保留，为周文化类型之一。

鄂东北区金罗家类型与典型周文化极为接近，表明了周文化在鄂东北地区的直接存在。而在金罗家二期之后，其文化仍然延续发展至春秋时期，与春秋早期襄宜地区的典型楚文化面貌相去甚远。故早期楚位于该区域的可能性可基本排除。

江汉平原区的大口瘪裆高柱足鬲与后来的楚文化大口鬲间有着最亲缘的关系，但这种鬲的本源不在此。从西周中晚期陶鬲的排序看，该类型的鬲最早来源于鄂西北山地区辽瓦店子二期遗存。早期楚位于江汉平原的可能性不大。

襄宜地区春秋早期为楚文化的中心，其西周晚期最有可能是早期楚，但此时黄家村为代表的遗存其文化面貌与宗周文化有较大一致性，与本地区春秋时期楚文化相比反而相差较大。这种面貌更有可能是汉阳诸姬而不是楚。

丹江上游的陈塬类型与后来典型楚文化的面貌相去甚远，不是楚；下游的下王岗二期遗存灰陶系柱足鬲的特点，与典型楚文化的风格有所出入，但下王岗 H137 所在的春秋早期的文化面貌，与典型楚文化已大致趋同。

鄂西北山地区辽瓦店子遗址三期晚段文化面貌已属楚文化，而其第二期遗存与第三期遗存又有连贯发展的序列。遗存中截锥足瘪裆鬲、折腹盂（盆）、豆、罐等代表周文化规范的丙群器物明显有一个逐步与地方特色器物相融合的过程，如其中截锥足瘪裆鬲逐步与地方因素的圆裆鬲等融合，形成了大口高足卷沿方唇鬲，并最终发展成为了春秋时期流行于襄宜平原的楚式鬲。

由此可推断，与西周中晚期楚文化最接近的应该是鄂西北地区辽瓦店子二期遗存。该类遗存西周中晚期的分布范围主要在丹江库区及汉水中游以上的鄂西北山地区。

该类遗存的特点，由于组合方面材料有限，能看出特点最鲜明的是鬲，即陶系为夹细砂夹云母的黑或红陶；纹饰为极细绳纹；口沿特点多为卷沿薄圆唇或薄方唇；具体形态包括三类，瘪裆截锥足、圆裆截锥足、圆裆扁椭足。瘪裆鬲可知是受周文化的整合而致，而其他两类应是自身文化因素的延续。

（二）被周整合前的楚（西周中期以前）

从周楚关系可以大致推断，周文化对楚的整合应是融合式的。因此，被整合之前的楚若已存在自身特色的文化，在整合后应还能在陶器组合

中看到其共存或逐渐消失。辽瓦二期遗存中的圆裆截锥足、圆裆扁椭足
鬲为自身文化因素的延续，而一期遗存从目前看其特色即为圆裆扁足鬲、
共出截锥足鬲，这种现象刚好反映出自身文化传统的延续。扁足鬲在辽
瓦遗址是存在演变序列的，由袋足风格到长方体再到椭扁体，并逐渐向
柱足过渡，这种过程与融合式的整合方式又十分吻合。可见，辽瓦店子
一期遗存与西周中晚期楚文化即二期遗存确实存在源流关系。

　　丹江流域的西周早期遗存，包括过风楼文化及淅川下王岗一期遗存。
过风楼文化存在同类陶系纹饰的圆裆截锥足鬲及圆裆扁椭足鬲、甗，我
们之前已认为它与辽瓦一期遗存存在较大共性，故与早期楚存在联系。
下王岗遗址从陶系、纹饰、形制方面已确认与辽瓦一期及过风楼文化大
不相同，故应不是早期楚。

　　襄随地区西周早期的毛狗洞 H1 类遗存，与其相关的国别有羊子山
墓地所在的鄂国及叶家山墓地所在的曾国，故不为早期楚。鄂东北西周
早期为"长子国"[①] 等封国，也不为早期楚。

　　江汉平原西周早期更不会是早期楚，其文化性质为周梁玉桥文化，
其主体组合为鼎釜，属于釜鼎文化圈，与早期楚的文化面貌决然不同。

　　综上，早期楚从目前看关系最近的为辽瓦一期遗存，其位置最有可
能在鄂西北山地区所在的文化圈，但西周早期陶器的完整面貌暂时不得
而知，唯鬲类有一定的线索，即陶系为夹细砂夹云母的黑或红陶；纹饰
为极细绳纹；口沿特点多为卷沿薄圆唇或薄方唇的圆裆截锥足、扁足鬲，
应与之最具亲缘关系。

　　最后看看文献方面与早期楚有关的内容。《史记·楚世家》[②] 记载：
"熊绎当周成王之时，举文、武勤劳之后嗣，而封熊绎于楚蛮，封以子男
之田，姓芈氏，居丹阳。"西周时期楚受封子爵，在周原甲骨[③]"楚子来
告"中也有明确记录。而此处"丹阳"即是楚都所在。关于丹阳的讨论
前文已介绍，此不赘述。《史记·楚世家》又载："当周夷王之时，王室
微……熊渠甚得江汉间民和，乃兴兵伐庸、杨粤，至于鄂……乃立其长
子康为句亶王，中子红为鄂王，少子执疵为越章王，皆在江上楚蛮之地。
及周厉王之时，暴虐，熊渠畏其伐楚，亦去其王。"这在《大戴礼记》[④]

---

　　① 黄锡全：《黄陂鲁台山遗址为"长子"国都蠡测》，《江汉考古》1992 年第 4 期。
　　② 〔汉〕司马迁著：《史记》，中华书局，1999 年。
　　③ 顾铁符：《周原甲骨文"楚子来告"引证》，《考古与文物》1981 年第 1 期。徐锡台：
　　　《周原甲骨文综述》，三秦出版社，1987 年。
　　④ 〔清〕孔广森：《大戴礼记补注》，中华书局，2013 年。

《世本》① 等传世文献中有相同的记载，反映出文献追述中西周中晚期楚国的政治局势。若文献记载无误，此时楚国的势力范围已 "得江汉间"，即包括江汉平原及汉水中下游地区。从前文考古遗存所反映的文化面貌看，鄂西北地区辽瓦店子二期遗存与江汉平原的宜昌万福垴遗址、钟祥六合遗址所在的荆南寺 G2 类遗存已属于周文化，二者关系密切且互动频繁或是证明。李伯谦先生注意到文献不见而铭文有记 "楚公" 的称谓，推测此时周楚反目，楚人势力陡增，不听中央号令且自封楚公②。这应与熊渠称王有关。关于熊渠三子封地，石泉先生考证句亶在今宜城南境③，也有学者认为辽瓦店子遗址可能是句亶王封地④。黄锡全先生认为荆州东的杨水流域为越章王封地⑤，也有学者认为在沮漳河西岸⑥。联系到宜昌万福垴遗址为仅次于都城级别的重要聚落遗址，推测可能和熊渠封三子有关，或为越章王封地的聚落中心。关于鄂王封地，后文会有所讨论。

　　《楚居》中关于西周时期的楚人活动区域，多次提到 "京宗" "夷屯" "郢" 等几处地名。关于这些地名的解释，学界相关争论不少。关于 "京宗" 之 "京"，我们赞同高崇文先生的观点⑦，代表周代都邑。楚人在周初沿袭了周人的名称体系，以 "京宗" 来代表都邑所在之地，这与后来的 "某郢" 有所类似。尹弘兵先生也进一步认为，"京宗" 是芈姓首领所居之宫殿与祭祀之宗庙的合称，用以指代都邑⑧。夷屯，即夷屯，《楚居》记载熊绎至熊渠六代王居此。高崇文先生认为是楚正式建国立都时，周成王封熊绎居丹水之阳的地名⑨。当然，也有学者认为 "夷屯" 即为夷陵，也就是《史记·楚世家》中 "烧先王墓夷陵"⑩。《括地志》认为它是在荆州西的夷陵县。前文万福垴遗址出土的青铜编钟所在地正在荆州以西，与今宜昌市夷陵区相去不远，与 "夷屯" 似有

---

①　〔清〕秦嘉谟等辑：《世本八种》，商务印书馆，1957 年。

②　李伯谦：《宜昌万福垴遗址发掘引发的思考》，《黄河·黄土·黄种人》2018 年第 2 期。

③　石泉：《古代荆楚地理新探》，武汉大学出版社，1988 年。

④　黄凤春：《郧县辽瓦店子与楚句亶王——楚熊渠分封三王地理的检讨之一》，《江汉考古》2010 年第 2 期。

⑤　黄锡全：《楚地 "句亶"、"越章" 新探》，《人文杂志》1991 年第 2 期。

⑥　黄凤春：《秭归庙坪及巫山双堰塘陶鬲的年代和文化属性》，载王巍编：《中国考古学会第十三次年会论文集》，文物出版社，2011 年。

⑦　高崇文：《清华简〈楚居〉所载楚早期居地辨析》，《江汉考古》2011 年第 4 期。

⑧　尹弘兵：《"京宗" 小议》，武汉大学简帛研究中心网站，http：//www.bsm.org.cn/show_article.php? id=1696。

⑨　高崇文：《楚文化渊源研究的新进展》，《长江大学学报（社科版）》2016 年第 12 期。

⑩　陈伟：《讀清華簡《楚居》札记》，武汉大学简帛研究中心网站，http：//www.bsm.org.cn/show_article.php? id=1371。

关联。但《楚居》中的"夷屯"是与都地近的，而都地的位置目前大多依徐少华先生的观点，上都在河南省西峡县境内，而下都在淅川县境内，都在丹淅流域①。若夷屯是指夷陵，那么是否有这样的一种可能，它与丹阳一样，在西周时期的楚国，其地点发生多次变化而地名继续被沿袭使用。

二 西周时期的鄂国

在本书第四章，我们推测西周早中期的鄂国都城应在随州安居一带。此处有必要对其地望问题做进一步的梳理与探讨。

（一）西周鄂国地望的文献梳理及研究简史

1. 原始文献梳理

古鄂国可追溯至商代。关于其最早的文献记载可见于《史记·殷本纪》：

> 以西伯昌、九侯、鄂侯为三公。九侯有好女，入为纣。九侯女不熹淫，纣怒，杀之，而醢九侯。鄂侯争之强，辨之疾，并脯鄂侯。

这说明，鄂在纣王时已称"侯"，并且位列"三公"之一。因此，鄂在商王朝中地位应该很高，属于其强大的方国之一。在商代末年位列三公之一的"鄂侯"被杀害以后，鄂国和鄂族少见于历史文献中，整个西周时期仅有一条，即记载于《史记·楚世家》中：

> 熊渠生子三人。当周夷王之时，王室微，诸侯或不朝，相伐。熊渠甚得江汉间民和，乃兴兵伐庸、杨粤，至于鄂……乃立其长子康为句亶王，中子红为鄂王，少子执疵为越章王，皆在江上楚蛮之地。

后人对西周时期鄂国的地望研究也就是基于对该条文献的解读，所谓的分歧，即主"东鄂"还是"西鄂"就是对其解读不同所致。

关于"西鄂"的记载最早见于《汉书·地理志》：

> 南阳郡，秦置……县三十六：……犨……酂……西鄂……郦……②

---

① 徐少华：《古都国、都县及楚都都地望辨析》，载武汉大学历史地理研究所编：《石泉先生九十诞辰纪念文集》，湖北人民出版社，2007 年，第 276 页。

② 〔汉〕班固著、〔唐〕颜师古注：《汉书》，中华书局，1962 年。

应劭曰：

> 江夏（郡）有鄂，故加西云。

此处之"西鄂""鄂"是西汉时期郡县设置之"鄂县"。从这条文献可见，秦之前应该只有一"鄂"，即鄂县，位于今湖北鄂州。汉时于南阳郡欲新设鄂县，由于当时的江夏郡已设一鄂县，故在南阳郡之新鄂县前加一"西"字以示区别，至此开始出现"西鄂"县。此时出现的"鄂"和"西鄂"均为汉之县名，与《史记·楚世家》中的"至于鄂"之鄂不可贸然对等。

后人在解读《史记·楚世家》之"鄂"时，往往是将它与汉以后出现的"西鄂县"及"鄂县"（相对于西鄂而言位置偏东，而作"东鄂"）其具体的位置联系在一起的，认为二者之间势必存在一定的联系，秦及西汉在此二处设县恐有历史渊源，而非空穴来风。自此，出现东、西鄂之争，其争议的本质并不是说西周之鄂有两个，到底是"东鄂"与"西鄂"中哪一个，而是西周之鄂其地望到底在河南南阳还是湖北鄂州。

2. 古人对西周之鄂地望的研究

如前文所述，古人对西周之鄂其地望的研究主要是基于《史记·楚世家》"至于鄂"这条文献的解读，具体有如下几种意见：

（1）裴骃《集解》引《九州记》曰：

> 鄂，今武昌[1]。

南朝刘宋时武昌为今湖北鄂州。也就是说，裴骃是认为西周之"鄂"在今湖北鄂州。

（2）张守节《史记·楚世家》正义中在对"至于鄂"之"鄂"进行注解时，引刘伯庄云：

> 地名，在楚之西，后徙楚，今东鄂州是也。

"在楚之西"的具体地理位置，引《括地志》云：

> 邓州向城县南二十里西鄂故城是楚西鄂[2]。

---

① 〔刘宋〕裴骃撰：《史记集解》，台湾商务印书馆，1986 年。
② 〔唐〕李泰等著、贺次君辑校：《括地志辑校》，中华书局，1980 年。

也就是说，张守节和刘伯庄认为"至于鄂"之"鄂"是在河南南阳的汉代西鄂县故城。以后"鄂"才迁至湖北鄂州。

需要指出的是，张守节在注解"中子红为鄂王"中的"鄂王"时，又引《括地志》："武昌县，鄂王旧都。今鄂王神即熊渠子之神也。"后人在解读时，常认为张氏此处又提东鄂，前后矛盾，其实不然。西周时期的中子红鄂王，在厉王时是去了王号的，而在进入东周以后，随着楚国的向东扩张以及鄂国的迁徙，再封鄂王时，其鄂地所在是有所变动的，很有可能已不在夷王时期楚"至于鄂"之"鄂"了。故此处张氏之意甚明，前句是说武昌县是后来东周时楚又封的鄂王的旧都，后句是说，唐人所供奉的"鄂王神"，乃是熊渠之子"红"，而非其后东周时期都于鄂州的鄂王。所以，张守节的观点很明确，即西周时期的鄂其地望在河南南阳，后来才迁徙至湖北鄂州。

（3）顾祖禹《读史方舆纪要》卷七十六武昌县"鄂州"条说：

> 本楚邑。《史记》熊渠当夷王时兴兵伐庸、杨粤，至于鄂，又封中子红为鄂王。张氏以为南阳之鄂，误矣。时楚未能逾汉而北也。……秦置鄂县，汉因之①。

顾祖禹在此指出了他与张守节之不同主张。他认为，鄂州在东周时属于楚邑，而且它就是《史记》中熊渠所至之"鄂"，即封"中子红为鄂王"之鄂。楚占鄂后在此处封王封君，秦灭楚后在此处设鄂县，汉袭秦制则此处仍为鄂县。而西鄂为汉代所新设之县，与《史记·楚世家》所载之"鄂"即西周之鄂没有任何的关系。所以他的观点也很明确，西周之鄂其地望在今湖北鄂州。

3. 今人对西周之鄂地望的研究

今人在探讨西周鄂的地望问题时，结合了鄂国相关青铜器铭文进行研究，一部分支持鄂州说，一部分支持南阳说。其中，陈佩芬、刘翔等先生引顾祖禹《读史方舆纪要》力主"东鄂说"。而徐中舒、马承源、张剑、黄盛璋、徐少华、张昌平等先生，认为"西鄂说"较为合理。这些与西周鄂国地望推断相关的青铜器主要包括：

（1）安州六器

中甗铭文记载周昭王南征，派中先行，所至之国有鄂、曾、唐、厉、夔、虎方等，又提及曾、唐、厉在汉水以东不出南阳盆地到随枣走廊一

---

① 〔清〕顾祖禹《读史方舆纪要》，中华书局，2005年。

带，那么鄂应相去不远。主"西鄂说"学者由此推出鄂国此时的位置应该在南阳，而不是鄂州。

（2）"噩侯驭方鼎"

铭文记载周王征伐淮夷，归途中与鄂侯宴射，并对鄂侯驭方进行赏赐。可见鄂国应该位于周王征淮夷的归途中。淮夷此时主要位于淮水中下游一带，鄂国若处于鄂州，则与周王归途毫不相及，而若在南阳，则周王经鄂回宗周或成周均极为方便。由此，"西鄂说"更为合理。

（3）"禹鼎"

> ……亦唯噩侯驭方率南淮夷、东夷广伐南国、东国，至于历寒。王乃命西六师、殷八师曰："裂伐噩侯驭方，无遗寿幼。"……禹以武公徒驭至于噩，敦伐噩，休获厥君驭方。……

铭文记载鄂侯驭方率南淮夷、东夷反周，侵伐周之南国、东国，由此周王下令彻底消灭鄂侯驭方，"勿遗寿幼"。武公及禹征伐鄂国，最终鄂都被破，鄂侯驭方被掳获，鄂国可能就此灭亡。禹鼎的年代有夷王说（刘翔）[①]、孝王（唐兰）[②]、厉王说（徐中舒）三种[③]，此处主夷王说（具体原因后文将另述）。

从铭文看，鄂侯率南淮夷反叛，应离淮夷较近。这就引起了争议。主鄂州说认为，鄂州较南阳而言离淮夷近，鄂国应在鄂州。主南阳说认为鄂州虽离淮夷近但隔着长江天堑，沟通也极为不便，若在南阳，淮夷经淮水到达淮河上游，和南阳也相去不远了，再加上"驭方鼎"所记同为鄂侯驭方时的鄂国，位于周征淮夷归途中，可见还是南阳说更为合理。

（二）鄂国随州说的文献反思与验证

1. 安州六器

据石泉先生考证，西周时期的曾、唐还未迁至随枣走廊，可能都还位于南阳盆地之内[④]。如此，鄂若位于随枣走廊一带，则与南阳盆地相去不远。

2. "噩侯驭方鼎"

鄂国应该位于周王征淮夷的归途中。鄂国位于随枣走廊一带与此文

---

① 刘翔：《周夷王经营南淮夷淮夷及其与鄂之关系》，《江汉考古》1983 年第 3 期。
② 唐兰：《西周青铜器铭文分代史征》，中华书局，1986 年。
③ 徐中舒：《禹鼎的年代及其问题》，《考古学报》1959 年第 3 期。
④ 石泉：《古代荆楚地理新探》，武汉大学出版社，1988 年。

献并不冲突。淮夷位于淮水流域，与鄂国仅隔桐柏山。桐柏山、大别山之间的隘口为重要的交通要道，二者通过此通道来往便利。周王在归周的途中，可经过此通道进入随枣走廊，再沿丹水回宗周或经南阳盆地回成周，均很方便。

3. "禹鼎"

鄂国若位于随枣走廊，则可消除之前东、西鄂说的争执不下。随枣走廊经武胜关、平靖关则可到达淮河流域，较南阳而言位置更近，较鄂州而言无长江阻隔更为方便。鄂位于随枣走廊这一南北交通之要道，也正好反映出周对鄂的政策，是利用鄂国藩屏南方，控制淮夷。

4.《史记·楚世家》："当周夷王之时，王室微，诸侯或不朝，相伐。熊渠甚得江汉间民和，乃兴兵伐庸、杨粤，至于鄂。……乃立其长子康为句亶王，中子红为鄂王，少子执疵为越章王，皆在江上楚蛮之地。"

文献反映出：①夷王时，楚"至于鄂"，并封"中子红为鄂王"，说明鄂国已衰，甚至可能已被灭国，与禹鼎所记相符。②夷王时，楚至鄂境，且所至之处为汉江附近的荒蛮之地。"庸"，裴骃《集解》引杜预曰："庸，今上庸县。"《正义》引《括地志》云："房州竹山县，本汉上庸县，古之庸国。"可知庸为现在的湖北竹山县。"杨粤"，罗香林谓杨粤"非汉水中游一带莫属"[1]，石泉先生进一步考证"杨粤"为《左传》定公四年记载的吴师入郢之役"自豫章与楚夹汉"之豫章，即今襄阳市东北不远[2]。如此，则楚人在伐庸、杨粤后进入鄂境是轻而易举的。鄂国位于随枣走廊一带，其西境和西北境应该都位于汉江附近，那么和文献"皆在江上楚蛮之地"也就相符了。夷王时期鄂侯驭方率淮夷反周，后被掳，鄂国受重创，楚人趁机侵占鄂地是很有可能的。不过联系"庸""杨粤""句亶"这些所谓的"江上楚蛮之地"看，此时楚国不太可能深入至鄂都安居一带，最大的可能还是进入了靠近汉江的鄂境。而楚封鄂王的举动，也正好映证出此时鄂国已经没落于诸侯之林。楚占鄂，为楚人的继续东扩奠定了基础。另有学者认为，熊渠所至之鄂只应是史称"东鄂"的今鄂东南鄂州、黄石一带。"东鄂"本是商周南土扬越部族的世居之地，并未成为姞姓鄂人所居之国[3]。

通过以上的分析，我们可以得出结论，西周时期的鄂国，应该在随

---

① 罗香林：《百越源流与文化》，台湾中华丛书，1978 年。
② 石泉、徐德宽：《楚都丹阳地望新探》，《江汉论坛》1982 年第 3 期。
③ 蔡靖泉：《鄂国史迹与楚人至鄂》，《湖北社会科学》2017 年第 10 期。

枣走廊一带，而其都城，就位于随州安居。

三　周灭鄂与汉阳诸姬——周王朝对长江中游的经略

长江中游属于西周时期"南土"范围，为周王朝重点经略的区域之一。《左传·昭公九年》[①] 有记载："及武王克商……巴、濮、楚、邓，吾南土也。"除此之外，鄂国及以曾国为首的汉阳诸姬[②]都是西周王朝的重要封国。它们共同构成了拱卫西周南土的重要屏障。

（一）历史事件的梳理

楚、鄂、曾等政治中心位置的确立，再加上前文考古学文化体系中所反映的周文化整合的过程，有了这些关键节点的把握，一些关联的历史事件自然的显现出来。

1. "昭王南征"

规范周文化首先在西周中期整到达鄂东北地区，其文化面貌风格统一，与宗周文化一致，这应是分封诸侯带来的结果。大路铺文化与周文化之间有过进退与争夺，可见周文化扩张目的之一是为了铜矿，这与"昭王南征"有关文献所记内容相符。

检索文献资料，"昭王南征"其事见于《左传》《吕氏春秋》《楚辞》《竹书纪年》等诸多文献。昭王南征有两次，"安州六器"铭文曾详载十六年的第一次南征，掠获颇丰，大小贵族均作器铭功。"过伯簋"铭文记载"白（过伯）從王伐反荆（荆），孚（俘）金，用乍（作）宗室宝（尊）彝。"[③] 可见，其主要目的之一是为了掠夺铜锡资源。古本《竹书纪年》："周昭王十九年，天大曀，雉兔皆震，丧六师于汉。"又云："周昭王末年，夜有五色光贯紫微，其年，王南巡不返。"[④] 可见，昭王的第二次南征最后失败。

关于"昭王南征"，高崇文先生曾对其路线做过考证，认为昭王从成周出发，经南阳盆地各国而到达汉东的曾、鄂之地，亲率驻守在曾、鄂的王师，由"汉东"向"汉西"进发"涉汉伐楚"。此时的楚位于"汉西"，除丹江流域外，鄂西北汉水两岸的山区也是楚所控制的群蛮所

① 〔晋〕杜预注：《春秋左传集解》，上海人民出版社，1977 年。
② 杨东晨、杨建国：《"汉阳诸姬"国史述考》，《学术月刊》1997 年第 8 期。
③ 中国社会科学院考古研究所编纂：《殷周金文集成》（修订增补本），中华书局，2007 年。
④ 方诗铭、王修龄：《古本竹书纪年辑证》，上海古籍出版社，2005 年，第 46 页。

在之地①。还有学者则认为昭王南征对象为汉东地区掌握铜矿资源的族群楚蛮，而非芈姓楚国。昭王南征导致了荆楚关系的产生，即荆专指楚蛮而楚专指楚国②。

不管昭王南征是伐荆还是伐楚，为掠夺铜锡资源是肯定的。昭王第二次南征失败后，其势力有所衰退，使得鄂国和楚国的对外扩张有了可乘之机。

2. 周封鄂与周灭鄂

前文提及西周鄂国都城应在随州安居一带。鄂国西周早中期位于随枣走廊，这是周文化进入路径为信阳入孝感的深层原因，也是麻城一带金罗家城址设立的另一意图。周封鄂于随枣走廊，或是武、成王时的改封，致使鄂国都城从其商代旧国之南阳盆地南迁至此。

2012 年在南阳夏饷铺发现西周晚期到春秋时期鄂国墓地，为我们提供了新的视角。夏饷铺鄂国墓地位于河南省南阳市新店乡，2012 年为配合南水北调工程发现并发掘，共清理出西周晚期至春秋早期墓葬 80 余座。目前已公布资料包括 M1、M5、M6、M19、M20③。其中，M5、M6 为一组夫妻异穴合葬墓，M5 为鄂侯夫人墓，M6 为鄂侯墓。年代为西周晚期晚段。M19、M20 为一组夫妻异穴合葬墓，M19 为鄂侯墓，M20 为鄂侯夫人墓。墓葬年代为春秋早期早段。M1 为鄂侯夫人墓，年代为春秋早期晚段。

这批材料使我们认识到，西周早期周虽封鄂于随枣走廊，且鄂国也迁都至此，但鄂国的势力很可能并未完全退出南阳盆地的商代故土。尽管周的分封很可能存着削弱鄂国国力的主观意愿，然而无论从文献还是考古材料所共同反映出的历史事实证明，这实际上反而促进了鄂国的崛起。卧榻之侧岂容他人酣睡？鄂国在占据了从南阳盆地、襄宜平原到随枣走廊北部这一线区域后，日益强大，终于超出了周朝容忍的底线，并于周夷王时期爆发了周鄂之战④。鄂国战败，国君被擒，国力从此衰弱，

---

① 高崇文：《从曾、鄂考古新发现谈周昭王伐楚路线》，《江汉考古》2017 年第 4 期。
② 尹弘兵：《地理学与考古学视野下的昭王南征》，《历史研究》2015 年第 1 期。
③ 河南省文物局南水北调文物保护办公室等：《河南南阳夏饷铺鄂国墓地 M1 发掘简报》，《江汉考古》2019 年第 4 期；河南省文物局南水北调文物保护办公室等：《河南南阳夏饷铺鄂国墓地 M19、M20 发掘简报》，《江汉考古》2019 年第 4 期；河南省文物局南水北调文物保护办公室等：《河南南阳夏饷铺鄂国墓地 M5、M6 发掘简报》，《江汉考古》2020 年第 3 期。
④ "禹鼎"记载："……亦唯噩侯驭方率南淮夷、东夷广伐南国、东国，至于历寒。王乃命西六师、殷八师曰：'裂伐噩侯驭方，无遗寿幼。'……禹以武公徒驭至于噩，敦伐噩，休获厥君驭方……"可见周鄂之战之激烈，终究以周的胜利而告终。关于"禹鼎"的年代，我们从刘翔先生主"夷王说"。见刘翔：《周夷王经营南淮夷淮夷及其与鄂之关系》，《江汉考古》1983 年第 3 期。

残余势力退回南阳故国故地。鄂国所占随枣走廊之地西周中期以后渐归以曾国为首的汉阳诸姬①，楚国很可能也从中分得了一杯羹②。

3. 在周人往鄂东北经营的同时，楚人正悄然在汉西一带发展。周灭鄂，楚人渔翁得利，趁机占据部分鄂地，襄宜平原真武山遗址 H36 到 H81 的转变或许是证明。这成为其继续扩张的重要奠基石。

（二）周王朝对长江中游的经略

通过以上的分析，周王朝在长江中游的经略已大致清楚，可分三个阶段：

1. 西周早期时，周文化的规范还未形成，从各文化遗存的陶器面貌上很难看出周文化的真正存在，仅能从文化因素中大致看出其痕迹，如辽瓦一期遗存、毛狗洞 H1、鲁台山 H1 等，体现出周王朝在长江中游地区已早有经营。周成王时封熊绎"以子男之田"，周王室与"长子"国联姻，特别是周封鄂于随枣走廊，为其早期战略部署中的重要步骤。周封鄂于此，意在用其藩屏南国，抵御淮夷。如此即可藩屏南土，保周之安，又可使鄂在淮夷及南方诸国之争中受到牵制、削弱，可谓一石二鸟。周封鄂于随枣走廊一带，也并非对之毫无防范。随州叶家山西周早期曾国墓地的发现很好地证明了这一点。此外，随州文峰塔墓地"曾侯舆编钟"铭文记载有"王遣命南公，营宅汭土，君此淮夷，临有江夏"③，该铭文追述的西周早期曾国先祖"南公"④ 的事迹也是辅证。由此可见，西周早期周王朝分封曾、鄂于此的主要目的在于抵御淮夷。

2. 西周中期开始，周文化的规范形成，陆续对长江中游进行整合，

---

① 目前从居址和墓葬出土的陶器群和铜器群看，随枣走廊在西周中期尚存在缺环，但从西周晚期到两周之际枣阳周台遗址和郭家庙墓地情况看，曾国在此地仍属势力最强大的汉阳诸姬之一。

② 《史记·楚世家》："当周夷王之时，王室微，诸侯或不朝，相伐。熊渠甚得江汉间民和，乃兴兵伐庸、杨粤，至于鄂。……立其长子康为句亶王，中子红为鄂王，少子执疵为越章王，皆在江上楚蛮之地。"

③ 凡国栋：《曾侯舆编钟铭文柬释》，《江汉考古》2014 年第 4 期。

④ 根据"曾侯舆编钟"铭文，"南公"为曾国先祖，而传世文献仅见周初重臣"南公适"，其事迹见于《尚书》《论语》《逸周书》《国语》等诸多典籍。发掘者力证二者为一人。参见黄凤春、胡刚：《说西周金文中的"南公"——兼论叶家山西周曾国墓地的族属》，《江汉考古》2014 年第 2 期；黄凤春、胡刚：《再说西周金文中的"南公"——二论叶家山西周曾国墓地的族属》，《江汉考古》2014 年第 5 期。然多件铜器铭文显示"南公"不止一人，有学者对其家族世系及与周王室关系作了厘清。具体参见樊森、黄劲伟：《西周早期"南公"家族世系探略》，《西南大学学报（社会科学版）》2016 年第 5 期。

最先完成整合的为鄂东北，这与鄂东北前期已有了西周王朝初步经营的基础密不可分。该区域内分布着较多典型周文化面貌的遗存，说明这一时期周王朝在这一带有较强的直接存在。"昭王南征"，剑指大路铺文化的铜矿资源。此时周王朝采取的路线为经信阳入孝感，并于麻城金罗家筑城以设立军事据点①。如此，往东北可防淮夷越平靖关、武胜关西进、南侵，往东南方便以后直接控制铜绿山一带铜矿资源，往西则可监视雄踞随枣走廊的鄂国。而这一布局，在后来鄂侯驭方联合淮夷作乱时，应起到了重要的战略作用。周文化在与大路铺文化的几经角逐后，未完成对大路铺文化的整合，表明其南征最终失败，这与文献记载吻合。但周人对鄂东北地区的占据，仍为其在长江中游地区的经营奠定了扎实的基础。而此时辽瓦店子二期遗存的出现，表明楚人完成了对鄂西北区域的整合。

3. 西周中晚期之际，周鄂对战，收回随枣走廊并分别封予汉阳诸姬，襄随地区才正式完成周文化的整合。而处于鄂西北地区的楚人在这次对抗事件中是得到好处的，在伐庸、杨越后，趁周伐鄂而染指鄂地，为其继续扩张奠定基础。尔后，在周文化体系下逐渐壮大的楚国，渐渐脱离母体，在不断的对外扩张中吸收其他文化并形成自己特有的文化规范，楚国的崛起至此拉开序幕。

---

① 据调查资料，此处还有余家寨西周城堡遗址。参考湖北省文物考古研究所、黄冈市博物馆、麻城市博物馆：《湖北省麻城余家寨遗址调查简报》，《江汉考古》2006 年第 3 期。

结　语

　　过去由于受到材料的制约，我们在研究长江中游西周时期考古学文化的相关问题时，仅能局限于某个小区域内，这样造成了我们对某些遗存的年代、性质、文化归属等问题的认识存在一定的偏差，有些甚至是谬误。我们只有在更宏观的区域和时间范围内进行观察，才能对这些问题获得更正确的认识。随着近十几年来一大批新材料的出土，我们对长江中游西周时期考古学文化进行整体框架体系的构建有了重要的基础，使得我们得以着手研究这一亟待解决的基础性课题。

　　我们的研究思路是，首先在不同的地理区域内将遗存按性质分类，再通过谱系研究定位各类遗存的时空范围，最后进行跨区域编联，构建整个长江中游西周时期考古学文化框架体系——这种体系不是简单的时空框架，而是遗存类别与时空的逻辑关联。在此基础上，我们对体系内观察到的各种现象和问题进行进一步的研究，进而讨论这些现象和问题与历史事件的关联及背后的历史意义。

　　我们最大的成果就是首次构建了长江中游西周时期考古学文化的整体框架体系。在这一研究过程中，我们尝试了一种新的研究方法，对陶器和铜器两大研究对象分别进行研究，提出了三个新的概念工具，重建了四个区域的年代序列，对涉及的五大学术问题进行了初步的讨论。具体如下：

　　1. 一种方法。我们在构建框架体系过程中始终关注遗存类别及其时空定位。具体操作上，先据陶器组合与形制等特点对各区内文化遗存进行分类，再通过陶器的谱系研究，对各类遗存进行详细的分期与年代、文化面貌与性质等讨论，从而建立了七大区域的编年序列。根据各序列间的对比与串联，建立了西周时期考古学文化的时空框架，同时总结出各区文化发展的共同阶段性特点（大多区域包括地方文化和周文化体系两大阶段）。之后，我们根据遗存的特点将它们归为非周文化和周文化两大类别。我们对非周文化类别遗存进行大小文化圈的划分，以两湖平原为界大致可分为以北的鬲文化圈和以南的釜鼎文化圈。鬲文化圈包括鄂西北山地区的圆裆鬲系以及襄随、鄂东北的瘪裆鬲系两支；釜鼎文化圈包括鄂东南、湘资下游重甗系以及澧沅下游、江汉平原、西陵峡的重罐或杯系两支。我们对周文化类别进行类型的划分，具体包括鄂东北的金罗家类型、鄂西北山地区的辽瓦类型、襄随地区的黄家村 H5 为代表的类型、江汉平原区荆南寺 G2 为代表的类型、西陵峡区的庙坪类型。尔后我们还探讨了两大类别间的关系，包括整合与被整合以及并行发展与相互影响两种。最后，我们将这些大类小类回到时空中去完成整个框架体系的构建。

2. 两个对象。我们对陶器群和铜器群两个对象分别进行研究，建立各自的类别与时空体系，再关联成整体的框架体系。陶器群的构建方法前文已述，铜器群与之采用一致的分析手段。我们首先对各典型单位进行器物组合、形制、纹饰等多方面研究，并确定其年代；根据组合特点及年代的结果，将以典型单位为代表的铜器群按照整体特点分为两组三群，即甲组 A 群重礼商系青铜器群、甲组 B 群礼乐并重商系青铜器群以及乙组周系铜器群。而后，我们确定了它们各自对应的时空范围，即甲组的年代主要在西周早中期，A、B 群的分布范围大致以长江为界①；乙组的年代在西周晚期，分布于鄂东北及襄随地区。最后，我们将这些组群与考古学文化进行关联与对应，如羊子山铜器群与毛狗洞 H1 类遗存对应，新屋湾铜器群与毛家咀类遗存对应等。通过铜器与陶器体系的关联，我们发现，铜器文化圈与陶器文化圈在空间上并不能完全重合，铜器群可对应多个考古学文化区，它们在大的文化阶段划分上也存在一定的年代错位。总体看来，陶器的刻度要比铜器精细很多。铜器和陶器在关键点上的对应，为整个考古学文化构架提供了关联和支撑，使得整个体系的结构更为完整，逻辑更为严密，为更深入的探讨提供了重要的前提与依据。

3. 三个工具。我们在对遗存进行分析时，使用了"王朝文化规范""王朝文化体系"以及"王朝文化整合"三个概念，并用以观察遗存的性质以及与王朝文化间的关系。王朝文化规范，是指在某个成熟王朝文化到达的区域内，受其影响的遗存表现出的一种共同的、稳态的特征。它的出现是王朝政治实体对考古学文化作用的结果。王朝文化体系，是指所有受到王朝文化规范影响，并已在遗存中出现王朝文化规范的遗存共同体。同一体系下各遗存的聚类，便于我们观察遗存间的差别以及这种差别背后代表的意义。王朝文化整合，是指地方文化被王朝文化规范改变，最后融入王朝文化体系中的过程。它可以用来观察地方文化被王

① 长江以北的鄂东南区、鄂西南区宜昌万福垴、随枣走廊叶家山 M111 铜器群属于甲 B 群。

朝文化规范化的过程和方式。通过使用这三个工具，我们看清了长江中游商王朝的退出过程，看清了周王朝的进入以及对地方文化进行整合的过程，并进一步观察到了商周两代王朝在长江中游的经略方式上存在的较大差异。

4. 四个序列。我们在全面收集长江中游已发表和未发表的考古材料的基础上，对该地区西周时期考古学文化进行了详尽的综合性基础研究。对过去处于资料空白的区域我们新建年代序列，对过去已有年代序列的区域我们对其进行重新分析与检讨。在各区的编年序列的分别建立后，再关联成整个长江中游的时空框架。我们的新认识主要体现在鄂西北、鄂东北、鄂东南及江汉平原四大区域，不仅建立序列，还总结出文化发展的共同阶段性特点，即各区大多包含了地方文化阶段和周文化体系两大阶段。

（1）鄂西北区。鄂西北可再细分为鄂西北山地区和襄随地区。鄂西北山地区的编年序列为：以辽瓦西周一期遗存为代表的地方文化阶段，年代主要在西周早期；以辽瓦西周二、三期遗存为代表的周文化体系阶段，年代在西周中期及之后。襄随地区的编年序列为：以毛狗洞 H1 类遗存为代表的地方文化阶段，年代主要在西周早期；以黄家村 H5、真武山 H81 等为代表的周文化体系阶段，年代在西周晚期及之后。

（2）鄂东北区。鄂东北区的编年序列为：以鲁台山 H1 类遗存为代表的地方文化阶段，年代在西周早期；以金罗家类型为代表的周文化体系阶段，年代在西周中晚期。

（3）鄂东南区。鄂东南区整个西周时期均为以大路铺文化为代表的地方文化阶段。大路铺文化年代上限或可到商周之际，其下限还不能确定。从大冶五里界春秋城址出土陶器已可见组合和形制发生了一定的变化，但该阶段遗存的性质是属于大路铺文化的另一阶段，还是已不再属于大路铺文化，因材料的局限尚不好确定。

（4）江汉平原区。江汉平原区的编年序列为：周梁玉桥文化为代表的地方文化阶段，年代上限在殷墟早期，下限至少到西周前期；以荆南寺 G2 类遗存为代表的周文化体系阶段，年代上限可至荆南寺 T18③所在的西周中期偏晚，延续至西周晚期及之后。

5. 五大问题。我们根据所构建的体系中观察到的各种现象，具体探讨了五大方面的问题。

（1）商、西周对长江中游控制的差异。我们先对商、周两代王朝控制的范围及其体系内部的差异分别进行了归纳和讨论，随后又将两代王朝体系进行了比对，看到了商、周两代王朝在长江中游进入方式、控制方式、整合主体以及整合方式的差异，提出了造成这种差异的根本原因在于王朝对长江中游经略目的的不同。其间我们还附带讨论了商、西周两代王朝对鄂东南铜矿的争取。我们认为商王朝对长江中游经营的主要目的就是获取鄂东南铜矿资源，并取得了成功；而西周对长江中游经营的主要目的是开疆拓土，对鄂东南的铜矿资源虽有过争取，但最终未能取得成功。

（2）商周王朝规范的更替。我们先讨论了商王朝规范陶器上的收缩和铜器上的失控及其背后的含义，随后研究了西周时期周王朝陶器规范的扩张和铜器规范的形成，据此理清了长江中游地区商周王朝规范的更替过程。在这个过程中我们兼论了湘资下游宁乡铜器群和蕲春新屋湾窖藏所谓殷遗民的问题，并认为上述铜器群不应为殷遗民所铸，更不可能是殷遗民从中原逃带至此的。

（3）早期楚文化的探讨。我们对早期楚的探讨采用了由晚到早，从已知推未知的方法。我们认为春秋早期楚文化的中心位于襄宜平原，以此为参考，我们对西周中晚期周文化体系下各遗存进行反复比较发现，辽瓦店子遗址三期晚段文化面貌已属楚文化，而其第一、二、三期遗存又有连贯发展的序列。遗存中截锥足瘪裆鬲、折腹盂（盆）、豆、罐等代表周文化规范的丙群器物明显有一个逐步与地方特色乙群器物相融合的过程，如其中截锥足瘪裆鬲逐步与地方因素的圆裆鬲等融合，形成了大口高足卷沿方唇鬲，并最终发展成为了春秋时期流行于襄宜平原的楚式鬲。据此，我们将辽瓦一期遗存及共性较大的过风楼类型与早期楚关联，认为其位置最有可能在鄂西北陕东南所在的文化圈。

（4）西周时期的鄂国。我们通过羊子山鄂侯墓的发现，认为西周时期的鄂国位于随枣走廊一带，都城在随州安居，其对应的考古学文化为毛狗洞 H1 类遗存。之后我们通过对文献材料的梳理进一步论证了"鄂国随州说"的可行性。

（5）周王朝对长江中游的经略。我们通过将我们观察到的考古遗存表现出的现象与对历史事件进行关联和梳理，将周王朝长江中游经略归纳为三个阶段：第一阶段为西周早期对长江中游进行初步经营，第二阶段为西周中期周文化规范开始推行，第三阶段为西周中晚期之际周灭鄂，收回随枣走廊并分封汉阳诸姬，完成对襄随地区的文化整合，正式进入周文化在长江中游地区的大扩张阶段。而楚国的崛起，也在这一阶段正式拉开序幕。

本书是一个个案尝试，一个陶器谱系研究的非平衡性整合的尝试，一个将传统考古学的理论方法如何运用到历史时期考古学研究中的独特尝试。长江中游地区西周时期考古学文化研究是一个庞大的母课题，本书的探讨只是迈出了一小步，追求的是严谨的逻辑体系，做出的结果仍需今后不断地完善、补充和检验。因材料的局限及本人学识水平有限，文中难免有错谬之处。对于框架体系下问题的探讨以及后续研究本书也仅仅浅尝辄止，有待今后进一步深入研究。

参考文献

（一）考古报告与简报

【湖北省】

北京大学考古专业商周组：《晋豫鄂三省考古调查简报》，《文物》1982年第7期。

长江水利委员会：《南水北调中线工程丹江口水库淹没区文物调查概况》，《江汉考古》1996年第2期。

长江水利委员会：《宜昌路家河——长江三峡考古发掘报告》，科学出版社，2002年。

陈贤一：《江陵张家山遗址的试掘和探索》，《江汉考古》1980年第2期。

程欣人：《随县涢阳出土楚、曾、息青铜器》，《江汉考古》1980年第1期。

崇阳县博物馆：《湖北崇阳县出土一件西周铜甬钟》，《江汉考古》1997年第1期。

大悟县博物馆：《大悟县古文化遗址调查简报》，《江汉考古》1990年第2期。

大冶县博物馆：《大冶发现草王嘴古城遗址》，《江汉考古》1984年第4期。

大冶县博物馆：《大冶县三处古遗址调查》，《江汉考古》1986年第4期。

戴修政：《湖北石首出土商代铜器》，《文物》2000年第11期。

鄂兵：《湖北随县发现曾国铜器》，《文物》1973年第5期。

高应勤、周抱权：《湖北黄石市六处古遗址调查简报》，《文物参考资料》1956年第12期。

高仲达：《湖北当阳赵家塝楚墓发掘简报》，《江汉考古》1982年第1期。

国务院三峡工程建设委员会办公室、国家文物局编著：《秭归柳林溪》（长江三峡工程文物保护项目报告乙种第二号），科学出版社，2003年。

湖北荆州地区博物馆、北京大学考古系：《湖北江陵梅槐桥遗址发掘简报》，《考古》1990年第9期。

湖北清江隔河岩考古队、湖北省文物考古研究所：《清江考古》，科学出版社，2004年。

湖北清江隔河岩考古队：《湖北清江香炉石遗址的发掘》，《文物》1995年第9期。

湖北省博物馆：《汉阳东城垸纱帽山遗址调查》，《江汉考古》1987年第3期。

湖北省博物馆：《赫家洼遗址调查简报》，《江汉考古》1985年第2期。

湖北省博物馆：《湖北京山发现曾国铜器》，《文物》1972年第2期。

湖北省博物馆：《湖北枣阳县发现曾国墓葬》，《考古》1975 年第 4 期。

湖北省博物馆：《沮漳河中游考古调查简报》，《江汉考古》1982 年第 2 期。

湖北省博物馆：《沙市官堤商代遗址发掘简报》，《江汉考古》1985 年第 4 期。

湖北省博物馆：《宜昌覃家沱两处周代遗址》，《江汉考古》1985 年第 1 期。

湖北省博物馆：《秭归官庄坪遗址试掘简报》，《江汉考古》1984 年第 3 期。

湖北省博物馆编：《湖北出土文物精粹》，文物出版社，2006 年。

湖北省博物馆、湖北省文物考古研究所、随州市博物馆：《随州叶家山——西周早期曾国墓地》，文物出版社，2013 年。

湖北省博物馆编：《礼乐中国——湖北省博物馆藏商周青铜器》，湖北人民出版社，2014 年。

湖北省黄黄公路考古队：《黄黄公路古文化遗址调查》，《江汉考古》1996 年第 2 期。

湖北省黄黄公路考古队：《黄黄公路考古调查》，《江汉考古》1996 年第 2 期。

湖北省文物考古研究所、黄冈地区博物馆、麻城市博物馆、红安县博物馆：《京九铁路（红安、麻城段）文物调查》，《江汉考古》1993 年第 3 期。

湖北省文物考古研究所、黄冈市博物馆、麻城市博物馆：《湖北省麻城余家寨遗址调查简报》，《江汉考古》2006 年第 3 期。

湖北省文物考古研究所、麻城市博物馆：《湖北麻城吊尖遗址发掘简报》，《江汉考古》2008 年第 1 期。

湖北省文物考古研究所、武汉市考古工作队、黄陂县文化馆：《京九铁路（黄陂段）考古调查》，《江汉考古》1993 年第 3 期。

湖北省文物考古研究所、襄樊市博物馆：《湖北襄樊真武山周代遗址》，《考古学集刊》第 9 集，科学出版社，1995 年。

湖北省文物考古研究所：《1981 年湖北省秭归县柳林溪遗址的发掘》，《考古与文物》1986 年第 6 期。

湖北省文物考古研究所：《1985～1986 三峡坝区三斗坪遗址发掘简报》，《江汉考古》1999 年第 2 期，又见《三峡考古之发现（1993～1997）》，湖北科学技术出版社，2000 年。

湖北省文物考古研究所：《大冶五里界春秋城址勘探发掘简报》，《江汉考古》2006 年第 2 期。

湖北省文物考古研究所：《汉川乌龟山西周遗址试掘简报》，《江汉考古》1997 年第 2 期。

湖北省文物考古研究所：《湖北房县孙家坪遗址发掘简报》，《江汉考古》2012 年第 3 期。

湖北省文物考古研究所等：《湖北大冶蟹子地遗址 2009 年发掘报告》，《江汉考古》2010 年第 4 期。

湖北省文物考古研究所等：《湖北宜昌万福垴遗址发掘简报》，《江汉考古》

2016 年第 4 期。

湖北省文物考古研究所等：《湖北宜昌万福垴遗址调查勘探报告》，《江汉考古》2015 年第 5 期。

湖北省文物考古研究所等：《湖北宜昌万福垴遗址向家台及甘家河片区发掘简报》，《江汉考古》2019 年第 5 期。

湖北省文物考古研究所：《湖北宜昌县上磨垴周代遗址的发掘》，《考古》2000 年第 8 期。

湖北省文物考古研究所：《湖北秭归何家坪遗址发掘简报》，《江汉考古》2002 年第 3 期。

湖北省文物考古研究所：《湖北秭归县柳林溪遗址 1998 年发掘简报》，《考古》2000 年第 8 期。

湖北省文物考古研究所：《江陵九店东周墓》，科学出版社，1995 年。

湖北省文物考古研究所：《盘龙城——1963～1994 年考古发掘报告》，文物出版社，2001 年。

湖北省文物考古研究所：《武昌放鹰台》，文物出版社，2003 年。

湖北省文物考古研究所等：《襄阳陈坡》，科学出版社，2013 年。

湖北省文物考古研究所：《阳新大路铺遗址东区发掘简报》，《江汉考古》1992 年第 3 期。

湖北省文物考古研究所等：《阳新大路铺》，文物出版社，2013 年。

湖北省文物考古研究所：《宜昌县小溪口遗址发掘简报》，《江汉考古》1994 年第 1 期。

湖北省文物考古研究所编著：《大冶五里界——春秋城址与周围遗址考古报告》，科学出版社，2006 年。

湖北省文物考古研究所编：《三苗与南土——湖北省文物考古研究所“十二五”期间重要考古收获》，江汉考古编辑部，2016 年。

湖北省文物考古研究所等：《湖北罗田庙山岗遗址发掘报告》，《考古》1994 年第 9 期。

湖北省文物考古研究所等：《南水北调工程丹江口水库郧县淹没区考古调查》，《江汉考古》1996 年第 2 期。

湖北省文物考古研究所纪南城工作站：《黄梅意生寺遗址发掘报告》，《江汉考古》2006 年第 4 期。

湖北省文物考古研究所三峡考古队：《秭归庙坪遗址 1995 年试掘简报》，《湖北库区考古报告集（第一卷）》（长江三峡工程文物保护项目报告甲种第二号），科学出版社，2003 年。

湖北省文物考古研究所、十堰市博物馆：《2008 年湖北省丹江口市观音坪遗址发掘报告》2010 年第 2 期。

湖北省文物考古研究所、随州市博物馆::《湖北随州叶家山 M65 发掘简报》，

《江汉考古》2011 年第 3 期。

湖北省文物考古研究所、随州市博物馆：《湖北随州市叶家山西周墓地》，《考古》2012 年第 7 期。

湖北省文物考古研究所、随州市博物馆：《随州叶家山西周墓地第二次考古发掘的主要收获》，《江汉考古》2013 年第 3 期。

湖北省文物考古研究所、随州市博物馆：《湖北随州叶家山 M28 发掘报告》，《江汉考古》2013 年第 4 期。

湖北省文物考古研究所等：《湖北随州叶家山 M107 发掘简报》，《江汉考古》2016 年第 3 期。

湖北省文物考古研究所、随州市博物馆：《湖北随州叶家山 M111 发掘简报》，《江汉考古》2020 年第 2 期。

湖北省文物考古研究所、随州市博物馆：《随州文峰塔 M1（曾侯與墓）、M2 发掘简报》，《江汉考古》2014 年第 4 期。

湖北省文物考古研究所、随州市博物馆、曾都区考古队：《湖北随州叶家湾遗址发掘简报》，《湖北考古报告集》，江汉考古编辑部，2008 年。

湖北省文物考古研究所、孝感市博物馆、应城市博物馆：《湖北应城神台子遗址调查发掘简报》，《湖北考古报告集》，江汉考古编辑部，2008 年。

湖北省文物考古研究所：《湖北大悟夏家河遗址发掘简报》，《江汉考古》2011 年第 2 期。

湖北省文物考古研究所：《湖北广水四顾台遗址发掘简报》，《江汉考古》2012 年第 3 期。

湖北省文物考古研究所：《郧县白鹤观遗址》，载湖北省文物局：《湖北省南水北调工程重要考古发现Ⅰ》，文物出版社，2007 年。

湖北省文物局：《湖北省南水北调工程重要考古发现Ⅰ——张湾区大东湾遗址》，文物出版社，2007 年。

湖北省文物事业管理局、湖北省三峡工程移民局编：《秭归庙坪》（长江三峡工程文物保护项目报告乙种第一号），科学出版社，2002 年。

湖北省孝感地区博物馆：《1980 年湖北广水市考古调查报告》，《考古》1995 年第 2 期。

湖北文物管理处：《湖北红安金盆遗址的探掘》，《考古》1960 年第 4 期。

湖北宜昌地区博物馆等：《当阳赵家湖楚墓》，文物出版社，1991 年。

黄陂县文化馆等：《湖北黄陂鲁台山两周遗址与墓葬》，《江汉考古》1982 年第 2 期。

黄道华：《枝江赫家洼遗址出土西周卜骨》，《江汉考古》1992 年第 3 期。

黄冈地区博物馆、黄州市博物馆：《湖北省黄州市下窑嘴商墓发掘简报》，《文物》1993 年第 6 期。

黄冈地区博物馆：《湖北黄冈巴水流域部分古文化遗址》，《考古》1995 年第

10 期。

黄冈地区博物馆：《湖北黄冈浠水流域古文化遗址调查》，《江汉考古》1995 年第 1 期。

黄冈地区博物馆：《黄冈地区几处古文化遗址》，《江汉考古》1989 年第 1 期。

黄冈地区博物馆：《黄冈蕲水流域古遗址调查》，《江汉考古》1994 年第 3 期。

黄冈地区文物普查队：《黄梅龙感湖三处遗址调查》，《江汉考古》1983 年第 4 期。

黄冈市博物馆等：《湖北达城新屋塆西周青铜器窖藏》，《鄂东考古发现与研究》，湖北科学技术出版社，1999 年。

黄锂、况红梅：《近年黄陂出土几件商周青铜器》，《江汉考古》1998 年第 4 期。

黄石市博物馆：《大冶古文化遗址考古调查》，《江汉考古》1984 年第 4 期。

黄石市博物馆：《大冶金湖古文化遗址调查》，《江汉考古》1994 年第 3 期。

黄石市博物馆：《大冶上罗村遗址试掘简报》，《江汉考古》1983 年第 4 期。

黄石市博物馆：《大冶铜绿山古矿冶遗址近年来的考古发掘及其研究》，《江汉考古》1980 年第 3 期。

黄石市博物馆：《铜绿山古矿冶遗址》，文物出版社，1999 年。

江陵县文物局：《江陵阴湘城的调查与探索》，《江汉考古》1986 年第 1 期。

江夏区博物馆：《江夏出土的周代青铜甬钟》，《江汉考古》1998 年第 4 期。

京九铁路考古队：《合九铁路（湖北段）文物调查》，《江汉考古》1993 年第 3 期。

京九铁路考古队：《京九铁路（麻城段）考古调查》，《江汉考古》1993 年第 3 期。

京九铁路考古队：《京九铁路（浠水—黄梅段）文物调查》，《江汉考古》1993 年第 3 期。

荆门市博物馆：《荆门市响岭岗东周遗址与墓地的发掘简报》，《江汉考古》1990 年第 4 期。

荆州地区博物馆、北京大学考古系：《湖北江陵荆南寺遗址第一、二次发掘简报》，《考古》1989 年第 8 期。

荆州地区博物馆、钟祥县博物馆：《钟祥六合遗址》，《江汉考古》1987 年第 2 期。

荆州地区博物馆：《湖北松滋博宇山遗址试掘简报》，《文物资料丛刊》第 10 辑，1987 年。

荆州市周梁玉桥遗址博物馆：《沙市周梁玉桥遗址 1987 年的发掘》，《考古》2004 年第 9 期。

蓝蔚：《汉阳县发现陈子墩古文化遗址》，《江汉考古》1980 年第 1 期。

李端阳、陈明芳：《湖北孝感市文化遗址调查简报》，《江汉考古》1994 年第 2 期。

李健：《湖北江陵万城出土西周铜器》，《考古》1963 年第 4 期。

李克能：《新洲县香炉山新石器时代至周代遗址》，《中国考古学年鉴（1991）》，文物出版社，1992 年。

李怡南、汪艳明：《应城市孙堰村发现一座两周之际墓葬》，《鄂东北考古报告集》，湖北科学技术出版社，1996 年。

刘三宝：《崇阳县大连山出土两件西周铜甬钟》，《江汉考古》1998 年第 1 期。

刘长荪、陈恒树：《湖北浠水发现两件铜器》，《考古》1965 年第 7 期。

罗洪斌、黄传馨：《新洲县阳逻架子山铜器》，《江汉考古》1998 年第 3 期。

麻城市博物馆：《麻城金罗家遗址调查简报》，《江汉考古》1992 年第 3 期。

麻城市博物馆：《麻城罗家墩遗址调查简报》，《江汉考古》1993 年第 3 期。

孟华平、周国平、王成武：《秭归庙坪遗址的主要收获》，《江汉考古》1997 年第 1 期。

潜江市博物馆：《潜江市龙湾遗址群放鹰台第 3 号台试掘简报》，《江汉考古》2001 年第 1 期。

潜江市博物馆：《潜江市文物考古调查》，《江汉考古》1993 年第 3 期。

任广耀：《宜昌地区发现夏商周时期文化遗存多处》，《江汉考古》1982 年第 2 期。

三峡考古队第三组：《宜昌杨家嘴遗址发掘简报》，《江汉考古》1994 年第 1 期。

沙市市博物馆：《湖北沙市周梁玉桥遗址试掘简报》，《文物资料丛刊》第 10 辑，1987 年。

沙市市博物馆：《沙市市杨岔古遗址试掘简报》，《江汉考古》1995 年第 2 期。

山东大学考古系：《巴东黎家沱遗址发掘简报》，《湖北库区考古报告集（第一卷）》（长江三峡工程文物保护项目报告甲种第二号），科学出版社，2003 年。

十堰市博物馆、郧西县文化馆：《南水北调工程丹江口水库郧西县淹没区考古调查》，《江汉考古》1996 年第 2 期。

十堰市博物馆：《十堰市犟河沿岸两处古遗址调查》，《江汉考古》1996 年第 2 期。

随州市博物馆：《湖北随县新发现古代青铜器》，《考古》1982 年第 2 期。

随州市博物馆：《湖北随州出土西周青铜镈》，《文物》1998 年第 10 期。

随州市博物馆：《湖北随县安居出土青铜器》，《文物》1982 年第 12 期。

随州博物馆编：《随州出土文物精粹》，文物出版社，2009 年。

随州市博物馆：《湖北随县发现商周青铜器》，《考古》1984 年第 6 期。

随州市考古队：《随州义地岗又出青铜器》，《江汉考古》1994 年第 2 期。

田海锋：《湖北枣阳又发现曾国青铜器》，《江汉考古》1983 年第 3 期。

王少泉：《随县出土西周青铜单扳尊》，《江汉考古》1980 年第 1 期。

王毓彤：《江陵发现西周铜器》，《文物》1963 年第 2 期。

吴泽明：《大悟县吕王城遗址调查》，《江汉考古》1980 年第 3 期。

武汉大学荆楚史地与考古研究室：《南漳县几处古文化遗址调查简报》，《江汉考古》1986 年第 2 期。

武汉大学荆楚史地与考古研究室：《随州安居遗址初次调查简报》，《江汉考古》1984 年第 4 期。

武汉大学考古学及博物馆学系：《武汉大学考古系 2002～2003 年田野考古主要收获》，国家文物局 2002～2003 年全国田野考古工作汇报材料。

武汉大学考古与博物馆学系、湖北省南水北调办公室：《湖北郧县辽瓦店子遗址东周遗存的发掘》，《考古》2008 年第 4 期。

武汉大学考古与博物馆学系：《湖北云梦小王家山遗址的发掘与研究》，《田野考古发掘汇报》，2005 年。

武汉大学考古与博物馆学系：《湖北郧县辽瓦店子遗址的发掘与研究》，《田野考古发掘汇报》，2005 年。

武汉大学历史学院等：《湖北郧县大寺遗址西周遗存发掘简报》，《江汉考古》2018 年第 1 期。

武汉大学历史学院等：《2012～2017 年盘龙城考古：思路与收获》，《江汉考古》2018 年第 5 期。

武汉大学历史系考古教研室、武汉市博物馆、新洲县文化馆：《湖北新洲香炉山遗址（南区）发掘简报》，《江汉考古》1993 年第 1 期。

武汉大学历史系考古教研室：《湖北宜城郭家岗遗址发掘》，《考古学报》1997 年第 4 期。

武汉大学历史系考古教研室等：《西花园与庙台子》，武汉大学出版社，1993 年。

武汉大学历史系考古专业、襄樊市博物馆、随州市博物馆：《随州庙台子遗址试掘简报》，《江汉考古》1993 年第 2 期。

武汉市博物馆、江夏区博物馆：《1998 年江夏潘柳村遗址发掘报告》，《江汉考古》2000 年第 3 期。

武汉市博物馆：《洪山放鹰台遗址 97 年度发掘报告》，《江汉考古》1998 年第 3 期。

武汉市博物馆等：《1996 年汉南纱帽山遗址发掘》，《江汉考古》1998 年第 4 期。

武汉市黄陂区文物管理所等：《湖北武汉磨元城周代遗址调查简报》，《文物》2011 年第 11 期。

武汉市文物管理处文物普查队：《武昌县豹澥、湖泗古文化遗址调查简报》，《江汉考古》1984 年第 1 期。

武穴市博物馆：《武穴市新石器及商周遗址调查》，《江汉考古》1995 年第 1 期。

咸宁地区博物馆：《湖北省阳新县出土两件青铜铙》，《文物》1981 年第 1 期。

咸宁地区博物馆等：《阳新县和尚垴遗址调查简报》，《江汉考古》1984 年第 4 期。

香炉山考古队：《湖北武汉市阳逻香炉山遗址考古发掘纪要》，《南方文物》

1993 年第 1 期。

　　襄樊市博物馆：《湖北省襄樊市邓城遗址试掘简报》，《江汉考古》2004 年第 2 期。

　　襄樊市博物馆：《湖北宜城出土蔡国青铜器》，《考古》1989 年第 11 期。

　　襄樊市博物馆：《湖北枣阳毛狗洞遗址调查》，《江汉考古》1988 年第 3 期。

　　襄樊市博物馆等：《襄樊市、谷城县馆藏青铜器》，《文物》1986 年第 4 期。

　　襄樊市考古队等编著：《枣阳郭家庙曾国墓地》，科学出版社，2005 年。

　　襄樊市文物管理处：《湖北襄樊拣选的商周青铜器》，《文物》1982 年第 9 期。

　　襄樊市文物考古研究所、襄阳区文物管理处：《襄阳黄集小马家遗址发掘简报》，载襄樊市文物考古研究所编《襄樊考古文集》（第一辑），科学出版社，2007 年。

　　襄樊市文物考古研究所、枣阳市文物考古队：《枣阳周台遗址发掘报告》，《襄樊考古文集》（第一辑），科学出版社，2007 年。

　　襄樊市文物考古研究所：《襄樊邓城黄家村遗址 2005 年西区周代灰坑发掘简报》，《中原文物》2008 年第 3 期。

　　襄樊市文物考古研究所：《湖北襄樊市黄家村遗址周代灰坑的清理》，《考古》2009 年第 11 期。

　　襄樊市文物考古研究所：《襄樊邓城黄家村遗址 2005 年东区周代遗存发掘简报》，《江汉考古》2010 年第 3 期。

　　襄樊市文物考古研究所：《襄樊沈岗西周墓发掘简报》，《襄樊考古文集》（第一辑），科学出版社，2007 年。

　　襄阳地区博物馆：《随州几处古遗址调查》，《江汉考古》1985 年第 2 期。

　　孝感地区博物馆、大悟县文化馆：《大悟县几处古遗址的调查》，《江汉考古》1984 年第 1 期。

　　孝感地区博物馆、孝感市博物馆：《湖北孝感聂家寨遗址发掘简报》，《江汉考古》1994 年第 2 期。

　　孝感地区博物馆、应城市博物馆：《应城狮子山遗址试掘简报》，《江汉考古》1989 年第 4 期。

　　孝感地区博物馆：《大悟吕王城重点调查简报》，《江汉考古》1985 年第 3 期。

　　孝感地区博物馆：《湖北安陆市商周遗址调查》，《考古》1993 年第 6 期。

　　孝感地区博物馆：《湖北大悟吕王城遗址》，《江汉考古》1990 年第 2 期。

　　孝感地区博物馆：《孝感、黄陂两县部分古遗址复查简报》，《江汉考古》1983 年第 4 期。

　　孝感地区博物馆：《孝感地区古文化遗址调查》，《考古》1986 年第 7 期。

　　孝感地区博物馆：《孝感地区几处古文化遗址调查简报》，《江汉考古》1987 年第 3 期。

　　孝感市博物馆：《孝感市古文化遗址调查简报》，《江汉考古》1995 年第 3 期。

　　熊北生：《麻城金罗家遗址的发掘》，湖北省文物考古研究所 2007 年汇报材料。

熊卜发、刘志升：《大悟发现编钟等青铜器》，《江汉考古》1980 年第 2 期。

熊卜发：《湖北孝感地区商周古文化调查》，《考古》1988 年第 4 期。

熊学兵：《京山发现一批西周铜器》，《江汉考古》1983 年第 1 期。

徐正国：《枣阳东赵湖再次出土青铜器》，《江汉考古》1984 年第 1 期。

杨锦新：《武昌县发现西周甬钟》，《江汉考古》1982 年第 2 期。

叶向荣：《浠水县出土西周有铭铜盘》，《江汉考古》1985 年第 1 期。

叶植主编：《襄樊市文物史迹普查实录》，今日中国出版社，1995 年。

宜昌地区博物馆：《当阳付家窑两周遗址调查简报》，《江汉考古》1989 年第 4 期。

宜昌地区博物馆：《当阳磨盘山西周遗址试掘简报》，《江汉考古》1984 年第 2 期。

宜昌地区博物馆：《香溪河古遗址调查发掘》，《江汉考古》1991 年第 1 期。

宜昌市博物馆：《三峡库区长府沱遗址试掘简报》，《江汉考古》1995 年第 4 期。

宜昌博物馆：《三峡库区秭归长府沱商代遗址发掘》，《三峡考古之发现（1993～1997）》，湖北科学技术出版社，2000 年。

宜昌博物馆：《秭归长府沱遗址试掘简报》，《湖北库区考古报告集·第一卷》，科学出版社，2003 年。

宜昌博物馆：《秭归长府沱商代遗址发掘报告》，《湖北库区考古报告集（第一卷）》，科学出版社，2003 年。

宜昌博物馆：《湖北秭归县茅坪镇长府沱商代遗址》，《考古》2004 年第 5 期。

宜昌博物馆：《秭归渡口遗址发掘简报》，《湖北库区考古报告集·第一卷》，科学出版社，2003 年。

宜昌市博物馆等：《秭归下尾子遗址发掘简报》，《江汉考古》1994 年第 1 期。

宜昌博物馆：《宜昌万福垴编钟出土及遗址初步勘探》，《中国文物报》2012 年 9 月 28 日。

应山县文化馆文物组：《湖北应山吴店古墓葬清理简报》，《文物》1989 年第 3 期。

余从新：《安陆馆藏的几件青铜器》，《江汉考古》1984 年第 2 期。

余从新：《安陆县晒书台商周遗址试掘》，《江汉考古》1980 年第 1 期。

云梦县博物馆：《湖北云梦商、周遗址调查简报》，《江汉考古》1990 年第 2 期。

云梦县博物馆：《云梦楚王城 H11 清理简报》，《江汉考古》1996 年第 4 期。

张新明：《湖北秭归县发现周代甬钟》，《江汉考古》1988 年第 4 期。

赵冬菊：《鄂西首次发现一批青铜器》，《江汉考古》1992 年第 2 期。

枝江博物馆：《枝江近年出土的周代铜器》，《江汉考古》1991 年第 1 期。

中国科学院考古研究所长江队三峡工作组：《长江西陵峡考古调查与试掘》，《考古》1961 年第 5 期。

中国科学院考古研究所湖北发掘队：《湖北蕲春毛家咀西周木构建筑》，《考古》

1962 年第 1 期。

中国社会科学院考古所长江工作队：《湖北均县朱家台遗址》，《考古学报》1989 年第 1 期。

中国社会科学院考古研究所长江工作队：《湖北郧县和均县考古调查和试掘》，《考古学辑刊》第 4 集，1984 年。

中国社会科学院考古研究所湖北发掘队等：《湖北黄梅县考古调查简报》，《考古》1994 年第 6 期。

中山大学人类学系：《巴东黎家沱遗址 2000 年度发掘简报》，《湖北库区考古报告集（第一卷）》（长江三峡工程文物保护项目报告甲种第二号），科学出版社，2003 年。

仲卿：《襄阳专区发现的两件青铜器》，《文物》1962 年第 11 期。

周国平：《罗田庙山岗遗址发掘》，《江汉考古》1991 年第 4 期。

朱俊英、黎泽高：《大冶五里界春秋城址及周围考古的主要收获》，《江汉考古》2005 年第 1 期。

左得田：《随州旭光砖瓦厂出土青铜器》，《江汉考古》1985 年第 1 期。

【江西省】

《瑞昌铜岭矿冶遗址发掘获重大成果》，《中国文物报》1992 年 1 月 19 日。

何标瑞：《靖安县出土西周甬钟》，《江西历史文物》1983 年第 2 期。

黄东梅：《清江县山前出土西周甬钟》，《江西历史文物》1981 年第 2 期。

江西省文物工作队等：《江西九江神墩遗址发掘简报》，《江汉考古》1987 年第 4 期。

江西省文物考古研究所、江西省博物馆、新干县博物馆：《新干商代大墓》，文物出版社，1997 年。

江西省文物考古研究所：《江西德安县陈家墩遗址发掘简报》，《南方文物》1995 年第 2 期。

江西省文物考古研究所等：《陈家墩遗址第二次发掘简报》，《南方文物》2000 年第 3 期。

江西省文物考古研究所铜岭遗址发掘队：《江西瑞昌铜岭商周矿冶遗址第一期发掘简报》，《江西文物》1990 年第 3 期。

刘诗中、卢本珊：《江西铜岭铜矿遗址的发掘与研究》，《考古学报》1998 年第 4 期。

江西文物考古研究所、樟树博物馆：《吴城（1973～2002 年考古发掘报告）》，科学出版社，2005 年。

江西省文物考古研究所、九江市文化名胜管理处、九江县文物管理所：《九江县龙王岭遗址试掘》，《东南文化》1991 年第 6 期。

刘建：《万载县出土西周甬钟》，《江西历史文物》1994 年第 1 期。

刘敏华：《江西萍乡市新出土的西周甬钟》，《南方文物》1998 年第 1 期。

刘诗中、卢本珊：《江西铜岭铜矿遗址的发掘与研究》，《考古学报》1998 年第 4 期。

严霞峰：《江西靖安出土西周甬钟》，《考古》1984 年第 4 期。

余家栋：《江西新余连续发现西周甬钟》，《文物》1982 年第 9 期。

章国任：《江西新余出土青铜甬钟》，《南方文物》2004 年第 1 期。

【湖南省】

长沙市博物馆等：《湖南宁乡老粮仓出土商代铜编铙》，《文物》1997 年第 12 期。

长沙市文物考古研究所等：《湖南宁乡罗家冲遗址 1 号建筑基址发掘简报》，《中原文物》2020 年第 4 期。

陈国安：《湖南省桃江县出土四马方座铜簋》，《考古》1983 年第 9 期。

出土文物展工作组：《"文化大革命"期间出土文物》第 1 辑，第 32 页，文物出版社，1972 年。

高至喜：《湖南宁乡黄材发现商代铜器和遗址》，《考古》1963 年第 12 期。

高至喜：《商代人面方鼎》，《文物》1960 年第 10 期。

故宫博物院：《记各省市自治区征集文物汇报展览》，《文物》1978 年第 6 期。

汉寿县文管所：《汉寿县三和出土青铜钟》，《湖南考古 2002》，岳麓书社，2004 年。

何介钧、曹传松：《湖南澧县商周时期古遗址调查与勘探》，《湖南考古辑刊》第四集，岳麓书社，1987 年。

湖南省博物馆：《长沙浏城桥一号墓》，《考古学报》1972 年第 1 期。

湖南省博物馆：《长沙县出土春秋时期越族青铜器》，《湖南考古辑刊》第 2 集，岳麓书社，1984 年。

湖南省博物馆：《湖南浏阳县北岭发现青铜器》，《考古》1965 年第 7 期。

湖南省博物馆：《湖南省博物馆新发现的几件铜器》，《文物》1966 年第 4 期。

湖南省博物馆：《湖南省工农兵群众热爱祖国文化遗产》，《文物》1972 年第 1 期。

湖南省博物馆：《湖南沅水中下游古文化遗址调查》，《考古》1980 年第 11 期。

湖南省博物馆：《湘潭青山桥出土窖藏商周青铜器》，《湖南考古辑刊》第一集，岳麓书社，1982 年。

湖南省博物馆等：《湖南岳阳费家河商代遗址和窑址的探掘》，《考古》1985 年第 1 期。

湖南省文物考古研究所：《湖南石门皂市商代遗存》，《考古学报》1992 年第 2 期。

湖南省文物考古研究所等：《湖南宁乡炭河里西周城址与墓葬发掘简报》，《文物》2006 年第 6 期。

湖南省文物考古研究所等：《湖南望城县高砂脊商周遗址的发掘》，《考古》

2001 年第 4 期。

湖南省文物考古研究所等：《岳阳市郊铜鼓山商代遗址和东周墓发掘报告》，《湖南考古辑刊》第 5 集，求索增刊，1989 年。

湖南省文物考古研究所、岳阳市文物管理处：《湖南岳阳老鸦洲遗址考古发掘报告》，《湖南考古辑刊》第 13 集，科学出版社，2018 年。

湖南省文物考古研究所：《湖南石门宝塔遗址》，《大众考古》2018 年第 1 期。

黄刚正等：《浏阳、双峰出土商周青铜器》，《湖南文物》1986 年第 1 辑。

津市文物管理所：《湖南津市古遗址调查报告》，《江汉考古》1993 年第 1 期。

雷芬：《株洲白关西周晚期越人墓出土的青铜器》，《湖南考古辑刊》第七集，求索增刊，1999 年。

李乔生：《宁乡出土西周编钟》，《中国文物报》1994 年 11 月 13 日第 1 版。

宁乡县文物管理所：《湖南宁乡出土商代大铜铙》，《文物》1997 年第 12 期。

饶泽民：《湖南株洲发现两件商周青铜器》，《考古》1993 年第 10 期。

饶泽民：《株洲发现西周青铜器》，《湖南考古辑刊》第四集，岳麓书社，1987 年。

炭河里遗址管理处，宁乡县文物管理局，湖南大学岳麓书院：《宁乡青铜器》，岳麓书社，2014 年。

王文建、龙西斌：《宝塔遗址与桅市墓葬——石门县商时期遗存调查》，《湖南考古辑刊》第四集，湖南大学出版社，1987 年。

吴铭生：《湖南新出土的商周青铜器》，《中国文物报》1986 年 6 月 13 日。

湘乡县博物馆：《湘乡五里桥、何家湾古墓葬发掘简报》，《湖南考古辑刊》第三集，岳麓书社，1986 年。

熊传新：《湖南宁乡新发现一批商周青铜器》，《文物》1983 年第 10 期。

熊传新：《湖南新发现的青铜器》，《文物资料丛刊》（5），文物出版社，1981 年。

熊建华：《湖南省博物馆新征集的西周齿纹铜铙》，《湖南博物馆文集》，岳麓书社，1991 年。

熊建华：《湘潭县出土周代青铜提梁卣》，《湖南考古辑刊》第四集，岳麓书社，1987 年。

胥卫华：《湖南岳阳市铜鼓山遗址出土商代青铜器》，《考古》2006 年第 7 期。

胥卫华：《岳阳市市郊铜鼓山遗址新出土的青铜器》，《湖南考古 2002》，岳麓书社，2004 年。

益阳地区博物馆：《宁乡黄材出土周初青铜罍》，《湖南博物馆文集》，岳麓书社，1991 年。

益阳市文物管理处：《湖南益阳出土商代铜铙》，《文物》2001 年第 8 期。

岳阳市考古队：《湖南省岳阳市郊毛家堰——阎家山周代遗址发掘简报》，《文物》1993 年第 1 期。

岳阳市文管所：《岳阳市新出土的商周青铜器》，《湖南考古辑刊》第二集，岳麓书社，1984 年。

岳阳市文物队：《岳阳县对门山商代遗址发掘报告》，《湖南考古辑刊》第六集，求索增刊，1994 年。

岳阳市文物队：《岳阳县筻口镇易家山商代与东周墓发掘报告》，《湖南考古集刊》第 7 集，求索杂志社，1999 年。

岳阳市文物考古研究所：《汨罗市玉笥山商代遗址发掘报告》，岳阳市文物管理处编《巴陵古文化探索》，华夏出版社，2003 年。

岳阳市文物管理处：《湖南岳阳温家山商时期坑状遗迹发掘简报》，《江汉考古》2005 年第 1 期。

周世荣：《长沙东郊发现周代遗址》，《考古》1965 年第 3 期。

株洲市博物馆：《湖南攸县商周遗址调查报告》，《湖南考古辑刊》第六集，求索增刊，1994 年。

株洲市文物管理处、株洲县文物管理所：《湖南株洲县商周遗址调查报告》，《江汉考古》1996 年第 1 期。

【陕西省】

扶风县博物馆：《扶风北吕周人墓地发掘简报》，《文物》1984 年第 7 期。

陕西省考古研究所、商洛地区文管会：《陕西丹凤县巩家湾遗址发掘简报》，《考古与文物》2001 年第 6 期。

陕西省文物管理委员会：《长安普渡村西周墓的发掘》，《考古学报》1957 年第 1 期。

陕西省文物管理委员会：《西周镐京附近部分墓葬发掘简报》，《文物》1986 年第 1 期。

商县图书馆、西安半坡博物馆、商洛地区图书馆：《陕西商县紫荆遗址发掘简报》，《考古与文物》1981 年第 3 期。

杨亚长等：《商州东龙山遗址考古获重要成果》，《中国文物报》1998 年 11 月 25 日。

赵永福：《1961～1962 年沣西发掘简报》，《考古》1984 年第 9 期。

中国科学院考古研究所：《沣西发掘报告》，文物出版社，1962 年。

中国科学院考古研究所丰镐工作队：《1961～1962 年陕西长安沣东试掘简报》，《考古》1963 年第 8 期。

中国社会科学院考古研究所：《张家坡西周墓地》，中国大百科全书出版社，1999 年。

中国社会科学院考古研究所丰镐队：《1992 年沣西发掘报告》，《考古》1994 年第 11 期。

中国社会科学院考古研究所丰镐工作队：《1984～1985 年沣西西周遗址、墓葬发掘报告》，《考古》1987 年第 1 期。

中国社会科学院考古研究所丰镐工作队：《1997 年沣西发掘报告》，《考古学报》2000 年第 2 期。

中国社会科学院考古研究所沣镐发掘队：《长安沣西早周墓葬发掘记略》，《考古》1984 年第 9 期。

中国社会科学院考古研究所沣西队：《1987、1991 年陕西长安张家坡的发掘》，《考古》1994 年第 10 期。

中国社会科学院考古研究所沣西发掘队：《1967 年长安西周墓葬的发掘》，《考古学报》1980 年第 4 期。

中国社会科学院考古研究所沣西发掘队：《1976～1978 年长安沣西发掘简报》，《考古》1981 年第 1 期。

中国社会科学院考古研究所沣西发掘队：《1979～1981 年长安沣西、沣东发掘简报》，《考古》1986 年第 3 期。

中国社会科学院考古研究所沣西发掘队：《1984 年沣西大原村西周墓地发掘简报》，《考古》1986 年第 11 期。

【河南省】

北京大学考古学系、南阳市文物考古研究所：《河南淅川双河镇遗址发掘简报》，《考古与文物》增刊，2002 年先秦考古专号。

长江流域规划办公室考古队河南分队、河南省博物馆文物工作队：《河南淅川下王岗遗址的试掘》，《文物》1972 年第 10 期。

河南省文物考古研究所：《河南南阳市十里庙发现商代遗址》，《考古》1959 年第 7 期。

河南省文物研究所，长江流域规划办公室考古队河南分队：《淅川下王岗》，文物出版社，1989 年。

河南省文物考古研究所等：《鹿邑太清宫长子口墓》，中州古籍出版社，2000 年。

河南省文物考古研究院：《河南淅川龙山岗遗址西周遗存发掘简报》，《中国国家博物馆馆刊》2015 年第 7 期。

河南省文物考古研究院：《河南淅川县下寨遗址西周遗存发掘简报》，《华夏考古》2017 年第 2 期。

南阳市博物馆：《南阳市博物馆馆藏的商代青铜器》，《中原文物》1984 年第 1 期。

南阳市文物工作队：《南阳十里庙遗址调查》，《江汉考古》1994 年第 2 期。

武汉大学考古学与博物馆学系、南阳地区文物研究所：《河南内乡黄龙庙岗遗址发掘报告》，待刊。

河南省文物局南水北调文物保护办公室等：《河南南阳夏饷铺鄂国墓地 M1 发掘简报》，《江汉考古》2019 年第 4 期。

河南省文物局南水北调文物保护办公室等：《河南南阳夏饷铺鄂国墓地 M19、

M20 发掘简报》，《江汉考古》2019 年第 4 期。

河南省文物局南水北调文物保护办公室等：《河南南阳夏饷铺鄂国墓地 M5、M6 发掘简报》，《江汉考古》2020 年第 3 期。

郑州大学历史文化遗产保护研究中心等：《河南淅川单岗遗址 2011 年度周代遗存发掘简报》，《江汉考古》2015 年第 4 期。

郑州大学历史学院等：《河南淅川申明铺东遗址文坎沟东地点龙山与西周遗存发掘简报》，《文物》2017 年第 3 期。

郑州大学历史学院等：《河南淅川县焦皮凹遗址西周遗存发掘简报》，《南方文物》2020 年第 3 期。

中国社会科学院考古研究所山西队、河南省文物局南水北调办公室：《河南淅川县下王岗遗址西周遗存发掘简报》，《考古》2010 年第 7 期。

中国社会科学院考古研究所：《淅川下王岗：2008～2010 年考古发掘报告》，科学出版社，2020 年。

（二）研究论著

【专著】

〔美〕李峰著、徐峰译、汤惠生校：《西周的灭亡——中国早期国家的地理和政治危机》，上海古籍出版社，2007 年。

〔美〕罗伯特·沙雷尔等著、余西云等译：《考古学：发现我们的过去》，上海人民出版社，2009 年。

〔美〕罗泰著、吴长青等译：《宗子维城》，上海古籍出版社，2017 年。

〔美〕布莱恩·费根著、钱益汇等译：《考古学入门》，北京联合出版公司，2020 年。

〔英〕柴尔德著、安志敏等译：《考古学导论》，上海三联书店，2008 年。

〔英〕科林·伦福儒等著、陈淳译：《考古学理论、方法与实践》（第六版），上海古籍出版社，2018 年。

〔英〕杰西卡·罗森著、邓菲等译：《祖先与永恒——杰西卡·罗森中国考古艺术文集》，生活.读书.新知三联书店，2011 年。

〔英〕希安·琼斯著、陈淳、沈辛成译：《族属的考古——构建古今身份》，上海古籍出版社，2017 年。晁福林：《夏商西周的社会变迁》，北京师范大学出版社，1996 年。

晁福林：《先秦社会形态研究》，北京师范大学出版社，2003 年。

陈全方：《周原与周文化》，上海人民出版社，1988 年。

陈伟：《楚"东国"地理研究》，武汉大学出版社，1992 年。

程平山：《夏商周历史与考古》，人民出版社，2005 年。

方勤：《曾国历史与文化——从左右文武到左右楚王》，上海古籍出版社，2018 年。

高至喜：《楚文化的南渐》，湖北教育出版社，1996 年。

郭伟川：《两周史论》，北京图书馆出版社，2006 年。

何浩：《楚灭国研究》，武汉大学出版社，1989 年。

何介钧：《关于楚蛮与楚族族源的断想》，湖北人民出版社，1994 年。

胡厚宣、胡振宇：《殷商史》，上海人民出版社，2003 年。

刘彬徽：《楚系青铜器研究》，湖北教育出版社，1995 年。

刘彬徽：《早期文明与楚文化研究》，岳麓书社，2001 年。

刘彬徽：《江汉文化与荆楚文明》，江苏教育出版社，2008 年。

刘和惠：《楚文化的东渐》，湖北教育出版社，1995 年。

刘俊男：《长江中游地区文明进程研究》，科学出版社，2014 年。

罗香林：《百越源流与文化》，台湾中华丛书，1978 年。

罗运环：《楚国八百年》，武汉大学出版社，1992 年。

马世之：《中原楚文化研究》湖北教育出版社，1995 年。

孟华平：《长江中游史前文化结构》，长江文艺出版社，1997 年。

彭明瀚：《吴城文化研究》，文物出版社，2005 年。

任伟：《西周封国考疑》，社会科学文献出版社，2004 年。

石泉：《古代荆楚地理新探》，武汉大学出版社，1988 年。

孙卓：《南土经略的转折——商时期中原文化势力从南方的消退》，科学出版社，2019 年。

万全文：《长江中游先秦考古学文化》，湖北教育出版社，2006 年。

王光镐：《楚文化源流新证》，武汉大学出版社，1988 年。

魏昌：《楚国史》，武汉出版社，2002 年。

夏鼐：《中国大百科全书·考古卷》，中国大百科全书出版社，1986 年。

向桃初：《湘江流域商周青铜文化研究》，线装书局，2008 年。

徐少华：《周代南土历史地理与文化》，武汉大学出版社，1994 年。

徐少华、尹弘兵：《楚都丹阳探索》，科学出版社，2017 年。

许倬云：《西周史》（增补本），生活·读书·新知三联书店，2001 年。

晏昌贵：《丹江口水库区域历史地理研究》，科学出版社，2007 年。

杨宝成主编：《湖北考古发现与研究》，武汉大学出版社，1995 年。

杨宽：《西周史》，上海人民出版社，2003 年。

尹弘兵：《楚都都城与核心区探索》，湖北人民出版社，2009 年。

尹盛平：《西周史征》，陕西师范大学出版社，2004 年。

余西云：《巴史——以三峡考古为证》，科学出版社，2010 年。

张昌平：《曾国青铜器研究》，文物出版社，2009 年。

张光直：《中国青铜时代》，生活·读书·新知三联书店，1999 年。

张正明：《楚史》，湖北教育出版社，l995 年。

张正明：《楚文化史》，上海人民出版社，1987 年。

中国青铜器全集编辑委员会：《中国青铜器全集》第 5 卷（西周 1），文物出版社，1997 年。

中国青铜器全集编辑委员会：《中国青铜器全集》第 6 卷（西周 2），文物出版社，1997 年。

中国社会科学院考古研究所：《中国考古学·两周卷》，中国社会科学出版社，2004 年。

中国社会科学院考古研究所编著：《中国考古学·夏商卷》，中国社会科学出版社，2003 年。

周书灿：《中国早期国家结构研究》，人民出版社，2002 年。

邹衡：《夏商周考古论文集》（第二版），科学出版社，2001 年。

【学术论文】

Binford，L. R. Archaeology as Anthropology. American Antiquity， Vol. 28， No. 2 1962，pp. 218.

Childe V. G. The Danube in Prehistory. Oxford：the Clarendon Press，1929.

Kwang – chih Chang：“The Animal in Shang and Chou Bronze Art”，Harvard Journal of Asiatic Studies Vol. 41 NO. 2（1981），pp. 543.

冰白：《三峡新石器时代至商周时期考古的新局面和新课题》，《武汉大学学报（人文科学版）》2004 年第 6 期。

冰白：《陶器谱系研究的问题与前景》，《中国考古学跨世纪的回顾与前瞻》，科学出版社，2000 年。

冰白：《从龙山晚期的中原态势看二里头文化的形成——兼谈早期夏文化的若干认识》，载《中国考古学的跨世纪反思》（下册），香港商务出版社，2010 年。

蔡靖泉：《鄂国史迹与楚人至鄂》，《湖北社会科学》2017 年第 10 期。

蔡靖泉：《曾国考古发现与曾随历史问题》，《湖北社会科学》2018 年第 9 期。

曹锦炎：《“曾”、“随”二国的证据——论新发现的随仲芈加鼎》，《江汉考古》2011 年第 4 期。

陈建立：《蓬勃发展的冶金考古研究》，《南方文物》2016 年第 1 期。

陈梦家：《西周铜器断代》，《考古学报》第 10 册，1955 年。

陈树祥、冯海潮、席奇峰、张国祥：《大冶铜绿山古铜矿遗址考古新发现与初步研究》，《湖北理工学院学报（人文社会科学版）》2012 年第 6 期。

陈伟：《读清华简〈楚居〉札记》，武汉大学简帛研究中心网站，http：//www. bsm. org. cn/show_article. php？id = 1371。

陈小三：《宜昌万福垴发现铜鼎的启示》，《江汉考古》2017 年第 3 期。

陈小三：《长江中下游周代前期青铜器对中原地区的影响》，《考古学报》2017 年第 2 期。

陈小三：《西周早期地方生产铜器一例——江陵万城铜器群分析》，《江汉考古》2019 年第 2 期。

陈贤一：《黄陂鲁台山西周文化剖析》，《江汉考古》1982 年第 2 期。

程平山：《鄂西地区西周春秋楚文化探研》，《夏商周历史与考古》，人民出版社，2005 年。

程平山：《蕲春毛家咀和新屋塆西周遗存性质略析》，《江汉考古》2000 年第 4 期。

笪浩波：《由楚文化遗存的分布特点看早期楚文化的中心区域》，《楚文化研究论集》第七集，岳麓书社，2007 年。

凡国栋：《曾侯舆编钟铭文柬释》，《江汉考古》2014 年第 4 期。

樊森、黄劲伟：《西周早期"南公"家族世系探略》，《西南大学学报（社会科学版）》2016 年第 5 期。

傅玥：《重环纹源流初探》，《云南民族大学学报（哲学社会科学版）》2010 年第 3 期。

傅玥：《关于"早期楚文化"的再思考》，载徐少华等主编：《楚文化与长江中游早期开发国际学术研讨会论文集》，武汉大学出版社，2021 年。

高崇文：《楚文化渊源新思考》，载楚文化研究会编：《楚文化研究论集》第六集，湖北教育出版社，2005 年。

高崇文：《清华简〈楚居〉所载楚早期居地辨析》，《江汉考古》2011 年第 4 期。

高崇文：《试论西周时期的周楚关系——兼论楚族居地变迁》，《文物》2014 年第 3 期。

高崇文：《楚文化渊源研究的新进展》，《长江大学学报（社科版）》2016 年第 12 期。

高崇文：《从曾、鄂考古新发现谈周昭王伐楚路线》，《江汉考古》2017 年第 4 期。

高江涛：《河南淅川下王岗遗址西周遗存新发现与早期楚文化问题》，载罗运环主编：《楚简楚文化与先秦历史文化国际学术研讨会论文集》，湖北教育出版社，2013 年。

高应勤：《试论沮漳河流域是探讨早期楚文化的中心》，《文物》1982 年第 4 期。

高至喜：《论湖南出土的西周铜器》，《江汉考古》1984 年第 3 期。

高至喜：《中国南方出土商周铜铙概论》，《湖南考古辑刊》第二集，岳麓书社，1984 年。

龚长根、陈军：《铜绿山古铜矿与楚国的强盛》，《楚文化研究论集》第六集，湖北教育出版社，2005 年。

龚维英：《周昭王南征史实索隐》，《人文杂志》1984 年第 6 期。

顾铁符：《周原甲骨文"楚子来告"引证》，《考古与文物》1981 年第 1 期。

郭沫若：《跋江陵与寿县铜器群》，《考古》1963 年第 4 期。

郭胜斌：《岳阳商代考古述略》，《江汉考古》2005 年第 3 期。

华觉明、卢本珊：《长江中下游铜矿带的早期开发和中国青铜文明》，《自然科学史研究》1996 年第 1 期。

何介钧：《楚鬲试析》，《湖南先秦考古学研究》，岳麓书社，1996 年。

何介钧：《湖南商时期古文化研究》，《湖南先秦考古学研究》，岳麓书社，1996 年。

何介钧：《中国古代陶鬲研究》，中国考古学会编《中国考古学会第七次年会论文集》（1989），文物出版社，1992 年。

何琳仪：《楚都地望新证》，《文史》2004 年第 2 期。

何驽：《荆南寺遗址夏商时期遗存分析》，《考古学研究（二）》，北京大学出版社，1994 年。

何晓琳、高崇文：《试论"过风楼类型"考古学文化》，《江汉考古》2011 年第 1 期。

何晓琳：《随州叶家山西周墓葬出土日用陶器浅析》，《江汉考古》2014 年第 2 期。

何幼琦：《周昭王南征补遗》，《西周年代学论丛》，湖北人民出版社，1989 年。

和菲菲：《商周时期南北方铜矿开采技术比较研究——以鄂赣交界地带和辽西地区为例》，《江汉考古》2020 年第 1 期。

洪刚：《陶质"楚式鬲"与"刻槽鬲"文化因素分析》，《鄂东考古发现与研究》，湖北科学技术出版社，1999 年。

胡顺利：《论鲁台山西周"公大史"铜器铭文》，《江汉考古》1988 年第 1 期。

胡雅丽、王红星：《秭归官庄坪周代遗址初析》，《江汉考古》1984 年第 4 期。

黄凤春：《郧县辽瓦店子与楚句亶王——楚熊渠分封三王地理的检讨之一》，《江汉考古》2010 年第 2 期。

黄凤春：《秭归庙坪及巫山双堰塘陶鬲的年代和文化属性》，载王巍编：《中国考古学会第十三次年会论文集》，文物出版社，2011 年。

黄凤春、胡刚：《说西周金文中的"南公"——兼论叶家山西周曾国墓地的族属》，《江汉考古》2014 年第 2 期。

黄凤春、胡刚：《再说西周金文中的"南公"——二论叶家山西周曾国墓地的族属》，《江汉考古》2014 年第 5 期。

黄曲：《湘江下游地区商代"混合型"青铜器问题之我见》，《江汉考古》2001 年第 3 期。

黄尚明：《楚文化的西渐历程》，《华中师范大学学报》（人文社会科学版）2004 年第 11 期。

黄尚明：《湖北襄樊真武山遗址西周时期遗存族属试探》，《楚文化研究论集》第六集，湖北教育出版社，2005 年。

黄川田修：《宁乡炭河里周城考》，《文物春秋》2020 年第 2 期。

黄文新等：《湖北宜昌万福垴遗址出土甬钟年代及相关问题研究》，《江汉考古》2016 年第 4 期。

黄锡全：《楚地"句亶"、"越章"新探》，《人文杂志》1991 年第 2 期。

黄锡全：《黄陂鲁台山遗址为"长子"国都蠡测》，《江汉考古》1992 年第 4 期。

江鸿：《盘龙城与商朝的南土》，《文物》1976 年第 2 期。

蒋刚：《重庆、鄂西地区商周时期甲骨的类型学研究》，《江汉考古》2005 年第 4 期。

蒋祖棣：《论丰镐文化遗址陶器分期》，《考古学研究（一）》，文物出版社，1992 年。

李伯谦：《试论吴城文化》，《文物集刊》第 3 集，文物出版社，1981 年。

李伯谦：《宜昌万福垴遗址发掘引发的思考》，《黄河·黄土·黄种人》2018 年第 2 期。

李克能：《鄂东地区西周文化分析》，《文物考古文集》，武汉大学出版社，1997 年。

李天元：《楚的东进与鄂东古铜矿的开发》，《江汉考古》1988 年第 2 期。

李学勤：《太保玉戈与江汉的开发》，《楚文化研究论集》第二集，湖北人民出版社，1991 年。

李学勤：《谈盂方鼎及其他》，《文物》1997 年第 12 期。

梁星彭：《岐周、丰镐周文化遗址、墓葬分期研究》，《考古学报》2002 年第 4 期。

黎海超：《长江中下游地区商周时期采矿遗址研究》，《考古》2016 年第 10 期。

黎海超等：《湖南宁乡炭河里与望城高砂脊出土铜器的铅同位素分析及相关问题》，《考古》2019 年第 2 期。

林春：《长江西陵峡远古文化初探》，《葛洲坝工程文物考古成果汇编》，武汉大学出版社，1990 年。

林春：《鄂西地区三代时期文化谱系分析》，《南方文物》1994 年第 2 期。

林春：《鄂西地区路家河文化的渔猎经济及有关问题的探析》，《江汉考古》1995 年第 2 期。

林欢：《试论太清宫长子口墓与商周"长"族》，《华夏考古》2003 年第 2 期。

刘彬徽：《长江中游地区西周时期考古研究》，《考古学研究》（五）下册，科学出版社，2003 年。

刘彬徽：《楚季编钟及其他新见楚铭铜器研究》，《湖南省博物馆馆刊》2012 年第九辑。

刘敦愿：《云梦泽与商周之际的民族迁徙》，《江汉考古》1985 年第 2 期。

刘海峰、梅皓天、白国柱、陈建立：《综论长江中下游铜矿带先秦矿冶考古》，《中国国家博物馆馆刊》2020 年第 7 期。

刘俊男、易桂花：《湖南宁乡炭河里古城出土陶鬲研究》，《四川文物》2020 年第 5 期。

刘启益：《黄陂鲁台山 M30 与西周康王时期铜器墓》，《江汉考古》1984 年第 1 期。

刘信芳：《楚都丹阳地望探索》，《江汉考古》1988 年第 1 期。

刘玉堂、李安清：《西周时期湖北地区的封国和方国》，《襄樊学院学报》2000 年第 4 期。

刘玉堂：《夏商王朝对江汉地区的镇抚》，《江汉考古》2001 年第 1 期。

刘玉堂、尹弘兵：《楚蛮与早期楚文化》，《湖北大学学报（哲学社会科学版）》2010 年第 1 期。

刘翔：《周夷王经营南淮夷淮夷及其与鄂之关系》，《江汉考古》1983 年第 3 期。

刘昭瑞：《"安州六器"辨》，《文物》1992 年第 10 期。

罗仁林：《岳阳地区商时期的文化序列及其文化因素分析》，《考古耕耘录——湖南中青年考古学者论文选集》，岳麓书社，1999 年。

卢连成：《斥地与昭王十九年南征》，《考古与文物》1984 年第 6 期。

罗运兵等：《大路铺文化土著因素的形成与传播》，《江汉考古》2014 年第 6 期。

马江波等：《湖南宁乡县炭河里遗址出土青铜器的科学分析》，《考古》2016 年第 7 期。

马仁杰等：《宜昌万福垴遗址青铜器的科技分析及相关考古学问题》2019 年第 5 期。

裴明相：《楚都丹阳地望试探》，《文物》1980 年第 10 期。

彭锦华：《沙市周梁玉桥殷商遗址试析》，《江汉考古》1989 年第 2 期。

彭明瀚：《盘龙城与吴城比较研究》，《江汉考古》1995 年第 2 期。

彭明瀚：《铜与青铜时代中原王朝的南侵》，《江汉考古》1992 年第 3 期。

彭适凡：《赣鄱地区西周时期古文化的探讨》，《文物》1990 年第 9 期。

彭子成等：《赣鄂皖诸地古代矿料去向的初步研究》，《考古》1997 年第 7 期。

彭子成、刘永刚、刘诗中、华觉明：《赣鄂豫地区商代青铜器和部分铜铅矿料来源的初探》，《自然科学史研究》1999 年第 3 期。

秦颖等：《长江中下游古铜矿及冶炼产物输出方向判别标志初步研究》，《江汉考古》2006 年第 1 期。

尚友萍：《关于王朝文化滞后于王朝建立理论的商榷》，《文物春秋》2011 年第 1 期。

尚友萍：《"文化滞后"理论再商榷》，《文物春秋》2017 年第 6 期。

盛伟：《盘龙城遗址废弃的年代下限及相关问题》，《江汉考古》2011 年第 3 期。

石泉：《古邓国邓县考》，《江汉论坛》1980 年第 3 期。

石泉、徐德宽：《楚都丹阳地望新探》，《江汉论坛》1982 年第 3 期。

宋焕文：《安州六器辨正》，《江汉考古》1989 年第 2 期。

苏秉琦：《从楚文化探索中提出的问题》，《江汉考古》1980 年第 2 期。

孙明：《湖南沩水流域出土商周青铜礼器研究》，《南方文物》2020 年第 2 期。

拓古：《望城高砂脊与酉族》，《江汉考古》2001 年第 3 期。

拓古、熊燕：《湖北随州市黄土坡周代墓的发掘》，《考古》2007 年第 8 期。

王恩田：《湖南出土商周铜器与殷人南迁》，《中国考古学会第七次年会论文集》，文物出版社，1992 年。

王光镐：《黄陂鲁台山西周遗存国属初论》，《江汉考古》1983 年第 4 期。

王红星：《楚都探索的考古学观察》，《文物》2006 年第 8 期。

王宏：《论江汉流域西周时期的文化分区》，《湖北省考古学会论文集》（二），《江汉考古》编辑部，1991 年。

王宏：《论周梁玉桥文化》，《江汉考古》1996 年第 3 期。

王宏：《试论长江中游地区夏商周时期的文化与族属》，《湖北省考古学会论文选集》（三），《江汉考古》编辑部，1998 年。

王宏：《论长江中游地区夏商周时期的文化与文化变迁》，北京大学考古文博学院编：《考古学研究》（五），科学出版社，2003 年。

王宏：《早期楚文化探索的几个问题》，《华夏考古》2014 年第 3 期。

王劲：《对江汉地区商周时期文化的几点认识》，《江汉考古》1983 年第 4 期。

王立新：《也谈文化形成的滞后性——以早商文化和二里头文化的形成为例》，《考古》2009 年第 12 期。

王力之：《早期楚文化探索》，《江汉考古》2003 年第 3 期。

王然：《夏、商、西周至春秋时期巴人遗存考》，《文物考古文集》，武汉大学出版社，1997 年。

王然：《早期楚文化的考古学研究》，《长江流域文化研究年报（第三号）》，早稻田大学，2005 年。

王然、傅玥：《湖北郧县辽瓦店子遗址夏商时期文化遗存研究》，《石泉先生九十诞辰纪念文集》，湖北人民出版社，2007 年。

王善才：《香炉石遗址与香炉石文化》，《四川文物》2001 年第 2 期。

王文建：《商时期澧水流域青铜文化的序列和文化因素分析》，《考古类型学的理论与实践》，文物出版社，1989 年。

王先福：《襄樊邓城区两周遗存文化属性分析》，日本早稻田大学"楚文化研究之三——楚墓发掘与楚文化的地域性"国际学术研讨会，2007 年。

王先福：《襄随两周遗址出土陶鬲分析》，《江汉考古》2002 年第 4 期。

王先福：《襄宜地区西周遗存出土陶器的初步研究》，《楚文化研究论集》第七集，岳麓书社，2007 年。

王先福：《汉水中游西周考古遗存与早期楚国中心的探索》，《湖北文理学院学报》2015 年第 3 期。

吴铭生：《从考古发现谈湖南古越族的概貌》，《江汉考古》1983 年第 4 期。

吴铭生：《湖南东周时期土著文化与楚文化的关系》，《江汉考古》1989 年第 4 期。

吴晓松、洪刚：《湖北达城新屋塆窖藏青铜器研究》，《鄂东考古发现与研究》，湖北科学技术出版社，1999 年。

夏鼐：《楚文化研究中的几个问题》，《江汉考古》1980 年第 2 期。

向桃初：《关于湖南商周铜器性质诸问题的新思考》，《北京大学古代文明研究通讯》第 9 期，2001 年。

向桃初：《湖南商代铜器新探》，《四川大学考古专业创建三十五周年纪念文集》，四川大学出版社，1998 年。

向桃初：《湖南商代晚期青铜文化的性质及其与殷墟商文化的关系》，《考古耕耘录——湖南中青年考古学者论文选集》，岳麓书社，1999 年。

向桃初：《湖南商周考古和青铜器研究的新进展》，《长江流域青铜文化研究》，科学出版社，2002 年。

向桃初：《湖南湘江流域商周时期古文化初论》，《南方文物》1994 年第 1 期。

向桃初：《炭河里城址的发现和宁乡铜器群再研究》，《文物》2006 年第 7 期。

向桃初：《宁乡铜器群与新干铜器群比较研究》，《江汉考古》2009 年第 1 期。

熊卜发：《鄂东北地区西周文化初探》，《考古与文物》1991 年第 2 期。

熊传薪：《湖南省商周青铜器的发现与研究》，《湖南省博物馆开馆三十周年暨马王堆汉墓发掘十五周年纪念文集》，1986 年。

徐少华：《从盘龙城遗址看商文化在长江中游地区的发展》，《江汉考古》2003 年第 1 期。

徐少华：《古郜国、郜县及楚郜都地望辨析》，载武汉大学历史地理研究所编：《石泉先生九十诞辰纪念文集》，武汉：湖北人民出版社，2007 年。

徐少华：《论随州文峰塔一号墓的年代及其学术价值》，《江汉考古》2014 年第 4 期。

徐昭峰、李丽娜：《夏商之际王朝文化北向传播的通道及背景探析》，《中原文物》2009 年第 5 期。

徐中舒：《禹鼎的年代及其问题》，《考古学报》1959 年第 3 期。

许智范：《吴城遗址与江西商文化》，《江汉考古》1987 年第 3 期。

杨宝成：《试论西周时期汉东地区的柱足鬲》，《楚文化研究论集》第四集，河南人民出版社，1994 年。

杨宝成：《试论新干大墓》，《江汉考古》1993 年第 4 期。

杨宝成：《试论曾国铜器的分期》，《中原文物》1991 年第 4 期。

杨东晨、杨建国：《"汉阳诸姬"国史述考》，《学术月刊》1997 年第 8 期。

杨宽：《西周时代的楚国》，《江汉论坛》1981 年第 5 期。

杨权喜：《江汉地区的鬲与楚式鬲》，《江汉考古》2001 年第 1 期。

杨权喜：《探讨鄂西地区商周文化的线索》，《江汉考古》1986 年第 4 期。

杨权喜：《西陵峡商周文化的初步讨论》，《中国考古学会第七次年会论文集》，文物出版社，1992 年。

杨权喜：《楚文化渊源探索的回顾与思考——怀念俞伟超先生》，载《楚文化研究论集》第七集，岳麓书社，2007 年。

杨亚长、王昌富：《陕西地区楚文化遗存初探》，《考古与文物》2002 年先秦考古专号。

杨亚长：《东龙山遗址的年代与文化性质》，《中国文物报》2000 年 8 月 9 日。

易德生：《科技考古视野下的商王朝锡料来源与"金道锡行"》，《中国社会科学》2013 年第 5 期。

易德生：《从科技考古角度再思考鄂东南地区古铜矿开采的年代》，《社会科学动态》2018 年第 12 期。

尹弘兵：《早期楚文化初析》，《江汉考古》2011 年第 3 期。

尹弘兵：《商代的楚蛮与西周初年的楚国》，《华夏考古》2013 年第 1 期。

尹弘兵：《西陵峡周代考古学文化与早期楚文化》，《考古》2013 年第 4 期。

尹弘兵：《地理学与考古学视野下的昭王南征》，《历史研究》2015 年第 1 期。

尹弘兵：《荆楚关系问题新探》，《江汉论坛》2010 年第 3 期。

尹弘兵：《"京宗"小议》，武汉大学简帛研究中心网站，http：//www. bsm. org. cn/show_article. php？id = 1696。叶植：《汉淮间诸侯国及其与楚之关系》，《文物考古文集》，武汉大学出版社，1997 年。

余静：《从近年来三峡考古新发现看楚文化的西渐》，《江汉考古》2005 年第 1 期。

余西云：《三峡库区先秦时期的文化变迁》，《2003 年三峡文物保护与考古学研究学术论文研讨会论文集》（长江三峡工程文物保护项目报告丁种第二号），科学出版社，2003 年。

余西云：《华中地区两周时期的陶鬲》，载故宫博物院编，孙晶主编：《中国陶鬲谱系研究》，故宫出版社，2014 年。

俞伟超：《关于楚文化发展的新线索》，《江汉考古》1980 年第 1 期。

俞伟超：《考古学理论的进步与楚文化研究的历史前景》，《楚文化研究论文集》第四集，河南人民出版社，1983 年。

俞伟超：《寻找"楚文化"渊源的新线索》，《江汉考古》1982 年第 2 期。

郁永彬、王开、陈建立、梅建军、宫希成：《皖南地区早期冶铜技术研究的新收获》，《考古》2015 年第 5 期。

袁艳玲：《楚公家钟与早期楚文化》，《文物》2007 年第 3 期。

张昌平：《曾国铜器的分期及相关问题》，《江汉考古》1992 年第 3 期。

张昌平：《早期楚文化之检讨》，《中华文化论坛》1996 年第 4 期。

张昌平：《试论真武山一类遗存》，《江汉考古》1997 年第 1 期。

张昌平：《襄—宜区西周、春秋文化序列初探》，《湖北省考古学会论文集（三）》，江汉考古增刊，1998 年。

张昌平：《早期楚文化中心区域的考古学观察》，《楚文化研究论集》第六集，湖北教育出版社，2005 年。

张昌平：《夏商时期中原与长江中游地区的文化联系》，《华夏考古》2006 年第 3 期。

张昌平：《曾国的疆域及中心区域》，《荆楚历史地理与长江中游的开发——2008 年中国历史地理国际学术研讨会论文集》，湖北人民出版社，2009 年。

张昌平：《三峡地区的早期楚文化研究》，载王巍编：《中国考古学会第十三次年会论文集》，文物出版社，2011 年 11 月。

张昌平：《论随州羊子山新出噩国青铜器》，《文物》2011 年第 11 期。

张昌平：《论随州叶家山墓地 M1 等几座墓葬的年代以及墓地布局》，《中国国家博物馆馆刊》2012 年第 8 期。

张昌平：《论随州叶家山西周墓地曾国青铜器的生产背景》，《文物》2013 年第 7 期。

张昌平：《曾随之谜再检视》，《中国国家博物馆馆刊》2015 年第 11 期。

张昌平：《从五十年到五年——曾国考古检讨》，《江汉考古》2017 年第 1 期。

张昌平：《关于盘龙城的性质》，《江汉考古》2020 年第 6 期。

张潮：《古越族文化初探》，《江汉考古》1984 年第 4 期。

张欢、杨华：《对宜昌万福垴楚文化遗址考古发掘的几点认识》，《三峡论坛（三峡文学·理论版）》2018 年第 5 期。

张天恩：《丹江上游西周遗存与早期楚文化关系试析》，"两周列国文化学术研讨会"论文，河南郑州，2007 年 12 月。

张亚初：《论鲁台山西周墓的年代和族属》，《江汉考古》1984 年第 2 期。

张正明、刘玉堂：《大冶铜绿山古铜矿的国属》，《楚史论丛·初集》，湖北人民出版社，1984 年。

张正明：《楚文化研究札记两则——关于"早期楚文化"》，载楚文化研究会：《楚文化研究论集》第七集，岳麓书社，2007 年。

张正明：《楚都辨》，《张正明学术文集》，湖北长江出版集团、湖北人民出版社，2007 年。

赵东升：《论鄂东南地区西周时期的考古学文化格局及政治势力变迁》，《华夏考古》2013 年第 2 期。

赵东升：《论西周王朝对长江中下游地区的经略》，载中国考古学会编：《中国考古学会第十六次年会论文集》，文物出版社，2016 年。

周国平：《阳新大路铺遗址商周陶器浅析》，《江汉考古》1992 年第 3 期。

周厚强：《湖北西周陶器的分期》，《考古》1992 年第 3 期。

周厚强：《孝感地区西周文化初析》，《江汉考古》1985 年第 4 期。

【学位论文】

戴梦丽：《郧县辽瓦店子遗址"二、三期遗存"出土陶器研究》，武汉大学硕士学位论文，2015 年。

豆海锋：《长江中游地区商代文化研究》，吉林大学博士学位论文，2011 年。

傅玥：《汉水上游地区夏商时期遗存出土陶器研究》，武汉大学硕士学位论文，2006 年。

何晓琳：《汉水中游流域西周到春秋早期考古文化谱系研究》，北京大学博士学位论文，2011 年。

胡刚：《早期楚文化的初步研究》，西北大学硕士学位论文，2010 年。

李洋：《郧县辽瓦店子遗址西周晚期至东周时期出土陶器研究》，武汉大学硕士学位论文，2009 年。

魏凯：《周代前期南土文化格局的考古学观察》，吉林大学博士学位论文，2018 年。

孙卓：《论商时期中原文化势力从南方的消退》，武汉大学博士学位论文，2017 年。

乐新珍：《鄂西北地区楚文化遗址出土陶器研究》，武汉大学考古系硕士学位论文，2006 年。

袁艳玲：《楚国早期青铜器研究》，武汉大学硕士学位论文，2003 年。

于孟洲：《峡江地区夏商时期考古学文化研究》，吉林大学博士学位论文，2007 年。

张继华：《鄂西峡江地区周代遗存研究》，武汉大学考古系硕士学位论文，2003 年。

张琳：《商周青铜铙研究》，武汉音乐学院硕士学位论文，2007 年。

周利宁：《阳新大路铺商周遗址性质及相关考古学文化研究》，武汉大学考古系硕士学位论文，2006 年。

朱继平：《鄂东楚文化的历史进程与特征》，武汉大学历史系硕士论文，2005 年。

（三）传世文献与出土文献

【传世文献典籍】

〔汉〕班固著、〔唐〕颜师古注：《汉书》，中华书局，1962 年。

〔汉〕刘向辑录：《战国策》，上海古籍出版社，1985 年。

〔汉〕司马迁著、〔日〕泷川资言考证、〔日〕水泽利忠校补：《史记会注考证附校补》，上海古籍出版社，1985 年。

〔汉〕司马迁著：《史记》，中华书局，1999 年。

〔晋〕杜预注：《春秋左传集解》，上海人民出版社，1977 年。

〔刘宋〕裴骃撰：《史记集解》，台湾商务印书馆，1986 年。

〔唐〕李泰等著、贺次君辑校：《括地志辑校》，中华书局，1980 年。

〔清〕顾栋高：《春秋大事表》，中华书局，1993 年。

〔清〕顾祖禹：《读史方舆纪要》，中华书局，2005 年。

〔清〕孔广森：《大戴礼记补注》，中华书局，2013 年。

〔清〕秦嘉谟等辑：《世本八种》，商务印书馆，1957 年。

〔清〕孙星衍：《尚书今古文注疏》，中华书局，1986 年。

方诗铭、王修龄：《古本竹书纪年辑证》，上海古籍出版社，1981 年。

黄怀信等撰、李学勤审定：《逸周书汇校集注》，上海古籍出版社，1995 年。

李学勤主编：《十三经注疏》（标点本），北京大学出版社，1999 年。

徐元诰撰、王树民，沈长云点校：《国语集解》，中华书局，2002 年。

杨伯峻：《春秋左传注》，中华书局，1990 年。

郑昌琳编著：《楚国史编年辑注》，湖北人民出版社，2001 年。

【出土文献】

郭沫若：《两周金文辞大系图录考释》，科学出版社，1957 年。

黄锡全：《湖北出土商周文字辑证》，武汉大学出版社，1992 年。

罗振玉：《三代吉金文存》，中华书局，1983 年。

马承源主编：《商周青铜器铭文选》，文物出版社，1986 年。

清华大学出土文献研究与保护中心：《清华大学藏战国竹简（壹）》，中西书局，2010 年。

容庚：《四版〈金文编〉校补》，吉林大学出版社，2001 年。

唐兰：《西周青铜器铭文分代史征》，中华书局，1986 年。

徐锡台：《周原甲骨文综述》，三秦出版社，1987 年。

中国社会科学院考古研究所编纂：《殷周金文集成》（修订增补本），中华书局，2007 年。

（四）工具书

国家文物局主编：《中国文物地图集·河南分册》，中国地图出版社，1991 年。

国家文物局主编：《中国文物地图集·湖北分册》，西安地图出版社，2002 年。

国家文物局主编：《中国文物地图集·湖南分册》，湖南地图出版社，1997 年。

国家文物局主编：《中国文物地图集·陕西分册》，西安地图出版社，1998 年。

石泉主编：《楚国历史文化辞典》，武汉大学出版社，1997 年。

谭其骧主编：《中国历史地图集》（第一册），中国地图出版社，1982 年。

夏商周断代专家组：《夏商周断代工程 1996—2000 年阶段成果报告》，世界图书出版公司，2000 年。

中国社会科学院考古研究所编：《中国考古学中碳十四年代数据集（1961—1991）》，文物出版社，1991 年。

后　记

　　呈现在读者面前的这本书是以我的博士论文为基础申请并获批的国家社科基金后期资助项目的结项成果。

　　2010年6月，我结束了在武汉大学历史学院考古系本、硕、博十年的求学生涯。博士论文从写作到完成，首先最应该感谢的是我的导师王然教授。感谢他的精心培养与指导，以及为我提供的全方位的支持与帮助，特别是将辽瓦店子遗址未发表的一手材料交给我整理研究直到论文的完成。还要感谢陈冰白教授在我论文写作过程中的多次指导，为我指点迷津。感谢博士论文写作、开题和预答辩过程中，考古系杨宝成、余西云、张昌平、徐承泰、贺世伟等老师对我的诸多帮助。感谢外出调研期间，湖北省文物考古研究所冯少龙、韩楚文、熊北生等多位老师的接待，并允许我将未发表的一手材料运用至论文之中。

　　我能顺利通过答辩并获得博士学位，要特别感谢远道而来的答辩主席中国社会科学院考古研究所原所长、学部委员刘庆柱先生，也感谢姜波师兄的陪同。还要感谢各位答辩委员老师，他们是：华中师范大学楚学研究所蔡靖泉教授，武汉大学历史学院张昌平教授、徐少华教授和晏昌贵教授。感谢论文的评阅老师安徽省文物考古研究所所长宫希成研究员和南京大学考古系水涛教授。感谢以上老师们的点评和宝贵意见，这为我后来论文的修改提供了很大的帮助。

　　博士毕业后，我便进入到华中师范大学历史文化学院文化学系及楚学研究所工作。那时候，系里的文化遗产与文化产业本科专业方向才成立不久，作为新进的青年教师，我在课程教学和学生工作方面投入了较多精力。科研方面，我尝试用博士论文及其中涉及的"早期楚文化""湖北出土西周青铜礼乐器群"等热点问题去申请学校、湖北省教育厅以及湖北省社科基金等科研项目，结果一一获批，这让我的自信心逐步递增。其中，本书的原报告被批准为2014年省社科基金项目，立项号2014208。在这里需要特别感谢我院的朱英教授和湖北省文物考古研究所原所长、研究员陈振裕先生，他们在省社科项目的申报与评选后提出的宝贵意见让我受益匪浅。还要感谢省考古所陈丽新老师对拙文的肯定，使得其中一个议题在《江汉考古》上顺利发表。这些都为我后续的研究奠定了基础。

2016年10月，我以博士论文为基础去申请国家社科基金后期资助项目并获批，实现了自己在科研道路上的一次大的跨越。感谢武汉大学考古系张昌平教授以及我的导师王然教授，若没有他们宝贵的推荐意见，我想我也不可能一举成功。另外，还要感谢五位匿名评审专家，他们既充分肯定了成果的学术价值，又提出了详尽的修改意见和建议，为我之后论文的修改与完善指明了方向。

书稿出版在即，距离立项已过去5年多。这期间，又有不少考古新资料的出土，之前文中用到了一些未发表的材料也都陆续发表，因而，基础材料部分我们进行了进一步的增补与修改。需要说明的是，文中涉及的考古材料一般截止到2020年底。此外，文中的主干材料——辽瓦店子遗址以及金罗家遗址均为未发表的考古资料。这需要特别感谢导师王然教授、湖北省文物考古研究院以及熊北生研究员的慷慨授权。

本书稿还得到了国家留学基金委的资助。2018年底，我曾赴加州大学洛杉矶分校中国研究中心访问学习。承蒙合作导师罗泰教授和中心李旻教授的指导和关照，我就书稿中较为薄弱的部分——长江中游西周青铜礼乐器及文化理论与方法等方面进行了研修，一定程度上弥补了它在这方面的不足。

2019年底我们回国不到一个月，新冠疫情在武汉突然爆发。之后，书稿的修改进入到时停时续的阶段。尽管从写作到出版前后经历了这么长的时间，但由于个人水平原因，仍有许多不足之处，敬请读者见谅。

最后，感谢导师王然教授于百忙中赐序并再次指导。感谢系主任黄尚明教授从省级实习基地建设经费中给予书稿出版资助。感谢家人和朋友们长期以来的包容与支持，特别是我的先生高旭旌。本书稿从完成到面世，有一半的功劳属于他。

古语有言：生有热烈，藏与俗常。岁月缱绻，葳蕤生香！愿未来的我们，于学术，于生活，仍可期可盼！

作者

2022年7月修定于湖北武汉野芷湖畔